워낭소리
봉화에서

미시시피
인디언 마을까지

야전인류학자의 현지조사 이야기

워낭소리 봉화에서

미시시피 인디언 마을까지

야전인류학자의 현지조사 이야기

김중순 지음

일조각

머리말

『워낭소리 봉화에서 미시시피 인디언 마을까지: 야전인류학자의 현지조사 이야기』는 태백산 자락 산골인 봉화에서 태어난 내가, 서울을 거쳐 '머나먼' 미국 남부에서, 흑인과 백인, 그리고 미국 인디언 부족 등에 대한 인류학적인 현지조사를 할 때 있었던 이야기story-telling들을 쓴 것이다.

※

나는 1963년부터 1965년 중반까지 한국 국민의 법의식에 관한 현지조사를 했었다. 그때는 인류학적 현지조사의 개념도 없이 내가 사는 한국에서 조사한 것이지만 지역 간의 차이가 심하여 한국 역시 '낯익은' 곳이 아니라 상당히 '낯선 곳'이었다. 제주도에서는 그곳 방언을 이해하지 못해 고등학생 통역이 필요했고, 충청도의 어느 한 마을에서는 젊은 새댁이 표본에 포함되었지만, 외간 남자와는 대면 면접을 허용할 수 없다는 완고한 시조부의 반대로 하는 수 없이 병풍을 치고 시조부가 입회한 가운데 병풍 너머로 '비대면 면접'을 해야 했다.

그러나 미국의 남부에서 현지조사를 할 때 접한 '낯선 문화'의 정도는 상상을 초월했다. 영화「바람과 함께 사라지다*Gone with the Wind*」의 배경이 되었던 조지아주 애틀랜타Atlanta 시내 우범지역에서 현지조사를 할 때는 신변의 위협을 느끼기도 했고, 전기톱 소리가 요란한 벌목현장에서 작업현장을 관찰하는 나에게 장난으로 뱀을 던지며 낄낄대던 그 벌목꾼들과 1년간 함께 지내는 일은 결코 쉽지 않았다. 생활고 때문에 미시시피주의 중동부에 위치한 '인디언 보호구역Indian Reservation'[1]을 벗어나 테네시주에 면한 미시시피강 연안에서 백인 지주들의 농사일을 해 주고 힘겹게 살고 있는 촉토 인디언Choctaw Indian들에 대해 현지조사를 할 때는 내 외양이 자기네들과 비슷하다는 이유로 처음부터 격의없이 대해 주었지만 '몽고 반점'[2]이 있는지를 보자고 해서 난감하기도 했다. 오히려 인디언들이 인류학자가 되고, 내가 면접 대상자가 되는 격이었다. 또 미시시피주의 촉토 인디언 보호구역에 살고 있는 촉토 인디언들에 대한 현지조사를 할 때 금발머리 백인 여학생 조교와 함께 식당에 같이 들어서는 나를 바라보는 그곳 백인들의 싸늘한 시선에 등골이 오싹하기도 했다.

인류학적인 현지조사anthropological fieldwork는 연구나 조사대상이 된 사람들에게는 민감한 반응을 일으키기 쉽고, 거부감을 유발할 수도 있다. 때로는 인종차별에서 비롯된 모욕적인 일도 감수해야 하니 인내심도 있어야 하고, 노골적인 협박을 버틸 수 있는 담력도 필요하다.

지금까지 나의 현지조사의 경력은 60여 년이나 되고, 주제도 다양하며, 현

---

1 인디언 보호구역Indian reservation은 미국헌법이 비준될 당시 원주민들을 독립된 주권을 가진 존재로 인정한다는 뜻에서 붙여진 이름이다. 미국 연방정부가 인디언 보호국(Bureau of Indian Affairs, BIA)의 허가 아래 원주민 부족들이 일정한 자치를 누릴 수 있는 지정된 구역을 말한다. 326개의 보호구역을 합친 면적은 227,000km^{2}이며 미국 아이다호주 크기에 해당한다. 현재 미국에는 567개 부족들이 있지만, 단지 326개의 연방정부가 공인하는 인디언 보호구역이 있으며, 2010년도 기준으로 미국에는 250만 명의 인디언들이 거주하고 있지만, 단지 100만 명 정도가 이 보호구역 안에서 살고 있다.

2 '몽고 반점Mongoloid spot'은 어린아이의 등 또는 궁둥이에 나타나는 청색반점으로, 한국을 비롯한 몽골계 인종이 지닌 특징 중의 하나인데, 생후 3~5년 사이에 사라지지만 평생 지니는 사람도 있다. 미국 원주민 인디언들의 90% 이상이 몽고 반점을 갖고 태어난다.

지조사지역도 한국과 미국을 몇 번씩 오갔다. 그렇게 인류학적인 현장조사를 통해서 얻어진 정보와 자료들은 이미 논문이나 단행본으로 출판했기 때문에, 여기서는 현지조사를 할 때 있었던 뒷이야기들이 중심이 되었다. 한국 국민의 법의식 현지조사 때의 이야기들은 미국으로 가기 전에 원고를 정리했었지만, 출판은 못 하고 시골 고택 다락방에 둔 채 떠났었다. 그래도 내가 미국에 머무르는 36년 동안 그 원고는 한두 장만 좀이 쓸고 쥐 배설물이 밴 자국이 남아 있었을 뿐, 비교적 잘 보존되어 있어서 그 책마저도 2015년에 출판했다.[3]

지금까지 거의 대부분의 인류학 문헌들이 서구 출신의 인류학자들에 의한 비서구사회에 대한 연구가 주를 이루는 것과는 달리, 내 책들은 그런 주류인류학과는 정반대의 흐름을 갖고 있다. 1970년대 초에 미국 남부에서 인류학적인 현지조사를 한 후, 그 결과를 바탕으로 서양 독자들을 위해 영문으로 쓴 내 책이 서구 인류학자들의 주목을 받았던 것도, 내가 인류학계에 새로운 학설을 제시했다거나 학문적으로 큰 공헌을 해서라기보다는 비서구 인류학자인 내가 서구사회에서 현지조사를 한 결과를 서구 사람들이 읽을 수 있도록 영어로 출판한 '희소가치' 때문이라고 생각한다.

마일스 리처드슨Miles Richardson과 같은 '인본주의 인류학자humanistic anthropologists'가 말하기를 [4] 인류학자들은 예로부터 다른 사람들의 이야기는 거침없

---

3 김중순, 『같은 공간, 다른 시간: 1960년대 한 법학도가 바라본 한국의 참모습』(서울: 나남, 2015) 참조.

4 마일스 리처드슨Miles Richardson(1932~2011)은 루이지애나주립대학Louisiana State University의 인류학과 과장을 거쳐 도리스 스톤Doris Z. Stone 석좌교수를 역임했으며 미국 남부인류학회 회장도 역임했다. 인본주의 인류학자로서 인본인류학회Society for Humanistic Anthropology를 창립했고, 그 학회가 발행하는 학술지인 『인류학과 인본주의*Anthropology and Humanistic Quarterly*』라는 학술지를 창간했으며, 편집장으로도 활약했다. 한국전쟁 때는 공군으로 참전도 했으며, 내가 한국의 이산가족에 관한 책(*Faithful Endurance*, 1988)을 썼을 때는 그 책이 인본주의 인류학의 대표적인 작품이라며 내 책 양장판 표지 '커버jacket'에 '선전문구blab'도 써주었다. 내 책이 출판된 이후에는 사비로 책 여러 권을 구입하여 주위의 동료들에게 나누어 주기도 했다. 내가 귀국한 후에 유명을 달리했지만, 그의 이름은 내 책 표지에 있는 선전 문구와 영원히 함께할 것이다. 그의 인본주의 인류학의 정신은 그의 논문에 요약되어 있다(See Miles Richardson, "Anthropolo-

이 말하고 글로 쓰지만, 자기 자신에 관한 이야기를 쓰는 데는 지극히 인색하다고 했다. 하지만 아주 근래에 들어서면서부터, 일부 서구 출신의 인류학자들 중에도 자신들에 관해 이야기하는 학자들이 조금씩 나타나고 있다.[5] 그러나 아직까지도 그 수는 미미하며, 앞으로도 크게 달라질 것 같지도 않지만[6] 남의 이야기만 하는 종래의 인류학적인 관행을 개선하기를 주장하는 인본주의 인류학자들의 지적을 수용하는 의미에서, 나는 이 책에서 남의 이야기를 내 이야기를 통해서 하려고 노력했다. 그렇게 하기 위해서 이 책 첫머리에 나는 누구이고, 어디서 왔는지에 대한 이야기부터 시작하다 보니 이 책은 한 인류학자의 현지조사에 얽힌 스토리텔링을 넘어서 한 인류학자의 생애사生涯史, life-history 같기도 하고, 어떤 의미에서는 자서전自敍傳 같기도 하다.

※

나는 시간적으로는 일본이 중국의 노구교盧溝橋, Marco Polo Bridge사건을 빌미로 중일전쟁을 일으킨 다음 해인 1938년에, 일제의 식민지인 조선에서 '황국신민皇國臣民'으로 태어났다. 내가 태어난 경상북도 봉화는 2009년 이충렬 감독이 「워낭소리」라는 다큐멘터리 영화를 제작하여 세상에 알리기 전에는 태백산 산자락의 한 오지 '고을'에 불과했다. 내가 태어난 마을인 해저海底(혹은 바래미)는 1965년에 내가 미국 유학을 떠나던 때까지도 상어 기름을 태우는 호롱불이 전등불을 대신하던 산간 벽촌이었다.

---

gist: The Myth Teller," *American Ethnologist* 2[1975]: 517–533 참조).

5 우리에게도 그 이름이 익숙한 미국의 저명한 인류학자인 마거릿 미드Margaret Mead(1901~1978)의 딸인 메리 배이트슨Mary Bateson(1939~2021)을 위시한 여성 인류학자들과 비서구 출신 인류학자들이 자기 자신과 자기네들의 가정배경 등에 관해 솔직하게 쓰기 시작했다(See Mary Catherine Bateson, *With Daughter's Eye: A Memory of Margaret Mead and Gregory Bateson* [NY: William Morrow, 1984]).

6 Lamont Lindstrom and Peter Stromberg, "Beyond the Savage Slot," *American Newsletter* 40(1999): 9–10; Richardson의 위 인용 논문.

여섯 살 때까지는 천자문千字文과 동문선습東文選習 등을 배우다가, 일본 소학교(당시 이름)에 입학하기 위해 창씨개명創氏改名까지 했으니, 내게는 '친일親日' 행적도 있다. 하지만 소학교 1학년때, 신사참배와 근로 봉사에 성실하지 못하고, 장기결석을 한다는 '죄목'으로 퇴학을 당했으니 '항일 투사'라고 할 수는 없을까? 1945년 8월 15일에 해방이 되지 않았다면, 나는 소학교 1학년 중퇴가 내 학력의 전부일 뻔했다.

제2차 세계대전 때는 미군 비행기 B-29가 우리 산골마을 상공에까지 날아오는 것도 보았고, 1945년에는 8·15해방을 맞이했으며, 미군에 의한 군정軍政도 경험했다. 1948년 8월 15일에는 비록 반쪽이기는 하지만, 독립된 대한민국 국민이 되었다. 6·25전쟁이 일어났을 때는 국민학교(지금의 초등학교) 6학년이었는데, 남쪽으로 피난을 가지 못해 잠시 동안 공산 치하에서 살았다. '김일성 장군 찬가'도 배웠고 '소년 단원'으로 따라다녔으니 공산당에 '부역附逆'한 경력도 있다. 대학생일 때는 4·19혁명 대열에 참여했고, 5·16군사정변은 남의 일처럼 지켜보기만 했다. 끝도 없이 지루한 베트남전쟁 때는 미국의 납세자가 되어 있었다.

1965년 이래 36년간을 미국에 살다가 2001년 한국에 왔을 때는 '돌아왔는지', 아니면 그냥 '왔는지'를 구별하기 어려울 정도로 재진입再進入에 대한 문화충격이 컸다. 바람직한 변화도 많이 보았다. 누대累代에 걸쳐 쌓인 가난의 굴레를 벗어나 세계 10여위권의 경제대국이 된 것과, 30년 이상 지속되었던 군사정권이 종식되고 문민정부를 통해 경제발전과 민주주의를 동시에 실현하는 기적 같은 변화도 보았다. 비록 중도하차를 하기는 했지만, 한국 정부수립 후 최초의 여성 대통령의 탄생도 보았고 그 여성 대통령의 탄핵을 몰고 온 2016년의 '광화문의 촛불시위'를 서울대학교병원의 입원실에서 멀리 바라보기도 했다.

내 생애를 통해서 본 한국의 변화 중에서 가장 '극적'인 것은 정보사회로의 변신인 것 같다. 21세기의 시작과 함께 정보화시대를 맞는 우리의 각오는 "[비록 19세기의] 산업화에는 늦었으나 정보화에는 앞장서자"는 구호에도 나타났다. 19

세기의 산업화에 '지각遲刻'을 한 것이 한恨으로 남아서, 정보화시대의 벽두부터 그런 구호가 나온 모양이다. 그런 열정으로 인해, 21세기를 맞으면서 우리의 정보화에 대한 노력과 그 기술은 어느 다른 나라에도 뒤지지 않게 되었다. 1996년 여름 방학에, 테네시대학교 교수연구비 지원을 받아 한국의 정보화 운동과 정보화 시스템이 한국의 전통문화에 어떤 영향을 미칠 것인가를 연구하러 왔다가 『동아닷컴*dongA.com*』의 전신인 『마이다스 동아』의 원형prototype을 개발하는 작업을 테네시대학교에서 시작하도록 주선했고,[7] 한국 최초의 비대면 '온라인on-line 대학'의 총장으로 영입되어 2001년 2월부터 2017년 2월까지 만 16년간이나 그 직을 수행했다. 나는 대학 행정을 맡은 총장이라기보다는 그 대학에 종사하는 새롭게 생긴 'IT계열 부족部族'에 대한 현지조사를 하는 마음으로 임했다. 온라인대학은 전통적인 '오프라인off-line'대학과는 다른 독특한 문화를 가졌으니 말이다.

내 생애는 이처럼 시간적으로도 긴 여정이었지만, 공간적으로도 많이 돌아다녔다. 산골 마을에서 태어나서 1950년대에 서울 생활을 시작했고, 1963년부터는 제주도에서 시작하여 휴전선 인근의 소양강까지 한국의 500여 자연 부락을 찾아 다녔으며, 수중에 단돈 19달러를 들고 날짜 변경선을 지나 미국을 갈 때는 내 일생에서 처음으로 만 하루를 '벌어earn'도 보았다.

내가 촉토 인디언들에 대한 현지조사를 할 때, 서로 비슷하게 생겼다는 것이 그렇게 중요하다는 것을 처음 느꼈다. 미국에 유학한 동양계 학생 중에서 인류학을 공부하는 학생 수도 극히 드물지만, 인류학을 공부한 동양 사람 중에서도 미국 인디언들과 장기간을 생활하면서 그들에 관한 인류학적 연구를 하고, 그들에 관해 책을 쓴 것도 내가 처음인 것으로 알고 있다. 중국 출신의 리안치 Li An-che가 내가 태어나기 한 해 전인 1937년에 '주니Zuni'라는 인디언 부족의

7 그 후 그 원형을 한국으로 옮겨온 후 2000년 1월 13일 '동아닷컴'으로 그 사명社名을 바꾸어서 지금의 동아닷컴(dongA.com)으로 발전했다.

통솔력이 백인들과는 다르다는 여섯 페이지의 짤막한 논문을 발표한 것이 동양인으로서는 인류학 학술지에 인디언들에 관해 쓴 최초의 논문이다.[8] 그러나 주니 인디언들이 자기네들과 비슷하게 생긴 중국 출신 인류학자에게는 어떻게 반응했는지에 대해서는 알려진 것이 없다. 이처럼 미국 남부에서의 내 현지조사는 여러 면에서 '처음'이라는 '접두사接頭辭'가 여러 번 붙게 되었다.

※

내가 이 책을 쓰게 된 동기는 30년 전에 받은 숙제 때문이다. 1993년 봄, 내가 록펠러 재단이 이탈리아에 설립한 '벨라지오 연구소Bellagio Study Center'에서 『미국에 진출한 일본 기업*Japanese Industry in the American South*』이라는 책의 원고를 퇴고할 때였다.[9] 그곳에서는 낮에는 연구실에서 각자 시간을 보내고 저녁에는 배우자들과 함께 저녁 식사를 한 후, 후식을 들면서 그날 작업의 진전상황을 서로 발표하고 토론하는 순서가 있었다. 나는 내가 쓰고 있던 테네시에 진출한 일본 기업에 대한 이야기를 늘어 놓았지만 같이 입소한 학자들은 일본 기업보다는 내 문화적인 정체성에 관심이 더 많았다. "한국 태생인 내가, 미국에서 공부를 하고 미국 대학교 교수가 되었고, 미국에 살면서 일본 기업, 그것도 일본에 있는 일본 기업이 아니라 미국에 진출한 일본 기업을 연구해서 영어권 독자들을 위해 집필하는 작업을, 미국이 아닌 이탈리아의 벨라지오 연구소에서 하고 있다"는 점이 흥미롭다는 것이었다. 그들은 내 정체성과 내가 하는 작업이 포드Ford 자동차회사 제품인 '크라운 빅토리아Ford Crown Victoria'와 흡사하다고 했다. 당시 크라운 빅토리아는 미국과 독일, 일본, 멕시코, 그리고 스페인에서 생산한 부품들을 캐나다에서 조립해서 포드자동차회사의 제품으로 판매되고 있었다. 그들은

8 Li An-che, "Zuni: Some Observations and Queries," *American Anthropologist* 39(1937): 62-76.

9 Choong Soon Kim, *Japanese Industry in the American South* (NY & London: Routledge, 1995).

만일 내가 미국 남부에서 현지조사를 할 때 있었던 '스토리텔링'을 내 생애사生涯史와 연관시켜서 쓴다면, 그 기록은 자연스럽게 동북아시아의 생생한 근·현대사가 될 것이고, 미국 남부에서 흑인도 백인도 아닌 제3의 인종인 내가 보고 겪은 미국의 인종차별에 대한 이야기도 흥미로울 것이며 좋은 인문학자료가 될 것이라고 했다.

그때 참여한 학자 중 나를 포함해 세 사람을 제외하고는 모두가 나보다 15년 내지 20여 년 연장자들이어서 말은 하지 않았지만, 속으로는 "나는 아직 50대 중반이니, 앞으로 경험을 더 쌓고 안목을 더 넓힌 후에 그런 책을 한번 써 보겠다"고 생각했다. 그때의 생각으로는, 내가 만일 한국으로 돌아갈 기회가 생겨 '현재'의 한국을 본다면 한국에서만 줄곧 산 사람들보다는 한국을 좀 더 객관적으로 파악할 수도 있을 것이라고 생각 했다. "말이 씨가 된다"는 말이 있다던가? 이 경우에는 "생각이 씨가 된" 것이지만 내가 2001년 2월에 한국으로 돌아왔기 때문에 2001년 이후 근 20여 년 간 한국에서 일어난 일련의 변화들을 내 '스토리텔링'에 포함시킬 수 있게 되었다. 벨라지오 연구소 옛 동료들이 내게 당부한 것을 30여 년이 지난 지금에서야 하게 된 셈이다.

이 외에도 이 책을 쓰게 된 실질적이고 개인적인 이유는, 나와 같은 역사적인 경험을 한 사람의 수가 매년 줄어들기 때문에 '내 시대' 사람들이 다 사라지기 전에 겪었던 경험들을 토막글로라도 남기고 싶어서이다. 2017년 통계를 보니 한국 전체 인구 51,422,507명 중에서 80대 이상은 전체 인구의 4.2%(2,168,615)에 불과하다. 나와 함께 '모의'하여 학교도 안 가고 신사참배도 하지 않고 내성천乃城川에서 고기를 잡으며 놀다가 소학교를 퇴학당한 대진이도 연전에 세상을 떠났고, 인민군들이 우리 집을 후방경비지원사령부로 쓸 때 거울로 미군 폭격기에 신호를 보내면, 그곳에 폭격을 한다는 말을 듣고 우리 집을 폭격하도록 미군 폭격기에 거울로 신호를 보냈던 '공범共犯' 덕진이도 이제는 이 세상 사람이 아니다. 그래서 이런 이야기들을 기록으로 남기는 일에 내 마음이 조급해지는지도 모르겠다.

마지막으로 내가 이 '스토리텔링'을 지금 남겨놓고 싶어하는 또 하나의 이유는, 『조선일보』 "만물상"에서 우리의 역사 정치는 "정치적 필요에 따라 역사가 달라지고 있다"고 지적했듯이[10] 우리나라에서는 역사적인 사실에 대한 기록이 정치적 필요에 따라 달라지는 경향이 있기 때문에 내가 본 기록을 내가 본 대로 적어 두려는 것이다. 역사에 대한 해석과 판단은 학문의 영역을 떠나 국가나 정치권의 몫이 된 지 오래다. 나 자신도 참여했던 4·19도 그 이름이 몇 차례나 바뀌었다. 언제 또 어떻게 변할지 알 수가 없으니 내가 본 대로 적어두고 싶어서 이 작업을 시작했다.

책 출판 전에 거의 모든 출판사들은 "지금 생각하는 책의 잠재적인 독자가 누구냐"고 묻는다. 그러나 나는 책을 여러 권 출판해 보았지만, 책을 쓸 때마다 어떤 특정한 층의 독자를 염두에 두고 쓴 일이 없다. 그러다 보니, 어떤 때는 기대하지도 않던 독자들의 호의적인 반응을 받을 때도 있는 반면, 기대에 미치지 못하는 반응을 얻기도 했다. 학술지의 서평review이 기대 이상으로 좋을 때는, 그 책의 판매가 부진할 것으로 생각하면 크게 틀리지 않았다. 이 책도 어떤 특정한 독자층을 마음에 두고 쓴 것은 아니지만, 그래도 인류학이나 비교사회학, 그리고 비교문화와 통문화의 이해(comparative and cross-cultural understanding)가 필요한 학생과 국제적인 기업인, 국제기구, 외교관, 그리고 국제협력단KOICA원들에게 도움을 줄 수 있을 것으로 생각한다. 그러나 누구보다도 이 책은 인문학의 가치를 소중하게 여기는 모든 독자의 교양서가 될 수 있었으면 좋겠다.

---

10 『조선일보』, "만물상", 2019년 4월 9일, p. A-34.

차례

머리말 5

제1장 '워낭소리' 봉화에서
몰락한 지주의 아들로 태어나다 — 17

제2장 고된
서울살이 — 53

제3장 「바람과 함께 사라지다」의
고장으로 가다 — 90

제4장 조지아에서
'벌목꾼'들에 대한 현지조사 — 132

제5장 미시시피에서
'촉토 인디언 부족'에 대한 현지조사 — 180

제6장 테네시대학교에
둥지를 틀다 — 229

제7장 기업문화에 대한
현지조사 — 281

제8장 대학 총장이
되다 — 328

제9장 '야전인류학자'가 참여관찰한
온라인 대학의 잠재력 — 367

제10장 책을 맺으며
— 선택적인 기억들 — 406

BOOK LIST 433

AWARD LIST 438

'워낭소리' 봉화奉化에서 몰락한 지주의 아들로 태어나다

제1장

막상 내 자신에 관한 이야기를 하려고 하니 좀 겸연쩍기도 하다. 이제서야 왜 인류학자들이 자기를 이야기하길 꺼리는지 알 것 같다. 그러나 이 나이가 되고 보니 전철의 경로석에 앉아 낯모르는 옆 사람에게 고향과 본관을 서슴없이 묻는 '노인들의 대중문화'에 길들여져 '나는 누구'이고, '어디서 왔으며,' '집안 내력'이 어떤지를 이야기할 용기가 생겼다.

출생과 가족 내력來歷

경북 봉화奉化의 '바다 밑(海底)' 마을에서 12남매의 막내로

나는 경상북도 북단 봉화군의 '바다 밑 마을(海底里)'에서 12남매 중 막내로 태어났다. 봉화는 태백산맥과 소백산맥이 이어지는 곳으로 대부분이 산지이다. 행정구역으로는 경상북도에 속하지만 사람들의 말씨나 억양이 인접한 강원도 사람들과 비슷하여 자칭 '강원남도'라고 하기도 한다. 오랫동안 별도의 행정구역을 형성하지 못해서 독립된 역사적인 자료도 거의 없다. 군 면적은 서울의 두 배나 되지만, 2021년 기준으로 인구는 38,791명으로 인구 순위에서 전국 162개 도·시·군 중에서 142위이며, 인구밀도는 경상북도 23개 시·군 중에서 끝에서 두 번째(25.59명/km²)로 봉화의 인구밀도는 '봉화의 땅값'만큼이나 낮다는 농담도 있다.

봉화는 비록 빼어난 '인물'은 배출하지 못했어도 '자연경관'만은 어디에도 뒤지지 않는다.[1] 내가 어릴 때만 해도 때로는 밤에 우리 집 뒷산에서 포효하는 호랑이 소리를 들을 수 있었다. 6·25전쟁으로 봉화에서도 호랑이가 사라졌지만, 2018년 5월 4일 개장한 춘양면 서벽리 소재 '국립백두대간수목원'에서 호랑이를 볼 수 있게 되었다. 그리고 봉화는 춘양목春陽木이 유명하다. 소나무의 한 종류인 춘양목은 속이 황금빛을 띠고 있어 궁궐과 고찰의 대들보로 쓰이고 '죽어서도 천 년의 영화'를 이어간다고 한다. 그렇게 소나무가 유명한 곳이니 당연히 솔숲에서만 자라는 송이松栮버섯의 특산지도 된다. 또 조선 후기부터 안성유기, 평북 정주의 납청유기와 더불어 봉화유기는 전국적인 명성을 떨쳐, 한때 봉화는 놋그릇(鍮器)과 놋으로 된 장식품의 최대 생산지였다고 한다.

봉화는 다큐멘터리 영화 「워낭소리」 덕분에 세상에 널리 알려지게 되었다. 2009년 1월 15일에 개봉한 이충렬 감독의 영화 「워낭소리」는 봉화에서도 산골마을인 '하늘리'에 사는 노부부와 보통 소의 수명보다 3배 이상을 산 40살 된 늙은 암소의 생활을 그린 것인데, 이 영화는 관객 수만 해도 292만 명이 넘었고, 2008년 제13회 부산 국제영화제 최우수 다큐상을 받았다. 그 여파로 하늘리를 찾는 방문객 수도 300만 명이 넘었다고 한다. 이렇게 봉화가 유명해진 덕분에 내가 고려사이버대학교 총장을 하면서 물가 상승의 압박에도 불구하고 16년간 등록금을 동결한 노력에 대해 "총장님이 봉화 사람이기에 「워낭소리」의 주인공처럼 '고집'을 피울 수 있다"는 총동문회장의 감사의 말을 듣기도 했다.

1 역사적인 인물로는, 한국 역사를 통해 뭇 사람들의 입에 자주 오르내린 정도전鄭道傳의 이름이 봉화와 관련된 자료에 자주 나온다. 그의 본관本貫은 봉화이고, 봉화백奉化伯에도 봉封해졌었기 때문에 정도전이 봉화 출신인 줄 알고 있는 사람이 많지만, 실제 그의 출생지는 영주라고 한다.

'바다 밑(海底)'이라는 마을

내가 태어난 원적지는 경상북도 봉화군 내성면乃城面(현 봉화면의 옛 이름) 해저리 490번지로 '해저海底'라고 적혀 있지만, 사람들은 이 마을을 '바래미'라고 부른다. 바래미는 봉화군의 행정 중심인 봉화읍에 속하는 마을로 의성 김씨 집성촌이다. 마을 이름은 신라시대의 말인 '파라미波羅尾'에서 온 것이며, '바다 밑(海底)'이라는 뜻이라고 한다. 순수한 우리말이자 신라 말인 바래미가 해저로 바뀐 정확한 연대는 분명하지 않지만, 일본 식민통치가 시작된 초기인 1913년부터 1914년 사이에 전 국토의 행정구역을 통폐합하면서 한자 표기식 동명洞名을 만들어 서울의 '은행나무골'이 '행촌동杏村洞'으로, '되너미'가 '돈암敦岩' 등으로 바뀌어진 것과 같이 바래미도 아마 그즈음에 해저리로 변했을 것으로 짐작된다.

김앙섭의 『고향의 향기』(2012)에 의하면, "바래미는 뒤로 태백산의 지류인 해발 592m의 응방산, 속칭 매뱅산 산자락이 병풍처럼 둘러쳐져 있고, 앞으로는 영동선 철길 너머 낙동강 상류인 내성천 푸른 물이 감돌아 흐르는 산수 좋고 풍광 좋은 반촌班村이다"라고 했다.[2] 영주에서 약 12km 정도, 그리고 봉화읍 사무소에서 2km 거리에 위치해 있으며, 도로변(新作路)에 인접한 곳에 120여 채의 기와집들이 동서로 배 모양처럼 배치되어 있다. 한국의 본격적인 도시화와 산업화가 시작되기 이전인 1960년대 초만 해도 부락민의 수는 1천여 명에 가까웠다. 그중 70%는 의성 김씨이며, 나머지 30%는 전부터 김씨들에게 일을 해 주고 생계를 유지하는 타성바지들이었다. 그러나 1970년대부터 한국이 경제적으로 고도성장을 하면서 다른 한국의 전통적인 시골 마을과 마찬가지로 젊은 층이 대도시나 공단으로 나가는 바람에 현재는 90여 가구에 190여 명만이 살고 있다.

바래미에 처음으로 이주해 온 의성 김씨 입향조入鄉祖는 의성 김씨 시조인 김석의 24세손인 팔오헌공八吾軒公 김성구金聲久(1641~1708)이다. 그는 1693년

2 김앙섭 편집, 『고향의 향기: 의성 김씨 집성촌을 찾아서』(서울: 의성김씨종친회, 2012), p. 349.

현종 19년에 강원도 관찰사로 외직에 나갔다가 벼슬을 그만두고 여생을 보낼 곳으로 찾은 곳이 바래미였다고 한다. 김성구가 정착한 후 200여 년 동안 바래미 출신으로 높은 벼슬을 한 사람은 나오지 않았지만, 다른 집성촌에 비해 교육열은 높은 편이다.

바래미와 항일 투쟁

바래미는 1919년 3월 세계만국평화회의에 제출할 「독립청원서의 초안」을 유림들이 모여 작성한 곳으로 유명한데, 『고향의 향기』에서는 대표적인 독립투사로 김창숙(1879~1962)을 들고 있다. 그는 일제강점기에 유림 대표로 독립운동을 주관했고, 대한민국 임시정부 부의장으로 활동하였으며, 1945년 광복 이후에는 유도회儒道會를 조직하고 유도회 회장 겸 성균관成均館 관장을 역임하다가 성균관대학교 초대 총장을 지냈다. 그리고 김앙섭은 항일운동에 관여한 사람 중 한 사람으로 나의 큰형 김중욱金重旭(1924~1967)을 들었다. 형이 이 세상에 머문 햇수는 43년밖에 되지 않지만, 그 짧은 기간에 그는 파란만장한 삶을 살았다. 우리 12남매 중 맨 맏형과 나는 나이 차이가 14살이나 난다. 그는 나의 '롤 모델 role model'이었고, 내 행동의 좌표였다. 내가 서울의 중앙고등학교를 택한 것도 형이 다닌 학교이기에 나도 그 학교를 다녀야만 하는 것으로 알았다. 내가 형과 다른 길을 택하게 된 첫 '사건'은 형이 다니던 고대가 아니라 연대를 간 것이다.

나는 누구인가?

내가 미국으로 유학을 가기 전에는 아직 20대의 젊은이였기 때문인지, "내가 누구이고, 어디서 왔는지"에 대해서 별로 관심이 없어 집에 있던 족보나 파보 등을 들춰 본 일조차 없었다. 그러다가 미국 출신 흑인 작가 알렉스 헤일리 Alex Haley의 소설, 『뿌리*Roots*』와 그 소설에 바탕을 두고 제작한 텔레비전 미니시

리즈를 통해서 '뿌리root' 찾기의 중요성을 배웠다.[3] 그리고 한국에 오고 10여 년이 지나고 「다문화가정 e-배움 캠페인」을 시작하면서 고고학자인 김병모 교수가 『삼국유사三國遺事』에 나타난 자기 조상에 대한 기록을 고고학적으로 증명하기 위해 평생을 바치는 것에 큰 감명을 받고 뿌리 찾기의 중요성을 깨닫게 됐다.

우리 족보에 의하면 내 본관本貫은 의성으로, 시조는 신라 마지막 왕으로 고려에 귀부歸附한 경순왕(927~935, AD)과 고려 태조 왕건의 큰딸인 낙랑공주 왕씨 사이에서 태어난 김석金錫이다. 그는 고려 경종(975~981, AD)때 의성군에 책봉되었고 그 후 천여 년의 세월이 지나 자손이 늘어나면서 2015년 기준으로 의성 김씨는 약 8만 가구에 총인원은 287,469명이라고 한다.[4]

의성 김씨 족보에 의하면 나는 김석의 34세손이고, 파로는 문절공파文節公派에 속하며, 팔오헌공八吾軒公 김성구의 11세손으로 경상북도 봉화군 내성면 바래미에서 김병근의 12남매 중 막내로 태어났다. 아버지가 오촌 댁으로 양자를 가셨기 때문에 나는 양가養家의 가계를 따라야 한다. 생가의 할아버지의 호는 암운巖雲이며, 이름은 준림金濬林(1875~1951)이시다. 우리 아버지(金炳根, 자 茂如, 1903~1970)는 준림 할아버지의 네 아들 중에서 셋째인데, 할아버지의 사촌 형이자 아버지의 종숙從叔인 참봉공參奉公 인식(金仁植, 1855~1910) 할아버지가 딸만 있고 아들이 없으셔서 우리 아버지를 만 7세가 되던 해에 입양했다. 아버지가 부잣집으로 양자를 가신 덕에 나도 시중을 들던 머슴이나 '담사리'[5] 들로부터 '대림(도련님의 사투리)'이라는 존칭으로 불리며 자랐다. 양반도 3대 동안 벼슬이 없으면 양반 행세를 못한다고 하는데, 나는 우리 양할아버지의 참봉 벼슬 덕

---

3 알렉스 헤일리Alex Haley의 이 소설은 노예시대로부터 시작되는 한 가족의 생애사를 그린 것이다. 쿤타 킨테Kunta Kinte라는 주인공은 1767년에 아프리카의 감비아Gambia에서 노예상에게 잡혀 미국의 메릴랜드Maryland주까지 끌려왔다고 한다. 헤일리는 자신이 쿤타 킨테의 7대손이라고 한다(Alex Haley, *Roots: The Saga of an American Family*[NY: Doubleday, 1976]).

4 우리나라의 성씨는 280여 성에 이르고 본관도 4,000개가 넘는다. 요즈음에는 이민자의 수가 늘어났지만 그래도 그들이 시조인 성·본관은 그렇게 많지 않다(Kim, *Voices of Foreign Brides* 참조).

5 '담사리淡沙里'는 경상도 북부 지방의 방언으로 고용살이를 하는 여성을 하대해서 부르던 말이다.

에 양반 행세를 할 수 있었다. 참봉은 말직에 속하는 벼슬이기는 하지만, 그 벼슬 덕에 사람들은 우리 집을 '참봉 댁'이라고 불렀다.

우리 집은 증조할아버지인 두영 할아버지의 윗대에도 경상북도 북부 지역에서 알아주는 지주였다. 그러나 두영 할아버지가 조선 제일의 갑부인 '경주 최부자'댁으로 장가를 드신 후에 가세가 더욱 좋아졌다고 한다. 증조할머니는 경주 최부자댁 일원인 최세빈崔世彬의 따님이셨다. 최부자댁은 17세기 초반부터 12대를 이어가며 약 300여 년간 부를 이어온 집안이다. 최부자댁이 그토록 오래 부를 누리게 된 것을 두고 사람들은 그 댁이 "특혜 받은 사람들의 사회적인 책무인 소위 '노블레스 오블리주noblesse oblige' 정신을 실천했기 때문"이라고 했다. 최부자댁의 가훈은 1) 과거科擧를 보되 진사 이상의 벼슬은 하지 말 것; 2) 재산은 만 석 이상은 모으지 말 것; 3) 흉년에는 재산을 모으지 말 것; 4) 과객을 후하게 대접할 것; 5) 사방 100리 안에 굶어 죽는 사람이 없게 할 것; 6) 최씨 가문의 며느리들은 시집온 후 3년간 무명 옷을 입을 것 등이다. 최부자댁은 12대인 최준에 이르러 전 재산을 구 대구대학교(현 영남대학교의 전신)과 계림학숙을 세우는 데 기부했다.

증조할머니는 우리 집으로 시집을 오시면서 꽤 많은 재산을 가져오신 듯했다. 심지어 우리 집에서 쓰던 큰 가마솥까지도 경주 친정에서 가져 오신 것이라고 들었다. 내가 어릴 때 우리 집 안방 '정지(부엌의 경상도 북부 지역 사투리)'와 사랑채 부뚜막에 놓여 있던 가마솥을 본 기억이 난다. 가마솥을 경주 교촌 최부자댁에서 우리 집까지 300여 리의 먼 길을 하인들이 지고 오느라고 그들의 어깨에 '꾸덕살'이 박혔다고 들었다. 그 후 우리 바래미 집이 몇 차례 수리를 거치는 사이 경주에서 온 그 솥들이 어떻게 되었는지는 모르겠다. 증조 할머니가 1876년경 우리 집 사랑채를 개축할 때 바깥 큰 대문과 대문간을 경주 최부자댁과 꼭 같은 형태로 개축하셨다고 했는데, 내가 나중에 교촌의 최부자댁을 가보니 마치 우리 옛집에 들어가는 착각이 들 정도였다. 300여 리의 머나먼 곳으로 시집온 할머니가 친정집이 그리워서 당신이 시집오신 집을 친정집과 똑같이 고치셨던 마음이 느껴졌다.

모든 것을 다 가졌으나 아들을 못 가진 인식 할아버지

인식 할아버지는 갖고 싶은 것은 거의 다 가지셨지만, 다만 한 가지 아들이 없었다. 당시에도 일부다처제가 법으로 인정되지 않던 때였지만, 할아버지는 아들을 얻기 위해 본 할머니 외에 네 할머니를 두셨다. 그러나 모두 딸만 출산했을 뿐이라, 하는 수 없이 할아버지는 사촌 동생인 준림 할아버지의 셋째 아들인 우리 아버지를 양자로 삼은 후, 55세를 일기로 생을 마감하셨다. 그다지 길지 않은 인생을 사셨지만 19세기 중반부터 문화민족주의자들이 전국적으로 학회와 학원 등을 설립할 때 할아버지도 1909년에 봉화에 '조양학교'라는 신식 학교를 설립하셨다.[6] 이 조양학교는 일본이 조선을 합방한 이후에 일본인이 운영하는 소학교가 되었고, 오늘날에는 봉화초등학교가 됐다.

인식 할아버지에 관한 특별한 일화는 없지만, 할아버지는 경주 출신 어머니와 외가의 영향을 많이 받아 노블레스 오블리주 정신이 투철하셔서 과객에게 늘 후한 대접을 하셨다고 한다. 이런 일도 있었다. 할아버지가 돌아가시기 얼마 전에, 한 과객이 지나다가 하룻밤을 묵어가기를 청했다고 한다. 할아버지는 여느 때처럼 그렇게 하라고 흔쾌히 허락하셨다. 그 과객은 다음 날 떠나지 않고 며칠을 머물렀다. 그러다가 하루는 할아버지에게 자신은 갓을 만드는 갓공인데, 지금 갈 곳도 없고 하니 우리 집에 머무르면서 갓이나 만들면서 지낼 수 있겠느냐고 물어서, 할아버지는 집의 공간이 넓으니 그렇게 하라고 허락을 하셨다고 한다. 그 과객은 매일같이 갓을 만들어서 우리 집의 빈 다락과 '고방庫房'에 쌓아놓고는 어느 날 온데간데없이 사라졌다. 사실 갓이 상품이 되고 제값을 받으려면

6 "문화민족주의"는 Choong Soon Kim, *A Korean Nationalist Entrepreneur: A Life History of Kim Sŏngsu, 1891–1955*(Albany, NY: State University Press of New York Press, 1998) (김중순 저, 유석춘 역, 「문화민족주의자 김성수」[서울: 일조각, 1998])을 참조.

흰 갓인 '백립白笠'에 검은 옻칠을 해야만 한다. 색을 칠하지 않은 백립은 국상國喪이 나야 필요한 물건이었다. 국상이 나면 일반 평민부터 최고급 관료들에 이르기까지 거의 모두가 2년 동안 소복素服에 백립을 써야 했다고 한다.

그렇게 우리 집 빈 다락과 고방에 쌓아둔 백립의 존재를 모두가 잊은 채 수년이 지나고 인식 할아버지도 돌아가신 지 한참 지난 1919년 1월 21일, 고종이 승하했다. 전국적으로 백립의 요구가 대단했다. 그러니 우리 집 곳간, 다락, 그리고 고방에 근 10여 년간 쌓여 있던 백립이 얼마나 요긴한 물건이 되었을지 상상해 보라. '세상에 이런 일이'라는 말처럼 비싼 값에 백립이 나가기 시작했다. 어떤 사람은 우리 집이 발복하려니 이런 일이 일어난 것이라고 말했다. 이때 우리 아버지는 16살이 되었고, 양자로 오신 후 근 10여 년 만에 처음으로 당신이 직접 양가의 재산을 증식하게 된 사건이었다. 이 이야기는 우리 집에서 두고두고 전해오는 이야기로, 과객 같은 어려운 사람에게 덕을 베풀면 집안에 반드시 경사스러운 일로 돌아온다는, "적선지가積善之家에는 필유여경必有餘慶"이라는 『주역周易』의 「문언전文言傳」에 나오는 말을 가훈처럼 삼고 지낸 시절의 이야기이다.

우리 집 가계도를 보면 두 가지 흥미로운 사실이 발견된다. 첫째로 우리 가계의 여성 구성원의 통혼通婚 범위는 주로 우리 동리에서 가까운 집성촌의 집안들이었으며, 그들의 배우자의 성씨는 주로 최씨, 강씨, 권씨, 이씨, 류씨 등으로 한정되다가 점차 통혼의 범위가 경상북도 북부 지방을 벗어나서 전국적인 규모가 되고, 심지어 이제는 국제적으로 확대되었다. 내 둘째 며느리는 미국 테네시주 출신의 백인이며, 내 두 손자는 말하자면 국제결혼의 소생들이다. 한국의 다민족국가로의 이행이 우리 집안에서는 이미 시작된 것이다. 둘째로 흥미로운 사실은, 나보다 위 세대로 올라 갈수록 남자 이름과 여자 이름에 차이를 발견하기 어렵다는 점이다. 나의 둘째 누님의 이름은 '중남重男'으로 남이 들으면 남자 이름같이 느껴지고, 정작 남자인 내 이름인 '중순重洵'은 발음상 여자이름으로 생각하는 사람이 많다. 실제로 내가 연대에 입학했을 때, 내가 여학생인 줄 알고 가정학을 수강하지 않았다며 여학생 처장에게 불려간 일도 있었다. 우리 집 사람은 내 신용카드를 사용해도 집사람의 이름인 줄 알아서 신분증을 보자고 하지 않아 편하다고 한다.

마음 고생이 심하셨던 아버지와 어머니

철이 들기도 전에 부잣집으로 양자를 오신 우리 아버지는 어릴 때부터 부잣집 사람으로 대접을 받으며 사셨다. 아버지는 당신보다 두 살 위로, 영주군 '선돌立石' 마을에서 알아주는 지주 집안의 첫째 딸인 강후경姜後慶(1901~1966)과 결혼을 하셨다. 남 보기에 우리 부모님은 아무런 걱정 없이 평생을 잘 사신 것 같아 보이겠지만, 그처럼 마음 고생을 하신 분들도 드물 것이다. 우선 아버지와 어머니는 12남매를 출산하셨지만 그중 6남매만이 장성했다. 아무리 당시에 유아 사망률이 높았다고 하더라도 어린 자식을 6명씩이나 잃었다는 것은 보통 불행한 일이 아니다.

이뿐만 아니라 둘째 형인 중창重昶(1926~1954) 형은 철도청에 근무하던 중 사고로 28살에 아내와 아들, 그리고 유복자를 남긴 채 사망했다. 그리고 큰아들인 중욱重旭(1924~1967) 형도 43세에 갑자기 사망했다. 12남매 중에 겨우 건진 6명 중에도 두 아들을 앞세웠으니 그 슬픔이 어땠을까. 게다가 막내아들인 나마저도 1965년에 미국으로 유학을 떠났으니 과부가 된 두 며느리, 그리고 아버지를 여읜 6명의 손자와 2명의 손녀를 거느리게 된 우리 아버지의 마음은 헤아릴 수조차 없다. 아버지는 정신적 고통이 육체적인 병으로 발전하여 천식으로 고통받으셨고, 결국은 그 병 때문에 67세를 일기로 생을 마치셨다. 어머니는 큰형보다도 먼저 당뇨와 뇌졸중으로 65세를 일기로 돌아가셨다. 나는 둘째 형이 돌아갔을 때는 서울에 있었지만, 어머니와 큰형, 아버지가 돌아가셨을 때는 미국에 있었고, 가난한 고학생 신세로 한국 왕복 여비를 마련할 수가 없어 장례식에 참석도 못했다.

내 생가가 고택 체험장古宅體驗場으로

내가 태어나고 11살이 되기 전까지만 해도 우리 집은 가진 농토만으로도 여유롭게 살 수 있었으므로 우리 아버지는 일생 동안 다른 직업을 가져 본 일도 없으셨고, 토지 자본을 이용하여 재산증식을 위해 투자를 해 보신 일도 없으셨다. 목돈이 필요할 때는 토지 일부를 처분해서 해결하는 전형적인 안이한 대물림 지주였다. 그 당시 우리 집은 '만석꾼'은 아니었어도 '수천 석'은 족히 되었다고 한다.

내가 자란 집은 다섯 칸 규모의 솟을대문과 사방 일곱 칸의 전형적인 대규모 영남 사대부가의 '미음 자(ㅁ)'형 집이다. 내가 자랄 때는 본채 외에 머슴들과 그 가족들이 살 수 있는 초가로 된 몇 채의 집이 본채 외곽에 있었고, 집 옆으로는 방앗간이 따로 있었는데, 1949년에 실시된 농지개혁 이후 살림이 줄면서 머슴들도 나가고 방앗간도 필요 없어져 초가로 된 외곽의 집들은 헐어버렸다. 〈사진 1-1〉은 내가 미국으로 가기 바로 전인 1965년에 찍은 사진이라 밭 가장자리에 있던 농막과 집 외곽의 초가와 방앗간은 이미 헐린 후여서 보이지 않고, 앞 밭의 일부만 보인다. 이 집의 조경을 새롭게 하느라고 많이 고쳤지만, 원래 내가 기억하는 생가는 뒷산의 소나무들이 병풍처럼 둘러싸고 있었다.

집 안채는 300여 년 전에 우리 조상이 바래미에 입향하기 전에 지어진 것으로 추정되며, 사랑채는 1876년에 중수한 것을 아버지 대에 다시 한 번 보수를 했다고 들었다. 의성 김씨가 바래미에 온 것이 1695년경인 것을 감안하면, 우리 집은 우리 김씨 조상들이 이 동리로 오기 전에 건축된 것으로 보인다. 왜냐하면 우리 집 주소가 해저리 490번지이고, 우리 집에서 두 집 건너인 해저리 485번지의 만회고택晩悔古宅이 1690년에 여씨에 의해 지어진 점을 미루어 볼 때, 우리 집도 여씨 집안과 거의 동시대에 건축한 것으로 짐작된다.

내가 자랄 때는 집 앞의 넓은 밭에 각종 채소도 재배했다. 무엇보다도 그 밭에는 백여 주의 뽕나무가 심겨 있었는데 그 뽕나무는 누에를 칠 때는 뽕잎을 공

1-1. 1965년 내가 미국으로 떠나기 전의 우리 집 모습.

급하고, 늦가을이나 초겨울에는 먼 곳에 사는 소작인들이 소작료로 내는 벼를('도지'라고 불렀다) 소 달구지에 싣고 와서 그 뽕나무에 소를 매어 두었다. 그때 밭 일부는 논으로 변했고, 나머지 일부는 늙은 뽕나무를 잘라낸 뒤 새 묘목을 심었다. 그 흔적이 〈사진 1-1〉에서 조금 보이지만, 지금은 주위의 텃밭이 모두 집을 넓히는 데 사용되었다. 큰집 큰조카인 종구鐘九가 집 전체를 확장한 뒤 제 아버지의 호를 따서 '토향고택土香古宅'이라고 이름을 붙이고 2014년에 문화관광체육부로부터 고택 지정을 받으면서 생가 앞 뽕나무 밭이 고택 체험장으로 변한 것이다. 태어나고 자란 생가가 고택 체험장으로 변한 것을 보기보다는 옛 기억을 그대로 간직해 두고 싶은 마음이 크다 보니 바래미로 향하는 발걸음이 자꾸 머뭇거린다.

어릴 때 우리 집은 대식구였고, 집일과 농사일을 하는 머슴 두 가족, 그리고 부엌일과 잡일을 하는 식모 격인 담사리 두 가족, 그리고 결혼에 실패하여 친정으로 돌아온 고모님과 고종사촌 남매, 생활이 어려워서 부모들은 강원도에 있는

1-2. 근래에 변모한 '토향고택' 전경.

1-3. '토향고택土香古宅'이라는 현판이 대문 위로 보인다.

광산으로 일자리를 찾아가고, 자녀들은 학교를 다녀야 한다고 우리 집에 머무르는 객식구인 7촌뻘의 아저씨들까지 합치면 한솥밥을 먹는 사람의 수는 매일 30여 명이 넘었다. 문자 그대로 그 많은 '식구食口'들 틈에서 나이가 가장 어린 나는 주위 사람들의 시선을 끌지 못했다. 할머니는 나를 챙겨 주셨지만 어려서부터 유난히 허약하고, 병약하고, 말랐다고 해서 누님과 형님들은 나를 "5전짜리(어치) '쑛명태'[말라빠진 수놈 명태라는 사투리]"라고 놀렸다. '마른 명태'라고 해도 말랐다는 표현으로 충분할 터인데, 거기다가 '5전짜리'밖에 되지 않는 명태라니 얼마나 말라 비틀어졌던지를 짐작하고도 남지 않겠는가?

우리 어머니는 젖이 부족해서 나를 제대로 먹일 수가 없었다고 한다. 유아용 분유도 없던 시절이라서, 하는 수 없이 유모의 신세를 질 수밖에 없었다. 그때 우리 집 '담사리' 중에 같은 시기에 딸(숙자)을 출산한 사람이 있어 나는 그 젖을 나누어 먹었다고 한다. 한 사람의 모유를 두 아이가 나누어 먹자니 둘 다 젖을 배불리 먹지 못하고 자란 셈이다. 그런데 그때가 조선이 망한 지도 근 30여 년이나 지난 일제 식민지 치하인데도 불구하고, 일본 사람들은 한국 사람들의 성과 이름까지 바꾸려 들면서도 전통적으로 내려오던 양반과 상민 사이의 계급구조를 타파하기는 고사하고 오히려 그 제도를 조장했다. 그렇게 하는 것이 조선을 통치하는 데 유리하고 지방의 지주계급들의 환심을 살 수 있었기 때문일 것이다. 그런 관행에 따라 나에게 '생명줄인 젖'을 나누어 준 숙자 어머니에게 나는 '숙자 어멈'이라고 하대하고, 숙자 어머니는 나에게 '대림'이라고 부르며 존대를 했다. 나는 전근대적인 사회규범 속에서 살아 본 마지막 세대이다.

'바래미'로 돌아가지 못한 유감遺憾

돌이켜 보면 내가 봉화의 바래미에 산 기간은 단지 14년밖에 되지 않으며, 그 기간 중에도 다섯 살 이전의 일은 기억조차 없으니, 내가 철이 들고 바래미에 산 것은 8~9년밖에 되지 않는 셈이다. 태어난 고향보다 서울에서 더 오래 살았다. 게다가 지금까지 내가 가장 오래 산 곳은 봉화도 아니고, 서울도 아니며, 미국의 남부이다. 미국 남부에서 산 기간이 자그마치 36년이나 된다. 그러나 내가 그렇게 오랫동안 미국에 살았으면서도 미국에서 미국 사람이 나보고 "어디서 왔느냐"고 물어보면, 나는 으레 "한국에서 왔다"고 대답했다. 영국 출신으로 뉴욕에서 1개월 정도 살다가 미국의 다른 지역으로 이사를 간 사람에게 어디서 왔느냐고 물어보면 주저 없이 "뉴욕에서 왔다"고 대답하는 것이 우리와 서양 사람들과의 차이인 모양이다. 옛날부터 우리는 객지에서 죽었을 때 시체를 다 옮기지 못하면 머리털이라도 고향에 묻어야 한다고 알고 있지 않는가?

그래서일까? 고향으로 돌아가고 싶은 생각이 오죽 간절했으면 1987년에 『미국 인류학회지*American Anthropologist*』에 "인류학자도 고향에 다시 돌아갈 수 있을까Can an Anthropologist Go Home, Again?"라는 성찰인류학reflexive anthropology 분야의 논문도 썼다.[7] 서양 사람의 격언에도 "고향에 갈 수는 있어도 옛날 그대로 '다시 돌아갈 수'는 없다"는 말이 있다You can go home, but you cannot go home, 'again'. 뜻밖에도 내가 2001년 한국으로 귀국했을 때, 큰형수는 부모님이 돌아가시기 전, 나중에 내가 한국으로 돌아와서 고향에 집을 짓고 싶으면 지으라고 정해 준 집터가 있다고 알려주었다. 둘째 형의 집을 큰집의 왼쪽에 지었기에, 큰집의 오른쪽에 내 집을 지을 수 있도록 배려를 하신 것 같았다. 그러나 내가 귀국하고 그 집터에 작은 우거라도 마련하려고 보니, 이미 그 집터는 나도 모르는 사이에 다른 사람에게 팔려버리고 없었다. 결과적으로 나는 고향에서 더 이상 뿌리를 내릴 수 없게 되었다.

내 앞으로 부모님이 남겼던 집터가 없어진 것 말고도 내가 미국에 오래 머무르는 동안 조카들이 어리다 보니, 집안의 어느 어른이 우리 집에 남은 봉화군 재산면 갈산리에 있는 임야와 석평리에 있는 위토[8]를 1981년 5월 27일자로 다른

7 Choong Soon Kim, "Can An Anthropologist Go Home, Again?," *American Anthropologist* 89 (1987): 943-946 참조.

8 봉화군 재산면 갈산리 임야 170,182m^2와 봉화군 내성면 석평리 위토 60,960m^2이다.

사람의 이름으로 둔갑을 시켰다는 사실을 귀국 후에 알게 됐다. 토지의 명의 이전은 매매나 증여(기증)가 아니면 할 수 없는데 어떻게 된 것인지 궁금했다. 그때 학교법인 고려중앙학원에서 나와 함께 일하던 이상혁 변호사의 도움으로 조사해 보니, 일가 어른이 『부동산 소유이전등기에 관한 특별법』 법률 제3094호를 교묘하게 악용해서 마을의 몇 사람을 증인으로 세우고 내가 미국에 거주하고 있는 점을 악용하여 몰래 이전등기를 했다는 것이다. 이 변호사는 당사자에게 문제의 임야와 위토를 원상회복하도록 종용해 봤으나 거절당했다고 일러주었다. 쟁송을 하는 수밖에 없다고 했다. 집안에 남은 마지막 자투리 땅이라도 지키기 위해서는 송사도 불사해야 했었지만, 우리 집안일을 세상에 들춰내는 것이 싫어서 그냥 참기로 했다. 대신 "집안 귀신이 사람 잡아간다"는 우리 옛 속담俗談은 '진담眞談'이라는 것을 배우게 됐다.

격동의 유·소년기(1938~1953)

내가 '무식無識'을 면한 것은 내 나이 다섯 살이 되던 때였다. 『천자문千字文』은 생가의 할아버지에게서 배웠고, 『동몽선습東蒙先習』부터는 마을에서 한학에 조예가 깊은 김홍기金鴻基 어른에게 배웠다. 글을 배우는 대가로 '훈장님'께 드리는 '수업료'는 아침에 그 어른의 '요강'을 비우고 씻는 일, 그리고 그 훈장님께서 거처하시는 방과 마루를 쓸고 닦는 '노역勞役'으로 대신했다. 명절에는 연초煙草를 선물하기도 했다. 그 글방의 교육방법 등은 옛 조선의 방식 그대로였다. 나는 전근대적인 형태의 글방 출신인 마지막 '사림士林'인 셈이다. 게다가 내가 글을 배우던 그 글방은 '만회고택晩悔古宅'으로 국가민속문화재 제169호로 지정된 곳이니, 말하자면 나는 '명문 글방' 출신인 셈이다.

소학교小學校 1학년에 퇴학당하다

내가 내성에 있는 봉화공립소학교에 가기 전까지는 바래미가 내 세상의 전부였다. 학교에 간 나는 읍내 아이들 틈에서 흡사 '관청에 잡아다 놓은 촌닭' 같은 표정으로 멍청하게 홀로 앉아 있기 일쑤였다. 나는 개학하는 첫날부터 학교에 가기 싫었다. 읍내 아이들과 어울리지 못했고 나보다 다섯 살 위인 누님은 내 '보호자' 역할을 해야 된다고 생각했는지 내가 학교에서 하는 모든 일을 집에 돌아와서 온 식구들에게 '고자질'했다. 사실 그 버릇은 90이 가까운 지금에도 버리지 못하고 있다.

그렇다고 학교 일과에 흥미가 있는 것도 아니었다. 아침 일찍 학교에 가면 조회를 한답시고 다 모아 놓은 뒤, 학교에서 멀지 않은 언덕배기에 있는 신사에 가서 참배를 해야 했다. 그곳에서 나는 발음도 제대로 하지 못하는 황국신민서사皇國臣民誓詞를 큰 소리로 외어야만 했다. 황국신민서사는 일본이 1937년에 만들어 조선 사람들에게 외우게 한 것으로 이 선서는 어른용과 아동용으로 구분되어 있었고 "1) 우리들은 대일본제국의 신민臣民입니다; 2) 우리들은 마음을 합하여 천황 폐하에게 충성을 다 합니다; 3) 우리들은 인고단련忍苦鍛鍊하고 훌륭하고 강한 국민이 되겠습니다"라는 내용이 실려 있었다. 그 선서가 일본 말로 되어 있었기 때문에 나는 그때 그 말이 무슨 뜻인지도 몰랐지만, 하도 많이 되풀이했기 때문에 75~6년이 지난 지금에도 외울 수 있다.

신사참배가 끝나고 나면 학생들은 단체로 말馬먹이로 사용할 '꼴'을 베러 나갔다. 기마병들에게 필요했기 때문이다. 또 소나무에 칼로 흉터를 낸 후, 그 밑에 깡통을 달아서 송진松津을 채취하는 일도 했다. 한국 산야의 노송老松 중에는 일제시대의 송진 채취 흔적이 남은 것들이 아직도 간혹 눈에 띈다. 우리 민족이 36년간 일본에게 당한 상처를 한눈에 보여 주는 것이다.

또 귀가하면 마을을 돌아다니며 놋쇠로 된 제사용 촛대, 젓가락, 숟가락도 모아야 했다. 탄알을 만들 때 탄피용으로 꼭 필요한 것이었다. 우리 집에는 유기 그릇, 특히 제사 때 사용하는 제기들이 많이 있었지만 빼앗기지 않으려고 그 유기 그릇들을 집 뒤 밭에 묻어 두고 그 대신 목기를 사용했다. 해방이 되고 나서 땅에 묻어두었던 제기를 꺼내 보니, 원형은 잘 보존되어 있었지만 검은색 녹이 슬어 있었다. 아무리 기와를 빻아 만든 가루로 닦아도 그 검푸른 녹은 영영 지워지지 않았다.

학교에 가서 제일 놀란 것은 내 이름이 변한 것이었다. 그때는 김중순이 아니고 "가네모토 쥰순金本重洵"이라고 바뀐 것을 창씨개명이라고 하는지도 몰랐다. 일본인 담임 선생이 출석을 불렀을 때, 그 이름이 내 이름인 줄을 몰라서 대답을 하지 못했다. 집에서는 아무도 내게 학교에 가면 내 이름을 일본식으로 뭐라고 바꿔 부를 것인지 말해 주지 않았었다. 나는 담임 선생님으로부터 '자기 이름도 제대로 모르는 저능아低能兒' 취급을 받았고, 아이들도 나를 똑같은 취급을 했다.

그 영향일까? 36년간을 미국에 살면서도 나는 미국 사람들이 부르기 편한 미국식 이름을 갖지 않았다. 영문 'Choong Soon'으로 표기된 내 이름은 음이 길고 발음하기가 어려워서 대부분의 미국 사람들은 내 이름을 아예 발음할 생각조차 하지 않고, 교수님들은 내 이름이 너무 '길다'고 '롱 킴Long Kim'이라고 하다가, 'L' 자를 잘못 발음하면 '잘못된 김Wrong Kim'으로 들려 놀림감이 되기도 했다. 친구들은 내 성을 이름같이 그냥 '김Kim'이라고 부르다 보니 내가 여자인줄 아는 사람도 있었다. 미국의 여자 이름에 '킴벌리Kimberly'라는 이름을 짧게 부를 때 '킴Kim'이라고 하기 때문이다. 이런 불편을 감수하면서도 한국 이름을 고수한 이유는, 일제가 강요한 창씨개명으로 성과 이름이 일본식으로 바뀌었던 것이 마음에 걸려서 다시는 내 이름과 성을 바꾸지 않겠다고 스스로 다짐한 '약속' 때문이었다. 그러나 대만에서 유학 온 중국 유학생들은(내가 학교를 다닐 당시의 중국 유학생이라면 으레 대만에서 온 학생이었다) 미국 유학을 위해 여권을 신청할 때 미국 사람들이 쉽게 부를 수 있는 서양 이름을 꼭 가져야만 한다고 했다. 내가 1993년 초에 미국 남부에 진출한 일본 기업을 연구할 때, 미국에 파견된 일본 기업체의 한 간부가 미국식 이름을 가졌길래 "당신은 어떻게 미국 이름을 갖게 되었느냐"고 물었더니, 그의 대답은 아주 간단했다. "내가 미국 이름을 갖는다고 내가 미국 사람이 되는 것도 아닌데, 김 교수는 왜 그렇게 한국 이름에 집착하느냐?"라고 되물었다. 그때 내가 "당신은 남의 나라의 강요로 성과 이름을 바꿔 본 경험이 없어서 하는 소리"라고 맞받아치는 바람에 피차간에 관계가 소원해졌다.

다시 소학교 이야기로 돌아가면, 내 일본식 이름이 어떠했던지 간에 몸이 약한 내가 언덕배기 신사를 오르내리고 송진 채취나 꼴을 베는 것은 감당하기가 어려웠다. 그때 나는 우리 지방의 방언으로 '초점,' '초학', 혹은 '하루거리'라는 '말라리아malaria'에 걸려 고생을 했었다. 하루 건너 한 번씩 학교를 파하고 오는 길에 고열이 나면 신작로 옆 풀밭에 누어서 오한이 사라지도록 앓다가 오는 수밖에 없었다. 나뿐만 아니라 내 또래의 아이들 대부분이 이 병에 걸려 있었다. 그러나 다음 날은 "언제 아팠느냐"는 듯이 멀쩡했다. 그래서 하루 건너 아프다고 이 병을 '하루거리'라고 부르는 모양이었다. 많은 아이들이 이 병에 걸려서 그런지 사람들은 '아는 병'이라고 대수롭지 않게 생각했다.

나는 어찌됐든 학교가 재미없었고, 선생은 나를 바보 취급했으며, 읍내 아이들로부터 '왕따'를 당하고 보니 학교에 흥미를 잃었다. 더구나 신체적으로 약골인 나는 학교에서 시키는 근로 봉사에 참여하기가 힘겨워서 학교를 안 가는 방도를 백방으로 찾았다. 나이는 나보다 한 살 위지만 같은 학년이었던 칠촌 아저씨뻘인 옆집 대진이를 꼬드기기로 했다. 하루는 대진이에게 "학교에 가는 대신 '범드리(우리 동네에서 조금 떨어진 거리에 있는 내성천)'에 가서 고기나 잡고 노는 것이 어떠냐"고 물었다. 나 혼자 가 봐야 심심할 것 같아서 동조자를 구한 것이다. 문제는 우리에게는 감시자들이 있었다. 대진이는 자기보다 세 살 위인 형과 늘 학교를 같이 갔고, 나는 내 행동을 늘 감시하는 다섯 살 위의 누님이 있었다. 대진이는 자기 형 병대와 내 누님인 정숙의 눈을 어떻게 피하느냐고 걱정했다. 처음에는 그들보다 먼저 일찌감치 학교에 간다고 하자고 했다. 성공적이었다.

그 이후로는 형과 누나는 우리가 늘 자기들보다 먼저 가는 것으로 알았다. 하루 이틀 해 보았더니 재미가 보통이 아니었다. 매일 신사참배를 하지 않아도 되고, 황국신민서사를 외우지 않아도 되며, 근로 봉사에 동원되지 않아도 되고, 읍내 아이들에게 멸시도 당하지 않으니 얼마나 좋은가! 아침에 학교에 가는 것같이 위장을 하고 범드리 냇가에서 모래둑을 막고 버들피리 등 잡고기를 잡는 일이 즐겁기만 했다. 단지 어려운 점은 시계가 없어서 시간을 모르는 것이 문제였다. 그렇지만 '말라리아'를 앓고 정신이 들 즈음이나, 신작로에 학교를 파하고 돌아오는 이이들이 보이면 그들의 뒤를 따라왔으니 다른 사람들에게 우리는 감쪽같이 학교에 갔다가 오는 것처럼 보였다.

그렇게 두 달이 좀 넘고 석 달째에 들어설 때쯤, 담임 선생이던 일본인 교사가 집으로 아버지를 찾아왔다. "가네모토 쥰순은 학교 과정을 따라가지 못하고, 무단으로 학교를 수 개월째 등교하지 않아서 학교의 규칙에 따라 퇴학처분을 할 수밖에 없다"는 것이었다. 나는 아버지가 구라모토 선생에게 "미안하게 되었으니 다시는 그러지 않게 아이를 단속하겠다"고 약속을 하시고 선처를 해 달라고 사정하실 것으로 짐작했다. 그러나 아버지는 아무 일도 없었다는 듯이 태연한 자세로 "퇴학처분을 받을 짓을 했으면 퇴학을 당해 마땅하지 않겠느냐?"고 선생에게 되물었다. 현장에 있던 나는 아버지의 반응에 놀라지 않을 수가 없었다. 나는 아버지의 과격한 성품을 아는 터라, 선생이 가고 나면 야단을 맞는 것은 물론이오, 매를 맞을 각오도 하고 있었다. 그러나 아버지는 정말로 '무표정'하셨다. 나는 이게 어찌된 일인지 통 알 수가 없었다. 할머니도 내가 회초리를 맞을 것에 대비해서 나를 '방어'할 만반의 대비를 하셨지만, 선생이 가고 난 다음 아버지는 아주 낮은 목소리로 나에게, "공부하기 싫으면 학교를 그만 두어야지! 그러면 별수 없다. 네 몸에 맞는 '지게'를 하나 만들어 줄 터이니, 내일부터 일꾼들을 따라 나무나 하러 가라!"고 한 말씀이 전부였다. 원래 솜씨가 좋은 아버지는 내 키와 몸매에 딱 맞는 '맞춤형 지게'를 하나 만들어 주셨다. 아주 앙증맞고 예쁜 지게였다. 다음 날부터 나는 일꾼들을 따라 매봉산에 나무를 하러 다녔다. '나무를 한다'는 말은 집에서 겨울에 쓸 연료를 확보하기 위해서 머슴들이 소 달구지를 끌고 우리 소유의 산인 매봉산에 가서 큰 소나무의 곁가지와 죽은 가지들을 따고, 잡목을 잘라서 땔감용으로 만드는 작업을 말한다. 그리고 가을에 '갈비를 끈다'는 것은 떨어진 솔잎을 긁어모아 '불쏘시개'를 마련하는 일이었다. 머슴은 나에게 지게는 달구지에 올려놓아도 된다고 했지만, 나만을 위해 특별히 제작한 맞춤형 지게가 내 체구에 너무나 잘 맞을 뿐만 아니라 예쁘게 생겨서 나는 빈 지게를 지고 달구지와 머슴의 뒤를 따라 나무를 하러 다녔다.

일본군에 징집된 형이 광복군이 되기까지

내가 학교에서 퇴학을 당하고 나무꾼이 된 사이, 일본군에 징집되어 중국 전역에 투입되었던 형이 일본군을 탈출하여 광복군에 합류하고, 후에 임시정부가 환국할 때 귀국한 이야기를 다 기록하면 한 편의 대하소설saga이 될 것이다. 형은 일본군을 탈출하고 중국군에 가담하여 싸우다가 해방을 맞이하여 광복군에 편입되기 전까지의 소회所懷를 14장 28편으로 된 가사 형태의 『춘풍감회록』으로 남겼다.[9] 이 감회록은 1945(을유년) 7월에 중국의 수수에서 쓴 초고를 토대로 귀국한 후인 1947년 2월에 붓글씨로 정서를 한 것이다. 그리고 형의 행적에 대해서는, 형과 같은 날 일본군에 징집되어 같은 부대에 편입되었다가 함께 탈출하는 데 성공한 형의 전우 김갑생의 『자국 없는 작은 자취』라는 자전적인 책을 통해서도 확인할 수 있다.[10]

9 형이 붓글씨로 쓴 『춘풍감회록』의 원문은 바래미 집을 몇 차례에 걸쳐 수리하는 중에 소실되었지만, 누님들과 형님의 큰아들인 종구가 복사본을 가지고 있었다. 나는 2019년에 형에 대한 기록을 찾던 중 경북대학교 국문학과의 백두현 교수가 『춘풍감회록』의 원본을 바탕으로 학술논문을 쓴 것을 발견했고, 백 교수를 만나서 그간의 경위를 들을 수 있었다(백두현, "일본군에 강제 징집된 김중욱의 『춘풍감회록』," 『영남학』 제9호[2006]: 419-470). 백 교수는 이 『춘풍감회록』을 서점에서 발견하고 구입하려고 했으나 서점 주인이 고가를 요구해서 구입하지는 못하고, 이 원본을 빌려서 논문을 완성하고 난 후 다시 서점에 돌려주었다고 했다.

10 김갑생, 『자국 없는 작은 자취』(대구: 우현출판사, 1989).

형이 징집된 후 광복군에 가게 된 경위는 대충 다음과 같다. 형은 제1차 조선인 강제징병대상으로 1943년에 징집영장을 받고, 1944년 9월 강제징집 1기로 징집되었다. 서울을 거쳐 평양에 도착한 후, 그곳에서 일본군 44부대에 편입되어 10월까지는 평양에 머물다가 천진天津과 북경北京을 거쳐 창현滄懸이라는 소도시에 도착하여 4206부대에 인계되었다. 그리고 창현에서 훈련을 받던 중 징병으로 끌려온 경상도 북부 지방 출신의 한국인 다섯 명-형, 김갑생, 박재헌, 김춘섭, 그리고 이수호-이 일본군을 탈출하자는 뜻을 모으고 기회를 엿보다가 강서성江西省 수수현修水縣 근처에서 탈출을 감행했다. 부대에서 100여 미터 떨어진 나무 밑에서 옷을 벗고 '이lice'를 잡는 척하다 탈출한 다섯 명은 호남성 동정호洞庭湖 동편 어느 산골에 다다랐다고 한다. 형 일행은 마을 사람들의 도움으로 중국군 유격대에 인도되었고, 거기서 다시 장제스蔣介石 휘하 강건부대剛健部隊에 편입되면서 형은 중국군 대조(대위에 해당)로 임명되었다. 중국군의 선무대로 장제스의 중앙직계군의 일원이 된 것이다. 김갑생의 기록에 의하면, 수수에서 중국유격대로 활동하는 동안 형은『춘풍감회록』의 초고를 끝냈다고 한다.

그러던 중 1945년 8월 15일 일본군이 항복하자, 형을 위시한 한국인 다섯 명은 무한까지 갔다. 무한에서 우리 임시정부로부터 파견된 권양무에게 인도되어 형을 비롯한 이들은 권양무 지대장 밑으로 편입되었다. 김갑생의 기록에 의하면 "우리 가운데 출중한 김중욱은 대대장에 임명되었으며 … 나는 훈련교관과 사무장의 책임을 맡았다"고 했다.[11] 광복군 5지대는 무한에서 재편성하여 훈련을 받고 3개월 후 상해로 이동해서 현지 광복군과 합류한 뒤 귀국 준비를 하라는 명령을 받았다. 5지대는 무한을 떠나 남경에 도착하여 그곳에서 일시 머무르다가 상해로 이동했다. 임시정부와 함께 곧 귀국할 것을 꿈꾸었던 광복군은 미군정청이 상해 임시정부의 환국을 지연시키는 사이 연합군의 지시를 빙자한 중국군에 의해 무장해제를 당했고, 열악한 환경에 수용되다 보니 굶주림에 더하여

11 김갑생, 위의 책, pp. 216-217.

위생시설까지 열악한 바람에 '회귀열병回歸熱病'이라는 전염병으로 많은 사람들이 목숨을 잃었다고 한다. 이 병은 '이lice'로 전염되는 병이라고 하는데 그 모진 전쟁터에서도 살아남은 장정들이 귀향을 목전에 두고 어처구니없이 사경을 헤매게 된 것이다. 형과 함께 탈출한 후 중국 군대를 거쳐 광복군에 합류하여 귀국을 학수고대하던 다섯 명 중 두 명-이수호와 김춘섭-이 전염병으로 귀국하지 못하고 불귀의 객이 되고 말았다. 요행히 형은 1946년 6월에 연합군 수송선 승선권을 얻어 소주성을 거쳐 상해와 황포강을 돌아 서해로 귀국했다.

이런 복잡한 사정을 모르던 우리 가족들은 해방 후 징용 갔던 사람들까지 돌아 오는데 거의 1년이 가깝도록 소식이 없는 형이 전사한 줄로만 알았다. 형의 생사에 관한 걱정으로 나의 소학교 퇴학은 관심의 대상이 되지 못했다. 돌아온 큰형은 집에서 좋아하는 글씨 쓰기를 하면서 소일했다.

제2차 세계대전의 종식

내가 머슴 만석이의 조수로 나무도 하고 쇠죽도 끓이는 사이에 전쟁은 마지막 고비에 접어들었다. 공습경보가 잦다 보니 보통 때도 늘 공습을 가정하고 이에 대비하는 방공연습을 했고, 웬만한 집 뒤뜰에는 전 가족이 피할 수 있는 크기의 방공호가 있었다. 우리 집 뒤뜰에도 산으로 이어지는 곳에 꽤 큰 방공호가 마련되어 있었다.

그러나 전쟁의 종말이 가까워지는 즈음부터는 공습경보를 알리는 사이렌 소리가 울린 뒤 '적기'(미국 비행기를 말한다)가 봉화 상공에도 나타났다. 하루는 공습경보가 났을 때 나는 방공호로 들어가지 않고, 방공호 입구에서 정말로 적기가 오는지를 보았다. 그러자 밤 하늘에 작은 별 크기의 은빛 물체가 나타났다. 집안 식구들은 내가 방공호에 들어오지 않는다고 야단들이었지만, 나는 호기심을 억누를 수 없어서 방공호 밖에서 그 작은 은빛 물체가 사라질 때까지 하늘을 쳐다보았다. 사람들은 그 비행기가 미 공군의 B-29기라고 했다. 나는 지금도 왜 B-29기가 일본 군인이라고는 단 한 명도 없고 군사시설도 없는 봉화 상공까지 왔는지를 알 수가 없다.

더구나 내가 살던 마을은 전기가 연결되지 않은 곳이고, 그러다 보니 라디오도 없어서 전쟁이 어떤 국면을 맞았는지를 모르고 있었다. 일본의 여러 도시가 공습을 당했는지, 심지어 원자폭탄이 떨어졌다는 사실도 봉화 산골 사람들은 몰랐다. 그러던 차에 별안간 제2차 세계대전이 일본의 패망으로 끝나고, 조선은 해방되었다는 소식이 전해진 내성 장터는 사람들로 장사진을 쳤다. 평일인데도 '장날'보다 더 많은 사람들이 모였다. 어떤 사람들은 "독립 만세"라고 쓴 수건을 머리에 두르고 골목을 행진했다. 그들이 외치는 '붕화 삼천리!'라는 소리를 통 알아들을 수가 없었다. 나와 같이 내성 장터에 간 대진이도 '붕화'라고 들었다고 했다. 그 말이 무엇인지 몰라서 물었더니 '무궁화 삼천리'라는 것이다. '무궁화'는 우리나라의 '나라 꽃(國花)'이고 '삼천리'는 '삼천리 금수강산'의 준말이라고 했다. '사쿠라(벚꽃)'가 국화인 줄 알던 내가 거리에서 사람들이 해방의 기쁨에 외치는 구호를 듣고서야 '무궁화'가 우리의 국화인 줄을 알게 되었다. 그 전까지만 해도 우리 집 바깥채 화장실 앞에 있던 별로 예쁘지도 않던 무궁화 나무를 아버지가 왜 그렇게 정성껏 가꾸시는지를 몰랐다.

내성 장터의 '소리사'라는 라디오 수리점 앞에서 사람들은 숨을 죽여가며 일본의 쇼와천황(昭和天皇)의 항복 방송(녹음 방송이라고 한다)을 들었다. 음색도 좋지 않고 산골인 봉화는 전파 수신 상태도 좋지 않아서 잘 들리지는 않았지만, 어느 힘 빠진 노인이 떨리는 목소리로 뭐라고 하는 말이 패전 천황의 항복선언인 모양이었다. 믿기 어렵지만, 그 전까지는 일본 사람들도 천황의 육성을 들어본 일이 없다고 했다. 더글러스 맥아더Douglas MacArthur 장군과 연합군사령부의 강요로 1946년 1월 1일에 자신이 신이 아니라 '인간'이라는 것을 발표하기 전까지 천황은 신으로 여겨졌고, 그의 연호를 사용하여 나도 내 생년월일을 말할 때 '쇼와 13년생'이라고 표시했다. 그 당시에 나는 단군檀君을 기점으로 하는 단기檀紀도 몰랐고, 서기西紀라는 말은 들어본 일조차 없었다.

해방 후의 혼란

해방 직후의 한국의 사회 정치상황은, 특히 봉화 같은 산악 지역에서는 밤이면 무법천지나 다름없었다. 밤이면 공산당 계열의 '게릴라guerilla'들이나 빨치산들이 난동을 부리고, 경찰 지서를 습격하기도 하며, 우익 인사들을 잡아서 처형하기도 했다. 우리 집안의 김병일 아저씨도 우익이라는 이유로 밤중에 빨치산에 끌려가서 다음 날 총살된 시신으로 발견되었다. 좌익 빨치산만 우익 인사를 밤에 몰래 죽인 것은 아니다. 경찰은 체포한 빨치산들을 7일장이 서는 내성 장터로 가는 내성천 다리 밑에 묶어놓고 흰 보자기로 얼굴을 가린 채 공개적으로 총살했다. 나는 보지 않으려고 눈을 감았는데, 별안간 들리는 총소리에 조건반사적으로 눈을 떴다가 총소리와 함께 목이 아래로 처지는 장면을 목격했다. 이때의 상황과 장면들을 묘사하는 데 소설가 조정래는 200자 원고지 15,700매의 분량으로도 모자라지 않았던가?[12]

해방 직후(1945년 8월 15일), 한국이 즉각적으로 독립국가가 되지 못하고 1945년 9월 9일부터 1948년 8월 15일까지 미군에 의한 군정 기간을 거쳤지만, 군정 장관을 위시한 미국 군사 고위당국자들은 한국 정세에 대한 이해가 부족했다. 브루스 커밍스Bruce Cumings에 의하면, 한국주둔 미군 사령관이자 군정 장관에 임명된 존 하지John R. Hodge는 아시아 문화나 아시아 정치에 관해서는 문외한으로 1천 500만(당시의 남한 인구)의 한국 사람을 통치할 능력이 없었던 사람이라고 했다. 그는 한국을 미국에 항복한 적국으로 취급했고 그에 준하여 다루어야 한다고 생각했다는 것이다.[13] 군정의 고문이었던 백낙준도 미군은 확고한 정책이나 목적이 없었으므로 본래의 군정의 '미션mission'에서 벗어났고, 사명에

12 조정래, 『태백산맥』 전10권(서울: 해냄출판사, 2003).

13 Bruce Cumings, *The Origins of the Korean War: Liberation and the Emergence of Separate Regimes, 1945–1947* (Princeton: Princeton University Press, 1981), p.126; Gregory Henderson, *Korea: The Politics of the Vortex* (Cambridge: Harvard University Press, 1968), p. 21.

서 멀어졌다고 했다.[14]

복교와 월반越班

해방이 된 후 다른 아이들은 계속해서 학교를 다니는데, 나 혼자 집에서 놀고 있자니 심심해서 다시 학교를 가 보기로 했다. 일제 때 퇴학을 당한 것이라 재입학은 아주 간단했다. 학교에 재입학한 후 나보다 5년 위인 누님의 국어책을 봤더니, 누님의 국어책도 1학년인 내 국어책과 같았다. 해방이 되고 나서 처음으로 '진정한 우리의 국어(한글)'를 배우다 보니 국어 교과서는 1학년이나 6학년이나 같을 수밖에 없었다. 난생처음 나는 공부하는 것이 나무하는 것이나 쇠죽 쑤는 일보다 쉬운 것을 알았다. 국어 실력은 누님에게 뒤지지 않았다. 그리고 수학도 어렵지 않았다. 1학년이 끝났을 때 나는 반에서 성적이 제일 좋다며 2학년 반으로 가지 말고 3학년으로 가라고 했다. 월반을 시켜준 것이다. 학교 밖에서 1년을 놀았지만 3학년으로 월반을 하면서 잃어버린 1년을 되찾은 셈이었다. 전에 동급생이었던 3학년 아이들로부터 '왕따' 신세를 면하고 급장(요즘의 반장을 말함)으로 뽑혔다.

복학하면서 가장 기억에 남는 일은 내가 바깥세상에 눈을 뜨기 시작했다는 점이다. 그때 학생들은 교과서가 없고 선생님만 교과서가 있어서 나는 선생님에게 국어 교과서를 하루 빌렸는데, 그 국어 교과서에 어느 학생이 자기 마을을 소개하는 간단한 글이 실려 있었다. 그 글은 "우리 마을은 경기도 시흥군 군자면 정왕리라는 바닷가의 조그마한 마을이다"라는 문장으로 시작되었는데,[15] 그

---

14 백낙준, "인촌 김성수와 민족교육," 권오기 편『인촌선생의 애족사상과 그 실천』(서울: 동아일보사, 1982), pp. 216-217.

15 '정왕리'라는 마을이 실제로 존재하는지, 그리고 그 마을이 아직까지 존재하는지를 조사해 보았더니 실제로 존재했었다. 1914년부터 1987년까지는 경기도 시흥군에 속했던 마을이었지만, 1988년 행정구역개편으로 1989년 1월 1일부터 시흥군이 없어지는 바람에 정왕리를 포함한 군자면이 시흥시에 포함되었다.

간단한 한 문장이 나에게 너무나 큰 감명을 주었기에 70여 년이 지난 지금도 나는 그 대목을 외우고 있다. 특별한 내용이 있는 것도 아닌데 그 간단한 문장이 내 안목眼目에 '혁명'을 가져온 이유는, 그때까지 나는 이 세상이 전부 봉화군처럼 산으로만 둘러싸인 줄 알았다. 그러나 이 세상에 '바다'에 면한 마을도 있다는 것을 알게 됐다. 사실 서울 유학을 간 1954년까지 나는 '바다'를 본 일이 없어서 그에 대한 개념이 없었다. 바다와 경기도를 보려면 서울로 가야만 한다는 마음이 결국 나로 하여금 유학을 가게 만든 것이다.

6·25전쟁 발발과 휴전

6·25전쟁이 발발한 것은 내가 국민학교 6학년이 되었을 때이다. 1950년 6월 25일 새벽에 전쟁이 났는데도 우리는 몰랐다. 그때만 해도 신문을 구독해 봤자 배달이 늦어서 '신문'은 늘 '구문'이고, 마을에 전기가 들어오지 않던 때이니 라디오를 들을 수도 없었다. '트랜지스터 라디오'에 대해서는 들어 보지도 못했다. 그러나 전쟁이 터진 며칠 후 대통령은 서울을 끝까지 사수한다는 말을 했다는 소문이 돌았다.

마침내 대통령이 피난을 가고 수도를 빼앗기는 등, 난리가 난 지 얼마 되지 않은 7월 말부터는 서울에서 500여 리 밖에 있는 우리 고장에도 포성砲聲이 죽령 방향에서 은은하게 들리다가 점차 귓전에 가까이 들리기 시작했다. 급기야 8월 초에 한국군은 안동, 영주, 예천, 봉화에서 후퇴하고, 인민군이 영주 방향에서 우리 마을까지 들어왔다. 전쟁이 시작된 줄도 모르다가 전쟁이 시작된 지 불과 한 달이 조금 지나 적군이 우리 집 마당까지 닥친 것이다. 앞질러 가는 적군의 진격에 우리는 피난을 갈 곳도 없었지만, 갈 수도 없었다. 그러나 남자가 집에 있다가는 무슨 화를 당할 지도 모르고, 자칫하면 인민군으로 끌려 갈 것 같아서 집에는 아버지와 어머니와 여자들만 남고 두 형과 삼촌은 산으로 몸을 피했다. '전꼴'이라는 '산지기' 움막에 은신하기로 하고, '나이가 어리다'는 이유로 내가 집과 은신처 사이의 연락을 맡았다. 전쟁 전에 '빨치산'들이 사용하던 은신처를 사용하게 된 것이다. 6·25전쟁 중에 피난을 가지 못하고 서울에 남아 숨어서 지낸 일기를 출판한 김성철의 『역사 앞에서: 한 사학자의 6·25일기』[16]는 그때 내가 겪은 기억을 되살려 주었다.

우리 집 여자 식구들만 안마당에 앉아 있는 가운데, 장총에 긴 칼을 꽂은 인민군 한 명이 우리 집 안마당으로 들이닥쳤다. 그는 명령조로 "이 집이 이 근처에서 제일 크고, 바로 뒤에 높은 산이 있어서 비행기의 공습에 대비하기 제일 좋은 조건이라 당분간 이 집을 인민군 후방 경비사령부로 쓰려고 하니 내일까지 집을 비우라"고 했다. 그 인민군은 "전시 중인데 군령을 위반하면 어떻게 되는지를 알 터이니 믿고 간다"면서 나갔다. 하는 수 없이 우리는 마을 앞을 가로질러 흐르는 실개천(지금은 토사가 쌓여서 물이 말라버린 방천) 건너편에 있는 단칸방의 농막農幕으로 이사를 했다. 찌그러지기 직전의 초라한 초가집 건너편에서 보이는 우리 큰 기와집에 드나드는 인민군의 움직임이 심상치 않았다. 앞 마당에는 천막이 쳐졌다.

그러는 사이 마을에는 이북식 공산 단체가 속속 소개되었다. 마을 소년들은 모두 소년단원이 되었고 나도 예외가 될 수 없었다. 형들이 피신 중이니 나라도 적극적으로 참여해야 된다는 어른들의 말씀에 따라 나는 소년단 모임에 참석했다. 말하자면, 공산주의 체제하에서 '부역附逆' 행위를 한 셈이다. '김일성 노래'를 배워서 힘차게 불러야 했는데 목청이 좋은 친구 덕진이는 이북 노래를 잘 불렀다. 한번은 덕진이가 어디서 들었다면서 "UN군 비행기가 오면, 거울로 비행기 조종석을 한 번 비추고, 다시 거울로 폭격할 장소를 비추어 주면, 조종사는 그곳이 적군의 은신처라는 신호인 줄 알고 폭격한다"는 것이었다. UN군 비행기를 유도하여 우리 집을 폭격하도록 해 보자는 "거창한 작전계획"이었다. 덕진

16 김성철 지음, 정병준 해제, 『역사 앞에서: 한 사학자의 6·25일기』(서울: ㈜창비, 2017. orig. 1993).

이 말대로 집안에 있던 손거울을 가져와서 방천에 엎드려 UN군 비행기가 우리 동리 상공을 선회할 때 여러 번 비추어 봤으나 그 조종사는 우리의 신호를 알아차리지 못한 것 같았다. 덕진이가 교사教唆한 우리의 '거사'가 성공했더라면 지금의 '토향고택土香古宅'은 존재하지 않을 것이다.

그러던 중, 1950년 9월 15일 맥아더 장군이 인천 상륙작전에 성공했고, UN군은 38선을 넘어 북진하면서 압록강까지 영역을 확보했지만, 10월 초와 11월에 대규모의 인민해방군이 참전하면서 '인해전술'로 밀고 내려왔다.[17] 중공군과 북한군의 인해전술에 UN군과 한국군은 북한 땅에서 물러설 수밖에 없었고, 1950년 12월 4일에는 평양을 포기했다. 흔히 "1·4후퇴"라고 일컫는 퇴각은 실제로 1950년 11월 말과 12월 초에 걸쳐서 이미 이루어졌으며, 1951년 1월 4일은 중공군들이 서울을 점령한 날짜이다.

중공군의 참전에도 불구하고 인민군은 우리 봉화 지역을 다시 점령하지는 못했다. 인천상륙작전 이후 퇴각하는 인민군을 토벌하기 위한 군대가 뒤따랐고 경찰도 동원되었다. 그러나 산에 은신하던 패잔병들이 통과하는 경찰기동대와 군인 트럭을 습격하는 일이 잦아지면서 이를 막기 위해 도로변에 있는 나무를 흡사 삭발하듯이 베어버렸다. 봉화군 군청소재지에서 멀리 떨어진 재산면 같은 곳은 더 심했다. 우리 집이 소유한 산이 주로 재산면에 많이 있었고, 유독 그곳에 봉화의 명물인 '춘향목'이 많았지만 은신처를 제공한다는 이유로 다 잘려나가는 바람에 우리는 막대한 재산상의 손실을 보았다.

어찌됐든 인민군의 후퇴로 우리는 빼앗겼던 집을 다시 찾게 됐고, 숨어서 지내던 형님과 삼촌도 돌아왔다. 그러나 인민군의 후방경비사령부로 썼던 우리 집은 뼈대만 그대로일 뿐 다 망가져 있었다. 인민군들이 온 집안을 흙발로 드나들어서 사랑채 마루 위에 쌓인 흙을 긁어내고 원래의 나무결을 드러내기가 보통

17 Allen S. Whiting, *China Crosses the Yalu: The Decision to Enter the Korean War*(Stanford: Stanford University Press, 1960), p. 118.

일이 아니었다. 거울처럼 빛나던 마루는 아무리 새롭게 윤을 내려고 아침저녁으로 닦아도 희멀겋게 보였고, 표면은 거칠기 그지 없었다. 방구들도 다시 놓아야 했다.

기간만 보면 인민군의 점령 기간이 불과 3~4개월밖에 되지 않았지만, 그들의 점령이 우리한테 미친 영향은 크고 깊었다. 어린 나이에 배운 김일성 노래는 아직까지도 내 기억에 사라지지 않는다. 만일 내가 어린 나이에 공산주의 체제를 경험하지 않았더라면, 나도 요즈음 젊은 사람들처럼 공산주의나 좌익사상을 편견 없이 받아들일 수 있는 포용성이나 융통성이 있었을지도 모른다.

'농지개혁'으로 몰락한 지주의 아들

6·25전쟁은 한국민 모두에게 막대한 인명피해 말고도 재산상으로나 정신적으로나 큰 타격을 주었지만, 이승만 정부 출범 1년 후인 1949년 6월에 제정 공포된 『농지개혁법』의 시행도 6·25전쟁의 영향을 크게 받았다. 안 그래도 농지개혁은 대상이 된 대부분의 지주들에게는 막대한 재산상의 희생을 강요하는 정책이었지만, 6·25전쟁으로 인해 당초 예상했던 개혁의 성과를 얻지 못했다.

북한이 실시한 무상몰수형식과는 달리 남한에서는 '유상 매수·유상 분배 원칙'을 내세웠다. 이 농지개혁의 원칙에 따르면 토지소유자는 각 가구당 3정보(1정보=3,000평 혹은 9,917.4평방미터)를 소유 상한선으로 하며, 그 이상의 농지는 국가가 지가증권을 발급하여 매수하는 형태를 취하고, 그 농토를 경작하던 소작인에게 분배했다. 소작농은 농지를 분배받는 대신 해당 농지에서 수확한 수확량의 30%를 5년 동안 국가에 현물로 상환하기로 했다. 농지개혁의 당초의 취지는 당시 한국 인구의 70.9%가 농민이었고, 그중 80% 이상이 소작농이었기 때문에 가난한 소작농들을 빈곤에서 벗어나게 하고, 그때까지도 잔존하는 양반과 상민의 차별을 철폐해야 한다는 사회정의를 실현한다는 관점의 개혁이었다.

그러나 문제가 발생했다. 농지개혁의 시행 일자가 1950년 6월 23일이었는데, 시행 이틀 후 6·25전쟁이 발발하면서 지주에게 배상할 지가보상이 지연됐고, 전쟁으로 상상을 초월하는 인플레이션이 발생하면서 지주들에게는 가혹한 결과를 초래했을 뿐 아니라 정부가 기대했던 토지 자본이 산업자본으로 유입되는 것이 무망해졌다. 우리 아버지를 비롯한 대부분의 중소지주들은 토지 자본을 산업자본으로 전환시킬 능력이나 경험이 없었고 보상금 자체도 얼마 되지 않아 국가가 당초에 기대했던 성과를 달성하지 못했다. 물론 농지개혁 전에 토지를 헐값에 매매하거나, 농토를 비농지로 바꿔 묻어 두거나, 아니면 농지개혁의 대상이 되지 않는 임야와 위토 및 간척지로 돌려놓는 등 여러 가지 편법을 쓴 사람도 있었다고 한다. 그러나 편법을 쓰지 않고 국법에 따르기로 했던 우리 집 같은 경우는 다른 현금 수입원 없이 3정보(9,000평)의 한정된 농토로 살아야 했고, 그러자니 집안 형편은 어려워질 수밖에 없었다. 가세는 한 번 기울기 시작하면 걷잡을 수가 없는 것 같다. 농지개혁 이후 우리 집 형편은 매일 달라졌다.

지가증권의 보상금은 내가 연대에 입학할 무렵에야 받았는데 그 돈을 몽땅 대학등록금으로 썼으니, 말하자면 우리 집 재산의 대부분은 내가 다 쓴 셈이 됐다. 전쟁 중에 일어난 인플레이션은 수천%나 되었기에 그 많은 토지의 지가증권이 '휴지 쪽'이 된 것이다. 우리 아버지는 나에게 농담으로 "우리 전 재산은 네가 연대 등록금으로 다 말아먹었다"고 하셨다.

중학 진학을 포기하고 '고등공민학교'에 입학

국민학교를 졸업하기 전 6·25전쟁이 발발하는 바람에 우리 학년은 피난을 다니느라 제대로 학교를 다니지 못했다. 국가는 하는 수 없이 당시 국민학교 졸업예정자들에게 국가자격시험을 보게 하고 그 시험성적에 따라 국민학교 졸업자격과 중학교로 진학할 수 있는 자격을 부여했다. 그때 서울은 수복 전이었고, 서울 지역 학생들은 난리 통에 공부를 제대로 하지 못해서 봉화 같은 시골에 있던 학생들의 시험성적이 오히려 우수했다. 나도 얼떨결에 친 시험이었지만, 내

성적이면 전국 어느 중학교에도 입학이 가능하다고 했다. 당시에 서울에 있던 중학교들은 피난길에 있었으므로 부산과 대구에 있는 중학들이 전국에서 입학하기가 가장 어려운 학교가 되었다. 기왕이면 대구에서 입학하기가 제일 어렵다는 학교에 지원해 보기로 했다. 서류전형에서 합격을 해서 '구두시험(면접)'을 봐야 한다는 통지를 받고 난생처음 대구로 갔다.

그때 나는 봉화보다 큰 읍은 영주를 가 본 것이 고작이었고, 안동도 가 본 일이 없었다. 그런 시골뜨기가 서울에서 피난 온 사람들과 학생들까지 뒤섞여 복닥거리는 대구에 가니 겁이 났다. 그때 나는 대구의 둘째 삼촌 댁에 머무르며 면접시험을 치렀다. 둘째 삼촌은 아버지 4형제분 중에서 가장 다정다감하신 데다 개명하신 분이었다. 경상북도의 여러 군 금융조합장(현 농협 시·군 지점장)을 역임하고 퇴임 후, 대구에서 조그마한 도정道精과 국수공장을 경영하셨다. 삼촌 댁은 결혼한 두 사촌누님 외에 학교에 다니는 사촌들만 5명이나 있었으니, 거기에 나까지 합하면 6명의 아이들이 득실거릴 판이었다. 나는 속으로 구두 시험에 불합격하기를 바랐다. 그러나 이걸 어쩌랴? 합격이 됐다. 그래도 나는 부모님께 삼촌 댁에 식구들이 많아서 내가 그곳에서 학교를 다닐 수 없다고 솔직하게 설명을 드렸다. 당시 우리 집의 경제사정으로는 대구에서 하숙을 할 형편도 되지 못했고, 싼 방을 얻어서 자취를 하기에는 내 나이가 너무 어렸다. 나는 이 핑계 저 핑계를 대면서 대구에서 중학교를 다니기를 포기하기로 했다. 봉화에서 중학교에 다니다가 후에 형님이 다니던 서울 학교에 가겠다고 생각했다.

그러나 이 일을 어떻게 하면 좋겠는가! 그때는 국가시험 성적으로 전국의 중학교 입시를 동시에, 그리고 한 번만 시행했다. 나는 대구에 있는 중학교에 지원하느라 봉화에 있는 봉화중학교에 지원하지 못했다. 입학하기 힘든 명문중학교에 합격을 하고서도 가지 않는 나를 이해해 주는 사람이 없었다. 그러나 후에 중학과정 검정시험이라도 쳐 보려면 영어나 수학은 공부를 해야 할 것 같아서 '봉화고등공민학교'에 가기로 했다. 고등공민학교는 초등학교 또는 공민학교를 졸업한 후, 중학교 교과과정의 교육을 받지 못한 채 취학연령을 초과한 사람,

또는 일반 성인에게 국민생활에 필요한 중등교육 및 직업교육을 실시하기 위하여 1949년 교육법개정으로 설치된 교육기관으로, 수업연한은 1년 내지 3년이며 교과과정은 중학교에 준했다. 이렇듯 봉화고등공민학교는 중학교 과정을 가르치기는 하지만 정식 중학교와는 달랐다. 학생들의 대부분은 가난한 집안 출신으로 중학교 교복도 없고, 교모도 없었다.

공교롭게도 집에서 쉬고 있던 큰형이 '소일거리' 겸 이 고등공민학교에서 수학과 한문을 가르쳤다. 죽을 고비를 수 차례 넘기고 귀국한 형은 그 당시 세상의 잡다한 일에 별 관심을 두지 않고 집에서 조용하게 지내고 있었다. 그의 희망은 농학을 공부하여 나중에는 현대적이고 과학적인 영농을 하는 것이었다. 농지개혁 이전에 우리가 농토를 넉넉하게 소유했을 때의 꿈이었을 것이다. 형은 중앙고등보통학교(현 중앙고등학교)를 졸업한 후에 보성전문(고려대의 전신)에 농학과가 있다면 진학하고 싶어했다. 당시 교장이던 현상윤 선생은 형이 농대를 가고 싶다고 하자 인촌 김성수 선생도 보전에 농과를 신설하고 싶어 한다고 했다. 하지만 당장 총독부가 허가를 해 주지 않으니, 언젠가 농대가 생기면 꼭 알려 주겠노라고 했다고 한다. 해방 후 현 교장은 보전 교장으로 자리를 옮겼다가 초대 고려대학교 총장을 역임했다.

형이 고등공민학교의 교사가 되고 내가 그곳에서 공부를 하는 중인 1953년 2월에 형제가 이 학교를 동시에 떠나게 된 경위도 '운명' 같기도 하다. 내가 정식 중학교를 갔더라면 고등학교 진학을 걱정했을 중 3 때의 일이다. 고등공민학교가 재정적으로 운영이 어려워지고, 의무교육의 확대를 놓고 고등공민학교의 무용론이 대두되면서 봉화고등공민학교는 폐교를 하기에 이르렀다. 공교롭게도 고등공민학교가 폐교되던 해에 고대에 농대가 생겼다는 소식을 들은 형은 대구로 가서 피난 온 고대 농대의 입학생이 되었고, 졸업 후에는 시골에서 혁신적인 영농을 해 보겠다던 옛 꿈은 접고 농림부(당시 부서명) 공무원이 되었다.

한편 고등공민학교의 폐교로 앞날이 막연하기만 한 나에게 봉화중학교에서 중학교 3학년 편입시험을 볼 기회를 줄 터이니 응시해 보라는 연락이 왔다. 내가 합격하면 봉화중학교 3학년에 편입을 시켜 주고 봉화중학교 졸업생이 되게 해 준다는 것이었다. 그러면 고등학교 진학 자격도 생기는 것이었다. 나 이외에 두 학생이 같은 특혜를 받았다. 봉화중학교의 배려로 나는 난생처음 중학교 학생이 되어 교복을 입어 보고, 교모도 써 보았다. 그 당시 봉화고등공민학교가 폐교되지 않았다면 내 학력은 봉화고등공민학교 졸업이 전부일지도 모른다. 대구에서 공부할 기회를 포기한 지 2~3년이 지나면서 철이 든 탓이었던지, 아니면 큰형이 서울로 간 것이 자극이 되었던지, 나는 고등학교부터는 형들처럼 서울로 가야겠다는 생각을 굳혔다.

'서울 유학留學'의 꿈

농지개혁 이후 나날이 궁핍해지는 형편에, 형이 이미 고려대학교에 다니고 있는 터라 집에서 나의 서울 유학을 지원해 줄 것 같지 않았다. 우리 집은 전통적으로 첫째 아들(長子)을 중시하는 집안인 데다 실제로 그 여력이 없었다. 나는 봉화중학교에 편입한 날부터 서울 유학에 필요한 돈은 '기업가 정신 entrepreneurship'을 발휘하여 스스로 마련해야 한다고 생각했고, 공부를 열심히 해서 형이 다니던 고등학교에 꼭 합격하고자 했다.

내 첫 '사업' 품목은 토끼였다. 토끼는 사육이 비교적 용이하고, 번식률이 빨라서 서울에 유학 가기 전에 주어진 1년 안에 이윤을 얻을 수 있다고 생각했다. 토끼털을 팔면 수익이 생길 것이고, 또 고기로도 팔 수 있는 데다 시골에 무진장으로 널려 있는 풀을 먹이면 사료값이 들지 않을 것으로 생각했다. 그러나 7일마다 서는 내성乃城장에서는 토끼를 팔지 않았다. 영주 장에 가면 토끼를 살 수 있다는 말에 혹했지만, 막상 장터까지 혼자 가려니 엄두가 나지 않았다. 결국 나보다 4~5년 위인 옆집 7촌 병대炳大 아저씨를 졸라 영주 장날 토끼를 사러 갔다. 30리 길을 하염없이 걸어서 털을 팔 수 있는 '앙고라Angora'라는 토끼 한 쌍을 샀다. 병대 아저씨와 내가 한 마리씩 나누어 들고 앞으로 벌 돈을 생각하면서 돈을 아끼느라 영주 장터국밥도 한 그릇 사먹지 못하고 걸어서 돌아왔다.

우선 나무로 된 사과 궤짝을 토끼집으로 삼았다. 토끼의 성장과 번식력은 대단했다. 문제는 번식이 너무 빠른 바람에 내 능력으로는 넘쳐나는 토끼들을 감당할 수가 없었다. 몇 달이 가지 않아 온 집안은 토끼로 가득했고, 나는 토끼들을 토끼장에 가두어 두었지만, 마리 수가 한없이 늘어나 온 집안이 토끼 오줌 냄새와 토끼 똥으로 가득했다. 털을 깎는 방법도 모를 뿐만 아니라 깎은 털을 팔 곳도 없었다. 내 서투른 기업가 정신이 온 집안 사람들을 괴롭히는 꼴이 되고 말았다. 어린아이가 서울 갈 유학 자금을 마련한다고 하는 일에 아무도 말은 하지 못했지만, 지친 기색이 역력했다. 집안의 다른 사람들을 위해 토끼 사육을 포기하는 수밖에 없었다. 내 첫 번째 사업은 실패했다.

내가 딱하게 보였던지 아버지는 닭을 키워 보는 것이 어떠냐고 대안을 제시하셨다. 닭을 키울 닭장(鷄舍)도 아주 크게 잘 지어 주셨다. 닭이 알을 낳기 시작해서 달걀을 팔면 토끼보다는 수익이 훨씬 나을 것으로 짐작했다. 꽤 여러 마리의 닭이 알을 낳기 시작하자 재미도 있었고, 달걀을 판 돈이 몇 푼 모이기 시작했다. 아버지는 닭장을 넓혀 주셨다. 소규모의 양계업養鷄業이 되어 가는 것 같았다. 그러나 이 일을 어쩌랴? 그 당시 우리 마을에는 젊은 청년들이 밤이면 모여 앉아 화투 놀이도 하고 술도 마시다가 밤이 깊어지면 남의 집 닭을 몰래 잡아먹는 소위 '닭 서리'가 유행했다. 내가 서울 유학비용을 마련하려고 키우던 닭들도 예외일 수가 없었다. 게다가 더 냉혹했던 것은, 그때 닭 전염병이 도는 바람에 대다수의 닭을 잃었다. 뛰어다니며 놀아야 할 닭이 가만히 서서 졸다가 그냥 쓰러져 죽고 마는 병이었다. 그렇게 나의 '양계업'은 닭서리와 전염병으로 망하고 말았다. 옛 조선 중기의 장만張晩의 「풍파에 놀란 사공」이라는 시조 생각이 났다. 그가 노래하기를, "풍파에 놀란 사공 배 팔아 말을 사니, 구절양장九折羊腸(꼬불꼬불한 양의 창자처럼 험한 산길)이 물도곤(물보다) 어려왜라. 이 후론 배도, 말도 말고 밭 갈기나 하리라"라는 시조 말이 내게도 딱 맞는 말 같았다. 나도 이 이후론 "토끼도 닭도 말고 공부나" 해야겠다고 생각했다.

비록 유학비용을 마련하기 위한 사업은 실패를 했더라도, 내가 스스로 해 보려는 노력은 충분히 보인 것 같았다. 아버지와 어머니도 내가 다른 형제들과는 다른 면이 있다고 생각하신 것 같았다. 모두 도와주려고 했다. 둘째 형도 나를 돕기에 팔을 걷어 부쳤다. 아버지와 어머니도 이곳저곳에서 현금을 융통해 보려는 노력을 하셨다. 시골에서 현금을 마련한다는 것이 여간 어려운 일이 아니었다. 그런데 서울 수복과 함께 고대가 서울로 돌아감에 따라 큰형도 대구에서 서울로 옮겨가야만 했다. 형이 중앙고등보통학교(중앙중학교) 시절 하숙을 하던 종로구 운니동, 익선동, 그리고 와룡동 등의 지리를 잘 알고 있던 터라 와룡동 151-3번지의 문간방을 얻어서 형제가 자취를 하기로 결정을 했다. 이제 나에게는 서울에 있는 고등학교에 지원해서 입학시험에 합격만 하면 되는 것이었다. 나는 서울에 있는 고등학교라면 으레 형이 다닌 중앙고등학교밖에 몰랐으니 선택의 여지가 없었다.

철도청에 다니던 둘째 형이 서울에서 학교를 다닐 때 큰형과 함께 하숙을 했기에 큰형이 얻은 방 위치도 잘 알고 있어서, 비번 날을 이용하여 이불 등 서울 생활에 필요한 짐들을 먼저 옮겨 주었다. 드디어 서울 유학을 가게 되었다. 영주에서 중앙선을 타야 하는데, 당시만 해도 영암선이 개통되지 않아서 기차는 당연히 없고, 봉화에서 영주까지 가는 이른 아침 차편도 없어서 나는 아버지를 따라 영주까지 30리 길을 새벽에 걸어가야만 했다. 새벽 길을 너무 일찍 떠났던 지라 영주에서 시간이 남아 아버지와 함께 영주역에서 멀지 않은 곳에 사는 고모 댁에 잠깐 들려 인사까지 했다. 아버지의 전송을 받고 영주에서 처음으로 혼자 중앙선을 탔다. 제천역에서 기차가 잠깐 정차하는 시간에 역 구내에서 '우동'을 사 먹을 수 있다고 했지만, 나는 그러는 사이에 기차를 놓칠까 걱정이 되어서 점심을 걸렀다. 이것이 내가 고등학교를 졸업할 때까지 3년 내내 점심을 먹지 못하게 되는 일의 시작일 줄이야!

그때 중앙선은 단선이라 군용 열차가 지나가면 일반 열차는 기다려야 했고 지속적으로 정차가 반복되었다. 내가 서울 가는 첫날 영주역에서 청량리역까지 26시간이나 걸렸다. 자취방이 있는 와룡동까지는 청량리역에서 전차를 타고 동대문까지 간 다음 그곳에서 종로행으로 갈아탔다. 그다음에 종로 3가에 내려서 돈화문 쪽으로 한 10분 정도 북쪽으로 걸어가야 했다. 그 당시 대학생이던 형은 방학이 아직 끝나지 않았다고 집에 있었다. 사실 큰형은 개학한 후에도 집에 머무르는 날이 많아 와룡동 자취방에는 나 혼자 있는 날이 대부분이었다. 종로 3가에 내려서 형이 그려준 약도를 보고 더듬거리며 북쪽으로 걸어갔다. 내가 전차에서 내리면서 여기가 종로 3가가 맞는지 확인하려고 물었을 때 사람들은 모두 의아한 눈으로 나를 쳐다보았다. 전차 안에서 경상도 억양을 듣는 것이 생소한 때라 나는 내가 억센 경상도 사투리를 써서 그러는 줄 알았는데, 후에 알고 보니 종로 3가는 소위 '종삼'이라고 '윤락가'가 있었기 때문에, 어린 녀석이 '종삼'을 찾는 것이 의아했던 것이다. 지금은 없어진 극장 '단성사'를 지나 묻고 물어서 담배가게와 숯, 그리고 장작 등을 팔고 배달해 주는 나지막한 한옥 가게집을 찾았다. 내 서울 생활은 이렇게 초라하게 시작되었다.

고된 서울살이

제2장

춥고 배고팠던 고등학교 시절(1954~1957)

산골 출신 15살 소년이 고등학교 입학시험을 보기 위해 당도한 정월의 청량리역은 춥기만 했다. 대도시의 위용에 '문화적인 충격culture shock'도 있었지만 역 주변의 싸늘한 밤공기는 나를 더 춥게 만들었다. 서울 아이들처럼 두툼한 외투도 없는 허술한 옷차림도 문제였겠지만, 그보다는 제천역에서 국수 한 그릇도 사 먹지 못한 채 26시간동안 기차를 탔던 게 컸다. "춥고, 떨리고, 배고프다"는 표현은 나를 두고 하는 말이었다.

당장 급박한 것은 밥을 해 먹는 일이었다. 부엌에서 솥에다가 밥을 짓는 것이 아니고 풍로에 숯을 피워야 했다. 앞으로 내가 살 곳은 숯과 장작과 담배를 팔고 있는 구멍가게 주인이 세를 놓은 문간방이었는데, 주인은 내게 숯도 팔고 방세도 받는, 이른바 '꿩 먹고 알 먹는' 격이었다. 집 주인에게서 금이 간 낡은 풍로 하나를 빌리고, 형이 미리 사둔 냄비에 밥을 지어야 했다. 길 건너에 있는 권농동 쌀 가게에서 봉지쌀을 사서 길을 건너다가 봉지가 터지는 바람에 그 아까운 쌀을 중국인 호떡가게 앞에 흘려버리고 다시 쌀 한 봉지를 사 들고 왔다.

그 모습이 주인 집 아주머니가 보기에 딱했던지, 나에게 불쏘시개를 써서 풍로에 숯불을 붙이는 방법과, 냄비에 씻은 쌀을 넣고 내 손등이 겨우 덮일 정도로 물을 부으면 밥을 지을 수 있다고 가르쳐 주었다. 밥이 다소 설기는 했지만, 그래도 밥 비슷한 것이 지어졌다.

무엇보다 방을 덥혀서 한기를 면하는 게 가장 급했다. 주인댁 가게에서 내 팔뚝보다 더 가늘게 생긴 네 개비 장작 한 묶음을 사려고 했다. 주인은 말렸다. 그 방은 구들이 꺼져서 불을 피울 수가 없으니 장작을 사야 소용이 없다는 것이었다. 별다른 방법이 없어 옷이란 옷은 다 껴입고, 모자까지 쓰고 둘째 형이 날라다 준 솜이불을 덮고 첫 밤을 지새워야만 했다. 한 가지 난감한 것은 책상에 둔 잉크가 얼어붙어서 글씨를 쓰려면 녹여야 하는데 햇볕이 들지 않는 내 방에서는 잉크도 안 녹았다. 밥을 지을 때 숯불을 피운 풍로 옆에서 녹여 보았지만, 그렇게 녹인 잉크는 색깔이 흐려서 쓴 글씨를 알아보기 힘들었다. 그때까지는 우리나라에 아직 '볼펜ballpoint pen'이 없었다.[1]

입학을 하고 중앙고등학교 학생이 된 이후에도 자취를 하는데 매끼 숯을 피워서 밥을 짓는 것이 구차스러워 아침에 한 번만 밥을 짓고, 점심은 거르고, 저녁은 아침에 지은 찬밥으로 때웠다. 무엇보다도 반찬을 만드는 일이 힘들어서 별다른 조리과정이 필요하지 않은 새우젓을 애용했다. 내가 새우젓을 자주 샀기 때문에 새우젓이 떨어질 때쯤 되면 어찌 알고 젓갈 장수 아저씨가 내 창문에 대고 큰 소리로 "새우젓 사려"를 외쳐댔다. 그러나 문제는 따로 있었다. 새우젓은 조리과정이 필요 없지만, 독특한 냄새 때문에 도시락용 반찬으로는 적합하지 않았다. 특히 겨울에는 점심시간 바로 전에 학생들이 도시락을 난로 위에 얹어서 데우기 마련인데, 새우젓 반찬의 내 도시락을 난로 위에 얹으면 냄새가 풍길 것 같아 걱정스러워서 나는 아예 점심을 먹지 않기로 했다. 한창 먹을 나이에 점심

1 한국의 첫 볼펜은 '모나미 볼펜'이라는 이름으로, 1963년 5월 1일 모나미의 전신인 전신화학공업사가 모나미 153볼펜의 생산을 시작하면서부터 등장했다. 그때는 내가 이미 고등학교와 대학을 마치고 대학원 박사 과정을 끝냈을 때였다.

을 먹지 못해 배도 고팠지만, 점심시간을 보내는 것도 일이었다. 나는 주로 학교 뒷산에 있는 삼청공원 초입에 가서 '비원(현재 창덕궁 후원)'의 운치를 감상하면서 시간을 보냈다. 비 오는 날이나 눈 오는 날에는 좀 불편했지만, 점심시간에 내 친구들이 눈치채지 못하게 기술적으로 교실을 빠져나갔기 때문에, 우리 반 친구들은 내가 점심을 거르는 것을 눈치채지 못했다. 옛날 친구들 중에 혹 누가 이 책을 읽는다면, 내가 고등학교 시절 3년간 점심을 걸렀다는 사실에 놀랄 것이다. 만일 내가 한창 자랄 나이인 그때 삼시 세끼를 제대로 챙겨 먹었더라면 내 체구가 지금보다는 좀 더 컸을지도 모른다.

이처럼 구차한 생활을 할 때도 나를 도와준 '귀인'들이 여기저기에 있었다. 내 반찬이 새우젓밖에 없다는 것을 알고, 김장철부터 김치가 시어서 먹을 수 없는 철이 되기까지 내게 서울식 '김치'를 대 주신 원서동 할머니가 나에게는 가장 큰 귀인이셨다. 주인댁 아주머니에 의하면, 옛 대궐의 상궁尙宮의 따님이라는 원서동 할머니는 내가 보기에도 나이에 비해 정정하셨다. 구순의 나이에 한 손에는 지팡이를 짚고, 다른 한 손에는 김치 항아리를 든 채 원서동에서 행길(지금은 '율곡로'라는 4차선 도로가 됐다)을 건너서 와룡동 내 자취방 문간까지 가져다 준 그 할머니의 김치는 내게 꿀맛이었다. 경상도에서 김치라는 말을 쓰지 않고 '짠지'라고 부르는 이유는 실제로 경상도 김치는 짜기 때문이다. 원서동 할머니의 김치는 맨입에도 그냥 먹을 수 있는 정도였는데, 아껴서 먹어야 했다.

내가 원서동 할머니를 알게 된 것은 할머니와 우리 형과의 인연 때문이었다. 형이 중앙고보를 다닐 때는 아직 토지개혁 전이어서 우리 집 형편이 좋았다. 형은 익선동에서 당시 휘문고보를 다니던 고병익 전 서울대 총장과 함께 하숙을 했었다. 그런데 그 하숙집이 바로 원서동 할머니의 동생 집이어서, 원서동 할머니는 형을 중앙고보 시절부터 잘 알고 있었다. 할머니는 형이 일본군에 징집당했다가 구사일생으로 살아 돌아와서 다시 고려대학교를 다니기 위해 와룡동에서 동생과 함께 자취를 한다는 이야기를 듣고 일부러 나를 보러 오셨다. 그 할머니는 나도 형처럼 부잣집 아들로 지내는 줄 알았었는데, 안집 아주머니에게 자취를 하는데 제대로 된 반찬도 없이 산다는 말을 듣고 그날부터 나에게 김치를 가져다 주기 시작하셨다. 한두 번도 아니고 줄곧 김치를 대 주셨다. 내가 너무 황송해서 어쩔 줄 몰라 하는 것을 아신 이후부터는 내가 학교에 가고 없는 틈에 김치 항아리를 방문 앞에 두고 가곤 하셨다.

원서동 할머니의 주선으로 여성들만 사는 집의 가정교사로

대학생이 된 이후에는 고등학교 때보다 용돈도 더 필요했지만 돈이 나올 구석이 없었고, 형도 농림부(당시의 명칭, 현 농림축산식품부)에 취직을 했지만 공무원 생활을 처음 시작하는 처지에 내게 용돈을 줄 형편이 아니었다. 고등학교 때는 와룡동에서 계동까지는 걸어 다니는 거리라서 교통비가 들지 않았지만, 신촌의 연대까지는 도보로 갈 수가 없었다. 전차는 버스보다 요금이 저렴했지만, 신촌까지는 전차가 없어서 버스를 타지 않을 수가 없었다. 그런데 매일 두 번을 타야 하는 버스 값이 수월치 않았다. 현금 아니면 '토큰token'을 내야 했는데, 토큰을 사려면 현금이 필요했다.

이런 상황에서 나를 도와준 사람은 육촌 누님들이었다. 아버지의 이종 사촌인 조헌영 아저씨의 딸이자 시인 조지훈 형님의 여동생인 동민 누님이 앞장을 섰다. 헌영 아저씨는 한민당의 조직부장을 하고 제헌 국회의원을 지냈는데 6·25 때 납북 당하셨고, 누님의 남편 역시 납북을 당했다. 그 후 누님은 아들 하나를 데리고 서울에서 사셨는데, 자취를 하면서 제대로 먹지도 못하고 지내는 내가 가여워서 도와주셨다. 그 누님이 나에게는 같은 6촌 누님이 되는 사촌 언니, 조동원 누님에게 부탁을 해서 내가 동원 누님의 글을 대필代筆하고 그 원고료를 받기도 했다. 동원 누님의 남편은 국회의원을 여러 번 하고 후에 국회의장까지 지낸 박준규 의원인데, 누님이 저명인사의 부인이라 글을 써 달라는 부탁이 많았기 때문에 가능한 일이었다. 마침 동원 누님의 동생인 동옥 누님은 어느 회사의 사보社報발행을 하고 있었는데, 내가 그 사보에 필명으로 한 달에 한

두 번씩 연재하는 글로 받는 원고료가 교통비에 큰 보탬이 됐다. 그 외에도 연대 신문인 『연세춘추』에서 활약한 친구 이동건의 주선과 최기준 주필의 배려로『연세춘추』에 수필, 산문, 논단 등 잡문을 썼다. 친구들은 내가 글쓰기를 좋아하는 줄 알았지만, 실은 나는 원고료 때문에 글을 썼다.

그렇게 해서 내가 쓸 용돈은 벌었지만, 그런 잡수입으로는 내가 와룡동 자취방을 떠나 하숙을 할 수 있는 형편은 되지 못했고, 아직도 제대로 식사를 하고 다니지 못할 때였다. 어느 날 원서동 할머니가 어린 손녀인 재동국민학교 6학년생인 용자를 데리고 나를 찾아오셨다. 할머니는 "제 언니들은 다 공부를 잘해서 좋은 중·고등학교를 다니고 좋은 대학을 갔는데 용자는 공부를 게을리하는 것 같으니 좀 도와달라"는 것이었다. 그렇지 않아도 나는 가정교사 자리를 찾아보고 있었다. 중앙학교 한 해 선배이자 연대 선배이기도 한 안상섭, 오원규, 그리고 이정호 선배도 가정교사를 했다. 세 명의 선배 가정교사들은 모두가 '붙박이' 가정교사로 그 집에서 먹고 잤는데, 나는 '파트타임part-time' 가정교사를 제안 받은 셈이었다. 속으로 "기왕이면 '붙박이'로 먹고 자는 문제를 다 해결해 달라"고 용자 할머니에게 사정하고 싶었지만, 거기까지는 용기를 내지 못했다. 내가 동의한 것으로 믿은 할머니는 당장 오늘 저녁부터 와서 밥을 먹으라고 했다.

그날 저녁에 원서동 할머니 댁으로 갔다. 할머니 댁은 한가한 2차선 도로를 건너 천천히 걸어가도 7~8분 이내에 갈 수 있는 원서동이었다. 한집에 사는 것이나 큰 차이가 없었다. 내가 3년 이상 김치를 얻어먹으면서도 할머니 댁을 가 본 것은 그날이 처음이었다. 지금은 현대사옥 자리인 그 집은 '터도 망도' 없어졌지만, 옛 휘문 중·고등학교 농구장과 맞닿은 담장으로 쌓인 전통적인 서울 한옥이었다. 방이 넷이고 대청마루가 꽤 넓었으며, 마당에 수도가 설치된 집이었다. 그런데 그 집에는 남자가 한 명도 없고 여자만 7명이 살고 있었다. 원서동 할머니는 오래전에 할아버지와 사별을 하셨고, 그 두 딸도 결혼했었지만 남편들이 돌아가는 바람에 딸들을 데리고 친정에 돌아와서 함께 살고 있었다. 할머니의 큰따님은 딸 하나만 있었는데 내가 그곳에 갔을 때는 이미 출가해서 없었고 둘째 따님의 막내딸이 내가 가르칠 용자였다. 용자 어머니는 남편을 여읜 후 딸 4자매를 데리고 친정에 와서 어머니와 언니와 함께 살고 있었다.

여성만 있는 집안에 갔으니 내가 얼마나 당황했겠는가? 용자의 큰언니는 나보다 세 살 위였고, 둘째는 나보다 한 살 위였으며, 셋째는 나보다 한 살 아래이고, 막내가 재동국민학교 6학년이자 내가 가르쳐야 할 아이였다. 별안간 '여인 천하'에 간 나는 '황홀'하다기보다는 어색했다. 그리고 내가 왜 그 집에 '붙박이'가정교사가 될 수 없는지를 알았다. 시간이 지나고 안 일인데 용자는 가정교사가 없이도 곧잘 공부를 잘해서, 제 힘으로 가고 싶은 중학교에 진학하는 데 별 문제가 없는 아이였다. 그러나 용자의 할머니는 용자의 공부를 도와준다는 일을 빙자하여 내가 할머니 댁에서 밥이라도 먹도록 배려한 것이다.

처음에는 아침저녁으로 '여인 천하'에 가는 것이 좀 쑥스러웠지만, 일주일이 지나고, 한 달이 지나면서부터는 아침에 원서동에 가는 것이 당연한 일과가 되었고, 그 집의 젊은 처녀들도 나를 대하는 데 익숙해졌다. 시간이 지나면서부터 내가 있든 말든 세 처녀들은 마당에 있는 수도간에서 간단한 옷차림으로 세수를 하는데도 거침이 없었다. 또 저녁에도 그 집에 가지 않으면 안 될 것 같은 생각이 들었고, 그들도 나를 기다리는 것 같았다. 말하자면 여자들만 살던 집에 젊은 남자가 들어오니 집안에 활기가 넘치는 것 같은 분위기였다. 가정교사 선배들은 나더러 "너는 이제 그 집 남자 '기생'이다"라고 놀리기도 했다.

나는 원서동 집에서 새로운 서울 문화를 체험했다. 우선 밥이 흰 쌀밥이 아니었다. 항상 팥밥이었다. 용자 할머니 말에 의하면, 대궐에서 일하던 그 할머니의 어머니에게서 배운 문화로, 흰 쌀밥은 상감마마의 수라상에나 오를 수 있다는 것이었다. 백성들, 특히 궁중에 일하던 사람들은 수라상과 구별이 되게 팥밥을 먹어야 했다는 것이다. 매일 팥밥을 먹는 것이 처음에는 이상했지만, 시간이 지남에 따라 팥밥의 이점은 여러 가지라는 생각이 들었다. 우선 흰 쌀밥보다는 건강에 좋고, 별다른 반찬이 없어도 팥밥은 먹기 쉽다. 그리고 원서동 집의 국은 우리 고향에서 제삿날에 준비하는 '탕'과 같이 국물에 고춧가루를 치지 않은 맑은 국이었다. 봉화 시골의 고깃국이란 고춧가루를 듬뿍 넣고 갖은 나물들을 넣어 끓인 국을 말하지만, 원서동의 소고기국은 고춧가루를 넣지 않는 맑은 국물에 토란이 들어갔다. 그러면서 원서동 할머니가 3년간 내게 날라다 준 김치가 맨입으로도 먹을 수 있는 '김치'인 까닭을 자연스레 알게 됐다. 원서동의 음식조리법은 '서울식'이라기보다는 '궁중식'에 가까웠다.

용자 어머님은 동대문 시장에 몇 개의 점포를 가지고 포목상을 하고 있었다. 어떤 때는 저녁때 가게에서 집으로 가져올 것이 있으니, 학교에서 바로 가게로 와 같이 좀 가자고 하기도 했다. 그럴 때면 동대문 시장에서 제일 잘하는 음식점으로 데려가서 맛있는 음식을 실컷 먹게 해 주었다. 아들 없이 딸만 키우다가 젊은 남자애였던 내가 아들같이 귀여웠던 모양이다. 그럴 때면 옆집 가게 아주머니들은 농담으로 "셋째 사위 오셨네" 하고 놀리기도 했다. 나도 "장모님 모시러 왔습니다"라고 응수했다. 사실 그 당시 나는 동민이나 동원이 누님의 친구분들을 다 '장모님'이라고 부르곤 했다. 딸이 없는 수정이 누님도 장모라 불렀으니 내게 호칭만으로는 장모가 한 10명은 되었을 때다.

내가 가르치던 용자가 중학교로 진학하기 전 용자의 큰언니가 전신전화국에 다니는 동료와 결혼을 하게 되자, 용자네 가족들은 할머니 댁에서 분가하여 서교동으로 이사를 가게 됐다. 그 당시 배추밭이던 서교동 일대는 개발 붐을 타고 주택들이 들어서고 있었다. 잠은 와룡동에서 자야 하는 내가 서교동까지 가서 밥을 먹고 용자를 가르칠 수는 없었다. 또 여자들만 사는 집이라 방이 여유가 있다고 해도 그 집으로 들어갈 수도 없었다. 사실 용자는 내 도움이 없이도 어느 중학교에나 들어갈 수 있는 뛰어난 학생이었다. 내가 다른 가정교사 자리를 얻는 것이 가장 현명한 일이라고 판단했다. 용자는 섭섭해서 눈시울을 적셨고, 용자의 셋째 언니는 평상시 같으면 집에 돌아올 시간인데도 돌아오지 않아서 작별 인사도 못했다. 그래도 서울에 온 이래 모처럼 가족처럼 서로 의지하며 정을 붙이고 살던 '집'을 떠나는 것이 서운해서인지 나도 일이 손에 잡히지 않았다. 그래도 나는 새로운 가정교사 자리를 찾아야만 했다.

내가 용자네 집을 떠난 후에 용자의 셋째 언니를 만난 적이 딱 한 번 있었다. 사실 용자의 셋째 언니는 참한 고등학교 3학년 학생이었다. 빼어난 모습은 미인 수준이었다. 옛말에 "셋째 딸은 선도 안 보고 데려간다"는 말이 왜 생겨 났는지 용자의 셋째 언니를 보면 알 것만 같았다. 5년이 지난 어느 날, 소공동 어느 다방에서 우연히 만났는데 어머니가 맹장수술을 하셨다는 것과, 둘째 언니의 결혼식 때 초대하고 싶었으나 내 주소를 몰라 연락을 하지 못했다고 했다. 자신은 그 근처에 있는 산업은행에 다닌다고 했다. 원숙한 숙녀가 된 그녀는 친구를 만나러 왔다고 했다. 그도 나에게 할 말이 더 있는 것 같았고 나도 그랬지만, 그때 마침 내가 기다리던 친구가 들어왔고, 그도 자기 친구와 같이 있어서 더 이상 이야기를 하지 못했다. 그때 나는 그가 결혼을 했는지도 물어보지 못했다.

새 가정교사 자리는 가정교사를 하는 사람들끼리 공유하는 소식통을 통해 구해졌다. 이번에 내게 온 가정교사 자리는 학생 두 명을 가르치는 붙박이 자리였다. 그 집에서 먹고, 자고, 그리고 용돈도 좀 주는 조건이었다. 학생은 국민학교 6학년인 사내 아이 동규, 그리고 5학년인 동희 남매였다. 둘의 아버지는 육군 병참 장교였는데, 필동에 있는 군인 사택에 살고 있었다. 인사를 하고 이런저런 얘기를 하다 보니 동규네는 6·25 피난 시절에 대구에서 우리 삼촌 댁에서 세를 살았던 사람들이었다. 그때 삼촌 댁이 각별히 잘 대해 준 것에 대해 감사한 마음을 잊지 않고 있다고 했다. 그러고 보니 오래전부터 집안끼리 알고 지낸 것 같기도 하고 가까운 친척을 만난 것 같기도 했다. 동규 어머니(사모님이라고 불렀다)는 사택이 옹색하다고 나를 남산 쪽으로 들어간 집에 셋방을 얻어서 서재 겸 교습 방으로 쓰도록 주선해 주었다. 서울에 올라온 후 처음으로 따뜻한 나만의 온돌방을 갖게 됐다. 저녁을 먹은 후에 두 아이들이 내 방으로 와서 공부를 하고 돌아가면 나는 독방생활을 누릴 수 있었다. 필동이 남산 중턱이다 보니 밤이면 남산 아래로 펼쳐지는 서울의 야경이 참으로 아름답게 보였다. 원서동에서 공부를 가르치고 밤에 와룡동으로 오는 길에 남산 중턱의 광경을 보았다면, 이번에는 그 반대로 남산 중턱의 필동에서 원서동 쪽을 바라보게 됐다. 세상은 이처럼 보는 입장이나 방향에 따라 다르게 보이는 모양이다.

필동 사택에는 그 집 식구 이외에도 집을 청소하고 돌보는 당번병 한 명, 가정부 한 사람, 그리고 운전병이 있었다. 내가 이 집의 가정교사가 된 이후 내 점심 도시락 반찬은 가정교사를 하는 동업자들 중에서 으뜸이었다. 우리 주인 집이 병참 장교 집이라서 미군부대에서 나오는 '콘 비프corn beef'를 기름에 지져서 큼직한 도시락에 따로 싸주었다. 그 당시 연대는 대강당을 건설하기 전이어서 학생들은 각자의 지정좌석이 없는 노천강당에서 예배를 볼 때였다. 예배 참석자와 불참자를 식별할 방법이 없던 때라서 적당히 요령을 부리면 점심 시간에 우리들만의 모임을 할 수가 있었다. 동업자들에게 내 도시락 반찬의 인기는 대단했다.

내 반찬이 이렇게 된 데에는 이유가 있었다. 우리 집에 기거하는 당번병, 운전병, 그리고 나 셋은 동규 부모님이 극장 구경을 가는 날이면 영화상영이 끝나 그 부부를 '모시러 가기 전'까지 거리에서 자동차에 사람들을 몰래 태워 주고 돈을 받는 불법영업을 했다. 그때는 택시도 드물 때이고, 대중교통도 불편할 때라 이런 식의 비공식 영업이 가능했고 잘하면 당번병과 운전병의 용돈벌이가 되었다. 나도 공범자이기는 했지만, 내 몫은 가정부에게 주었다. 어차피 나는 용돈도 그 집에서 받고, 먹고 자는 것에 돈이 들지 않았다. 그랬더니 나대로는 '선심'을 쓴다고 배려를 한 것이 도시락 반찬으로 바뀌어 돌아온 것이다.

내가 가정교사를 하는 집을 옮기니 흡사 새 직장을 얻은 기분이었다. 다만 두 집의 학생이 다 재동국민학교 학생들이다 보니 나는 재동국민학교에 익숙했고, 몇몇 선생님들과는 면식도 있었다. 사실 가정교사들이 가르치는 아이들의 담임 선생님을 만나러 가면 친절한 '대접'을 받는 경우가 거의 없다고 듣기는 했지만, 실제로 그런 대접을 받을 때는 서운하기도 했다. 내 학생에 대한 근황을 들으려면 문 밖에서 한없이 기다려야 하는 경우가 많았다. 가르치는 학생의 담임 선생님이 하루의 일과를 끝내고 잡무를 정리한 후에 잠깐 짬을 내어 만나 주기 때문이다. 그럴 때마다 나는 속으로 "저 선생님도 대학 다닐 때 나처럼 '처량한 가정교사'를 해 보았더라면 내 처지를 좀 이해할 텐데…." 하고 혼자 속으로 생각을 하면서 터덜터덜 운동장을 걸어 나올 때가 한두 번이 아니었다.

두 집의 가정교사를 하고 나니 이제는 더 이상 가정교사를 할 마음이 생기지 않았다. 때마침 안동의 하회마을로 출가한 큰누님과 매부가 서울로 오게 되어 염치 불고하고 신세를 지기로 했다. 누님 댁이 신촌 종점 근처의 옛 신영극장 뒤라서 내게는 더없이 편리했다. 그때가 대학교 3학년이 되던 때라서 먹을 줄도 모르는 술을 '힘'으로 마셨다. 통행금지 직전에 집안 사람들이 막 잠이 들려는 시간에 돌아오는 나 때문에 누님이 얼마나 불편했겠는가? 매형 보기도 민망했을 것이다. 하루는 너무 늦어서 문 열어달라고 하기가 미안해서 머뭇거리다가 신영극장 뒷문 앞에서 잠이 들었는데, 아침에 이슬이 차가워서 깨 보니 내 손목시계를 누가 빼 가고 없었다. 이런 식으로 1959년 일 년 내내 누님과 매부를 괴롭혔다. 그 후 누님네가 하회로 귀향하는 바람에 나는 또 다른 기식처寄食處를 찾아야만 했다.

그러나 버스값 걱정은 어디에 가든지 따라다녔다. 얼마나 버스값 걱정을 했던지, 그 후에 미국에서 살 때도 한국에 대한 꿈을 꿀 때면 언제나 서울 거리에서 버스값이 없어서 쩔쩔매는 꿈을 꾸었다. 내가 버스값을 걱정하는 꿈을 꿀 때마다 우리 집사람에게 꿈 이야기를 하면, 집사람은 "버스값 걱정이 마음속에 너무나 깊이 새겨졌던 모양"이라고 했다. 믿거나 말거나, 나는 여든이 넘은 지금도 가끔 그 꿈을 꾼다.

연대에서의 8년

고등학교 3학년때 담임 선생님은 나를 모 국립대학의 상과대학에 지원하라고 권했다. 담임 선생님의 평가로는 내가 합격할 수 있다고 판단한 것 같았다. 그러나 내가 국립대학교가 아닌 사립대학교인 연희대학교(현 연세대학교, 이후로는 연대로 표기)[2]에 지원한 데엔 이유가 있었다. 내가 서울 생활이 너무 힘들어 하루라도 빨리 고향집에 가고 싶었던 1957년 당시 연대는 신입생 전원을 무시험 특차로 선별하는 제도를 택해서 대학 입학시험 없이, 오로지 고등학교 성적과 학교장의 추천만으로 학생을 선발했다. 내가 서울에서 제대로 먹지도 못하고 와룡동 냉골에서 살다 보니 몸이 망가질 대로 망가져서 그때는 조금만 더 있어도 큰 병이 날 것 같았다. 자취생활에서 하루라도 빨리 벗어나고 싶었던 와중에, 친구들과 연대를 방문했을 때 눈 덮인 연대 교정의 '심미적aesthetic'인 매력에 나는 압도당했다. 본관 옆 숲 사이에 세워진 윤동주의 시비에 새겨진 그의 시를 읽으면서 이와 같은 분위기에서 이런 시인이 나오지 않을 수가 없다고 생각했다. 친구들과 고목으로 줄지어 서 있는 백양목 사이의 눈 덮인 '백양로'(지금은 그 길 아래 지하시설로 가득하고 고목은 사라지고 없다)를 걸어 나오면서, 나는 꼭 '연대 가족'이 되어야겠다고 생각했다.

연대에 입학한 후부터 나는 아주 외향적일 뿐 아니라 퍽이나 선동적이고 심지어 허세까지 부리는 학생이 되었다. 학교 뒷산의 송충이를 잡는 날에 1학년 학생들을 선동하여 송추로 소풍을 갔다가 최현배 부총장님에게 퇴학처분 경고까지 받았으나, 급우들이 자발적으로 송충이 박멸에 협조해 준 덕분에 가까스로 퇴학을 면했다. 공부보다는 교내활동에 재미를 붙인 나는 3학년이 된 1959년 봄에 정법대학 내에 있는 법학회의 실무위원장이 되었다. 학과장님이 당연직 회장이고, 학생대표인 실무위원장은 학생들의 직접선거로 뽑는 것이었다. 백낙준 총장님이 미국의 하버드대학교 법과대학을 방문하시는 중에, 부통령을 역임한 함태영 목사님의 막내아드님이신 약관 27세의 함병춘 '학생'을 1959년 봄 학기에 연대법학과 전임강사로 초빙하였다. 그때 학과 교수들 사이에서는 아무리 하버드대 출신이라고 하더라도 법과대학law school을 갓 졸업한 강의 경험도 없

2 연희대학교는 세브란스Severance 의과대학과 1957년 1월 5일에 통합하여 교명을 연세대학교로 변경하였다. 내 입학지원서는 두 대학교의 합병 이전에 이루어졌으므로 나는 실제로 연희대학에 지원하여 연세대학교 학생이 된 셈이다.

는 젊은 학사학위 소지자를 특채했다는 불평이 자자했다. 지금은 미국에서 4년제 대학교를 졸업하고 법학전문대학원을 졸업하면 J.D.(Juris Doctor)라는 법학 '박사'에 해당하는 학위를 수여하지만, 당시에는 학부 4년을 마치고 난 후 법과대학을 졸업하더라도 LL. B(Bachelor of Law)라는 '학사'에 해당하는 학위를 수여할 때였다.

백 총장님은 함병춘 교수의 환영식 때문에 실무위원장인 나를 부르셨다. 연대에 입학한 후, 총장님을 개인적으로 뵌 것은 처음이었다. 총장님은 체구도 거구셨고 위풍당당하셨다. 나는 1학년때 부총장님에게 불려가서 혼이 난 일이 있어 이번에는 또 무슨 일인가 하고 걱정스러웠다. 그런데 총장님은 만면에 미소를 띄우고 나를 맞으셨다. 총장님은 나에게, "내가 보기에 정법대학 교수님들이 신임 전임강사인 함병춘 교수의 환영식 같은 것을 해 주지 않을 것 같으니, 학생들이 주동해서 환영회를 하는 것으로 하고 교수들을 초대하면 어떻겠느냐?"고 조심스럽게 내 의견을 물으셨다. 그러면서 백 총장은, "학생들과 나이 차도 크지 않을 만큼 젊지만 영어에 능통한 분이니, 앞으로 우리 학교를 위해 많은 공헌을 할 교수님"이라고 함 선생님을 소개하셨다. 내가 그렇게 하겠다고 대답을 하기도 전에 총장님은 쪽지에 적은 전화번호를 나에게 주시면서, "함 교수는 아직 한국에 거처가 마련되지 않아서 우선 처가에 머무시는 모양인데, 이 번호가 함 선생의 처갓댁 전화번호"라고 하셨다.

그 인연으로 나는 함 선생과 각별히 가깝게 지냈다. 고등고시 준비를 하지 않았던 나는 함 선생님이 가르치는 법철학, 법제사, 그리고 영미법 등을 골고루 수강했다. 수업을 수강한 학생은 나를 위시하여 5~6명에 불과했다. 그 대신 함 선생님은 과외로 학생들의 영어실력 향상을 위해『타임지*TIMES*』강독을 해 주셨다. 이 수업에도 학생이 별로 많지 않았다. 학생들이 함 선생 과목 수강을 꺼려하는 이유는 선생님이 미국에서 돌아오신 지 얼마 되지 않아서 영어를 많이 사용하실 것이라는 선입견도 있었지만, 그분의 외모가 사모님의 표현대로 '학鶴'처럼 고고하게 생기셔서 대부분의 학생들이 선생님을 어려워했다. 그러나 나는 환영식을 준비하느라고 연세대학교 학생으로서는 선생님을 처음 만난 학생이었고, 법률공부보다는 그분에게서 영어를 제대로 배워 보고 싶었다. 함 선생님은 대학생이라면 『타임지』를 영어사전을 찾지 않고 읽을 정도는 되어야 한다고 말씀하셨다. 나는 3학년 말 무렵부터는 남이 보지 않는 곳에서는 법학공부보다는 영어공부를 했다. 심지어 방학 때 시골에 가서 소여물(쇠죽)을 끓일 때에도 영어 단어를 외웠다.

4·19혁명과 5·16군사정변

내가 태어나서 그때까지 겪은 가장 큰 역사적인 사건으로는 8·15해방과 6·25전쟁에 이어 4·19혁명을 들 수 있다. 대학교 3학년 때 일어난 4·19혁명은 자유당 정권이 이기붕을 부통령으로 당선시키기 위한 개표 조작에 반발하여 부정선거무효, 재선거를 주장하는 학생들의 시위가 전국으로 확대된 것으로 경찰의 무차별 발포로 186명이나 죽고 부상자 수는 6,026명이나 됐다. 이로 인해 이승만 대통령은 하야했고 제1공화국은 막을 내렸다. 이승만 전 대통령은 이화장으로 거처를 옮긴 지 한 달쯤 후인 그해 5월 29일에 하와이로 망명길을 떠났다. 이승만 정권의 실각과 여당이던 자유당의 몰락으로 야당이던 민주당은 집권할 기회를 갖게 되었다. 그러나 수권정당이 된 민주당은 장면으로 대표되는 신파와 윤보선으로 대표되는 구파 간의 내분과 갈등이 만만치 않았다. 제2공화국은 대통령중심제를 의원내각제로 하면서 정부의 기틀을 바꾸었지만 국정운영에 난맥상을 드러냈고, 다양한 사회적인 요구에 부응하지 못하다 보니 결국 11개월 만인 1961년 5월 16일 군사 쿠데타로 막을 내렸다. 어쩌면 5·16은 이런 정쟁과 무정부상태에서 예견할 수 있는 군사정변이었는지도 모른다.

대학원 진학

서울에서 대학을 다니는 동안 나는 남들처럼 공부에만 몰두해 보지 못했다. 매일매일을 살아가느라고 졸업 후의 진로도 깊이 생각해 보지도 못하고 지낸 것 같다. 오죽 후회스러웠으면 졸업 전에 연대 교지인『연세춘추』에「모기와 하루살이」라는 자작 우화寓話를 실었겠는가? 그 이야기는 모기와 하루살이가 하루 종일 같이 놀다가 저녁에 헤어질 때, 모기가 하루살이더러 "내일 또 만나자"라고 했더니, 하루만 사는 하루살이는 (요즈음은 1주일을 사는 놈도 있다지만) 내일이 있는지를 모르다가 모기 때문에 '내일'이 있다는 것을 알고 고민하기 시작했다는 것으로[3] 졸업을 앞둔 내가 진심으로 나를 성찰하는 의미에서 그런 넋두리를 써 본 것이다. 그때까지도 나는 졸업 후의 진로가 막연해서 망연자실하고 있었다.

졸업할 학생들이 교수님들을 모시는 '사은회' 자리에서였다. 함 선생님이 맥주 한잔을 들고 내 옆자리로 오셔서 이런저런 이야기 끝에, 내가 아직 취직할 곳을 찾지 못했다는 이야기를 들으시더니 "급하다고 아무 데나 취직을 하는 것보다 대학원으로 진학하여 공부를 계속해서 학자의 길로 갈 생각을 해 본 적은 없느냐?"고 물으셨다. 함 선생님은 내가 가정교사를 해 가며 힘들게 공부한 것을 모르고 계셨다. 선생님은 나에게 "학자가 되려면 물론 노력도 해야겠지만, 선천적으로 학자 생활을 할 기본적인 자질이 있어야 하는데, 그 자질 중에 가장 중요한 것이 자기의 지식을 남에게 잘 전달할 수 있는 표현 능력, 즉 글 쓰는 재주가 있어야 한다. 나는 중순이가『연세춘추』에 종종 쓰는 글을 흥미롭게 읽곤 했는데, 중순이는 글 솜씨가 있으니 대학원으로 진학하여 공부를 계속했으면 좋겠다"고 하셨다.[4]

3 김중순, "백양로와 파노라마,"『연세춘추』1961년 2월 13일, p. 4.

4 함 선생님의 나에 대한 평가에 관한 토를 단다면, 내가 테네시대학교에 조교수로 있을 때 주미대사(1973~1977)로 계시던 선생님이 1976년 10월 4일에 하버드대학교 동아시아연구원 엔칭

사은회 회식에서 함 선생님이 내게 대학원 진학을 권유하시기 전까지, 나는 대학원에 가서 학부 때 못한 공부의 한을 풀어 보겠다는 계획은 없었기 때문에 함 선생님의 권유를 받고 난 순간, 눈앞이 캄캄해지는 것 같았다. 갑자기 나타난 내 인생 진로에 대한 돌출 '변수'라 당황스럽고 혼란스러웠다. 졸업이 얼마 남지 않은 상황이었고, 대학원에 진학하려면 입학시험을 쳐야 했다. 대학원 입학시험에는 전공과목 이외에도 영어와 제2외국어를 쳐야 하는데, 영어는 함 선생님을 따라 다른 학생들보다는 좀 더 열심히 한 편이지만, 제2외국어인 독일어는 고등학교 때 배운 것이 전부였다. 사은회가 끝나고 집에 오는 동안 제2외국어시험에 대한 걱정으로 머릿속이 복잡했다. 그런 걱정을 했던 것을 보면 내가 마음속으로는 대학원 진학을 결정한 모양이었으나 흡사 남의 일을 생각하는 것 같았다. 학부도 겨우 끝냈는데 대학원 진학을 한다면 등록금은 어떻게 한다는 것 등은 생각하지도 않았다. 그러나 어떻게든 대학원에 진학해서 학문하는 길을 택하겠다는 각오가 생긴 것 같았다.

입시가 다가왔다. 여전히 제2외국어인 독일어가 문제였다. 그런데 이게 웬일인가? 대학원 독일어 시험은 문장 두 개를 번역하는데, 되도록이면 의역意譯을 하라고 했다. 아는 몇 단어를 조합해서 미루어 보니, 이 문장은 사랑에 관한 이야기였고, 그것도 짝사랑을 하는 이의 비극이었다. 생각을 하면 할수록 그 문장은 괴테(Johann Wolfgang von Goethe, 1749~1832)의 소설 『젊은 베르테르의 슬픔 *Die Leiden des jungen Werthers*』에 나오는 구절임에 틀림없었다.[5] 독일어로 된 원본은

연구소Yenching-Institute, East Asian Studies at Harvard University의 와그너 교수Edward Wagner에게 나의 첫 안식년을 하버드에 있는 옌칭 연구소에서 보낼 수 있도록 부탁하는 편지에, "내 제자 중에 김중순이라는 테네시대학교 교수가 있는데, 그 사람은 내가 지적인 후계자로 삼고 싶어하는 보기 드문 사람이며, 문장력이 특출하게 뛰어난 지성인"이라고 추천서를 써 주시기도 했다.

5 세상 사람들에게 널리 알려진 '괴테(Johann Wolfgang von Goethe, 1749~1983)'에 관해서는 새로운 소개는 필요치 않지만, 그의 소설이 우리말로 번역될 때 일본말로 번역된 것을 다시 우리말로 번역하는 과정에서 그의 소설에 나오는 주인공의 이름을 '베르테르'라고 번역을 했는데, 이는 일본식 표기를 따라서 했기 때문이라고 한다. 그래서 요즈음에는 그의 이름을 독일 사람들의 발

읽을 수도 없을 뿐만 아니라 본 적조차 없었지만, 우리 말로 번역된『젊은 베르테르의 슬픔』은 그 당시 사춘기 고등학생들에게는 읽지 않을 수 없는 소설 중의 하나였다. 나는 한국말로 번역된 이 소설을 두 번이나 읽어서 내용을 외울 정도였다. 번역판을 읽은 기억을 살려서 나는 내 나름의 의역을 했다. 만일 내가 독일어 시험에 합격을 한다면, 이것은 운이 좋다고 하기보다는 거의 '기적'에 가까운 일이 아닐 수 없다고 생각했다.

대학원 합격자 발표 전날, 나는 종로2가에 있던 '화성'이라는 다방에서 영문학과의 이군철 교수님, 오화섭 교수님, 그리고 독문학과의 정경석 교수님과 함께 차를 마시면서 다음 날에 있을 내 입시 발표결과를 걱정하고 있었다. 그분들은 문과대학 교수님들이셨지만, 내가 연대 분규 때 학교 재단에 항의하던 문과대학과 법학과 교수님들을 옹호하는 데모를 지원한 것이 인연이 되어 가깝게 지냈다. 그중에도 영문과의 이군철 교수님은 중앙학교 선배이기도 했다. 이군철 교수님이 정 교수님에게 "얘가 독일어 시험만 합격을 하면 다른 시험은 걱정이 없다고 했는데, 혹 정 교수님이 독일어 문제를 출제하셨느냐?"고 물었으나, 정 교수님은 자기가 출제하지 않았다고 하셨다. 이군철 교수님이 "정 교수님, 내일까지 기다리기가 그러니, 지금 학교로 들어가셔서 이 아이 독일어 시험성적을 좀 알아봐 주실 수 없겠습니까?"라고 하시자 정 교수는 "내일 발표이니 지금쯤에는 채점 결과를 알 것 같은데, 그거야 청탁도 아닌데 뭐 그리 어렵겠느냐"고 하시면서, 신촌으로 가는 '합승'을 타고 학교에 가서 알아보고 오겠노라고 하고 떠나셨다. '합승'이란 우리가 지금 생각하는 택시가 같은 방향 손님을 미리 탑승한 사람의 양해를 얻어서 태우는 것이 아니고, 1960년대 초에 소형 버스와 택시의 혼합 형태로 8~9인이 승차할 수 있으며, 버스처럼 노선이 미리 정해져 있고, 종점역도 있는 소형 좌석버스였다.

다방으로 돌아오신 정 교수님은 "나는 저 녀석이 그렇게 독일어를 잘하는

음에 가깝게 '베르터Werthers'라고 번역하는 것이 원 발음에 더 가깝다고 생각하는 것 같다.

줄 몰랐다"고 하셨다. 마지막 사정이 끝나는 것을 기다리느라고 좀 시간이 걸렸다고 하시면서, 독일어는 우수한 성적으로 합격을 했다고 하셨다. 믿어지지 않았다. 나만큼이나 기뻐한 이군철 선생님은 그날 마침 선생님이 시간강사로 출강하시는 수도여자사범대학(현 세종대학교의 전신) 학생들에게 저녁을 사 주기로 했다고 같이 가자고 하셔서 내 대학원 (예비)합격 축하를 '한일관'에서 수도여자사범대학 졸업반 학생들과 함께했다. 술잔이 몇 잔 돌고 나는 노래도 한 곡조 불렀다.

프린스턴Princeton대학 장학금 수령

입학을 걱정하다가 막상 합격을 하고 보니 등록금이 현실적인 문제로 떠올랐다. 대학 4년도 간신히 끝냈는데, 이제 대학원 등록금을 또 어떻게 마련한다는 말인가? 농지개혁이 단행된 이후 쪼들리는 살림에 무엇이든 현금이 될 수 있는 것은 거의 다 팔아서 이제 집에 남은 것이라고는 텅 빈 고가古家 한 채뿐이었다. '궁窮하면 길吉한 곳으로 통通한다'는 말이 있듯이, 막다른 상황에서 무슨 방법이라도 찾아야 했다. 우선 대학원 원장님을 찾아가서 장학금이 있는지를 알아보기로 했다.

대학원 원장님은 세브란스 의사 출신인 이우주 박사님이셨는데, 대학원 사무실이 우리 정법대학과 같이 쓰는 광복관 3층(지금은 법학전문대학원 건물이 세워졌다)에 있었으므로, 나는 원장님을 먼 발치에서 종종 뵌 적이 있었다. 희끗희끗한 머리칼에 파이프를 피우시던 모습이 멋스럽게 보였다. 우선 원장님을 만나야만 했지만, 대학원 사무담당 교직원이던 박 선생은 나와 대학원장과의 면담을 주선해 주지 않았다. 같은 건물에 근무했던 탓에 내가 무슨 일이든지 '주동'을 하는 '선동자' 내지는 '말썽꾼'으로 알고 있던 박 선생은 내가 대학원에 들어오면 또 무슨 일을 저지를지 몰라 걱정을 했던 것 같다. 그래서 박 선생 대신 새로 부임한, 나에게 선입견이 없는 이李 선생에게 부탁하여 원장님과의 약속을 잡을 수가 있었다.

큰 마음을 먹고 심호흡을 한 후 원장실로 들어갔다. 단도직입적으로 나는 이번 대학원 입시에 합격을 했는데 등록금을 마련할 길이 없어서 혹 장학금이 있는지 알아보러 왔다고 했다. 놀랍게도 원장님은 “너 이번에 우리 대학원에 사회과학을 전공하는 학생에게 주라고 ‘프린스턴Princeton 장학금’이 온 줄 어떻게 알았느냐?”고 물으셨다. 대학원으로 연락이 온 지 며칠 되지 않아서 아직 대학원 위원님들에게도 알리지 못했는데 어떻게 알았느냐는 것이었다. 나야 당연히 그런 장학금이 왔는지 몰랐다. 사실 나는 ‘프린스턴’이 ‘아이비리그Ivy League’ 대학 중의 하나인 프린스턴대학교를 말하는지, 아니면 프린스턴에 있는 프린스턴 신학대학인지 지금까지도 모른다. 어떻든 원장님의 말씀에 의하면, 연대 대학원 신입생 중에서 사회과학을 전공하고, 입학 성적이 우수한 학생에게 등록금 전액을 지불하는 것이라고 했다.

원장님은 즉석에서 사무직원을 불러 내 입시성적을 가져오라 하셨다. 이게 웬일인가? 내가 자격이 된 것이다. 원장님은 “나는 너를 정법대학 교수님들 농성장에서 몇 번 본 일이 있어서 네가 여기 학부를 다닌 것은 알고 있었지만, 고등학교는 어디를 다녔느냐?”고 물으셨다. 내가 “중앙고등학교를 다녔다”고 대답했더니, 원장님은 놀랍다는 표정으로 “나도 그 학교를 다녔다”고 하셨다. 세상에 어떻게 이런 인연이 있을까 싶어서 놀라웠다. 내 입학 성적을 다시 확인한 원장님은 “됐군!”이라고 좋아하시는 것 같았다. 만약 용기를 내서 원장님을 찾아 장학금에 관해 여쭤보지 않았다면 나는 대학원 생활을 할 수 없었을 지도 모른다. 그 후부터 나는 “무엇이든지 물어보자”는 주의가 되었다. 최악의 경우에 듣는 대답은 ‘노no’라는 것밖에 더 있겠는가?

대학원에는 학생들의 자치기구인 ‘원우회’가 있었는데, 초대 회장은 육군사관학교 교관을 하면서 정치외교학을 전공한 나보다 4년 선배인 윤형섭 선배였다. 그가 회장 임기를 마치고 난 후, 내가 그 후임으로 제2대 원우회 회장이 되어 원장님을 정성껏 모셨다. 사무직원 박 선생도 학생들과의 원활한 관계를 위해서 내 도움을 필요로 하는 '아이러니'한 일도 있었다. 원장님과는 "네가 나중에 결혼할 때는 내가 꼭 '주례'를 해 주마"라고 할 정도로 가까운 선·후배이자 사제지간이 됐다. 그리고 내가 미국 유학을 떠나기 직전에 치른 내 결혼식 주례를 이우주 원장님이 정말로 해 주셨다.

내게 일어난 '혁명'

1961년 5월에 한국은 또 한 번의 혁명을 겪게 되었다. 그리고 이를 계기로 나에게도 조용한 혁명이 일어났다. 외부의 변화에 신경을 쓰지 않고 '공부 벌레'가 되기로 결심한 것이었다. 군사정변으로 교통편이 여의치 않아 중랑교에 있는 형님 댁에서 대학원 연구실이 있는 신촌까지 걸어 다니면서도 나는 학교를 하루도 빠지지 않았다. 헌법 교수이시던 김기범 교수님은 한때는 수업 중에 내 후배들에게 "김중순이랑은 어울리지 말라"고 하시던 분이셨는데, 열심히 공부만 한 덕에 "그 친구가 영 달라졌다"고 하신다고 들었다. 형법과 형사소송법을 가르치던 정영석 교수님은 형사소송법 책을 쓰실 때 나를 참여시켰고, 그 책 머리말에 내 역할에 고맙다는 말씀도 써 주셨다.

내가 석사학위 과정을 끝냈을 때는 박정희를 중심으로 한 혁명주최 세력들이 국가재건최고회의에 의한 군정을 끝내고 민정이양을 진행하던 시기였다. 개인적으로 나는 석사학위 과정을 끝냈지만, 어느 학교 시간강사 자리라도 날 것 같지 않았다. 석사학위만으로는 별 쓸모가 없는 것 같아서 박사 과정으로 진학했다. 그러나 막상 시작하고 보니 박사 과정은 "빛 좋은 개살구"인 데다 내가 박사 과정을 마친다고 해도 마지막 단계에서 내 전공분야에 학위논문을 심사할 박사학위를 가진 위원들을 찾을 수가 없었다. 법학 교수님들 중에는 단 한 분만이 일본 교토대학에서 석사학위를 하셨을 뿐, 다른 교수님들의 최종 학력은 학사였다. 심지어 새로 부임한 젊은 함병춘 선생님도 당시로서는 최종학력이 학사이지 않는가? 그래서 석사과정을 마친 대부분의 사람들은 박사학위를 취득하기 위해서 외국으로 유학을 갔다. 하지만 나한테 외국 유학이란 그야말로 언감생심焉敢生心이어서 우선 박사 과정을 시작하기로 했다.

박사 과정을 할 때는 학과의 허드렛일을 하고 장학금이라는 명목으로 등록금이 면제가 되어서 서울에 있는 것이 재정적으로 큰 부담은 되지 않았다. 그러나 내가 박사 과정에 소요되는 학점을 다 이수하고 난 다음에는 서울에 꼭 있어야 하는 것도 아니고 있을 수도 없었다. 속으로 세상은 이토록 넓은데 '육척尺'도 못 되는 내 한 몸을 둘 곳이 없다니 하고 한탄도 해 보았다. 그런 가운데 병석의 어머니는 "필혼畢婚을 시켜야 마음 놓고 눈을 감을 텐데…."라고 하시면서 막내인 나를 결혼시키지 못하고 떠나면 여한餘恨이 된다고 하셨다. 그런데 이 형편에, 세상에 어느 신붓감이 나 같은 총각에게 시집을 올 것인가? 내가 좋다는 여자들이 없는 것은 아니었지만, 누가 가까이 접근하는 것 같으면 나는 의식적으로 피하고, 멀리하고, 그리고 달아났다.

시골에서 대책 없이 놀고 있을 때 느닷없이 전보電報 한 통이 날아왔다. "급히 상경하라!"는 함병춘 선생님의 전보였다. 그 내용을 짐작할 수는 없었지만, 나쁜 소식은 아닌 것으로 생각했다. 나는 즉시 상경했다. 함병춘 선생님은 어느 미국 기관이 시장조사marketing survey를 의뢰할 것 같으니 그 준비를 하자고 하셨다. 함 선생님은 시장조사가 비록 학문적인 일은 아니더라도 조사방법에 관한 경험도 쌓고, 보수도 다른 '아르바이트'보다는 좋을 듯하니 신청해 보자는 것이었다. 그러나 그때 마침 미국에서 학위논문을 준비하려 왔다는 함 선생의 지인이 선생님을 방문했다가 우리 프로젝트에 관한 정보를 듣고 우리가 요청하려는 금액의 절반에 해당하는 비용으로 그 프로젝트를 끝내겠다는 계획서를 제출하는 바람에, 우리는 그 프로젝트를 수주하는 데 실패했다.

연세대학교 정법대학 부설 사회과학연구소

그러나 프로젝트를 수주하는 데 실패한 것이 '실패'만 한 것은 아니었다. 함 선생님은 앞으로 외부기관에 연구비를 신청할 때는, 아무개 교수라는 개인 명의보다는 대학 내의 연구소 이름으로 신청하는 것이 유리하겠다고 판단하셨다. 그래서 정법대학 내 교수님들의 동의를 얻어 연세대학교 정법대학 부설 '사회과학연구소'를 설립하게 되었다. 지금이야 거의 모든 대학교에서 산학재단을 설립하고 소속 대학의 교수들이 수령해 온 프로젝트를 전문적으로 관리하지만, 1963년 초만 해도 그런 제도는 없었고, 대학 교수가 외부 기관으로부터 연구 용역을 의뢰 받는 경우도, 연구비를 신청하는 경우도 거의 없었다. 우리가 설립한 새 연구소도 명목상으로만 존재했다. 연구소는 개소했지만 사무실은 없는 상태로 함병춘 선생님이 연구소장이고, 연구소 직원은 아무런 직함도 없는 나 한 사람뿐이었다. 당시 우리 연구소는 아무런 실적도 없었고, 구상 중인 프로젝트도 없었다. 그래도 연구소 이름으로 외부에 공문이라도 보내려면 연구소 명의의 직인은 있어야 해서 내가 도장을 파는 곳에 가서 연구소 직인을 만들어 왔다. '연구소'라고 이름은 붙였지만, 연구소의 직인을 내 가방 속에 넣고 다니는 소위 '이동식 연구소mobile research institute'였다.

이러는 와중에도 함 선생님은 한국 사람들의 법의식法意識이 서양 사람들의 것과는 다르다는 사실과, 한국의 법규정 일부는 일본의 것을 그대로 답습한 경우가 많아 한국 사람들의 실생활과는 거리가 멀다는 사실, 그리고 무엇보다도 당시 한국 사람들의 법의식은 소극적이며 법은 자신과는 관계가 없이 멀리 존재하는 것으로 이해하고 있다고 파악하셨다. "재판소(법원)에 가 본 일이 있느냐?"고 물으면 일반 사람들은 자신을 범죄자나 전과자 취급을 한다고 화를 낼 정도이니, 이러한 국민들의 법의식을 이해하려면 사회조사방법론을 통해서 사람들의 생각을 연구하는 편이 흥미롭고 법학계에 도움이 될 것이라고 생각하셨다. 그때는 법률에 관한 연구에 사회과학적이고 행태학적인 연구방법론을 적용하기 전이었다.

한국 사람들에 대한 법의식 연구는 흥미롭고 유익한 연구프로젝트가 될 수 있었지만, 우선 이런 연구를 위한 연구비 지원을 신청해 볼 만한 한국 기관이 없었다. 그때 우리 사회는 물심양면으로 이런 연구계획을 지원할 여력이 없었다. 어쩌면 미국 사람들이 이 문제에 더 관심이 있을지 모른다고 생각해서 한국에 파견된 아시아재단The Asia Foundation의 한국책임자인 데이비드 스타인버그David I. Steinberg와 접촉했다. 이 연구의 개요에 관한 설명을 들은 스타인버그는 즉석에서 아시아재단이 지원하고 싶다고 했다.[6] 연구계획서를 빨리 제출하라고 해서 함 선생님은 영문으로 된 연구계획서를 쓰시기 시작하셨다.

우리 연구소는 아시아재단에서 연구비를 지원받기 전에 설립했지만, 그때까지는 연구실도, 연구소 간판도 없었다. 그러나 연구비를 받게 되자 학교는 당장 연구소 사무실을 중앙도서관 3층에 배정해 주었다. 이 건물은 지금 연대의 중앙도서관과는 다른 건물로 내가 연대에 입학하던 해인 1957년에 건축한, 기존의 연대 석조 건물들과는 비교도 되지 않는 작은 건물이었다. 그러나 그 건물은 현재의 대규모 도서관이 신축되기 전까지 연대에서 유일한 도서관이었으며, 이름도 '중앙도서관'이라고 불렸다. 하기야 학부 학생 수를 전부 합쳐도 현재의 대학원 학생 수에도 미치지 못하는 3~4천 명 정도였으니 그 규모로도 대학의 도서관 역할을 할 수가 있었다. 이 중앙도서관 건물은 후에 백낙준 총장님의 호를 딴 '용재관'으로 그 이름을 바꿨다.

연구소는 인적 구성도 갖추었다. 함 선생님이 연구소 소장이자 프로젝트의 책임자가 되시는 것은 당연했다. 나도 당당하게 연구소 연구원이라는 직함과 함께 학교에서 발행하는 연구원 신분증도 받았다. 중앙도서관 본관 3층 넓은 사무실을 연구소로 쓰게 됐다. 넓은 사무실에 아직 집기는 별로 없었지만, 그래

---

6 데이비드 스타인버그David I. Steinberg는 한국 근무를 끝낸 후 미국으로 귀국한 후 조지타운대학Georgetown University에서 아시아 전공 학자로 한국학 분야에 많은 공헌을 했다. 내가 2000년 6월 23일부터 25일까지 Georgetown 대학, Korean Society, 그리고 고려대학교의 후원으로 Washington DC에서 한국전 50주년 기념으로 개최한 "The Korean War Forgotten No More" 라는 주제의 기념학술대회 때 여기에 참석한 그를 1963년 이후 처음으로 만났다. 나는 그에게 1963년부터 1년 반 동안 우리의 연구를 지원한 것에 대한 사의를 표할 기회가 있었다. 나는 그때 당신의 지원으로 연구를 할 수 있었을 뿐만 아니라 결혼도 할 수 있었고, 도미하여 잘 지내고 있다고 했다.

도 장방형 테이블 두 개와 의자 몇 개가 있었고, 가장 중요한 전화기가 가설되었다. 적어도 이제 주소를 가진 연구소이기에 자랑스러웠고, 연구 주제와 연구비까지 구비되었으니 더 바랄 것이 없었다. 이제 실제로 연구를 진행하기 위한 계획서operational strategies를 마련해야 했다. 인원이 더 필요했다. 함 선생님은 우선 법학과의 시간 강사였던 양승두를 영입했고, 연대 대학원에 나보다 한 해 먼저 입학한 전병재도 영입했으며, 사회학적인 조사에 경험이 있는 이화여자대학교 사회학과 출신 연혜정을 현지조사 면접자로 채용했다. 사무실을 지킬 여직원 한 사람도 고용했다.

이 연구는 문헌이나 판례를 중심으로 연구하는 전통적인 법학연구와는 달리, 한국 사람들의 법의식을 파악하기 위해 직접 그 의견을 물어보는 행태학行態學적인 방법을 시도하는 것이어서 조사방법이나 통계학 등의 전문지식이 필요했다. 그런데 당시 연대에는 사회학과가 없어서 고려대학교 사회학과 설립에 기여한 홍승직 교수의 자문을 구했다. 사회조사방법에서 연구하려는 집단universe의 규모가 소규모일 때는 전수조사를 할 수도 있지만, 대부분의 경우에는 그 집단을 대신할 표본sample을 추출하고 표본에서 얻어진 결과를 전체의 의견으로 유추하는 것이 통례이다. 한국 국민의 법의식에 관한 조사 집단은 전 국민이 모집단이기 때문에 그 규모가 방대했지만, 전체 국민 중에서도 유아나 미성년자에게 법의식에 관한 질문을 한다는 것도 별 의미가 없기 때문에 우리는 조사대상을 피선거권자로 한정하기로 했다. 피선거권자를 모집단으로 정하면 선거에 사용한 선거인 명부의 열람을 통해 면접 대상자(표본)를 추출하고 그 성명과 주소를 파악할 수가 있었다. 또 지역적인 안배도 중요한 것이기 때문에 대도시, 중소도시, 그리고 농어촌에서 표본을 추출하기로 했다. 그리고 흔히 쓰는 '누구나 그 연구집단에서 추출될 균등한 기회를 부여하는 무작위 추출random sample' 방법 대신에 연구 집단의 인구를 여러 층으로 나눈 다음, 각 층에서 표본을 추출하는 '층화표집stratified random sample' 추출법을 택했다.

이 연구에서 우리는 직접 면접할 표본 수를 1,301로 정하고, 이 표본을 층

화표집 원칙에 따라 전국적으로 배분했다. 그 분포된 수와 비율은 대도시 236명(18%), 중소도시 190명(15%), 읍 115명(9%), 그리고 농어촌 760명(58%)으로 배분되었다. 이러한 분포는 1960년대 중반부터 농촌 인구가 도시나 산업공단으로 대거 유입되기 전의 인구분포 비율이다. 서울과 인접한 수도권의 인구가 전체 남한 인구의 과반을 차지하고 있는 지금 표본 배정을 한다면, 그때와는 달리 우리의 면접 조사는 서울과 인접한 경인 지방에 집중하게 되었을 것이다. 당시 숙박을 할 필요가 없는 서울 지역은 연혜정 씨가 맡기로 하고, 그 외의 지역은 양승두, 전병재, 그리고 내가 나누어 맡기로 했다. 양승두와 전병재는 부분적으로 참여했지만, 나는 전국 일정을 다 소화했다.

최종 질의서를 작성한 후에는 현장에서 질의서의 타당성과 응답자의 반응, 그리고 질의서의 질문과 대답에 소요되는 시간, 그리고 무엇보다도 당해 면사무소에 갔을 때 면사무소 직원들이 우리가 선거인단 명부를 열람하고, 그 명부에서 표본을 추출할 수 있도록 협조를 해 줄지를 조사하기 위해 함 선생님과 내가 시범 지역으로 선정한 전라북도 김제군 만경면으로 떠났다. 김제에서 만경면 사무소로 가는 차편은 오후 늦게 한 번, 그곳에서 나오는 차편은 오전에 한 번뿐이었다. 우리는 저녁에 면접을 마쳐야 다음날 오전에 떠날 수가 있었다. 차편 때문에 거의 퇴근시간이 되어서야 만경면 사무소에 도착해서 선거인 명부를 보여달라 하고, 또 표본으로 추출된 사람들의 집을 안내해 달라고 하니, 면사무소 직원들이 우리를 곱게 봐 줄 턱이 없었다. 선거인 명부 열람에 앞서 면사무소의 담당자는 "당신들이 연대 사회과학연구소에서 왔다는 것을 우리가 어떻게 믿을 수 있는가?"라고 하면서, 요즈음은 '가짜'들이 많아서 믿기 어렵다고 우리를 의심스러운 눈으로 보기까지 했다. 우리는 신원을 보장하는 무슨 증명이나 중앙부서의 공문이 필요하다는 것을 느꼈다.

가장 난처한 문제는 차편과 숙박시설이었다. 그날 저녁 늦게까지 광활한 만경평야에 흩어져 사는 표본으로 추출된 사람들을 모두 방문하여 면접을 하고 나니 당연히 차편도 없고, 그 인근에 숙박시설도 없었다. 거의 모든 사람이 자동차를 몰고 다니는 지금 세상에서는 그때를 상상하기도 어려울 것이다. 겨우 면사무소 직원의 호의로 면사무소 숙직실에서 그날 밤을 새워야 했다. 초겨울의 만경평야의 밤은 추웠다. 사방을 둘러봐도 나무가 없는 평야이다 보니 난로에 왕겨를 피우는 게 고작이라 숙직실의 방바닥은 차갑기만 했다. 잠을 청할 때는 함 선생님이 담요를 나에게 덮어 주셨지만, 자는 동안 무의식적으로 담요를 선생님이 독차지하시게 되어 아침에 서로 쳐다보고 웃었다. 앞으로 전국의 여러 중소도시, 읍, 면 단위의 마을을 찾아 다닐 것을 생각하니 눈 앞이 캄캄해졌다.

층화표본 추출방법을 쓰고 보니 같은 '층' 내에서는 여러 중소도시, 시읍면의 마을이 무작위로 추출되어서 교통이 편리한 곳보다는 불편한 지역이 많았고, 또 농어촌 마을이라도 그곳의 명승지를 가는 것이 아니라 오지나 벽지로 가야 했다. 구례군 어느 마을을 가기 위해서 화엄사 앞을 지나면서도 약속한 시간에 닿기 위해 그냥 지나쳐야 하는 식이었다. 서울을 제외한 중소도시에 배정된 표본이 1,250여 명이나 되는데, 그들이 남한 전역에 흩어져 살고 있다 보니 찾아 다닐 생각만 해도 아득했다. 가장 큰 애로사항은 한 마을에서 저녁 늦게 면접을 마치고 나면, 여관이 있는 다른 마을로 가는 버스편이 이미 끊긴 경우가 많다는 점이었다. 그리고 우리가 협조를 받아야 할 일선 행정관서-군청, 읍, 면, 동사무소-의 협조를 구하는 것도 문제였다. 내무부 장관 명의로 우리 연구에 지방 행정부서가 협조해 주라는 공문서를 발송하도록 요청하는 일은 다행히 연대에서 행정학과 교수를 하시다가 서울시 부시장으로 가신 차일석 선생님을 통하여 해결되었다. 그러나 버스편이나 여관 문제는 다른 문제였다.

법의식 현지조사

전국적인 법의식 현지조사는 제주도에서 시작하여 휴전선 인근인 소양강 지역에서 끝나는 것으로 계획을 잡았다. 1년 반에 걸친 남한 일주에 대한 스토리텔링은『같은 공간, 다른 시간(2015)』에서 상세하게 기술했기 때문에 여기서는 반복하지 않겠다.[7] 그러나 내가 1963년에 예견조차 하지 못했던 제주도와 강원도의 변화에 관해서는 간단한 언급을 하지 않을 수가 없다.

제주도의 변화

옛날 제주에는 '여자'와 '바람'과 '돌'이 많다고 하여 '삼다도三多島'라는 별명이 있었다. 그러나 지금의 제주의 삼다三多는 '바람'과 '관광객'과 '렌트카rental car'라고 한다. 흑색 현무암에 의존하던 제주의 돌 문화도 점차 '시멘트cement'로 대체되고 가장 놀라운 것은 제주가 세상 사람들에게 양질의 식수를 공급하는 것이다. 이는 정말 '기적' 같은 일이다. 1964년 북제주군 조천면(현 조천읍)에서 면담을 할 때 갈증이 났지만 물 한 모금 얻어 마시기가 미안했다. 조천면에서는 식수를 얻으려면 여인들이 거의 십여 리나 되는 곳까지 걸어가서 '구덕'에 물을 담아 지고 와야 했기 때문이다. 그러나 내가 2014년 11월 고려사이버대학 총장으로 제주도에서 열린 교직원들의 '워크숍'에 갔다가 조천면을 다시 방문하는 길에 그 면의 교래리에 거대한 '삼다수' 생산 시설이 있는 것을 보고 깜짝 놀랐다. 십여 리 길을 걸어서 구덕과 허벅으로 식수를 길어 오던 바로 그곳에 한국 최대의 생수공장 설비가 있으니 놀라지 않을 수 없었다. 이 암반수의 발견으로 조천면 교리 일대의 지하수는 한국뿐 아니라 중국, 일본, 인도네시아, 미국, 홍콩, 사이판까지 공급된다고 한다. 그리고 2006년 7월, 제주가 제주특별자치도가 된 다음에 교육도시, 그리고 국제도시로 변신하고 있는 점이 눈에 띈다. 옛말에 "사람은 서울로 보내고, 말은 제주로 보내라"는 말이 있었지만, 2013년의『조선일보』7월 2일자의 보도에 의하면 수능 전국 시도별 분석에서 2010년부터 4년간 연속으로 제주도가 수능시험성적 순위에서 전국 1위를 차지했다면서 "강남 학생도 제주도로 전학한다"는 기사가 있었다. 13세기 이후 근 1세기

---

7 김중순,『같은 공간, 다른 시간』참조.

2-1. 춘천 중심가에서 여행 봇짐을 들고 서 있는 필자.
뒤의 도청 청사에는 반공사상 계몽 플래카드와 표어들이 나붙어 있다.

동안 원나라의 '목마장'[8]이었던 제주에 서울의 강남 학생들이 전학을 오기 시작한 것은 2011년부터로, 어린이들이 영어를 공부하러 외국으로 유학을 가지 않고도 영어교육을 받을 수 있는 국제학교들이 제주에 앞다투어 설립되었기 때문이다.

강원도의 변화

강원도는 아름답고 인심 좋은 곳이었지만, 6·25전쟁 때 아군과 북한군이 여러 차례 공방전을 한 까닭에 조사를 갔을 때에는 도 전체가 황폐한 몰골이었고 반공 의식과 반공사상을 표현하는 표어나 현수막이 어느 다른 지역보다도 더 많

8 고려 충렬왕 때인 1276년 몽골이 몽골 말 160마리를 제주에 들여와 동쪽의 수산평 일대에 풀어놓은 것이 몽골식 목마장牧馬場이 제주에 설치된 시초이다. 말을 들여올 당시 이들을 기르고 관리할 '하지' 혹은 목호牧胡도 보내왔다고 한다.

2-2. 2018년 평창 올림픽 때
강릉의 아이스 스케이트장에서의 필자.

았다. 〈사진 2-2〉에서 보듯이 강원도청 앞 대로에 "반공사상계몽"과 "간첩 자수" 등의 문구가 쓰여진 현수막이 유난히 눈에 띄었다.

그때 만일 내가 몇십 년 후에 강원도의 평창군, 강릉시, 그리고 정선 일대를 연결하여 동계올림픽이 개최될 것이라고 했다면 사람들은 나를 정신병원으로 보내려고 했을지도 모른다. 그러나 그 기적 같은 일이 2018년 2월 9일부터 25일 사이에 일어났다. 남북 양팀이 공동입장을 하고 여자 아이스하키팀은 올림픽 사상 첫 남북 단일팀을 구성한 것 외에, '욕쟁이' 김여정 당 중앙위원회 제1부부장도 전용기 PRK-615편으로 인천공항을 통해 입국한 후 올림픽 개막식에 참석했다. 김여정이 문재인 대통령 내외의 바로 뒷자리에서 만면에 미소를 띄고 서 있는 장면을 TV로 보면서 격세지감을 느꼈다.

강원도의 변화는 제주도의 변화에 버금간다. 올림픽뿐만이 아니고 도내의 변신 자체도 놀라웠다. 해발 800미터의 고지대에는 고랭지高冷地 식물 실험실이 들어서 있고 목장 실험실도 눈에 띄었다. 옛날에는 '도람(도암의 발음–2006년 도암면은 대관령면으로 개명)'이란 말만 나오면 울던 여자 아이들이 울음을 그쳤다고 한다. "자꾸 울면 도람으로 시집 보내겠다"고 하던 벽촌이 지금은 '감자' 재배가 유명하고 강릉으로 가는 길목인 데다 멀리서 찾아오는 스키어들로 북적이는 윤택한 마을이 되었다. 내가 그곳을 찾았던 때만 해도 평창으로 가는 교통이 워낙 나

빠서 마지막 면접 장소로 남겨 놓았었다. 그런데 이게 웬일인가! 올림픽 덕분에 2017년에 KTX 경강선(경기 시흥시 월곶역에서 강릉역까지)이 개통되면서 인천국제공항에서 강릉까지 2시간대에 갈 수 있게 되었다. 이런 변화는 '상전벽해'라는 말로도 설명이 되지 않는다. 내가 본 1964, 1965년의 도암과 오늘의 도암은 아예 다른 곳이다. 당시에도 경포대에 관광호텔이라는 것이 있기는 했지만 시설이 불편했다. 화장실 물도 제대로 내려가지 않았다. 그러나 지금 경포대에는 세계 유수의 호텔 체인점들이 자리하고 있다.

결혼과 미국 유학

'라디오 토크 쇼'와 원고 정리

1년 반이 넘도록 전국의 각 지역을 전전하면서 여관 밥을 먹고, 여러 읍, 면, 동, 리 사무소를 찾아 안내를 구걸하면서 다니던 전국 면접 조사가 끝이 나자 말 그대로 '시원섭섭'했다. 조사할 때 질문지에 급하게 속기로 쓴(shorthand) 것을 검토하여 풀어 쓰고, 면접 때 생긴 일화들을 정리하고 보니 흥미로운 이야깃거리가 많았다. 내게 이런 이야깃거리가 있다는 말을 들은 고등학교와 대학(전공은 달랐지만) 동창인 MBC 라디오 PD 정진철이 자기가 진행하는 주부 프로그램 시간에 와서 매일 15분씩 이야기를 해 달라고 했다. 몇 번 하고 마는 줄 알았더니 반응이 좋다고 해서 상당 기간 동안 방송을 했다. 울산에서 악몽을 꾼 이야기는 "울산에서 만난 귀신" 이야기로 제목을 달기도 했다. 기왕 방송용 원고를 준비하는 김에, 나는 이 원고를 책으로 만들어 보고 싶은 욕심에 열심히 원고 정리를 했다.

미국 유학의 기회

1964년이 저물어가는 겨울이었다. '코딩coding'을 하는 과정에 충남 일부 지역을 재점검할 필요가 있어서 당진에 가 있는데, 함 선생님이 밤중에 당진 여관으로 '장거리 전화(시외 전화)'를 하셔서 "급한 일이 있으니 내일 서울로 올라왔다가 가라"고 나를 부르셨다. 궁금증이 발동해서 급한 일이 무엇이냐고 여쭈어 봤더니, "미국을 갈 수 있을 것 같아"라고 하셨다. 나는 하도 황당해서 "누가 미국을 가는데요?"라고 물었더니 "네가"라고 하시는 것이었다. 원래 농담도 하지 않으시고 "콩 심은 데 콩 나고, 팥 심은 데 팥 나는 분"이라 나도 놀라웠다. 나는 대학을 다닐 때도, 졸업 후 대학원을 다닐 때도 한 번도 '미국 유학'을 간다는 것을 생각해 본 일이 없었다. 나에게는 너무나 허황된 일이었기 때문이었다. 미국 유학이란 그야말로 언감생심焉敢生心이었다.

황급히 서울로 올라온 나에게 함 선생님은 잘하면 미국 유학을 갈 수 있는 기회가 생길지 모르니, 다음 날 소공동에 있는 어느 다방에 가서 미국 테네시Tennessee주 스와니Swanee에 있는 남부대학교The University of the South의 로버트 랑케스터Robert S. Lancaster 부총장을 만나보라는 것이었다.[9] 함 선생님은 랑케스터 부총장한테는 나에 관해서 자세하게 설명을 해 두었으니, 큰 부담을 갖지 말고 가서 만나 보기만 하면 된다고 하셨다. 사모님도 "미스터 김은 배짱이 좋으니까 당황하지 않을 것"이라고 안심을 시켜 주셨다. 그러나 사모님은 내 본성을

---

9 애칭으로 '스와니Swanee대학'이라고 불리는 남부대학The University of the South은 1857년에 영국 성공회Episcopal Church 소속의 미국 남부 28개 교구가 설립한 학부 중심의 인문대학liberal arts college이다. 학생 수가 1,500~1,700명 정도로 소규모 대학이지만, 전통적으로 저명한 문필가와 학자들을 많이 배출한 학교로 알려져 있다. 그 대학에서 발행하는 *Swanee Review*라는 문학평론지는 미국에서보다도 영국에 구독자가 더 많다고 알려져 있다. 학교의 위치가 테네시Tennessee주의 수도인 내슈빌Nashville에서 93마일 떨어져 있으며 차로 1시간 반 정도의 거리다. 컴벌랜드Cumberland 고원지대에 위치해 있으며, 해발 588여 미터의 고지대에 13,000 '에이커(acres, 혹은 53평방킬로미터)'의 터를 잡고, 그 위에 지어진 '고딕Gothic' 양식의 대학 건물들은 그림처럼 아름답다.

모르고 하시는 말씀이었다. 사실 나는 소심하고, 부끄러움도 많이 타며, 매사에 긍정적이라기보다는 부정적으로 생각하는 사람이었다. 그렇지 않은 척할 뿐 긴장하면 화장실을 자주 드나드는 소심한 사람이다.

다음 날 랑케스터 부총장을 만나러 가려니 긴장이 되어 거의 뜬눈으로 밤을 지새웠다. 소공동 다방에 호인으로 생긴 시골 노인 같은 분이 파이프를 물고 나타났다. 말도 아주 천천히 하는 데다 어딘지 약간 주저하는 듯한 말투였다. 랑케스터가 자기 소개를 하기를 원래 고향은 버지니아Virginia이지만, 테네시주의 스와니에 오래 살아서 테네시주가 고향 같다고 했다. 그는 나에게 미국 유학을 갈 용기를 가져 보겠느냐고 물었다. 그의 표정은 "내가 추천을 하면 미국 대학교 대학원의 입학이나 장학금을 얻는 데는 별 문제가 없을 것"이라고 하는 것 같았다. 나는 당장 랑케스터를 따라 그가 있는 스와니로 가고 싶었다. 그래서 그가 부총장으로 근무하고 있는 대학교에 관해서 물었더니, 스와니는 학부 중심의 인문대학liberal arts college이고 단지 신학에만 석사과정이 있다고 했다. 그래서 자기의 아주 친한 친구가 학사 부총장으로 있는 애틀랜타Atlanta에 있는 에모리대학교Emory University가 어떠냐고 물었다. 나는 미국대학교에 대해서 아는 것이라고는 아이비리그 몇 학교의 이름밖에 없었다. 랑케스터는 에모리대학교는 감리교 배경의 사립대학교로 남부에서 유수한 대학이라고 설명을 해 주었다. 그리고 그 대학교의 학사 부총장인 전슨 와드Judson Ward가 절친한 친구라 자기의 추천을 믿을 거라고 했다. 그는 에모리대학교가 사립대학이라 학비가 비싸서 장학금 없이는 공부하기 힘들 것이라고 하면서, 장학금과 생활비 지원도 부탁해 보겠다고 했다. 그는 그 다방의 레지에게 백지 몇 장을 부탁하더니, 그 자리에서 와드 부총장에게 나를 추천하는 편지를 썼다. 그리고는 나더러 항공 봉투를 사서 당장 항공 우편으로 붙이라고 에모리대학교의 주소를 써 주었다. 그는 나에게 '윙크wink'를 하면서 좋은 소식이 곧 있을 것이라고 했다. 다음 날 중앙우체국에서 랑케스터 부총장의 편지를 에모리대학교의 와드 부총장에게 발송했다.

그때 마침 정치외교학과 출신인 이영호 선배가 연대를 졸업한 후 미국 매사추세츠Massachusetts에 있는 애머스트대학Amherst College으로 학사편입을 하여 졸업한 후, 예일Yale대학교 대학원에서 박사 과정을 끝내고 학위논문을 준비하기 위해 한국에 왔다가 우리 연구소를 방문했다. 내가 에모리대학교로 유학을 갈지 모른다는 이야기를 들은 이영호 선배는 그러지 말고 애머스트대학으로 학사 편입을 하면 어떠냐고 했다. 애머스트에서 성적만 우수하면 미국에서 우수한 대학원을 가기 쉬우니 그렇게 하라고 권했다. 너무 진지하게 권하는 터라 솔깃했지만, 함 선생님은 미국에서 빨리 공부를 끝마치고 돌아와야 하는데 학사편입을 하면 시간이 적어도 2~3년은 더 걸린다고 만류하셨다. 그러나 내 생각에 이영호 선배의 추천도 하나의 대안이라고 생각해서 이 선배에게 애머스트대학의 학사편입 허가도 부탁했다.

두 학교에 필요한 서류를 구비하여 보낸 후 곧 두 학교로부터 입학허가를 받았다. 학부 때의 성적이 우수한 것도 아닌데, 아마도 훌륭한 추천서 덕분이라고 생각했다. 나는 애머스트대학으로 가서 이영호 선배가 한 과정대로 해 보고 싶은 마음도 있었다. 그러나 애머스트대학은 학부만 있어서 장학금을 얻기가 어려웠고, 에모리대학교는 내 학부 전공과 상관없이 대학원에 입학허가를 해 주었을 뿐만 아니라, 등록금과 조교수당이란 명목으로 한 달에 당시 돈으로 300달러에 해당하는 '생활비(stipend)'를 지급한다는 조건을 제시했다. 랑케스터의 추천이 없었더라면 세상에 이런 일이 일어날 수 있었겠는가? 랑케스터 부총장은 에모리의 와드 부총장에게 "이 학생은 재정적인 지원이 없이는 유학을 갈 수 없다"는 점과 "이 학생이 장래에 만들어 낼 잠재적인 공헌을 생각하면 장학금을 지급할 만한 가치가 있다"는 점을 강조했었다. 얼마나 강력한 추천서였으면, 이 정도로 후한 재정적인 지원을 받을 수 있었을까.

당시 나의 처지는 모든 것이 다 잘 되어도 애틀랜타까지의 편도 항공권(약 1,300달러)을 구입할 돈도 마련할 수 없는 지경이었으니, 두 학교 중에 어느 학교를 택해야 하는지는 너무나 명백했다. 지금의 화폐가치로 1,300달러는 거액이 아닐지 몰라도, 그때의 1,300달러는 현재의 화폐가치로 치면 근 2만 달러도 넘는 거액이었다. 당시에 한국의 연평균 국민소득이 100달러 미만일 때의 이야기다. 모든 조건을 따져 봐도 에모리대학교로 가는 것이 당연했고, 나는 미국대학에서 조사방법론을 배워서 귀국한 후 연세대학교에서 연구소다운 연구소를 해 보는 것이 목표였기에 사회학을 전공하는 것으로 했다. 실은 당시 함 선생님이나 나나 사회학과 인류학과의 차이를 몰랐다.

평생을 함께할 반려자를 만나다

유학을 가기 전에 그간 방송용으로 준비해 둔 원고를 정리하여 책으로 출판을 해 보고 싶은 욕심이 생겨 거의 밤낮으로 작업했다. 내가 몇 번을 읽어 보아도 그만하면 출판을 할 만한 '책거리'가 된다고 생각했다. 그러나 문제는 따로 있었다. 방송에서 재미있는 이야기로 평가를 받았다고 해도 어느 출판사가 무명의 대학원 박사 과정 학생의 원고를 출판해 주겠는가? 지금은 사정이 많이 달라졌지만, 그때만 해도 책의 내용보다는 저자의 지명도가 책 출판에 큰 역할을 했다. 당시 김형석 선생님의 책을 출판하여 잘 알려진 삼중당이라는 출판사의 편집책임자이자 대학 선배인 최상선한테 출판가능성을 물어보았더니 "무명 작가의 글을 출판하기는 어려울 것"이라고 했다. 이 이야기를 들은 형이 내게는 아주머니뻘 되는 친척이 출판업계에 관계하고 있으니 만나보라고 해서 바로 연락을 했다. 그 아주머니께 지금 미국 유학준비를 하고 있는데 일이 잘 진행되면 곧 미국으로 유학을 갈 것이라고 했더니, 출판사 사장 댁이 가까운 서대문의 어느 '다방'에서 만나자고 했다. 당시만 해도 웬만한 업무는 다방에서 처리할 때였다. 그 아주머니는 나더러 다방에 기다리고 있으면 자기가 사장 댁에 들러 사장님을 모시고 오겠노라고 해서 기다리고 있었다. 그런데 사장님은 아직 퇴근하지 않으셨고, 사장님의 따님을 이곳에서 보자고 했으니 그를 기다리자고 하면서 그에 대해 이런저런 이야기를 들려주었다.

그런데 이상하게도 그 출판사 사장님의 따님이라는 사람을 만나고 난 순간부터 나는 책 출판보다는 "이 사람과 결혼을 해야겠다"는 생각이 들었다. 그때의 나는 비록 가진 돈도 없고 직장도 없는 대학원생이라고 해도 대학을 다녔으니 이런 일 저런 일로 여자를 알 기회도 있었고, 나를 좋아하던 여학생이 없는 것도 아니었다. 그러나 그때까지는 '결혼'이라는 것은 생각해 본 일이 없었다. 우선 직업이 없고, 장래가 약속되어 있지도 않으며, 몰락한 지주 집안에 가진 재산도 없고, 어머니는 고혈압과 당뇨로 병석에서 누워 계셨으니, 내가 만일 '결혼'을 생각했다면 완전히 정신 나간 사람임에 틀림없었을 것이다. 그런데, 이런 것이 '인연'이 아니면 '천생 배필'이라는 것인지도 모르겠다. 나는 그 출판사 사장님 따님을 보는 순간 속으로 "나는 이 여자와 결혼을 해야겠다"고 생각했고, 내가 비록 서울에서는 단칸의 셋방조차 얻을 수 없을지 모르지만, 미국에 가면 내가 지금 에모리대학교에서 받는 장학금으로 두 사람이 생활은 할 수 있을 거라고 생각했다. 나는 기억에 없지만, 후에 내가 집사람에게 들은 이야기에 의하면, 내가 처음 만난 자리에서 "'우리'는 곧 미국으로 갈 것이니까 여기서는 아무것도 필요 없다"고 말했다는 것이다.

처음 만난 출판사 사장님의 따님은 1964년에 이화여자대학교 불문과를 졸업한 문학도였지만, 어머니가 돌아가시고 큰언니가 결혼을 해서 아버지와 네 동생을 건사하는 주부 역할을 하고 있었다. 내가 결혼을 생각하게 된 이유도 단순히 서울에서 셋방살이로 시작하는 삶을 살지 않아도 된다는 이유 외에, 언제 돌아가실지 모르는 우리 어머니의 평생 소원이 돌아가시기 전에 막내아들을 필혼畢婚시키는 것이었으니, 내가 미국으로 가기 전에 결혼을 하면 어머니의 소원을 풀어드리는 길이기도 했다. 책 출판을 교섭하려고 출판사 사장을 만난다는 것이 그만, 그 사장의 따님을 만나 사랑에 빠지는 바람에 그 원고는 시골 집 다락방에서 36년을 묵었다.

결혼을 하기로 작정한 후, 우리 큰형이 아버지를 대신하여 장인이 되실 출판사 사장님을 만났다. 그제야 나도 그 사장님을 처음 만났다. 우리 큰형과 장인이 될 분과는 나이 차이가 크지 않아서 두 분이 잘 어울리는 것 같았다. 우리 형은 아주 솔직하게 "이 아이는 여기 입고 있는 이 옷 이외에 아무것도 없는 빈손인데 괜찮겠느냐"고 물었다. 그때 장인이 되실 분도 출판사 사정이 좋지 않아서 경제적으로 어렵게 지내실 때라 사는 집도 넓은 곳에서 광화문 새문안 교회 옆의 협소한 집으로 옮겼었다. 그러는 사이에 벌써 2월이 지나고 있었다. 미국의 모든 대학들은 8월 중순에서 9월 초에 개학을 하니 나는 떠나기 전에 결혼을 해야 했다.

모든 일들이 6개월 사이에 일어났으니 나도 정신이 없었다. 미국으로 떠나기 전에 결혼식을 올리기로 하고 예식장을 찾아 다녔다. 거의 모든 예식장이 예약이 꽉 차 9월 전에 결혼할 결혼식장을 구할 수가 없었다. 마침 조선호텔 예식장에 갔더니 6월 25일 단 하루가 비어 있었다. 이날 우리가 결혼해도 되느냐고 물었더니 "하루 종일" 사용해도 된다고 했다. 어떻게 된 것이냐고 물었더니, 그날이 6·25라 불길한 날이라고 그날 결혼하겠다는 사람이 없다는 것이다. 우리는 그날을 택했다. 당시는 6월 25일이 공휴일이어서 많은 사람들이 참석할 수 있었다.

내가 대학원을 다니면서 조교를 할 때 선배나 동료들이 결혼식 주례로 교수님을 모시는 경우가 많았는데, 그럴 때면 내가 으레 '붙박이' 사회자였다. 주례는 "네 결혼식에는 내가 꼭 주례를 해야겠다"고 하신 이우주 박사님께 부탁드렸다. 내 결혼식 사회는 대학 때 나보다 1년 선배로 입담 좋기로 유명했던 유재건 박사가 흔쾌히 해 주었다.

다만 어머님이 병환 때문에 도저히 서울에서 하는 막내아들의 결혼식을 보시지 못하는 것이 한스러웠다. 대신 어머님과 꼭 닮은 단아하신 몸매의 외할머니가 자리를 메워 주셨다. 다른 사람들이 결혼사진을 보고는 우리 어머니가 참여하신 줄로 알 정도로 두 분은 닮으셨다.

이제 결혼할 신부도 정해졌고, 결혼할 장소도 정해졌으며, 주례와 사회도 정해졌지만, 결혼에 필요한 돈은 어디에도 없었다. 연대 1년 선배로, 나와 가정

교사 동지였던 오원규 선배와 결혼 자금을 마련할 방도를 의논했다. 원규 형의 기업가적인 계산에 의하면, 결혼식 비용은 결혼식 날 들어오는 양가의 축의금으로 감당하면 될 것이라고 했다. 신부 댁 앞으로 들어오는 축의금까지 합쳤을 때의 계산이었다. 원규 형은 모든 비용을 정산하고, 나에게 신혼여행을 가야 한다고 속초까지 두 사람의 왕복 비행기 값에 며칠 간의 여비까지 챙겨 주었다. 덕분에 빚을 지지 않고 결혼식을 성대하게 마쳤다. 원규 형이 장인께 어떻게 축의금을 받아왔는지는 모르나, 액수로 치면 우리 장인이 서울에서 오래 사업을 하셨으므로 처가 쪽에 들어온 축의금이 훨씬 더 많았을 것이다. 장인께서 이해하고 넘어가신 것 같다.

신랑 집이 준비한 차 대신 택시도 아닌 합승으로 결혼식장까지 오신 이우주 박사님이 주례를 하시면서, "손에 든 것 없고, 물려 받은 것이 없이, 맨발로 뛰는 이 청년의 앞날을 잘 지켜봐 달라"며 이 청년은 어떻게 하든 성공할 것이라는 요지의 말씀을 하셨다. 그러나 지금까지 늘 나를 보살펴 주신 함 선생님은 결혼식이 끝난 뒤 사람들 앞에서 "지금 당장 미국을 가야 할 사람이 어쩌자고 결혼을 하느냐 말이야. 중순이가 아무리 재주가 좋아도 지금의 제도나 경제 형편 속에서는 부인을 미국으로 곧 데려 갈 수가 없을 텐데, 어쩌자고 결혼을 하느냐 말이야" 하고 역정을 내셨다. 재담가인 이균철 교수님은 "이미 결혼을 했는데 물릴 수도 없지 않느냐"고 하셨다. 하지만 함 선생님은 결혼 후에 미국에 가서 부인을 곧 데려 가지 못할까 진심으로 걱정을 하시는 것 같았다. 나는 "두고 보십시오 6개월 내에 데려 갈 터이니….''라고 말하고 싶었지만, 누가 내 말을 믿어 줄 것인가? 그러나 앞으로 닥칠 걱정은 그때 하기로 하고 원규 형이 준비한 비행기표를 받아 들고 신혼여행을 갔다. 제주도를 갈 때 비행기를 처음으로 타 보았지만, 백두대간을 스쳐가듯이 저공비행을 하는 속초행 비행기는 또 다른 경험이었다. 남들 보기에는 비행기를 타고 속초의 관광호텔로 가는 신혼여행은 사치스럽게 보일 정도였다.

내 결혼에 관해 마지막 토를 단다면, 부모님이 어찌어찌해서 마련해 주신 결혼반지를 결혼식 날 가지고 오는 것을 잊어버려서, 식장 근방에서 가짜 금반지를 마련해서 가져갔던 기억이 난다. 그러나 집에 두었던 금반지도 미국 유학 수속을 할 때 너무나 돈이 없어서 그걸 팔아서 몇 푼이라도 현금으로 만들고 나니 우리는 결혼 후에도 한동안 결혼 반지 하나 없이 지냈다. 그후, 큰아들 종윤이가 학교를 마치고 골드만 삭스Goldman Sachs에 취직했을 때 취직기념으로 제 어머니에게 다이아몬드 반지를 선물로 사 주어서 애비가 못한 일을 대신해 주었다.

「바람과 함께 사라지다」의 고장으로 가다

제3장

서울에서 너무 여유 없이 살다 보니 나는 극장을 거의 가 보지 못했다. 그러나 무슨 이유에서였던지 대학교 1학년이던 1957년에, 수도극장에서 상영하는 영화 「바람과 함께 사라지다*Gone with the Wind*」는 보았다.[1] 영화는 남북전쟁기의 남부 상류사회를 배경으로, 비비안 리Vivien Leigh와 클라크 게이블Clark Gable 같은 명배우들이 주연을 맡은 유명한 영화여서 한국만 해도 무려 85,000명의 관람객들이 몰려들었고 그러니 나 같은 사람도 보러 갔다. 그 화려한 화면을 보면서 "나도 언젠가는 저곳에 한 번 가 보았으면 좋겠다"라는 생각조차 하지 않았던 것은, 그때 나에게는 미국은 너무나 먼 곳이었기 때문이었다. 그러나 이게 무슨 조화인가? 그 영화를 관람한 후 8년이 지난 1965년 가을, 나는 영화의 배경이 된 애틀랜타에 있는 에모리대학교Emory University로 유학을 가게 되었으니 말이

1 『바람과 함께 사라지다*Gone with the Wind*』는 애틀랜타 출신의 마거릿 미첼Margaret Mitchel(1900~1949)의 소설로서 1936년과 1937년에 베스트 셀러가 되었으며, 1937년에는 이 소설로 퓰리처Pulitzer상을 수상했다. 이 소설은 1940년에 영화로 제작된 이래 세계적으로 선풍적인 인기를 얻었다. 그러나 그는 48살이 되던 해에 영화 관람을 하러 가던 중 자기 소설에도 등장하는 '피치트리가Peachtree Street'에서 과속으로 질주해 오는 자동차에 치여 사망했다.

다. 이런 일은 '데자뷔déjà vu'라는 말로는 설명이 되지 않는다.

그러나 내가 애틀랜타로 갈 준비를 하는 중에 경제기획원에 근무하던 형이 미국 유학을 한 동료에게서 들었다고 하면서, 애틀랜타는 미국 남북전쟁(1861~1865) 당시 남부의 중심 도시였는데 전쟁 전에는 남부의 부호들이 많이 사는 유서 깊은 도시였지만, 남북전쟁에서 패배한 이후에는 쇠퇴 일로에 있는 곳이고 무엇보다도 인종차별이 극심한 곳이라고 했다. 특히 흑인 민권운동의 대부인 마틴 루터 킹Martin Luther King, Jr.(1929~1968) 목사도 그곳 태생으로, 그가 평생 인종차별에 항거하는 민권운동을 한 곳이라고 했다. 또 내가 그렇게도 인상 깊게 감상한 영화 「바람과 함께 사라지다」도 당시의 평가나 문학작품으로서의 위상과는 관계없이, 남부의 인종갈등과 노예제도의 묘사가 대부분이 인종차별적 성격을 띠고 있다는 비평도 들었다고 일러 주었다. 그러나 나는 주위 사람들의 이야기만 듣고 이미 가기로 작정한 애틀랜타에 소재한 에모리대학교로 가는 것을 포기할 수는 없었다.[2]

구차하게 시작한 미국 유학

미국 유학을 준비하는 데 소소하게 드는 돈이 수월치 않았다. 그중에도 가장 큰 문제가 편도뿐이기는 했어도 미국까지의 항공비를 마련하는 것이었다. 서울서 로스앤젤레스Los Angeles나 샌프란시스코San Francisco까지가 1,300달러 정도였고, 거기서 애틀랜타Atlanta까지는 국내선이라 국제선보다는 좀 저렴했지

2 에모리대학교Emory University는 미국의 상위 명문대학 중의 하나로 1836년에 설립된 감리교 계통의 학교이다. 2020년의 미국대학 순위에서 21번째로 평가되었으며 매년 지명도가 상승하고 있다. 에모리대학교의 명성이 높아진 것은 애틀랜타시가 발전하고 남부의 위상이 상대적으로 높아진 것에 비례하는 것 같다. 한국 출신의 최초의 졸업생은 애국가의 작사가로 알려져 있고, 연희전문학교의 교장을 지낸 윤치호이다.

만, 그래도 시차가 3시간이나 나는 큰 대륙을 횡단하는 거리다 보니 국내선 비행기 값도 130달러가 더 필요했다. 집안에는 여비를 마련해 줄 사람이 없었다. 그래서 나는 친척 대신 여러 친구들에게 폐를 끼쳤다. 내가 비행 여정을 로스앤젤레스 대신 샌프란시스코를 거쳐 애틀랜타까지 가는 스케줄로 짠 것도 서울에서 샌프란시스코까지 여비를 이차저차 빌리고, 샌프란시스코에서 애틀랜타까지의 항공료는 그곳에 유학 가 있던 친구인 이동건에게서 빌리기로 했기 때문이었다. 김포공항을 떠날 때 수중에 단돈 19달러밖에 없던 나더러 세관원이 "이게 환전한 돈의 전부냐"고 물었다. 그도 내가 몹시 걱정스러웠던 모양이었다.

요즈음의 비행기는 중간급유 없이 서울을 떠나 미국 동부까지도 날아가지만, 그 당시 내가 탑승한 비행기는 동경을 거쳐 앵커리지에서 급유를 하는 동안 입국수속을 하고 시애틀Seattle공항에 또 내렸다. 미국 사람들의 표현으로 과장을 한다면 '우유배달 마차milk delivering coach'라고나 할까. 그리고 나서야 내 친구인 이동건이 기다리는 샌프란시스코 공항에 도착해서 그의 숙소로 갔다. 아무리 그의 집이 부유하고 생활에 여유가 있다고 해도 그곳에서 애틀랜타까지의 여비를 빌리기가 미안했다. 그러나 어쩌랴. 나는 그를 믿고 그곳까지 갔으니 말이다.

미국에 도착하자 대학교 시절의 친구 몇 명이 나를 보러 왔다. 그들도 한결같이 미국의 남부는 인종차별이 심하다며 내 애틀랜타행을 극구 만류했다. 그러나 그들의 이야기를 종합해 보면, 그들 대부분이 학교에서 장학금을 못 받기 때문에 틈틈이 일을 하지 않고는 살 수가 없었고, 그러다 보면 공부에 소홀해지기 마련이라 공부에 큰 진전이 없는 것 같아 보였다. 동건이는 그 바쁜 일정에도 나를 데리고 세계에서 제일가는 미항美港이라는 샌프란시스코 구경을 시켜주었다. 그곳 사람들은 샌프란시스코의 아름다움을 표현할 때 "사람은 누구나 다 두 도시를 사랑할 권리가 있는데, 하나는 자기의 고향이고, 다른 하나는 샌프란시스코다Everyone has a right to love two cities. One is one's home city, and the other is San Francisco."라는 말이 과장이 아닐 만큼 아름답고 이색적이었다. 도시를 돌아보고 일본 타운Japanese Town 한가운데 '고려정'이라는 한국 식당을 갔다. 식당문이 항상 열려 있는 것이 아니고, 찾아온 손님이 문을 두드리면 문을 열어 준다고 했다. 그 당시에는 서부의 대도시인 샌프란시스코 같은 도시에도 한국 사람은 많지 않았다. 샌프란시스코 관광을 마치고 거기서 50여 마일(약 80km) 거리에 있는 산호세San Jose에 가서 다른 친구를 만나고 오는 길에 바로 비행장으로 가기로 했다. 동건이에게서 125불을 빌려서 애틀랜타까지 가는 항공권을 구매했다. 빌린 후에 갚지를 못했으니 '얻은' 셈이다.

산호세에서 비행장으로 오는 하이웨이에서 동건이가 운전하던 '폭스바겐 비틀즈Volkswagen Beatles'의 앞 타이어가 '펑크puncture'가 나면서 차가 퍼지는 바람에 겨우 갓길로 옮겨놓았다. 다행스럽게도 손에 약간의 상처만 났다. 차를 끌고 갈 견인차를 부르기까지는 시간이 걸릴 것이고, 사고가 난 현장 근처에는 공중전화 '박스'도 없었다. 순찰차가 오기를 마냥 기다리는 수밖에 없었다. 그러나 애틀랜타행 비행기 시간이 다가오니 길에서 마냥 기다릴 수가 없었다. 동건이는 비행기 시간이 급하니 나부터 비행장으로 가라고 했다. 고속도로변이니 '히치하이크hitchhike'를 하는 수밖에 없었다. 미국 도착 3일 만에 캘리포니아의 고속도로에서 영화에서나 보던 장면처럼 엄지손가락을 가는 방향으로 쳐들고 지나가는 차들에게 '적선'을 구걸했다. 난생처음 해 보는 짓이었지만, 다른 방법이 없었다. 마침내 한 차가 멈추어 섰다. 애틀랜타 가는 여비까지 챙겨준 친구를 캘리포니아의 하이웨이에 남겨둔 채 낯선 사람의 차를 얻어 탄 나는 차를 태워 준 은인에게 고맙다는 인사도 제대로 못 하고 '유학 보따리'를 짊어지고 뛰어서 간신히 애틀랜타행 비행기에 오를 수 있었다. 내 미국에서의 첫 출발은 이렇게 고마운 사람을 만나 도움을 받는 것으로 출발했다.

나는 미국이 큰 나라라는 것을 샌프란시스코에서 애틀란타까지 비행하면서 느꼈다. 아침 6시가 조금 지난 9월 초의 애틀랜타 공항은 아직도 어두컴컴했다. 내가 처음 서울 올 때 청량리역의 느낌 그대로였다. 택시기사는 에모리대학교까지의 택시비가 10달러라고 했다. 수중에 있는 19달러에서 택시비 10달러를 지불하고 나면 9달러밖에 남지 않는데 앞으로 어떻게 될지 모르는 상황이라 택시를 타지 않고, 승객들이 나오는 출구 쪽 간이 벤치bench에 앉아서 잠시 생각에 잠겼다. 그때 비행기에서 다소 늦게 나오는 미군 장교 한 사람이 한국의 장죽長竹을 들고 나왔다. 하도 신기해서 내가 그를 쳐다보는데, 그 역시 그 공항에 한 사람뿐인 동양인인 나를 보고 놀랍고 '반가웠는지' 내게 다가와서 말을 붙였다. 나는 그가 한국에서 돌아오는 군인임을 직감했다. 한국 사람이냐고 묻기에 그렇다고 했다. 나더러 어디를 가는 길이냐고 묻기에 에모리대학교를 가려고 한다고 했더니, 왜 그럼 가지 않고 여기 앉아 있느냐고 해서 에모리대학교까지 택시비가 비싸서 택시를 탈까 말까 생각하는 중이라고 했다. 그는 안 타면 어떻게 가려고 하느냐고 물었다. 그래서 생각 중이라고 했다. 그는 자기 집은 조지아주 경계에서 멀지 않은 사우스캐롤라이나South Carolina주에 있는데, 자기 집을 가려면 에모리대학교 앞으로 지나가야 하니 마중 나온 부모님이 차를 가지고 오면 잘 얘기해서 나를 에모리대학교까지 태워주겠다고 했다. 그 부모님은 전형적인 '남부 양반Southern lady and gentleman'들이었다. 나중에 애틀랜타의 지리를 익힌 후에 알았지만, 그 군인과 부모님이 나를 에모리대학교로 데려다 주려고 일부러 복잡한 도심을 지나간 것이었다. 다시 한번 놀랐다.

그들은 에모리대학교에 도착한 다음에도 외국인 학생을 위한 사무실까지 찾아서 나를 문 앞까지 데려다 주었다. 그때가 아직도 이른 아침이라 출근시간 전이어서 사무실에는 아무도 없었고, 흑인 용원들과 청소부 아주머니들만 바삐 움직였다. 보이는 사람이라고는 흑인밖에 없었기 때문에, 나는 이 학교가 혹시 흑인 학교는 아닌가 하는 생각도 했다. 나를 데려다 준 그 군인과 그의 부모들은 출근시간이 되면 직원들이 와서 안내해 줄 것이라며 자기들은 가겠다고 했다. 그 군인은 "당신이 비행장에서 19달러가 있다고 했는데, 정말 있느냐?"고 물었다. 그렇다고 했더니 "보여 달라"는 것이었다. 그 장교는 "한국 사람들은 체면을 차리느라고 없어도 있다고 하고, 힘들어도 괜찮다고 한다"고 하면서 내게 그 돈이라도 있는지를 확인해야겠다는 것이었다. 아침이라도 먹을 수 있어야 한다는 것이었다. 내가 호주머니의 돈을 보여 준 후에야 그들은 그러면 됐다면서 떠났다. 울고 싶을 정도로 고마웠고, 그 사람들이 내게 보여 준 '진정한 인간애'를 배웠다. 나는 유학한 보람을 애틀랜타공항에서 에모리대학교로 오는 길에서 이미 다 배운 것 같았다. 그 군인과는 한 1년간은 크리스마스 카드라도 주고받았지만, 나도 학교를 옮기고 그도 소속을 옮겨 다니다 보니 연락이 끊기고 말았다.

에모리대학교에서 받은 문화충격culture shock

내가 배정된 기숙사는 톰슨 홀Thompson Hall이었는데, 주로 신학교 학생들이 들어가는 기숙사였다. 신학교 학생들은 학부를 마친 학생들이었기 때문에 나이 든 학생들이 많았다. 내 나이가 이십 대 중반이 넘으니 18살짜리들이 주로 들어가는 신입생 기숙사에 넣지 않은 모양이었다. 내가 들어간 방은 두 명씩 들어가지만, 화장실과 샤워shower실은 공동으로 사용하는데 변기나 샤워실 앞에 문이 없이 그냥 트여 있었다. 남자만 있는 기숙사였지만 벌거벗고 그냥 다니는 것이 흉해 보였고, 문이 없는 변기에 앉아서 서로 대화를 하는 것을 보고 놀랐다. 일본 어느 대학에서 온 교수가 남이 쓰던 변기에 앉기 '불결하다'고 변기를 휴지로 덮는 광경을 본 학생들이 배꼽을 잡기도 했다.

내 기숙사 '룸메이트room-mate'는 앨라배마Alabama주에서 온 학생이었는데, 동양 사람과 가까이 접해 본 것이 처음이라고 했다. 어떤 사람은 미국 사람과 한방을 쓰면 자연스럽게 영어가 늘고 익숙해질 거라 짐작하지만, 사실은 그렇지 못했다. 나의 경우에는 룸메이트와 하루에 두 마디의 대화만 했는데, 아침에 '굿 모닝good morning,' 밤에 잘 때 '굿 나이트good night'가 우리 대화의 전부였다. 서투른 영어를 하는 나와 대화를 하기가 힘들었던지, 아니면 '진정한' 인종차별주의자라서 유색 인종과 상대를 하기 싫은 건지 알 수 없었다. 그래도 내가 가장 대화를 많이 하고, 미국과 에모리대학교에 관해 알게 된 것은 내 옆 방에 있으면서 같은 화장실을 쓰는 남부 조지아주 알바니Albany 출신인 흑인 오티스 터너Otis Turner였다. 오티스는 에모리대학교에서 유일한 흑인 학생이었다.

그는 알바니주립대학Albany State College을 졸업하고 평화봉사단원Peace Corps으로 필리핀에서 근무한 뒤 에모리대학교에서 신학공부를 시작했다. 오티스가 후에 에모리대학교의 교목으로 일하다가 은퇴한 후 켄터키 어딘가에 있다는 소문을 듣고 그 주소로 몇 번 편지를 했으나 오늘날까지 답장을 받지 못했다. 그래도 나는 지금까지도 오티스의 이름은 기억하고 있지만, 정작 나와 침대를 맞대고 지낸 백인 '룸메이트'의 이름은 그때도 몰랐으니 지금 알 턱이 없다.

오티스도 어렵게 사는 처지여서 나에게 돈을 절약하는 방법을 가르쳐 주었다. 나더러 학교 정문 앞 식품점grocery store에서 파는 다양한 통조림can이 값도 싸고 간편하게 먹을 수 있다는 얘기를 하며, 학교 학생들이 주로 가는 '카페테리아'는 음식 값이 비싸서 자기는 그렇게 한다고 했다. 나는 첫 월급을 받을 때까지 19달러로 근 한 달을 살아야만 했다. 그래서 하루는 깡통 몇 개와 '크래커cracker' 등을 학교 앞 가게에서 사왔다. 말 한마디 붙이지 않고 지내던 룸메이트가 내 보따리를 보더니 배꼽을 잡고 깔깔대고 웃었다. 내가 기분이 이상해서 "왜 그렇게 웃느냐?"고 물었더니 그는 "개도 없으면서 왜 개밥을 사 왔느냐"는 것이었다. 먹기 좋은 통조림으로 생각하고 샀는데 하필 개밥이었던 것이다. 그때까지만 해도 개 먹이를 사다 먹이는 경우를 본 적이 없던 내가, 설마 개밥을 어여쁜 깡통에 담아 사람이 먹는 통조림과 같이 놓고 팔 거라는 생각을 못한 것이다. 나는 문짝 없는 기숙사 변기에 이어 두 번째 문화충격을 받았다.

내가 가장 큰 충격을 받은 것은 강의실에서였다. 물론 시간 중에 강의를 잘 이해하지 못하는 것이 영어 때문이기도 했지만, 그보다 더 큰 문제는 내가 사회학에 대한 기초지식이 없었다. 학부에서 사회학 개론도 배우지 못한 내가 대학원에서 사회학 이론, 사회조사방법론, 중급 통계학 등의 과목을 수강했으니 내가 그 주제들을 이해할 수 있을 리가 없었다. 심지어 통계는 초급도 아니고 중급이었는데 나는 도통 무슨 소리를 하는지를 몰랐다. 당시 나와 함께 사회학을 듣던 임희섭 교수에게 "임형, 무슨 소리를 하는지 이해를 하겠느냐?"고 물었더니, "내용을 자세히는 이해를 못하지만, 어디에서 노는지는 안다"고 했다. 그때 에모리대학교 대학원의 수강생은 한 강의에 그저 4~5명이 고작이었다. 내가 이해했는지 못했는지 담당 교수는 시험을 보지 않고도 쉽게 알 수 있었다. 나도 속으로 내가 '유학留學'을 온 것이 아니고 놀려고 '유학遊學'을 온 것이 아닌가 하고 의심스러울 때가 많았다.

집사람을 에모리대학교로 초청하기까지

나에게는 공부도 중요하지만, 약속한 대로 집사람을 미국으로 데려 오는 것도 중요했다. 함 선생님이 내 결혼식 날 식장에서 "네가 아무리 날고 기는 재주가 있다고 해도 부인을 미국으로 곧 데려가기는 어려울 것"이라고 하신 말씀이 잘못됐다는 사실을 증명해야 했다. 그러나 그때 학생 배우자가 미국에 오려면 한국과 미국 양측 모두 까다롭고 복잡한 수속을 거쳐야 했다. 우선 한국에서 여권을 받거나 대사관의 '비자visa'를 받기 위해서는 결혼증명서가 있어야 했고, 그 다음에는 미국에서 초청장이 와야 했다. 학생 부인의 경우에는 학교가 발행하는 학생 가족임을 증명하는 F-1 증명서, 실제 항공권이나 항공비에 해당하는 수표나 현금, 그리고 가족이 미국에 거주하는 기간 동안 모든 체재비를 보증하는 재정보증서 등이 필요했다. 먼저 학교에서 외국인 학생 지도교수foreign student adviser에게서 I-20 폼form이라는 서식을 받아야만 했다. 그 서식이 있어야 학생 배우자가 받을 수 있는 F-2 비자를 받을 수 있었다.

벨기에Belgium에서 유학 온 학생이 그 폼을 받아서 나에게 보여 주었다. 그 서식을 받기 위해 샘 레어드Sam Laird라는 외국학생 지도 담당관(그가 교수였는지 아니면 사무직원인지는 그때도 몰랐고, 지금도 모른다)에게 가야 했다. 그는 학생들에게도 예대(Yes, Sir)를 하며 전형적인 남부 신사Southern Gentleman 행세를 했다. 적어도 겉으로는 외국 학생들에게 항상 웃어 주고 친절하게 대하는 호인으로 보였다. 그런데 내가 우리 집사람을 초청하는 데 필요한 I-20 폼을 발행해 달라고 하자, 그는 아주 다른 사람으로 돌변했다. 레어드는 대단히 점잖게 거절하였다.

그 이유는 첫째로 내 조교 수당으로는 두 사람이 살림을 할 수 없다며, 부부가 같이 살게 되면 임신도 할 수 있으니 그때는 더 어려워진다는 것이다. 무엇보다도 그렇게 하면 공부가 끝난 후 한국으로 돌아가지 않고 미국에 주저앉아 살 것 같으니 안 된다는 것이었다. 그래서 벨기에에서 온 친구에게는 증명서를 발행해 주면서 왜 나는 안 되느냐고 물었더니, 그는 "서양 사람들은 결혼하면 같이 살아야 하지만, 동양 사람들은 혼자도 잘 살지 않느냐"는 것이었다.

당시 나는 레어드가 말하는 '동양 사람'이 무슨 말인지 그 뜻을 몰랐다. 후에 내가 미국 공부를 하면서 그가 19세기 중국에서 데려온 소위 '쿨리coolie'[3] 라는 하층 노동자를 예로 들었다는 걸 알았다. 중국에서 온 '쿨리'가 없었더라면 미국의 대륙횡단 철도, 특히 서부 철도에서 난 공사로 알려진 시에라-네바다Siera-Nevada철도 연결도 어려웠을 것이고, 샌프란시스코의 금문교와 심지어 뉴욕 맨해튼Manhattan에 있는 엠파이어 스테이트 빌딩Empire State Building 건설도 어려웠을 것이라고 전해온다. 그때 내가 '쿨리'에 관한 역사적인 배경을 알았더라면, 그와 싸움이라도 한 판 벌일 뻔했다. 그때 나는 동양인을 차별하는 말과 행동을 외국인 학생을 지도하는 지식인에게서 처음 당해 보았다. 샌프란시스코에서 나의 남부행을 반대했던 친구들의 말이 맞는 것 같았다. 그는 내가 미국에 사는 동안 재정적인 문제를 책임질 보증인이 '공증rotary public'한 증명과 집사람의 이름으로 발행된 항공권이나 그에 해당하는 금액의 수표를 첨부하여 제출하면 I-20 폼 발급을 고려하겠다고 했다.

그야말로 가까운 친구 하나 없는 애틀랜타에 온 지 겨우 한 달이 지난 지금 어디에서 우리 집사람의 항공료에 해당하는 거액의 돈을 빌릴 수가 있단 말인

3 '쿨리coolie'라는 말은 원래 인도의 힌디어에서 나온 '머슴'이나 '일꾼'을 말하는데, 한자 '苦力'의 중국식 발음이다. 19세기에서 20세기 초까지 중국과 인도 사람들을 주축으로 아시아계 사람들을 단순노동자로 쓰던 것에서 유래했다. 특히 미국에서 노예해방으로 철도 건설과 농장 노동력이 부족할 때 중국 일용 노동자 '쿨리'를 대량으로 받아들여 19세기 미국의 경제 지형을 바꾼 대륙횡단 철도 건설 등에 대량으로 투입해서 힘들고 어려운 작업을 시켰다. 그들은 미국에서 하층민 생활을 했으며 대부분 독신이었다.

가? '은행' 외에는 대안이 없다고 생각하고 직접 가서 사정을 해 보기로 했다. 마침 그 당시 에모리대학교는 매주 수요일에 학교는 열려 있지만 수업은 없어서 학생이나 교수들은 외부 공공기관의 볼 일을 수요일에 처리하곤 했다. 내가 걸어서 갈 수 있는 거리에 있는 디케이터Decatur, Georgia에 위치한 '시티즌 앤드 서든 뱅크Citizen & Southern Bank or C & S Bank' 지점에 가서 융자를 신청해 보기로 했다. 외국 학생이 은행에 돈을 빌리러 가려니 발걸음이 쉽게 떨어지지 않았다. 그러나 그것 말고는 길이 없었고, 최악의 경우에는 '안 된다No'는 소리밖에 더 듣겠느냐고 생각하기로 했다.

C & S 뱅크의 지점이 있는 디케이터는 학교에서 멀지 않았고 식품점이 있어서 자주 다니는 익숙한 길이었지만, 그날따라 아주 멀게 느껴졌다. 은행을 털러 온 절도범 마음도 이랬을까? 미국에 오고 나서 은행에는 처음 가는 것이었다. 미국의 시중은행 지점은 한국의 은행 지점들보다 훨씬 초라해 보였다. 직원도 몇 명 되지 않았고 한산하기 그지없었다. 그 지점에서 제일 높은 사람으로 보이는 이의 자리로 가서 통성명을 했다. 서툰 영어로 내가 한국에서 온 학생인 것을 이야기하며, 집사람을 데려와야 하는데 여비를 빌리러 왔다고 했다. 학교에서 장학금을 받고 생활비도 받기는 하나 지금 온 지가 얼마 안 되서 우선 여비를 빌려주면 차차 갚겠다고 했다. 책상 앞에 그의 이름이 있었는데, 아랍계 이름인지 외우기에 어려운 이름이었다. 그는 한참 동안 말을 하지 않고 가만히 생각을 하고 있더니 "오케이Okey"라고 하면서 서랍을 열고, 수표책을 꺼냈다. 빌려준다는 것이었다. 나는 믿기지 않아서 "빌려준다는 말이냐?"고 다시 물었다. 그는 "왜 안 빌려주겠나Why not?"라고 했다. 너무나 믿기 어려워서 나는 그에게 내 말을 정말로 이해하고 그래도 빌려주는 것이냐고 했더니, 그는 수표에 사인sign을 하면서 그렇다고 고개를 끄덕이면서 웃고 나도 웃었다. 너무나 신기하고 이상하기까지 해서 "왜 빌려주느냐?"고 물었더니 그는 웃는 얼굴로 "당신이 이 돈을 떼어 먹지 않을 사람 같아서 빌려준다"고 했다.

집사람에게 초청장을 보내는 데 필요한 I-20 폼을 얻기 위한 여비는 마련했지만, 내가 미국에 체류하는 동안 내 재정상태를 법률적으로 책임질 보증인을 구하는 일이 문제였다. 한국에서 미국 비자visa를 받을 때도 재정보증을 해 줄 사람이 있어야 했는데, 그 당시 내 주위에는 대사관의 요구를 충족할 만한 보증인이 없어서 우리 가정 교사 출신 세 사람이 자주 드나들던 '다동'의 어느 다방의 주인(흔히 '마담'이라고 불렀다)에게 부탁했다. 그러나 그분 역시 은행 잔고가 대사관이 요구하는 액수에 미치지 못해서 친구에게 돈을 빌려 입금한 다음 재정보증서를 발급해 주었다.

그러나 미국에서 그런 형식적인 보증을 할 수도 없고, 그런 부탁을 할 만한 사람도 없었다. 결국 아무리 생각해도 나를 에모리대학교에 유학을 하도록 도와준 랑케스터 부총장에게 부탁하는 수밖에 없었다. 이는 흡사 "물에 빠진 사람을 건져 주었더니, 내 보따리 내놓으라"는 격이었지만 나에게는 다른 방법이 없었다. 나는 C & S은행에 여비를 빌리러 갔을 때와 같은 심정으로, "최악의 경우에는 '노No'라는 말밖에 더 듣겠는가"라고 생각하기로 했다.

머나먼 '스와니Swanee' 행

나는 궁리 끝에 랑케스터 부총장이 살고 있는 스와니Swanee에 가서 도움을 청해 보기로 했다. 그때까지만 해도 나는 스와니가 스티브 포스터Stephen Foster(1826~1864)가 노래한 '스와니강Swanee River'에 나오는 "머나먼 저곳 스와니강…."과 같은 곳인 줄로 알고 있었다. 그러나 버스편을 알아보던 중 포스터가 노래한 스와니강은 조지아 남부에서 플로리다로 흐르는 강이고, 미국에는 스와니라는 이름이 몇 군데 더 있다는 사실을 알았다. 랑케스터 부총장이 살고 있는 스와니는 테네시주 중남부에 위치한 컴벌랜드고원Cumberland Plateau에 있는 인구 3천여 명 미만의 작은 대학촌의 이름이었다. 내슈빌Nashville에서 차로 1시간 반 정도(148km)의 거리에 있으며, 1857년에 설립된 '스와니 대학'이라는 애칭으로 불리는 남부대학The University of the South이 모든 것을 다 차지하고 있는 작은 캠퍼스 타운이었다. 차가 없는 나는 '그레이하운드Greyhound Bus'라는 시외버스를 타야만 했다.

기숙사에서 사귄 유일한 흑인 친구 오티스에 따르면, 스와니는 애틀랜타에서 167.2마일(약 268km) 거리인데 미국에서는 가까운 거리라고 했다. 승용차로는 2시간 반 정도밖에 걸리지 않지만, 시외버스는 여기저기 서기 때문에 시간이 오래 걸리니 수업이 없는 수요일에 가려면 아침 일찍 떠나야 그날 늦게 돌아올 수 있을 것이라고 일러 주었다. 랑케스터 부총장에게는 아침 일찍 가겠다고 연락을 하고 나서 막상 버스 시간표를 보니 밤늦게 애틀랜타를 떠나야 다음 날 스와니에 일찍 도착한다고 해서 늦은 밤에 떠나는 표를 샀다.

밤늦게 떠나는 버스이고 보니 정차하는 곳도 많았지만, 칠흑 같은 밤이라서 바깥 경관을 볼 수 없었다. 이른 새벽에 버스에서 내리고 보니 아무것도 보이지 않았다. 나는 버스가 새벽에 도착하긴 해도 버스대합실에서 기다리면 될 것으로 생각했으나, 하필 그곳에는 간이 버스 정거장도 없었다. 그냥 길바닥에 세워 주고 버스는 떠났다. 11월 초의 애틀랜타 기후는 온화했는데 스와니는 고지대인 데다가 테네시주는 조지아주보다 북쪽이어서 새벽에 눈발이 휘날렸다. 눈을 피하려고 눈에 띄는 가장 큰 건물에 가보니 대학교회 건물이었다. 마침 문이 열려 있어서 눈도 피할 겸 날이 밝기까지 기다리기로 했다. 그날 새벽은 왜 그리도 길고 지루했던지. 그러나 시간이 갈수록 랑케스터의 대답이 걱정되었다. "안 된다, 못 해 주겠다"고 한다면 나는 어떻게 하나? 아직 남의 집을 찾아가기에는 이른 시간이었지만 아침에 일찍 집으로 찾아간다고 했고, 어느덧 방문을 해도 괜찮은 시간이 되었다.

교회에서 나와서 행인에게 랑케스터 부총장 댁을 물었더니 당장 알려 주었다. 나중에 안 사실이지만, 스와니가 랑케스터의 태생지는 아니기는 하여도 그가 학교를 마친 후 1931년에 스와니 대학에 부임해서 그때까지 34년간을 그곳에서 살았기에 거의 모든 사람이 그를 알고 있었다. 그는 '스와니의 늙은 사자Swanee's Old Lion'라는 별명으로도 통했고 머리칼이 붉어 '레드헤어Red Hair'라고

3-1. 필자가 재정보증을 부탁하러 스와니를 첫 방문했을 때의 랑케스터 부총장 내외.

불리기도 했다. 그 학교에 부임한 이래 1979년에 퇴임하기까지 48년간을 근무했고, 98세에 타계하기까지 그곳에서 줄곧 살다가 간 랑케스터는 진정한 스와니 사람이었다. 그가 살고 있는 집은 평범한 대학 교수들 집보다는 규모가 좀 컸고, 흰색 페인트를 칠한 2층 목조 건물이었다. 주위의 경관이 아름답고 대지는 넓어서 그 집 대문 밖에서도 몬티에글 쪽의 평원이 훤히 내려다 보이고, 멀리 애팔래치아 산맥의 준령들이 보이는 전망 좋은 곳이었다. 그의 집 앞에 선 나는 그 집의 위치나 규모에 압도되어 한참이나 정신을 가다듬은 후, 심호흡을 하고 나서야 비로소 초인종을 눌렀다. 호인형의 랑케스터 부총장은 스웨터 차림으로 부인과 함께 문을 열어 주면서 들어오라고 환영해 주었다.

아침 식사를 같이 하면서 내 사연을 자세히 듣고는 "네가 원하는 것을 다 해줄 터이니 걱정 말라"고 했다. 부인은 "당신이 갓 결혼한 부부를 떼어놓은 셈이니 책임지라"고까지 거들었다. 나는 너무 고마워서 그 부인의 손을 덥석 잡고 고맙다고 했다. 랑케스터는 "내일 학교에 가려면 오늘 일찍 돌아가야 하니, 아침 식사가 끝나는 대로 나가자"고 했다. 부인과 작별인사를 나눈 뒤 랑케스터와 나는 집을 나서서 그의 집무실로 갔다. 랑케스터가 비서에게 내가 필요로 하는 서류를 마련하라고 지시하고, 당신이 직접 은행에 가서 은행 잔고증명 등을 떼고 공증rotary public까지 마치는데 두 시간 안에 모든 일이 다 끝이 났다. 그는 여기에 좀 더 머물다가 가면 좋겠지만, 학교 생활이 바쁠테고, 무엇보다도 서류를 하루라도 빨리 한국으로 보내야 부인을 오게 할 수 있을 것이니 얼른 돌아가라고 했다. 일을 다 끝내고 스와니에서 제일 빨리 떠나는 애틀랜타행 그레이하운드 버스를 탔다. 그의 도움이 너무나 고마워서 말로 표현할 수가 없었다. 그때 나는 "미국은 샘 레어드같이 우리 집사람을 데려오지 못하게 막는 사람이 있고, 반면에 랑케스터같이 헤어진 가족이 같이 살도록 도와주려는 사람도 동시에 살고 있는 곳"이라는 생각이 들었다. 그 후 내가 미국 남부에 관한 책을 쓰면서, 세상 사람들이 미국 남부 사람들을 인종차별주의자들이라고 해도 "남부에는 마틴 루터 킹 2세 저격범으로 알려진 제임스 얼 래이James Earl Ray 같은 인종편견주의자가 있는 반면, 제임스 얼 카터James Earl Carter 전 미국 대통령 같은 인본주의자들이 함께 사는 곳"이라는 말을 하게 된 것도 랑케스터 부부와 같은 사람을 만난 덕분이었다.[4]

내가 그렇게도 걱정했던 재정보증 문제를 해결하고 훤한 대낮에 돌아오는 길은 오밤중에 테네시로 갈 때 아무것도 보이지 않던 어두운 밤길과는 달랐다. 테네시강이 굽이굽이 돌아가고 주위가 산으로 둘러싸인 차타누가는 한 폭의 그림 같았다. 학교에 돌아와서 내가 랑케스터 부총장이 래이어드에게 직접 쓴 쪽지note까지 첨부한 서류 일습을 제출하자 래이어드는 놀란 표정이었다. 특히 보증을 한 사람이 인접 주의 저명한 대학의 부총장이고, 에모리대학교의 학사부총장과는 막역한 친구 사이인 것을 알고는 두말없이 I-20 폼을 발급해 주었다.

첫 '추수감사절' 지내기

나는 미국에서 '추수감사절Thanksgiving Day'을 크리스마스보다 더 대단하게 여기는 줄을 몰랐다.[5] 오티스는 나에게 11월 넷째 목요일부터 시작되는 추

---

4 See Kim, *An Asian Anthropologist in the South*.

5 '추수감사절Thanksgiving Day'은 북미의 전통적인 휴일로, 한국의 추석과 유사하다. 칠면조 요리를 위시한 음식을 마련하고, 가족끼리 모여 나누어 먹으면서 즐기는 가을 최대의 축제다. 미국

수감사절 휴가 때 어떻게 하겠느냐고 물었다. 그냥 기숙사에 있으면서 밖에 나가서 뭐든 사 먹으면 되지 않겠느냐고 했더니, 그는 "그 기간에는 기숙사도 닫고, 음식점도 문을 닫기 때문에 사 먹을 수도 없고, 기숙사에 머무를 수도 없다"고 했다. 나는 그 정도로 대단한 휴가인줄은 몰랐다. 4일간 잘 곳도 먹을 곳도 없게 되었으니 딱한 처지가 됐다. 오티스는 올바니Albany에 있는 자기 집에 같이 가서 휴가를 보내자고 했다. 올바니는 애틀랜타에서 남서쪽으로 182마일(약 292km) 떨어진 인구 8~9만 명의 작은 도시로, 19세기까지도 목화의 집산지였다. 흑인들이 많이 살고 흑인들을 위한 올바니 주립대학Albany State College과 기술전문대학Albany Technical College도 있었다.

염치 불고하고 나는 오티스를 따라 그의 집에서 추수감사절을 보내기로 했다. 개인 차로 3~4시간이면 갈 거리였지만, 오티스나 나나 차가 없으니 또 그레이하운드 버스로 가야만 했다. 오티스는 자기 혼자 가는 것으로 버스표를 일찍 예약했었지만, 내가 동행하게 되면서 수요일 저녁 늦게 애틀랜타에서 떠나는 버스에 간신히 두 자리를 얻었다. 늦은 밤 시간이라 남쪽 조지아 평원 구경을 할 수 없는 것이 아쉬웠다. 밤늦게 오티스 집에 도착하고 보니 방 여기저기서 자고 있는 아이들을 타 넘어서 뒷방으로 가야 했다. 이 집은 식구 수에 비해 방이 절대적으로 모자라는 집이었으며, 화장실 문제는 더 심각했다. 오티스의 집 화장실은 옛날 한국의 시골집같이 집 밖에 있는 소위 '바깥 화장실outdoor toilet'이었는데, 높은 언덕 같은 곳에 덩그러니 앉아서 볼일을 보게 되어 있었다. 화장실이 바깥이고 높다 보니 온 동네 사람들이 다 볼 것 같아서 불안해서 볼일을 볼 수가 없었다. 그때까지 나는 모든 미국 사람들은 다 실내 화장실을 사용하는 줄

의 경우에는 11월 넷째 목요일부터 시작하여 그 주말까지 휴가가 이어진다. 미국 추수감사절의 시작은 영국의 청교도들이 매사추세츠Massachusetts 플리머스Plymouth로 이주한 1620년 겨울에 식량기근으로 먹을 것이 없어 기아에 허덕일 때, 주위의 미국 원주민 인디언Indians(잘못된 명칭이지만 '인디언'이라 불린다)들의 도움으로 살아남았는데, 1621년에는 수확량이 넉넉해서 자신들이 어려울 때 도움을 준 인디언들에게 고마운 마음의 표시로 주위의 인디언들까지 초대하여 음식을 나누어 먹은 것에서 기원했다고 한다.

로만 알았다.

추수감사절 아침이 되었다. 한국 사람이 왔다고 동네 사람들이 나를 구경하러 몰려 왔다. 어떤 사람은 나더러 "한국에도 소나무가 있느냐?"고 물었다. 그렇다고 했더니, 색깔은 무슨 색깔이냐고 물었다. 오티스 집에 있는 전화를 가리키면서 "전에 전화를 본 일이 있느냐"고 묻기도 했다. 대부분의 그곳 사람들은 외국을 다녀본 일이 없어서 미국 이외의 나라 사람들은 다 헐벗고 못 사는 가난한 사람으로 알고 있었다. 특히 한국에 대해서는 TV 화면을 통해 전쟁 중의 피난민들의 참상을 본 기억이 뚜렷해서 1965년 추수감사절에도 나에게 한없는 동정심을 보여주었다. 이런 것을 두고 우리 속담에 "거지가 하늘을 불쌍히 여긴다"고 한다던가? 오티스의 말에 의하면 자기 이웃 중에는 애틀랜타를 구경한 사람도 많지 않다고 했다. 외부 세계를 모르는 사람들은 자기의 세계가 전부인 것 같다.

추수감사절 정찬이 끝난 후, 오티스는 나더러 알바니시 백인 거주지역의 부잣집에서 성장한 한국인 입양아가 있으니 한 번 만나보겠느냐고 물었고, '동포'가 있다는 말에 만나면 반가울 것 같아서 그러겠다고 했다. 오티스를 따라 그 집에 갔는데 그 '동포'는 생김새는 나와 다름이 없는 한국인 얼굴이었지만, 한국말은 한 단어도 모른다고 했다. 한국 사람을 만난 일도 없고, 백인들 사이에서 산 그는 미국 사람들이 겉은 황인종인데 속은 흰 백인 같다며 놀리는 말 그대로 '바나나'였다. 나와 수인사도 하기 전에 오티스에게 "당신은 정문으로 들어오면 안 되는 것을 알지 않느냐?"고 정색을 하면서 따졌다. 나는 처음에는 무슨 영문인지 몰랐다. 알고 보니 그때만 해도, 특히 알바니 같은 시골에서는 흑인이 백인 집을 출입할 때는 정문으로 들어가면 안 되고 뒷문을 사용해야만 했다. 오티스는 당시의 그런 풍습에는 별로 개의치 않는 듯이 "당신을 만날 손님을 모시고 오느라고 그랬다"고 하며 연신 미안하다는 말을 반복했다. "당신의 손님을 뒷문으로 모실 수는 없지 않느냐?"는 것이 오티스의 항변이었다. 나는 그와는 말 한마디도 섞기 싫어서 오티스에게 "나는 지금 몸이 불편해서 당장 돌아가야겠다"고 말하고 그 집을 나섰다. 저나 나나 속절없는 동양 사람이었건만 백인에게 입양이 되었다고 흑인을 차별하는 언동을 보면서 참으로 많은 것을 느꼈다. 미국 남부에서 유색인종에 대한 차별을 직접 내 눈으로 확인하는 순간이었다. 나로서는 그 입양된 '미국 사람'을 변명해 줄 아무런 의무가 없었지만 공연히 오티스에게 미안했다.

돌아오는 길에, 큰 트럭에 길다란 소나무를 싣고 가는 것이 너무나 신기하고 놀라워서 오티스에게 저런 나무를 어디서 가져오느냐고 물었더니, 자기 고향 주변의 남쪽 조지아는 아열대성 기후이기 때문에 소나무가 너무나 잘 자라서 10년쯤 지나면 저 정도 크기가 된다고 했다. 그리고 그 나무를 베어서 펄프 원료로 쓰기 때문에 그 주위에 제지회사製紙會社가 많이 있다고 했다. 그로부터 4년 후인 1970년에 내가 미국의 제지협회에서 연구비를 받아 조지아 남부에서 벌채에 종사하는 벌채꾼들의 생활상을 연구하게 될 줄은 그때는 꿈에도 몰랐다. 내 연구의 근거지이자, 1년을 살면서 벌채꾼들의 생활상을 연구한 파인타운(Pinetown, 가명)은 알바니에서 94마일(150km)밖에 안 떨어진 곳이었다. "사람은 한 치 앞도 모르고 산다"는 말은 나를 두고 하는 말이다. '인연'이라는 것은 어떨 때는 무섭기까지 하다.

집사람과의 재회

집사람을 초청하기 위한 일체의 구비서류를 보냈으니 곧 재회할 것으로 믿었다. 그러나 이게 웬일인가? 집사람은 내가 보낸 서류를 첨부하여 대사관에 비자visa를 받으러 갔으나 거절을 당했다는 것이었다. 비자를 거절한 미국 영사의 말이 "당신 남편은 지난 9월 초에 한국을 떠나 미국에 이미 입국했는데, 당신의 한국 서류에는 결혼일자가 10월 25일이라고 기록되어 있으니 당신의 결혼은 허위가 아닌지 의심스러워서 비자발급을 할 수 없다"고 했다는 것이다. 실로 내 호적 등본에 내 혼인신고 일자는 1965년 10월 25일로 되어 있다.

내 실제 결혼식 일자와 호적상의 혼인신고 일자가 다른 이유는, 우리나라의 민법은 실제의 결혼식 날짜와는 상관없이 혼인신고를 하는 날짜를 기준으로 하기 때문이다. 우리 풍속에 결혼식을 올리고 그 자리에서 혼인신고를 하는 사람은 거의 없을 것이다. 그러나 미국 영사들이 우리의 관행을 알 턱이 없었다. 그렇다고 미국 영사에게 그 사실을 설명할 만큼 영어가 능통한 사람이 우리 집에 없었다. 결혼식 사진을 첨부했지만, 영사는 요즈음 사진 기술이 발달해서 얼마든지 사진을 조작할 수 있다고 했다는 것이다. 하는 수 없어서 함 선생님에게 부탁을 드렸다. 함 선생님은 백방으로 알아보시다가 내 결혼식에 아시아재단 관계자인 미국인 직원이 참석했다는 사실을 알아내시고, 그 사람을 찾아 그 사람이 미국 영사에게 자신이 직접 내 결혼식에 참석했었다는 것과 대륙법과 영미법 사이의 법률 차이도 설명을 해 주어서, 드디어 집사람은 미국 입국비자를 받을 수 있게 되었다. 나는 여러 사람의 도움으로 6개월 이내에 집사람이 나에게 오도록 하겠다는 약속을 지켰다.

집사람이 미국으로 올 수 있도록 도와준 랑케스터 부총장 부부에게 고맙다는 인사를 하기 위해 집사람이 도착한 며칠 후에 주말을 이용하여 스와니로 갔다. 어려운 부탁을 하러 처음 갈 때는 포스터의 노랫말처럼 '멀고 먼 스와니'였는데, 집사람과 함께 가는 스와니로의 발걸음은 너무나 가볍고 가까웠다. 같은 거리지만 가는 목적에 따라 멀기도 하고 가깝기도 하다는 '사회적인 거리social distance'라는 말의 뜻을 실감했다. 비록 서민들이 이용하는 그레이하운드 버스이기는 해도 비행기의 일등석에 탄 것 같았다. 유난히도 넓은 버스의 창 너머로 전개되는 먼 발치의 애팔래치아산의 준령과, '남북전쟁 때의 요새지要塞地'였던 차타누가를 지날 때 흐르는 테네시강Tennessee River은 우리 두 사람이 앉은 발 아래로 흐르는 것 같이 아름다웠다. 높은 산이 있으면 맑은 강이 있기 마련인 것을 실감했다.

스와니로 가는 길은 진정한 신혼여행길 같았다. 우리 집사람은 랑케스터 부부를 처음 만났지만, 흡사 친정 아버지와 어머니같이 반겨주는 그들에게 너무나

3-2. 스와니로 가는 컴벌랜드 고원지대의 어느 농장. 낡은 헛간과 방목된 소들도 여유가 있어 보인다.

감동했다. 랑케스터 부부는 집사람을 꼭 자기네 며느리같이 생각했고, 그 집 뒤뜰에 야생으로 자라는 버섯밭도 소개해 주었다. 커피 한 잔을 들고 그 집의 뒤뜰에 앉으면 천상에서 지상을 내려다보는 것 같았다. 산골 봉화 출신인 나는 고향에 온 것 같이 마음이 푸근해졌다. 주말을 지내고 돌아오면서 집사람은 조지아주만 해도 흙이 빨간색이어서 한국과는 다른 풍경인데 테네시주의 산천은 한국과 너무나 비슷하다며 "얼른 공부가 끝나고 테네시주에서 살았으면 좋겠다"고 했다. 나도 속으로는 "나중에 테네시주에 있는 어느 대학교에서 교수를 할 수 있다면 얼마나 좋을까?" 하고 생각해 보았다. 돌아오는 길에 몬티에글 근처의 한가한 목초 밭에 방목된 소들과 금세 쓰러질 것 같은 외양간barn이 평화롭게만 보였다. 인사하러 가느라 만나게 된 테네시주는 우리 부부에게 강렬한 인상을 남겼다. 그러나 그로부터 5년 후에 내가 테네시대학교 교수가 될 줄은 그때는 꿈에도 몰랐다.

여름 일자리summer job 얻기

많은 액수는 아니어도 그래도 매달 학교에서 정기적으로 받는 조교 수당으로 두 사람이 간신히 살아갈 수는 있었다. 그런데 이게 웬일인가? 미국 학교는 대학 교수나 교사들은 여름방학 석 달 동안 월급이 없다는 것이었다. 교수나 교사의 계약은 1년을 9개월로 계약을 하며, 단지 총장을 비롯한 보직 교수들은 직원과 같이 열두 달 월급을 받는다. 그래서 여름 3개월은 자유롭게 다른 일을 해도 된다.

졸지에 나는 여름 석 달을 살아갈 방도가 막막해졌다. 대부분의 학생들은 여름 일자리를 몇 달 전에 미리 구해 놓는다고 했다. 여름 일자리를 그제야 찾는 것은 이미 늦은 것이라 했다. 그때 마침 애틀랜타대학교Atlanta University에서 도서관학을 공부하던 나보다는 몇 살 위인 '심형'이 지금 자기가 일하는 곳이 철판을 다루는 주물공장인데, 일은 험하고 힘들기는 하지만 그래도 다른 곳보다는 일당이 좀 많으니 한번 해 보겠느냐고 물었다. 나는 지금 찬밥, 더운 밥을 가리게 생겼느냐고 하면서 즉시 그를 따라 나섰다. 절단한 철판을 지게차로 넓은 공장 안의 이곳저곳으로 옮기는 일이었다. 나를 고용할 사람이 나를 쳐다보면서 "이 약골이 이 일을 할 수 있을까?" 싶은지 아예 까놓고 "약골로 보인다"고 했다. 그래서 나는 가만히 있으면 그나마 일자리도 얻을 수 없을 것 같아서 "저 무거운 철판을 손으로 나르는 사람도 있느냐?"고 물었다. 기계로 작동을 하는데 사람의 체격이 무슨 상관이냐는 말이었다. 그 말이 설득력이 있었는지 그는 "하긴 그래That's true"라고 하면서 나를 즉석에서 고용했다. 나는 그 자리에서 지게차 운전법을 배우고, 철판을 나르는 일을 시작했다. 몇 시간이 지났을 때였다. 내가 작동하는 지게차에 실은 철판의 날카로운 모서리가 옆을 지나가던 심형의 머리 뒤통수를 스치는 바람에 피가 났다. 응급처치를 해서 겨우 지혈은 됐지만, 공장 안은 발칵 뒤집혔다. 여름 방학 중에 고용한 대학원 학생이라는 임시 노동자가 사고를 낸 것이다. 누가 저 녀석을 데리고 왔느냐고 야단이었다. 어쩌자고 나는 나를 취직시켜 준 사람의 머리를 다치게 했는가? 나는 즉시 그 지게차에서 내려 심형에게 미안하다는 사과의 말을 남기고 내 발로 걸어 나왔다.

그러나 구원의 '신神'은 또 있었다. 나보다 나이는 3~4세 위이고, 애틀랜타 시내에 있는 조지아주립대학교Georgia State University에서 공부를 하고 있는 학생이었는데, 애틀랜타에 온 지 근 10여 년이 넘었다고 들었다. 일을 하면서 공부를 하느라고 그때까지도 학위를 마치지 못하고 있었다. 아주 영리하게 생겼으며 몸이 아주 가냘프고 야위어 사람들은 그를 '빼빼 송'이라고 불렀다. 그때도 나는 그의 성이 송 씨라는 것만 알았지 이름을 몰랐고, 지금도 빼빼 송으로만 기억하고 있다. 자기 형님이 연대 상경대학 학장이라면서 연대 출신인 나를 챙겨 주려고 했다. 그는 애틀랜타에서 제일 크고 유명한 '리치스 백화점Rich's Department Store'의 물품접수창구receiving에서 사람을 구한다며 나를 데리고 갔다. 내 평생 처음 보는 으리으리하고 사치스러운 백화점이었다.[6] 그는 당시 그 백화점의 구매담당 간부였다. 내가 대학원을 다닌다고 다른 사람들보다는 일당을 25전 더 주겠다고 했다.

내게 주어진 일은 트럭에 실려 온 상품이 백화점 지하실에 위치한 '창구'에 배달되면 그 배달된 상품들을 분류하고, 그중 구두가 든 박스를 '벨트' 위에 얹어 놓은 뒤 뜯어서 결함이 있는지 검사를 하는 일이었다. 약간의 흠이라도 있으면 백화점의 특판장budget store으로 보내 세일을 하도록 하고, 합격품은 크리스마스 때 팔 물건으로 구분하는 일이었다. 신입들을 모아놓고 하는 얘기가, 매년 여름 외국에서 온 유학생들에게 여름 일summer job을 주었는데 그 사람들이 후에 본국에 돌아가서 명사가 되었다며 사진을 보여주면서 자랑하기도 했다. 소문으로는

6 리치스 백화점Rich's Department Store은 1867년에 항가리 출신의 유대인 이민자 모리스 리치Morris Rich가 설립한 백화점으로 애틀랜타 중심가(45 Broad Street)의 본점 외에 애틀랜타 주변 도시인 Cobb Center, Lenox Square, North DeKalb 등 5곳에 분점이 있었으며, 애틀랜타 외에는 테네시주의 녹스빌Knoxville에 지점이 있었다. 1976년에는 뉴욕의 메이시스Macy's와 합병했다가 2005년에 리치스라는 이름은 아예 없어졌다. 교외에 대형 쇼핑몰이 생기면서 쇠퇴한 것 같다.

중국 장제스 총통의 부인이 된 쑹메이링이 조지아웨슬리언대학Georgia Wesleyan College에서 유학할 때 리치스에서 일을 한 적이 있다고 들었으나, 확인할 수는 없다. 리치스는 미국의 대공황기(1929~1939)에 사람들이 개인 수표를 현금화하기 어려울 때 현금화해 주는 '적선'을 베풀기도 했다고 한다. 아침 조회시간마다 "우리의 고객은 항상 옳다Our customers are right all the time"라는 말을 복창했다. 물론 고객이 잘못하고 속일 수도 있지만, 대부분의 고객은 좋은 사람이고 옳다는 것이다. 사실 일을 하다 보면 옷을 사서 행사에 한 번 입고는 맞지 않는다며 반환하러 오는 고객이 있다. 그러나 회사는 그런 경우는 극히 드물고 대부분의 고객은 정직하다는 것이다. 그래서 우리에게 고객은 항상 옳다고 믿고 그렇게 '대접하라'고 훈시했다. 나는 이 말을 여름 3개월 동안 매일 아침 반복했다.

큰 구두 상자를 뜯고 일일이 검사하는 일은 힘들지는 않았지만, 어떤 때는 아무 일도 하지 않는 것 같아서 멀쩡한 구두를 빼낼 때도 있었다. 보통 구두는 큰 박스에 72켤레가 들어 있는데, 이태리에서 온 '샌들' 같은 가벼운 신발은 내가 드는데 문제가 없었지만, '윙팁' 같은 신사용 구두 72켤레가 든 박스는 비행장의 수하물 '컨베이어 벨트'에서 무거운 트렁크를 끌어내는 것 이상으로 힘겨웠다. 내가 일하는 꼴이 자기네가 보기에도 힘겨워 보였는지 작업담당 책임자가 "네 체구에 맞는 다른 작업장으로 옮겨주겠다"고 했다. 그 다른 작업장은 여자들의 '팬츠pants'를 점검하는 곳이었다. 우선 여자들의 팬츠가 든 박스는 무겁지 않아서 내가 드는데 아무 문제가 없었다. 나는 평생 그렇게 많은 팬츠를 한자리에서 본 일도 없었을 뿐만 아니라, 색깔과 스타일이 그렇게도 다양한 줄은 몰랐다. 눈이 부셨다. 점심시간 한 시간을 빼고 하루 8시간씩 여성용 팬츠에 흠이 있는지를 확인하기 위해 빨랫줄 같은 곳에 걸고 서서히 움직여서 검품을 하다 보니, 첫 근무일 밤에 팬츠 꿈을 꾸었다. 지나가는 여자를 보면 "저 여자는 어떤 종류의 팬츠를 입었을까" 하고 상상도 하고 우리가 사는 아파트의 지하세탁장에 널린 팬츠를 보고 "저것은 1불 50전 정도는 되겠다"는 등 가격까지 매기는 나쁜 버릇이 생겼다.

나를 구두 검품에서 팬츠 감별사로 '영전'을 시켜준 그 책임자는 원래 애틀랜타 근교 바위산인 스톤 마운틴Stone Mountain 주변에 넓은 농토를 소유한 사람이었는데, 부동산은 소유하고 있으나 현금이 없어서 리치스에서 일을 했다고 들었다. 그런데 한동안 그가 보이지 않아서 '짐'이 어디 갔느냐고 물었더니, 사람들은 "그는 지금 백만장자가 되었는데 여기서 일하게 생겼느냐"고 했다. 사연인즉 짐이 소유한 스톤 마운틴 근처의 농토는 농사짓기에는 적합하지 않았지만, 애틀랜타에 개발 붐이 일면서 졸지에 백만장자가 됐다는 것이었다. 나는 다른 동료들에게 "나를 힘이 없다고 여성용 팬츠 검품 쪽으로 보낼 정도로 착했기 때문에 하느님이 한 건 봐 주신 것"이라고 해서 한바탕 웃었다. 남에게 좋은 일을 하면 경사스러운 일이 생긴다고 하지 않는가?

첫아이의 출생

어렵게 공부하는 시기에 우리는 첫아이를 가졌다. 일주일에 5달러어치의 장을 보는 처지에 새 식구를 맞이하게 되었으니 나나 집사람은 경제적으로나 심리적으로 준비가 되어 있지 않아서 기쁨보다는 걱정이 앞섰다. 학교에 학생보험은 있었지만 출생 보험은 없었다. 미국은 지금 모든 한국 사람들이 누리고 있는 소위 '유니버설 인슈어런스universal insurance' 제도가 없다. 샘 레어드가 나에게 부인이 와서 살림을 하게 되면 자녀도 낳을 터인데 지금의 조교수당으로는 살 수 없으니 부인이 미국에 오면 안 된다고 경고하던 일이 현실이 됐다.

그러나 우리 속담에 "하늘이 무너져도 솟아날 구멍이 있다"는 말이 있지 않는가? 내가 애틀랜타에 가서 얼마 되지 않아 집사람이 오기 전부터 알고 지낸 젊은 한국인 의사인 '닥터 안'이 있었다. 그는 병원을 쉴 때면 틈틈이 나를 찾아오는 아주 조용하고 수줍음을 타는 총각이었는데 사귀는 친구도 별로 없는 것 같았다. 집사람이 온 후에도 우리 집을 종종 찾아주는 고마운 사람이었는데, 내 생활에 여유가 없다 보니 그가 와도 밥상 한 번 번듯하게 차려서 대접을 하지 못했다. 지금 생각해 보면, 의사라 여유가 있던 그가 보기에는 우리가 사는 꼴이 아이들의 '소꿉장난'처럼 보여서 동정심을 가졌는지도 모른다.

한번은 나에게 미국에 살려면 운전은 필수사항이니 운전을 배워야 한다면서 즉석에서 운전연습을 제의했다. 우리 내외와 에모리대학교 신학대학에 와 있던 대학 동기 전상의 목사 내외와 함께 스톤 마운틴으로 놀러 갔다 돌아오는 길에, 닥터 안은 자기가 내 옆에 앉을 것이니 나보고 운전을 해 보라고 했다. 나는 그때까지 자동차의 핸들을 잡아 본 일이 한 번도 없었다. 그는 이것을 밟으면 차가 가고, 이것을 밟으면 차가 선다고 했다. 핸들은 돌리다 보면 요령이 생기기 마련이라는 말에 20대의 나는 겁도 없이 운전대에 앉았다. 나는 네 사람을 태우고 스톤 마운틴을 출발해서 17.5마일(약 24.8km)이나 되는 '먼 길'을 차로 달렸다. 내 생각에는 엄청 빠른 속도로 가는 줄 알았는데 사실 내 차가 몇 마일로 가는지 계기판을 볼 여유가 없었다. 그러나 추월하기 힘든 29번 간선도로로 가다 보니 뒤에 오는 차들이 나를 추월하지 못하고 수십 대의 차들이 내 뒤로 질질 끌려왔다. 어떻게 요행히 애틀랜타 시내까지 도착한 다음 닥터 안이 차를 주유소 주유대 앞에 세우라고 했다. 그런데 그만 차를 가누지 못해서 주유 펌프대를 들이받았다. 주유소에서는 야단이 났다. 그런데 닥터 안이 잽싸게 차에서 내려 자기가 운전 실수를 했다고 사과를 하면서 운전면허를 먼저 보여 주는 바람에, 주유소 주인은 닥터 안이 운전을 한 줄로 알았다. 당시에 미국 사람들이 동양 사람들의 얼굴을 잘 구분하지 못할 때라서 누가 누군지를 구별하지 못했다. 주유소 기물을 파괴한 것에 대한 변상은 해 주었으나 경찰에 신고는 당하지 않았다. 그 덕에 나는 운전을 쉽게 배울 수 있었다.

닥터 안은 우리 집사람이 임신을 했다는 것과, 내가 보험도 없고 따로 정해 둔 의사도 없다는 것을 알고 부탁을 하지 않았는데도 자기가 앞장서서 알아보았다. 특히 수입이 없이 가난한 학생이 출산을 했을 때 어떤 도움을 받는가를 알아보고 와서 나를 안심시켰다. 닥터 안이 말하길 병원은 늘 혈액이 부족하니 내가 4주에 걸쳐서 네 번만 헌혈을 하면 된다는 것이었다. 그런 수속을 밟아 우리 집

사람에게 애틀랜타 시에 위치한 에모리대학교 부속병원인 '크로포드 롱 메모리얼Craford W. Long Memorial Hospital'이라는 병원을 지정해 주고, 산부인과 의사도 알선해 주었다. 크로포드 롱 병원은 지금은 '미드타운 에모리 대학병원Emory University Hospital Midtown'이라는 이름으로 바뀌었다. 그 당시에도 대형 병원이었지만, 근래에는 병원의 규모가 511개 병실에 1천 명 이상의 의사들이 근무하고 있다. 우리가 살던 아파트에서 5.3마일(약 8.5km) 정도 떨어져 있었어도 시내버스 이용이 가능해서 큰 불편은 없었다. 닥터 안은 우리가 병원에 가는 날 자신이 비번이라며 자기 차로 데려다 주는 편의까지 제공해 주었다. 미국의 좋은 제도 덕에, 그리고 닥터 안의 도움으로 가난한 학생 처지에 무사히 아이를 낳을 수가 있었다. 1967년 1월 17일 새벽 4시였다.

미국에서는 병원에서 자동으로 출생신고가 되기 때문에 아이 이름을 미리 지어 놓아야 했다. 당시는 아버지가 생존해 계셨기에 할아버지가 막내아들네 첫 손자의 이름을 집안의 항렬에 따라 종윤鐘允이라고 이름을 지어 보내셨다. 당시에는 출생 이전에 태어날 아기의 성별을 절대로 가르쳐 주지 않은 시절이었기에 딸인 경우를 생각해서 딸 아이의 이름도 보내왔었는데, 그 이름은 기억이 나지 않는다. 또 그때만 해도 나는 곧 한국으로 돌아갈 것이라고 생각했기에 미국식 이름은 필요하지 않다고 생각했다. 그러나 후에 종윤이가 자라면서 이웃집 아이들이나 유치원 아이들이 '종윤'이라는 발음을 하기 힘들어서 "존John"이라고 부르는 바람에 종윤이의 이름이 자연스럽게 '존'이 되어버렸다. 하는 수 없이 법원에 가서 first name은 '존'으로 하고 '종윤'이라는 이름은 middle name으로 결정했다.

종윤이가 태어난 병원은 시내에 있는 에모리대학교 부속병원이었지만 소아과는 별도로 지정해야 했다. 왜냐하면 미국에서는 소아과 의사가 지정되지 않으면 영아를 퇴원시켜 주지 않기 때문에, 반드시 담당 소아과 의사가 지정되어야만 했다. 내가 차가 없다는 사실을 안 병원이 에모리대학교 학교 아파트 바로 옆에 있는 에모리대학교 의과대학부속병원 소아과 의사를 지정해 주었다. 종윤의 담당 소아과 의사는 에모리대학교 병원에 근무하는 저명한 소아과 의사인 제너 브루너 교수Dr. Jenner Brunner였다. 종윤이가 병원에서 퇴원하고 집에 왔는데, 특별한 이유가 없이 계속해서 울고 보챘다. 하는 수 없이 브루너 교수에게 달려가서 애가 계속해서 운다고 했더니 브루너 교수는 "우유를 줘 봤느냐?"고 물었다. 아이가 병원에서 나온 지가 2시간 정도밖에 되지 않았고, 내가 아는 한 벤자민 스포크 교수의 육아법에 의하면 우유는 매 4시간마다 주라고 했는데, 퇴원하기 전에 우유를 주었을 터이니, 아직 2시간을 더 기다려야 한다고 했다. 교수는 배꼽을 잡고 웃으면서 애가 배가 고파서 그럴 것이니 우유를 주면 그칠 것이라고 했다. 아니나 다를까, 집에 와서 우유를 주었더니 허겁지겁 우유병을 잡고 빨았다.

에모리대학교 부설 사회변동연구소 연구원으로

1967년은 나에게는 다사다난多事多難했다는 말이 가장 적절한 표현일 것이다. 우선 새 식구가 생겼고, 에모리대학교에서 석사과정을 끝내고 논문을 쓰는 중이라서 등록금은 도서관 사용료만 납부하면 됐다. 그러나 그렇게 되면 나는 소위 '풀 타임full-time학생'이 아니기 때문에 조교 장학금을 받을 수가 없었다. 그런데 무엇보다도 내가 쓰는 석사학위 논문은 사회학이 아니라 인류학 분야였기 때문에 내 논문 지도교수는 인류학 담당 교수이어야만 했다. 석사학위 논문은 한국 친족제도의 기능적 분석Functional Analysis of Korean Kinship System에 관해서 쓰기로 했는데, 당시 우리 학과에는 인류학을 가르치는 교수님이 두 분 계셨다. 리처드 야넬Richard Yanell 교수는 정교수였지만 그분의 전공은 식물민속학ethnobotany이어서 연구실조차 이공대학 건물에 있고, 기초인류학 한 과목을 가르치셨지만 내 전공과는 상관이 없었다. 잰디 모어Zandy Moore 교수는 전공이 교육인류학Anthropology of Education으로 문화나 사회인류학과 관계가 있어 내 논문지도를 해 주기로 했으나, 그는 당시 강사instructor로 학과장인 존 도비John Toby 교수가 그를 조교수로 승진시킬지 아닐지를 결정하지 않았을 때였다.

원래 도비 학과장은 켄터키 출신의 백인 교수로 학부에서 사회학을 하지도 않은 내가 사회학을 잘 알지도 못하고 대학원에 왔다며 나를 탐탁지 않게 생각하는 사람이었는데, 내가 인류학을 전공하겠다고 우겨서 일을 복잡하게 만든다고 짜증을 부렸다. 그러나 학과의 이름은 엄연히 '사회학과 및 인류학과Department of Sociology and Anthropology'인데 인류학으로 논문을 쓰는 것이 무슨 잘못이라는 말인가? 인류학을 할 수 없다면 학과의 이름에 인류학이라는 말을 쓰지 말아야 했고, 처음부터 인류학 분야의 논문도 쓸 수 없다고 했어야 하지 않았을까?

내가 도비 학과장에게 어느 정도로 밉게 보였느냐 하면, 그의 사무실에 뭘 좀 물어보려고 가면 거의 조건반사적으로 "뭐라고 했지?(I beg your pardon?)"라고 물었다. 그렇더라도 고분고분했으면 좋았을 것을, 나도 그에게 도전적으로 "나는 아직 입도 떼지 않았는데 못 알아듣겠다고 하면 어떻게 하느냐?"고 따졌다. 통계학 시간에는 내가 통계학 기초도 수강하지 않고 건방지게 중급 통계학을 택했다고 칠판에 '통계학 정규 곡선normal curve'을 그리면서, "김에게는 이 곡선이 예쁜 그림으로 보일까?"라고 비꼴 때, 가만히 있어야 할 터인데 "별로 예쁘게 그린 것 같지 않다"고 해서 그의 비위를 건드리곤 했다. 우리 두 사람은 시쳇말로 '궁합'이 잘 맞지 않았다. 우여곡절 끝에 모어 교수가 내 지도교수가 되는 것을 허락해 주기로 했고, 내 전공은 '사회학 전공이나 인류학을 강조한 석사MA in Sociology with special emphasis in Anthropology'라는 별난 학위였다. 에모리대학교 사회학과 및 인류학과 역사상 내가 인류학 분야의 논문을 쓴 첫 번째 학생이자 마지막 학생이었다. 석사논문이 끝나는 대로 나는 인류학으로 박사를 할 수 있는 다른 학교로 가기로 했다.

에모리대학교에 독립된 인류학과가 생긴 것은 내가 에모리대학교를 떠나고 모어 교수가 남가주 대학The University of Southern California으로 자리를 옮긴 지 수 년이 지났을 때였다. 플로리다대학교The University of Florida에서 인류학 박사학위를 한 남부인류학회의 내 동료교수이기도 한 구엔 케네디 네빌Gwan Kennedy Neville이 에모리대학교 사회학과 및 인류학과에 교수로 채용되어 근무하던 중, 학과가 인류학 전공 교수를 부당하게 차별한 일이 발생하여 그 부당한 처사에 대해 법원에 소송을 하여 승소한 후에 에모리대학교에 독립된 인류학과가 생겼다.

이제 나는 논문만 마치면 석사학위를 받게 되어 있었다. 그러기 위해서는 우선 석사학위 논문을 마쳐야 하고, 다른 학교의 입학허가도 받아야 하는 등 문제가 복잡했다. 가장 큰 문제는 그동안 먹고 살 생활비를 벌어야만 했다. 그때 사회학과에는 텍사스대학교University of Texas, Austin에서 에모리대학교로 옮겨 온 프레드 크로포드Fred R. Crawford라는 교수가 에모리대학교 부설 사회변동연구소The Center for Research in Social Change at Emory University 소장이었다. 도비 학과장의 독단에 불만이 많았던 그는 내 사정을 너무나 잘 알고 있어서 내가 논문을 끝내고 다른 학교로 옮기기 전에 자기 연구소에 와서 일을 도와달라는 제안을 했다. 그 연구소는 애틀랜타 지역의 빈곤층을 대상으로 전개하는 빈곤퇴치 프로젝트의 성과를 평가하는 프로젝트를 수행하고 있었다. 소위 '빈곤퇴치를 위한 전쟁The War against Poverty'이라는 이름으로 불리던 이 운동은 1964년에 미국 36대 대통령인 린든 존슨Lyndon B. Johnson이 꿈꾼 '위대한 사회Great Society' 건설을 위해 그해 연두교서에서 발표한 빈곤추방운동으로 경제기회청Office of Economic Opportunity, OEO을 신설하고 빈곤퇴치를 위한 자금지원을 했다. 그 당시 에모리의 연구소는 애틀랜타의 지역에 지원한 자금지원의 성과를 평가하는 연구과제를 수행하고 있었다.

내가 할 일은 연구실무 책임자의 지휘하에 일선에서 연구원들이 수집한 정보를 숫자화하는 '코딩coding' 작업이었다. 산더미처럼 쌓이는 자료들을 정리하여 '아이비엠 펀치카드IBM punch card'에 입력하는 과정은 상당히 복잡했다. 그런데 우리 연구대상으로 파악된 사람들을 면접하는 것을 현장에서 직접 지휘하던 팸Pam이라는 젊은 여성이 어느 날 갑자기 '야반도주夜半逃走'를 해 버렸다. 팸이 가버리자 그 연구소의 실무과정을 이해하는 사람이 나밖에 없었다. 크로포드 교수는 급하게 나를 부르더니 "네가 실무책임을 맡아 줄 수 있겠느냐?"고 물었다. 나는 소장에게 한국에서도 전국 규모의 현장조사 실무를 해 본 경험이 있어서 할 수는 있을 것 같다고 했다. 그러나 단지 현장에 나가서 면접을 하는 흑인 대학원생(면접연구원)들을 지휘할 수 있을지 모르겠다고 했다. 그들은 표준 영어가 아닌 지방 사투리를 써서 그들과 전화 소통에 어려움이 많다고 솔직하게 말했다. 그들이 길거리의 공중전화로 내게 문의를 할 때 길가의 소음에다 남부 흑인 특유의 사투리와 '억양accent'을 이해하기 어려워서 고생한 이야기를 했다. 크로포드 교수님은 특유의 너털웃음을 웃으시며 "킴, 하긴 사실 나도 그들이 빨리 하는 말은 알아듣기 힘들어"라고 하면서 문제가 안 된다고 했다. 그러면서 내가 그들을 데리고 현장에 가서 감독을 하면 되지 않겠느냐고 하는 바람에 나는 하루아침에 그 연구소의 연구프로젝트를 마무리하는 실무책임자가 되었다.

작정된 기간 내에 프로젝트를 성공적으로 마쳐야만 했던 크로포드 소장에게 나는 꽤나 필요한 존재였던 것 같다. 애틀랜타의 기후로는 예외이긴 했지만, 하루는 갑자기 날씨가 추워지면서 눈보라가 치기 시작했다. 나는 두터운 외투overcoat가 없어서 그냥 밖으로 나서는데, 크로포드 소장이 달려와서 자신의 코트를 내게 입혀 주면서 "나는 감기가 들어도 괜찮지만, 네가 지금 감기가 들거나 병이라도 나면 우리 연구소는 기능이 마비될 것이니 이 코트를 꼭 입고 가라"고 했다. 나는 미국으로 옮겨 온 후 처음으로 나를 필요로 하는 곳에서 내 기량을 발휘할 수가 있었다. 크로포드 소장이 내게 베풀어 주는 만큼 나도 보답을 해야 된다고 생각했고, 면접원들과 함께 현장field에 가서 그때그때 상황을 판단해야 했다. 우선 연구소에서 고용한 대학원생 면접자들이 면접 대상자들과 어떻게 소통하고 있는지, 얼마나 성실하게 면접에 임하는지, 그리고 그들이 옮겨 적은 대답들이 얼마나 정확한지를 파악하는 일이 시급했다.

한국의 현지조사와 다른 점

나는 갑자기 이 큰 프로젝트의 실무책임자가 되었지만, 만일 한국에서 전국

단위의 법의식 현지조사에 참여하지 않았더라면 이런 연구프로젝트를 운영하는 방법이나 순서(operationalization)를 몰랐을 것이라는 생각을 하니 기분이 이상했다.

현지조사는 어디에서 하든지 근본 원칙은 같다. 단지 조사 현장의 분위기와 대상자가 다를 뿐이다. 우리의 조사지역이 도심의 우범지역이고 대상자들이 저소득층에 속하는 사람들이었기 때문에 신변의 위협을 느낄 때가 있다는 점이 한국에서 현지조사를 할 때와 달랐다. 아무리 동료 흑인 대학원생들이 동행했다고 해도 그들조차도 내 안전을 보장할 수는 없었고 왕왕 정신박약자들도 섞여 있어 한국에서는 느껴보지 못한 불안감이 있었다.

한국에서 내 현지조사에 걸림돌이 되었던 것은 의외로 경찰이었다. '반공'과 '간첩 색출'이라는 명목으로 나는 수시로 이곳저곳, 심지어 시골 여관에서까지도 경찰의 불심검문을 당해야 했다. 당시의 내무부가 내 신분을 보장하는 증명서까지 발행해 주었으나, 대부분의 경우 신분증 자체를 의심했다. 그래도 내가 1년 반 동안 전국을 다니면서 신변의 위협을 느낀 적은 없었다. 그러나 어두컴컴한 애틀랜타의 뒷골목은 그냥 걸어 다니기도 겁이 났다. 당시에 한국은 자정부터 오전 4시까지 통행금지가 있었다. 이 이야기를 들은 미국 사람들은 그러면 답답해서 어떻게 사느냐고 하기에 나는 한국의 통행금지시간은 자정에서 새벽 4시까지지만, 애틀랜타의 도심은 해만 지면 통금이 시작되는 것이 아니냐고 대꾸했는데 이는 과장이 아니었다. 미국의 슬럼slum가를 처음 간 나는 그곳을 빠져 나오기 전까지 온통 공포에 휩싸였었다. 나는 속으로 "내가 직접 면접을 안 해도 되는 것이 천만다행이라"고 생각했다. 흑인 대학교인 애틀랜타대학교 대학원 학생들을 고용한 것이 다행이었다.

1963년과 1964년 사이 내가 북제주군 조천면에서 연만한 노인들을 면접할 때 제주의 고등학교 학생을 통역으로 썼던 것처럼, 면접 대상자들이 쓰는 영어는 나와 동행한 대학원생의 통역이 필요했다. 무엇보다도 내가 직접 면접자로 면접을 했다면, 인터뷰를 당하는 사람들이 나를 멸시하는 태도를 극복하는 것이 가장 큰 문제였을 것이다. 그때만 해도 동양 사람이라면 으레 일본 사람이나 아니면 중국 사람으로 생각하고, "'차이나 맨China man(중국인을 비하하는 말)'이냐, 아니면 '잽Jap(일본인을 비하하는 말)'이냐"를 묻고는, "원 세상에 '차이나 맨'이나 '잽'이 우리 집 살림살이에 대해서 묻는다는 것이 말이 되느냐?"라는 태도를 보였을 것이다. 내가 보기에 그들은 극빈자인데도 자기들이 세상에서 제일 잘 산다고 믿었다. 조사 따위는 필요 없으니 집어치우라는 것이었다. 심한 경우에는 폭력을 행사할 태세를 보이기도 했다.

이 면접에 참여하면서 만일 내가 후에 미국에서 현지조사를 할 기회가 있다면, 애틀랜타에서의 경험이 큰 도움이 될 것으로 생각했다. 무엇보다도, 조사대상자가 흑인이건 백인이건 간에 나는 이도 저도 아닌 '중립적'인 인종이라고 주장하기로 했다. 그리고 가능하면, 나는 "차이나 맨"도 아니고 "잽"도 아닌 "한국인Korean"이라고 알리고 싶었다. 그때만 해도 제2차 세계대전에 참전하여 일본과 전쟁을 한 경험이 있는 미국 사람들이 많았고 그들에게 일본은 적국이었다. 1980년 일본의 닛산Nissan자동차회사가 테네시주 스마르나Smyrna에 자동차공장을 건설할 때, 제2차 대전에 참전했던 전 공군대령인 칼 몽고메리Carl Montgomery는 닛산 공장으로 연결되는 도로 이름을 펄 하버 불바드Pearl Harbor Boulevard라고 부르자고 할 정도로 일본에 대한 적대감이 남아 있었다. 그러나 반대로, 한국전에 참전했던 많은 미국인들은 한국 사람들에 대해서는 대단히 동정적이며 우호적이었다. 나는 현지조사를 하면서 한국전에 참전했던 사람들에게서 여러 도움을 받았고, 내가 미국 아이오와주에 현지투자를 한 한국 기업의 고문(1991~2001)을 맡았을 때는 회사의 구호를 아예 "우리 회사는 일본회사가 아니다!"를 내걸 것을 조언하였으며, 시다 레피즈Cedar Rapids시에서 26년간 시장을 지냈고 한국전에 참전했던 돈 캐니Don Canney를 미주 법인의 부사장으로 영입하기도 했다. 그 기업은 직원을 채용할 때 한국전쟁에 참가했던 군인과 그 가족을 우대하여 좋은 반응을 얻었다.

조지아대학교The University of Georgia의 인류학도가 되다

내가 인류학 박사과정이 있는 학교로 옮기는 준비를 하고 있을 때 함병춘 교수님이 예일대학교(Yale)에 연구차 와 계셨는데(1966~1968), 선생님은 내가 기왕이면 당신 곁에서 한국에 관한 인류학을 전공하기를 바라셨다. 함 선생님은 인류학 분야에 관심이 많으셨고 그 방면의 논문을 쓰셨으면서도 그때쯤에야 그 분야가 사회학이 아니라 인류학이라고 생각하셨다. 그래서 당초 내가 인류학으로 가야 할 것을 사회학으로 가서 그 고생을 했다고 하시면서, 선생님은 예일대학교 교수로 한국 사람들과 한국문화에 관한 최초의 인류학 영문 저서를 출판한 코넬리우스 오스굿Conelius Osgood 교수를 찾아가셔서 "내 제자 중에 한국에 관한 인류학을 전공하는 학생이 있는데, 당신이 좀 지도해 줄 수 있느냐"고 물으셨다. 제2차 세계대전 후 대부분의 서구 인류학자들이 일본 연구에 열중했을 때, 당시 예일대학교 교수였던 오스굿 교수는 바이킹 기금Viking Fund의 후원을 받던 예일대학교의 피바디 자연사 박물관Peabody Museum of Natural History의 재정적인 지원과 미국 국무부 및 육군성의 행정적인 지원을 받아 1947년 여름 강화도 일대의 작은 부락에서 인류학적인 현지조사를 했고 그 현지조사를 토대로 1951년에 『한국인과 한국문화*The Koreans and Their Culture*』라는 인류학 저서를 출간했다.[7] 나중에 함 선생님께서 보내신 편지에 의하면, 오스굿 교수는 비록 자신이 한국에 관한 최초의 인류학적인 책을 출판하기는 했어도, 자기의 관심 영역은 북미 원주민 잉가릭Ingalik 부족들이기 때문에 한국 학생을 지도할 수가 없다며 미안해했다고 한다. 더구나 그는 예일에서 한국에 관한 사회인류학이나 문화인류학을 공부하는 것은 전망이 좋지 않다고 솔직하게 자기 의견을 함 선생님에게 전달했다고 하셨다.

7 Cornelius Osgood, *The Koreans and Their Culture* (New York: The Ronald Press Company, 1951). 또한 Choong Soon Kim, *Anthropological Studies of Korea by Westerners* (Seoul: Yonsei University Press, 2000), pp. 17-23 참조.

내가 옮길 학교를 선택하는데 가장 큰 제한은 역시 재정적인 문제였다. 만일 내가 자비로 공부를 한다고 하면 선택할 학교가 많겠지만, 어느 학교가 되든 우리 세 식구가 먹고 살 장학금을 줄 수 있느냐가 관건이었다. 그렇다고 석사학위밖에 없는 내가 에모리의 연구소에서 계속 일만 할 수도 없었다. 또 존슨 대통령의 '위대한 사회Great Society' 프로젝트도 언젠가는 종료될 것이기 때문에, 나에게 인류학으로 박사학위를 줄 수 있고 등록금과 생활비를 지급해 줄 학교를 찾아야만 했다.

어느 학교로 가야 할지를 걱정하고 있는 중에, 뜬금없이 조지아대학교The University of Georgia에서 편지 한 통이 왔다. 조지아대학교 인류학과의 교수이자 인류학과 과장인 윌프리드 베일리Wilfrid C. Baily 교수의 편지였다. 나는 그때까지만 해도 대학의 학과장이 학생을 유치하기 위해서 직접 편지를 하는 것이 극히 예외인 줄로 알았다. 그러나 후에 알고 보니 좋은 학생을 유치하기 위해서 잠재적인 지원생들에게 자기 학교에 지원하라고 초빙하는 편지를 쓰는 것은 일반적인 관행이었다. 그때까지도 에모리대학교에서 한 50마일(약 80km)거리에 학생수가 3~4만 명이나 되고 미국 주립대학 중에서 역사가 가장 오래된 조지아대학교가 있는 것도 몰랐다.[8] 베일리 교수의 편지에 의하면, 자기가 텍사스대학교에 근무할 때 동료 교수이자 친구인 에모리대학교의 크로포드 교수가 나를 추천했는데, 만일 내가 조지아대학교 인류학과의 박사과정에 입학을 희망한다면 자기가 도와줄 수 있으니 언제 한번 찾아오라는 내용이었다. 주립대학교라서 내가 학교의 행정 조교로 임명이 되면, 그 주의 주민으로 분류되어(in-state-student) 등록금이 비싸지 않아 행정조교 수당으로 등록금을 내고도 세 식구의 생활이 가능하다고 했다. 마침 자기가 행정조교를 찾는 중인데, 크로포드 교수의 말을 들으니 내가 그 자리에 잘 맞을 것 같다는 것이었다. 베일리 교수는 만나서 결정

8 조지아대학은 미국에서 주립대학교로서는 제일 먼저 1785년에 세워졌으며, 그다음으로는 노스캐롤라이나대학교가 1795년에 설립되었다. 그러나 두 주 사람들은 자기네 주의 주립대학이 먼저 세워졌다고 얘기한다.

하자고 했는데, 말하자면 '인터뷰'를 하자는 것이었다. 때마침 1965년에 애머스트대학에 학사편입을 하도록 도와주었던 이영호 선배가 조지아대학교 정치학과에 조교수로 부임해 온 차였다. 원 세상에, 이게 또 무슨 인연인가? 이 선배는 차가 없는 나를 데리러 애틀랜타 내 집까지 차를 몰고 와서 직접 조지아대학교의 베일리 학과장의 사무실까지 안내해 주었다. 에모리에 비해 조지아대학교는 학교 규모도 크고 학생 수도 많았다. 1836년에 설립된 에모리보다 반세기 전인 1785년에 설립된 학교였다.

나는 베일리 교수가 나를 맞아 주는 순간, 속으로 "당신이 내 지도교수다"라고 생각했다. 작달막한 키에 몸은 왜소해 보였지만, 그가 풍기는 인품은 내가 미국에 온 후 처음으로 보는 스승상이었다. 베일리 교수는 나와 이야기를 나눈 후 즉석에서 "만일 네가 원한다면 나의 행정 조교를 맡을 것"이라고 하면서 자기 사무실과 도서실 사이에 있는 작은 사무실을 보여 주며 "네가 여기로 오면 쓸 연구실"이라고 했다. 단지 한 가지 조건은 "네가(you) 인류학을 체계적으로 공부하지 않았으니 학부에서 가르치는 인류학 개론을 한 과목 들어야 하는데, 그 수강하는 과목의 조교가 바로 '나(you)'이기에 어차피 네가 그 시간에 들어가야 할 것이니 특별히 부담을 느낄 필요는 없다"고 했다. 행정 조교administrative assistant의 수당은 일반 조교보다는 액수가 좀 더 많아서 내가 에모리에서 받던 액수보다는 조금 많을 것이라고 했다. 당장 'yes' 하기는 뭣해서 곧 알려드리겠다고 하고, 학과 여기저기를 둘러보고 나왔다. 밖에서 긴장하며 나를 기다리던 이영호 교수는 인터뷰에서 오간 이야기를 듣더니, 주저하지 말고 제안을 받아들이라고 권했다.

이영호 선배는 나를 애틀랜타로 다시 데려다 주기 전에 기왕이면 온 김에 이사할 집도 보자고 해서 도보로 학교에 올 수 있는 거리에 있는 집들을 보았으나 마땅한 곳이 없었다. 애틀랜타와는 달리 조지아대학교가 있는 에센스Athens는 작은 캠퍼스 타운이라 집을 얻기가 힘들었다. 인구 10만여 명의 도시에서 학생 인구만 거의 4만여 명에 육박하기 때문이다. 차가 없는 나는 이영호 선배의 신세를 지는 김에 아예 집을 얻기로 하고 학교 주위를 더 돌아보았다. 그나마 학교에서 도보 15분 거리에 있는 반지하 방을 우선 계약해 놓고 집으로 돌아왔다. 그래도 다음 학기부터 다닐 학교를 정했고, 무엇보다도 생활비를 걱정하면서 막노동을 하지 않아도 되게 생겼으니 만사가 해결된 것 같았다. 이영호 선배 편으로 내가 조지아대학교 인류학과에서 주는 제안을 그대로 수용한다는 편지를 전달하여 공식화했다. 늘 가까이 지내던 황용연 형이 어디서 소형 화물차를 빌려서 내 이삿짐을 에센스의 반지하 방으로 옮겨 주었다.

그러나 반지하 방의 조건이 너무 열악해서 우리 부부의 마음은 심란했다. 심지어 어린 종윤이는 지하 방이 어둠침침하니 늘 밤인 줄 알고 계속 잠만 잤다. 공부도 중요하지만 이런 환경에서 아이를 키울 수는 없어 대책을 세워야만 했다. 그러던 중에 학교 앞까지 들여 지은 새 붉은 벽돌 연립주택이 눈에 띄었다. 거기에 방을 얻을 속셈으로 그 아파트의 주인은 누구냐고 물었더니, 그 단층 벽돌집은 소위 '공공주택public housing'이라는 것으로 저소득층을 위한 정부소유의 공공주택이라고 했다. 학과의 비서인 수잔Susan에게 누가 들어갈 수 있느냐고 물었더니, 수입이 일정 수준에 미달하는 저소득층이 자기 소득에 따라 일정 한도의 월세를 지불하면 된다는 것이었다. 외국인 학생도 들어갈 수 있느냐고 물었더니 잘 모르겠지만 왜 안 되겠느냐고 하면서, 그 공공주택 사무실에 가서 한번 물어보라고 했다. 지금까지는 본국 대학원 학생도 물어본 적이 없었다고 했다. 나는 즉시 그 주택 사무실로 갔다. 그때의 내 생각은 집사람의 여비를 빌리러 은행에 갔을 때와 마찬가지로, 최악의 경우에 '노'라는 대답밖에 더 듣겠느냐는 심정이었다.

공공주택 사무실 직원은 대단히 친절하게 대해 주었다. 나는 내 사정을 설명하고, 우리 아이가 반지하에서 낮에도 밤인 줄 알고 계속 잠만 자는 것이 걱정이라고 했다. 나는 인류학과 학과장의 행정 조교로 조교 수당을 받아서 조지아 출신 학생과 같은 자격이 있다고 설명하고, 내 소득이 월 얼마라고 얘기했더니, 지금 당장 들어올 수 있느냐고 물었다. 그 말은 들어올 자격이 된다는 말이나 다름없고, 빈집이 있다는 뜻으로 해석되었다. 그 집 주소는 내 평생 잊을 수 없는 '166 Parkview, Athens, Georgia'이다. 튼튼하게 지은 아담한 1층집인데 문도 아주 튼튼하고, 위치는 대학 안의 기숙사와 맞닿은 곳이라 외부 손님이 와서 보면 학교 소유의 기혼자 아파트로 착각할 정도의 위치였다. 내가 입주하자 몇몇 한국 학생이 들어오기 시작했고, 외국 학생뿐만 아니라 본국 학생들도 들어오기 시작했다. 내가 에센스 공공주택에 '학력 혁명'을 일으킨 셈이다.

주거 환경도 좋아지고, 학교에서는 학과장실 바로 옆방에 단독 사무실까지 있으니 꼭 교수가 된 것 같은 기분이 들었다. 학교에서 주는 월급이 세 식구가 그냥저냥 지낼 수는 있어서 나는 공부만 하기로 했다. 또 내가 선택한 인류학이 그렇게 흥미진진할 수 없었다. 나는 아침 일찍 일어나 학교에 가서 공부를 하고, 사무실에서 10분도 채 걸리지 않은 거리에 있는 내 집에 와서 점심을 먹고, 다시 학교에 가서 공부를 한 후 집에 와서 저녁을 먹고 또다시 사무실에 가서 밤 11시까지 공부를 했다. 나는 난생처음 원 없이 열심히 공부만 했다. 무엇이든 좋아서 하는 사람의 일을 다른 사람들이 따라잡기 힘들다는 말이 맞는 것 같았다. 나는 석사학위 종합시험을 준비하는 학생들을 위해 저녁에는 인류학 이론과 방법론에 관해 과외수업까지 해 주었다.

'노예의 막사slave-cabin'에서 석 달 살기

에센스로 이사를 온 이후에는 여름 일을 미리 알아보았다. 미국 동남부 고고학계의 거장인 조셉 카드웰Joseph Caldwell 교수에게는 고고학 발굴을 위한 기금이 항상 확보되어 있어서 여름이면 3개월간을 학생들을 데리고 고고학 발굴을 떠났다. 에센스에서의 첫 여름 일은 이 작업에 참여하는 것이었는데 카드웰 교수의 호의로 나와 집사람, 그리고 이제 겨우 아장아장 걷기 시작한 종윤이까지 같이 갔다. 그 발굴작업에 참여하면 등록금이 면제되고 학점도 3학점씩이나 받을 수 있었으며, 숙식 제공과 함께 조교 수당에 버금가는 수당도 받았다. 미

3-3. 우리 세 식구가 3개월간 살았던 노예 막사slave cabin.

국의 대부분의 인류학과가 있는 큰 대학의 고고학 분야에는 늘 이런 자금 여력이 있었다. 내가 참여한 발굴작업은 조지아주 해안에 있는 총면적이 90.1평방km(22,265acre)인 세인트 캐더린스St. Catherines Island라는 작은 섬에 있는 옛 '구알Guale' 인디언[9] 부족의 유적지로, 큰 언덕같이 쌓은 무덤mound을 발굴하는 작업이었다. 이 섬의 주민은 존John이라는 마음씨 좋은 관리인 한 사람뿐이었다. 공존하기 어려울 지경으로 사슴이 많았고, 북미 특유의 너구리 종류인 라쿤racoon도 많았다. 우리가 발굴작업을 마친 1968년부터 이 섬은 자연환경 보호구역으로 지정되어 외부인의 출입이 금지되었다.

이 섬에서 우리는 4000년 전부터 살았다는 구알 인디언들의 문화유적을 발

9 구알Guale 인디언 부족은 현재의 조지아주와 그 부속 도서에 거주했으며 미시시피안 문화Mississippian Culture를 가진 부족이다. '미시시피안 문화'라는 것은, 800년에서 1500년 사이에 미국의 중서부, 동부, 그리고 동남부에 걸쳐 널리 퍼져 있으며, 작은 언덕으로 된 재단을 쌓는(mound-building) 것이 특징인 문명을 말한다. 그들은 4000년 전부터 이 섬에 살아온 것으로 알려졌으며, 문화 정도는 청동기 시대에 해당된다고 한다.

굴해야 했고, 또 16세기부터 스페인 선교사들이 선교활동을 할 때 처음 지었다는 교회를 찾아야 했다. 옛 지도상에 교회의 위치가 표시되어 있기는 했지만, 오랜 해류의 영향으로 섬의 형태가 변해서 그때 존재했던 교회의 위치를 찾기 힘들었기 때문이었다. 우리는 역사적으로, 아프리카에서 남미로 잡혀온 노예들이 선별되어 미국 본토로 옮겨지기 전에 지내던 막사를 우리 발굴단의 숙소로 사용하기로 했다. 노예들이 기거하던 막사를 '노예의 막사slave cabin'라고 불렀는데 우리 부부와 어린 종윤이가 한 채를 통째로 썼다. 한 채라고 해야 큰 방 하나였다. 그래도 노예가 쓰던 이후에 수리를 좀 했고, 침대도 갖춰져 있었다. 이 노예 막사는 독특한 건축 자료로 알려진 '태비tabby'라는 것으로 지어졌는데, 석회, 모래, 자갈, 조개 껍질, 그리고 나무에서 나오는 각종 섬유질을 섞어 만든 것으로 콘크리트보다 더 강하다고 한다. 특히 우리 가족이 쓰던 노예 막사는 태비 벽이 두꺼워서 습하고 무더운 남부 조지아의 여름 날씨에 에어콘도 없었지만 그 방에 들어가기만 하면 시원했다.

아침에 기상을 하면 모두 노블재단이 있는 사무실 겸 '큰집'에 모였는데, 우리는 카드웰 교수님이 머무시는 곳을 큰집이라고 불렀다. 그 집에서 아침 식사를 마치면 점심용 샌드위치를 챙겨 발굴현장으로 갔다. 한번은 종윤이가 집에서 가지고 온 M & M이라는 초콜릿 한 알을 흙으로 된 방바닥에 떨어뜨리고 발굴현장으로 갔다가 돌아와보니 그 근처에 있던 개미란 개미는 모두 모여들어서 바닥에 야구공 크기의 개미산이 만들어져 있었다. 동료들은 그 광경을 보고 그 섬의 개미들이 노예들이 떠난 이후 처음으로 초콜릿 맛을 보는 것일 거라고들 했다.

여름 3개월간 우리는 구알 인디언들의 큰 무덤에 대한 발굴작업을 했다. 그들의 매장 방식이 제일 신분이 높은 사람을 맨 밑에 묻고 나사형으로 올라가면서 새 시신들을 묻었다는 것을 알았다. 처음에 계속해서 밑으로 발굴을 계속하라는 교수님의 말씀을 듣고 나는 반 농담으로 이렇게 계속 가면 지구 반대편인 중국이 나올 텐데, 우리가 지금 중국을 가는 거냐고 불평도 했다. 보통의 흙이나 모래무덤이라면 발굴하기가 쉬웠겠지만, 그 무덤은 흙 반, 조개껍질 반인 무덤이라 삽질도 어려웠고, 때로는 조개 껍질을 한 조각 한 조각을 들어내어야만 했다. 발굴한 벽면을 잘 다듬어 놓으면 어린 종윤이는 그냥 달려들어서 발굴한 벽(고고학에서 쓰는 전문 용어로 '프로파일[profile]'이라고 한다)을 허물어뜨리는 바람에 우리 발굴팀은 한국말로 "존 저리 가, 저리 가"를 외쳤다. 그때 종윤이는 아직 유치원도 가지 않을 나이라 집에서는 한국말만 써서 영어를 알아듣지 못했다. 우리의 작업은 주로 육체노동이었지만, 이 고고학 발굴과정을 통해 그 인디언 부족의 매장 문화도 배우고 그들의 사인과 관절의 상태 등도 알 수 있었다.

구알 인디언들은 거의가 다 6척 장신으로 현재에 살고 있는 미국 인디언들보다 체구가 훨씬 더 컸다. 아마 그간의 환경요인이나 영양 상태가 인디언들을 약하고 왜소하게 만들었는지도 모른다. 그러나 인디언들의 골격과는 전연 다른 부류가 묻힌 무덤도 있었는데, 그들의 코의 생김새, 이마 형태, 그리고 무엇보다도 이빨을 통해 인디언들이 아닌 것을 알 수 있었다. 그들은 아프리카에서 남미를 거쳐 미국 본토로 들어가기 전에 머물던 흑인 노예들의 일부가 사망해서 묻힌 것임을 알 수 있었다. 생체인류학physical anthropology을 공부하면 이빨 하나만으로도 인종구분이 가능하고, 거기에다 코뼈는 인종분류에 큰 도움을 준다는 사실과 왜 인류학이 여러 분야를 골고루 공부해야 하는지를 깨닫게 해 주었다.

우리가 그 섬의 발굴을 마칠 즈음에 한 발굴장소에서 깨진 교회 종의 일부와 스페인 선교사의 옷에 달렸던 것으로 추정되는 단추 한 개를 찾았다. 아마 그곳이 교회가 있던 자리였는데, 오랜 세월에 걸쳐 파도의 영향으로 섬 형태가 많이 변한 모양이었다. 사람이 죽기 전에 자기 주변을 정리한다 하더라도 무언가를 남기는 모양이었다. 나는 지금도 아열대성 기후에서 자라는 나무에 기생하는 스페인 이끼Spanish moss(길게 자라 땅 밑까지 늘어져 마치 긴 머리를 늘어뜨린 것 같다) 사이로 노을이 지는 남부 조지아의 저녁 전경이 눈에 선하다. 노동이 주를 이루는 그 과목의 학점을 매기기가 힘들었던 교수님은 학기말 시험으로 그날 저녁 술을 마시기 시작해서 제일 먼저 떨어진 학생은 C, 도중에 떨어지면 B, 그리고 교수님과 함께 끝까지 남아 있으면 A로 한다고 하셨는데, 나는 도중에 떨어지는 바람에 조지아대학교에 다니는 동안 유일하게 이 과목에서 B학점을 받았다.

두 번째 여름에는 고고학발굴을 또 갈 필요는 없었고, 일을 찾기는 찾아야 하는데 조그마한 캠퍼스 타운인 에센스에서 일거리를 찾기가 난감했다. 학과의 휴게실에 혼자 앉아 궁리를 하던 중, 카드웰 교수가 "헤이 킴, 너답지 않게 왜 그러고 앉아 있느냐?"라고 물었다. "지금 여름 일거리summer job를 생각 중"이라고 했더니, 그는 내게 자기 옆에 앉으라고 하시면서 교수님의 낡은 점퍼주머니에서 개인 수표를 꺼내 들고 자기 식대로 계산을 했다. 세 식구가(그때는 집사람이 둘째 아이 호윤을 임신 중이었지만 아직 태어나지 않았을 때였다) 여름 3개월을 살자면 적어도 600달러는 있어야 하지 않겠느냐고 하면서 600달러의 개인 수표를 써 주셨다. 나는 받을 수가 없다고 거절했지만 한사코 받으라고 하시면서 만일 다른 여름 일이 생기면 돌려달라고 하셨다. 내가 굳이 사양했더니 카드웰 교수님은 "우리 부모님은 오하이오주에서 노동자blue-color worker로 힘들게 사셨는데, 내가 시카고대학교에서 박사를 하고 스프링필드에 있는 박물관 관장을 거쳐 지금 여기서 가르치는 교수가 되기까지 많은 분들의 도움으로 공부를 할 수 있었다. 그런데 내가 이제 고마운 마음을 조금이라도 갚으려고 했더니 그들은 이미 다 돌아가시고 이 세상에 계시지 않더라. 너는 나를 도와준 사람과 아무런 관계가 없지만, 너라도 도와주어야 마음이 편할 것 같아서 도와주려는 것이다. 아마 너도 후에 나와는 아무런 상관이 없는 사람을 도와주게 될 것이다. 그렇게 해서 인간사회는 여기까지 발전한 것이고, 이 점이 사람이 다른 동물과 다른 점이다"라고 하셨다. 눈물이 날 지경이었다. 어쩔 수 없이 선생님의 개인 수표 600달러를 받아 들었지만 어떻게 해야 할 줄을 몰랐다.

나는 당장 내 지도교수인 베일리 교수에게 가서 카드웰 교수가 생활비를 준 사정을 설명했더니, "내게 먼저 얘기하지. 내가 마리온 라이스Marion Rice 교수에게 이야기해서 네가 여름에 할 프로젝트를 결정했는데…."라고 하셨다. 베일리 교수와 카드웰 교수는 시카고 대학에서 박사학위를 같은 시기에 한 동기동창 사이였다. 그때 베일리 교수는 인류학과의 학과장일 뿐만 아니라, 교육학과의 라이스 교수와 함께 조지아대학교와 스탠포드 대학의 교육학과가 공동으로 인류학 교과과정 연구프로젝트를 수행하고 있었다. 라이스 교수가 책임자Project Director이고 베일리 교수가 부책임자Vice Director였다. 베일리 교수는 나더러 "조(Joseph의 준말)는 돈이 없는 사람인데? 자기 계좌에 600달러가 있는지도 모르겠다"라고 하시면서 네 여름 일자리는 정해졌으니 그 돈은 돌려주라고 했다. 나는 카드웰 교수님에게 베일리 교수가 인류학 교과과정에 자리를 마련해 주어서 걱정하지 않으셔도 된다고 했다. 돈은 돌려드렸지만, 나는 그 돈을 받은 거나 다름이 없었다. 나는 그 여름을 편하게 지내면서 정치인류학 분야의 중고등학교 7학년 사회 교과서의 초고를 끝냈다.

인류학을 공부한 지 2년차가 된 나는 열심히 공부한 덕에 공부에 많은 진전이 있었다. 박사과정 통과를 위한 마지막 종합필기시험comprehensive examination을 준비하고 있을 때였다. 이제는 과목을 그만 수강해도 되었는데 베일리 교수는 인류학의 박사과정에 필요한 과목은 다 했더라도 사회학 박사가 되기 위해 필요한 과목까지 가능하면 다 들으라고 하셨다. 베일리 교수는 "지금 이 학교 규정이 네가 과목을 더 듣는다고 해도 등록금을 더 내는 것도 아닌데, 이런 좋은 기회에 네가 에모리에서 하다가 만 사회학 박사과정 과목까지 들어두면, 후에 사회학도 가르칠 수 있으니 일자리 찾는 데 큰 도움이 될 것"이라고 하셨다. 그때는 대학 교수 자리가 줄어들기 시작할 때라 조그마한 대학들은 사회학과에서 인류학도 가르치고, 어떤 학교에서는 인류학과에서 사회학도 가르칠 사람을 찾으니, 논문만 쓰지 말고 사회학 과목도 부지런히 들어두면 다 '약'이 된다고 하셔서 힘들어도 수업을 다 들어야 했다.

종합시험 합격과 호윤鎬允이의 출생

박사학위를 받기 위해서는 우선 종합시험에 합격을 해야 한다. 그래야 논문을 쓸 자격이 주어진다. 중요한 시험이라 시험준비를 하고 있었는데, 갑자기 눈이 침침하더니 책에 글씨가 겹쳐 보이고 먼 것을 보기가 힘들어졌다. 안과에 가서 안경을 주문했으니 그 안경이 올 때까지만 시험을 연기해 달라고 베일리 교수에게 부탁했다. 내심 2년간 자기 일을 도와온 개인 조교이자 행정 조교인데, 안경을 맞출 때까지 시험연기 정도는 해 줄 거라고 생각했다. 그런데 이게 웬 말인가? 자기 비서인 '아넷Annet'한테 부탁할 테니, 네가 말을 하면 아넷이 속기로 필기를 해 줄 것이라고 했다. 베일리 교수는 자기가 시카고 대학에서 종합시험을 칠 때 나처럼 눈에 문제가 생겼었는데, 지도교수이던 인류학계의 거장인 로버트 레드필드Robert Redfiled 교수가 자기에게 그렇게 했다며, 나에게도 그렇게 해 주겠다는 것이다.

에센스에 온 후, 그리고 미국에 유학을 온 후 처음으로 정신적으로나 경제적으로도 좀 여유 있는 생활을 할 즈음 둘째 호윤鎬允(Andrew)이가 태어났다. 1970년 2월 2일 조지아주 기후에 맞지 않게 함박눈이 내려 우리 집에서 성모병원까지 가는 길이 힘이 들 정도였다. 종윤이는 첫아이라서 진통 시간이 길었는데, 호윤이는 병원에 도착한 지 30분도 안 돼서 태어났다. 종윤이처럼 호윤이 이름도 아버님이 지어 주셨는데 그리고 얼마 되지 않아 돌아가셨다. 호윤이는 종윤이와 3살 터울이었다. 그때는 내가 1966년도형 중고 다지 다트Dodge Dart를 사서 운전을 하고 다닐 때라 호윤이를 해산하러 갈 때는 내 차를 운전해서 갈 수 있었다. 병원에 출산비도 제대로 납부했다. 부자가 된 것만 같았다.

제4장

조지아에서 '벌목꾼'들에 대한 현지조사

1970년 1월 초순, 종합시험이 끝나고 박사학위 논문 주제를 생각하고 있을 때였다. 별안간 베일리 교수님이 내 연구실에 오시더니 애틀랜타에 본부를 둔 미국의 6대 제지회사들의 '카르텔cartel'이 '미국 펄프용 목재생산연구 프로젝트APA-HRP'를 하면서 벌목꾼들의 생활상을 연구하는 프로젝트를 할 연구팀을 모집한다는 통고가 왔다고 말씀하셨다. APA-HRP는 지금까지는 계량적quantitative인 연구를 주로 해 왔는데, 이번에는 질적인qualitative 연구를 구상 중이니 인류학자들의 참여를 원한다면서 우리 대학이 연구계획서를 제출하면 좋겠다는 언질도 받았다고 하셨다. 조지아에서 인류학으로 박사학위를 수여하는 대학은 우리 대학뿐이었다. 베일리 교수는 내가 주체가 되어 이 연구를 맡아보지 않겠느냐고 물으셨다.

생각해 보면 볼수록 내 학문적인 장래를 위해서는 이 이상 더 좋은 기회가 없을 것 같았다. 내가 연구의 공동책임자로 연구계획서를 작성하고, 현지조사를 담당하며 최종보고서를 쓴다는 의미는 내가 직업적인 인류학자로 등단한다는 뜻인 데다, 연구비 신청 액수에 대한 제한도 없고 그 연구결과로 내가 학위논문까지 쓸 수 있으니 좋은 기회임에 틀림이 없었다. 그러나 아무리 그렇더라도 이 연구주제는 나에게는 너무나 생소했다. 내가 아는 것이라고는 보통 '로거logger' 혹은 '룸버 잭lumber jack'이라고 부르는 벌목꾼들이 미국의 육체노동자들 중에서 가장 난폭한 집단들이라는 것뿐이었다. 베일리 교수 역시 그들에 관해서는 아는 바가 별로 없다고 하셨다. 그렇다고 하더라도 나는 이 천재일우千載一遇의 기회를 놓치고 싶지 않았다. 베일리 교수와 나는 "모르면 배우면 되지 않겠느냐?"라는 답을 내고 이 프로젝트를 추진하기로 했다.

미국 남부의 '벌목꾼'들에 대한 인류학적인 현지조사

이 연구프로젝트의 연구계획서 제출은 다른 일반적인 연구프로젝트와 달리 세 단계의 과정을 거쳐야 했다. 첫 단계는 신청의뢰였다. 우선 APA-HRP로부터 연구비 신청의뢰를 받아야 연구비 신청을 할 수가 있었으므로 우리는 제1단계를 이미 통과한 셈이다. 그다음 단계는 애틀랜타에 있는 APA-HRP에 가서 전문심사위원들 앞에서 우리 연구계획을 직접 발표하고, 그들의 질문에 답변을 한다. 이후 그들의 기대에 어긋나지 않으면, 마지막으로 서면으로 자세한 연구계획서를 제출하여 최종심사를 받는 긴 과정이었다. 연구계획서를 작성하기 위해 우리는 이 방면의 기초조사부터 조속한 시일 내에 마쳐야 했다.

인류학을 비롯한 다른 사회과학자들의 선행연구가 있는지를 확인하기 위해 사회인문과학 학술지를 통해 '펄프우드' 생산이나 벌목pulpwood harvesting workers에 관한 색인 항목을 찾았으나 아무것도 없었다. 또 임업 분야의 전문학술지인 『임업 발췌*Forest Abstract*』를 샅샅이 뒤졌으나 '인간 요인human factor'에 관해서는 색인조차 없었다.

전문가의 도움을 받기로 하고, 학교의 농대임업학과 교수이자 베일리 교수의 친구인 피터 다이슨Peter Dyson 임업자원학과School of Forest Resources 교수에게 단기 교육을 받기로 했다. 다이슨 교수에게 '단기 속성' 공부를 위한 학술적인 서적들이나 참고문헌을 소개해 달라고 부탁을 했다. 그러나 다이슨 교수는 의외로 제지회사가 발행하는 기계 그림만 수두룩한 수십 권의 잡지책을 보여 주면서 "내가 가르쳐 줄 것은 없고, 이 잡지들을 통해서 벌채현장에서 사용하는 장비의 이름부터 알아 두라"고 했다. 지금 '빌(베일리 교수의 애칭)'과 '미스터 김'이 그 방면에는 최고의 권위자로 생각하면 된다고 했다. 다이슨 교수에 의하면 지금까지는 벌목생산 분야에서 '인간 요인'을 다룬 일도 없고, 그 방면에 관한 전문가도 없다는 것이다. 다이슨 교수가 잡지의 그림들을 보여 준 이유는 후에 연구계획서를 검토하고 발표회를 할 때 APA-HRP의 심사위원들은 거의 모두가 공대 출신일 것이기 때문에, 기계에 대한 질문을 할지도 모르니 기계 이름이라도 익혀 두라는 뜻이었다. 그 이외의 것은 어느 벌채 현장이던 간에 현장에 가서 벌목꾼들이 하는 활동을 며칠만 관찰하면 쉽게 이해할 것이라고 했다. 벌목꾼들은 너무나 단순한 사람들이라 현장에 가 보면, 그들의 작업 상태와 그들끼리의 관계, 그리고 그들이 사는 곳에서 그들의 이웃과의 관계를 파악할 수 있을 것이라고 했다.

나는 우선 학교에서 가까운 앳킨스빌(Atkinsville, 가명)이라는 기차역 옆에 있는 목재 야적장wood yard에 가면 목재를 실어 온 트럭을 따라 벌목 현장에 갈 수 있을 거라고 생각했다. 트럭이 벌목 현장으로 돌아가기를 기다리고 있는 나를 보고 야적장의 감독으로 보이는 백인 작업자가 '이쑤시개'를 입에 문 채 "어이, 야, 뭐야?(Hey, boy! What's up?)"라고 하지 않는가? 미국에서는 상대방을 비하해서 말할 때는 나이 든 사람에게도 거침없이 '보이boy'라고 부른다. 늙은 흑인들에게 젊은 백인들이 쓰던 인종 비하 발언 버릇이다. 그는 나에게 '잽Jap'이냐고 물어서 아니라고 했더니, 그럼 '차이나 맨'이냐고 물었다. 또다시 나는 '아니'라고 대답했더니 그는 화난 표정으로 "그럼 도대체 뭐냐?(What the hell are you, then?)"는 것이었다. 인종차별을 하는 일부 백인들의 아시아 사람들을 대하는 태도는 흑인들을 대하는 태도와 조금도 다름이 없었다. 그때까지도 모든 아시아 사람들은 옛날 중국 노동자 '쿨리'나 마찬가지라고 생각하는 사람들이 많을 때였다. 지금이야 '김'이라고 하면 한국 사람이라고 알 정도가 되었지만, 그때만 해도 '삼성 TV'나 'LG 세탁기'의 이름도 들어보지 못할 때였으니 말이다. 모욕적인 '호칭'을 듣고도 그 트릭을 따라가기 위해 참기로 했다. 나는 그다음부터 벌목장에 갈 때는 거북살스럽고 어울리지 않는 정장에 넥타이까지 매는 진풍경을 연출했다. 그래도 그들은 소문처럼 그렇게 난폭하게 보이지는 않아서 다소 안심이 됐다. 단지 그들의 언동이 세련되지 못했을 뿐, 아무에게나 난폭한 행동을 하는 무례한 사람들이 아니라는 사실을 확인했다. 무엇보다도 1967년에 애틀랜타에서 접했던 저소득층 흑인대상자들보다는 훨씬 더 친화적이고 친근한 느낌을 받았다.

연구계획서 발표회

베일리 교수와 나는 제2차 단계인 프로젝트에 대한 구두 발표준비를 한 달 안에 마쳤다. 발표장에서 베일리 교수는 간단한 인류학 원론 강의를 했다. 인류학은 분야가 넓어서 형질인류학physical anthropology, 고고학archaeology, 인류학적 언어학linguistic anthropology, 그리고 문화인류학cultural anthropology 혹은 사회인류학social anthropology 등으로 크게 나누지만, 거기에서 다시 여러 분야로 세분되어 특수한 영역을 이루고 있다고 했다. 베일리 교수는 "방금 어느 위원이 말씀하셨듯이, 우리 업계의 노동자를 '원시인' 취급을 하는 것은 아닌지 하는 오해를 하실 것 같아서 드리는 말씀인데, 지금까지 대부분의 서구 인류학자들이 비서구 사회나 소위 '원시사회'를 많이 연구하다 보니 모든 인류학자들은 미개사회나 원시사회만을 연구하는 것으로 오해하고 있다"고 했다. 베일리 교수는 자신도 유타Utah주의 모르몬 교도들의 커뮤니티community 연구로 학위를 받았다고 하면서 나를 가리키며, "우리가 이 프로젝트를 수주한다면, 이 '김'이 당신네들의 허가를 받고 연구 결과를 주제로 논문을 쓸 것이라"고 했다.

베일리 교수에 이어 나는 프로젝트의 방법론에 관해 보충설명을 하기로 했다. 우리의 프로젝트는 인류학에서 사용하는 모든 자료수집 방법을 다 쓴다고 했다. 참여관찰participant observation, 질의 응답, 그들의 생활사 수집, 그리고 지역 신문 등의 자료분석, 지역 사학자local historian와의 면접 등을 총망라한다고 했다. 표본을 선정하고, 정형화된 질의서를 통해 임의로 추출한 표본에게 30~40분 질의를 하는 것으로 연구를 끝내는 사회조사방법과는 다르다고 했다. 이에 관해 내 인류학의 대선배이자 스승이기도 한 프랜시스 슈Francis L. K. Hsu 교수의 '조약돌 비유pebble analogy'를 예로 들었다. "어떤 [계량적인] 조사는 해변가의 조약돌을 세어 보고, 분류하고, 심지어 컴퓨터를 써서 분류한 결과를 바탕으로 조수의 간만이 왜 일어나는지를 알아보려고 노력하는데, 해변가의 조약돌 분석만으로는 조수의 간만이 달의 인력으로 인해 생긴다는 이치를 영원히 이해하지 못할 것"이라는 점을 지적했다.[1] 심사 위원들은 우리의 방법론을 쉽게 이해한 것 같았다.

우리는 이 연구에서 벌목꾼들을 적어도 1년을 두고 지속적으로 연구해야 한다는 점을 강조했다. 최소한 1년은 끌어야 하는 이유는 어떤 사람의 어떤 독특한 행동은 계절에 따라 다를 수 있으며, 어떤 행위는 우발적이고 일회성으로 일어나는 일도 많기 때문이라고 했다. 또 이 연구의 현지조사는 인류학 현지조사 훈련을 받은 '아시아' 출신의 박사학위 후보자가 담당할 것이므로, 선입견 없이 흑·백 양측에게 공평할 것이라는 점을 강조했다. 베일리 교수는 "김은 한국에서 1년 반 동안 한국인의 법의식 연구를 위한 현지조사를 담당했으며, 에모리대학교 부설 사회변동연구소에서도 OEO프로젝트의 책임자로 애틀랜타 프로젝트를 성공적으로 마무리한 유능한 사람"이라고 치켜세웠다. 이어서 베일리 교수는 "무엇보다도 '김'이 혼자서 벌목장에서 관찰을 하는 것이기 때문에 그곳에서 일하는 벌목꾼들에게 어떤 위협이 되거나 그들의 기분을 상하게 하는 일은 없을

1 프랜시스 슈Francis . L. K. Hsu 교수는 이 '조약돌 이론'을 내게 이야기한 지 7년이나 지난 후에 인류학 학술지에 발표했다 (See Francis L. K. Hsu, "Intercultural Understanding: Genuine and Spurious," *Anthropology & Education Quarterly* 8[1977]: 202–209).

것"이라고 했다. 다만 우리가 계획하는 연구는 현지조사를 하는 데만 최소한 1년이 소요될 것이기 때문에, 연구의 최종보고서가 나오기까지 적어도 1년 반의 시간이 걸리는 점이 문제라면 문제라고 솔직하게 말했다. 끝으로 우리가 어느 한 지역community을 선정하여 그곳에서 1년간 벌목꾼들과 같이 살면서 집중적인 연구를 하기 전에 학교 인근의 어느 지역을 선정하여 예비조사를 한 후 예비조사 결과를 APA-HRP에 보고하고 상의하겠다고 했다.

그러나 우리 발표가 끝나고 난 후 들리는 말에 의하면, 우리가 연구계획을 발표하기 전에 발표한 애틀랜타 주변의 한 저명한 공과대학교의 산업심리학 전공 연구팀이 한 학기 내에 연구결과의 최종보고서까지 제출하겠다고 했다는 말을 듣고, 결과에 큰 기대를 하지 않기로 했다. 그러나 이게 웬일인가? 구두 발표가 난 지 며칠 만에, 우리 계획서가 최종 단계에 왔으니 최종 연구계획서를 서면으로 제출해 달라는 통지를 받았다.

APA-HRP는 우리가 이 연구를 벌목꾼 몇 명에 한정시키지 않고 본 조사를 위한 커뮤니티를 정한 후, 그 커뮤니티에 살면서 현지조사를 하고 벌목꾼들이 그 커뮤니티에서 차지하는 비중이 어떤지, 그들에 대한 다른 사람들의 인식이 어떤지, 반대로 그들이 그 커뮤니티에 기여하는 바가 무엇인지, 아니면 끼치는 폐해는 없는지를 조사할 거라고 한 점을 높이 평가한 것 같았다. 또, 위원들에게 펄프 물량의 지속적이고 성공적인 공급은 벌목꾼들이 성공적인 커뮤니티 생활에 좌우된다는 점을 입증해 보고 싶다고 한 점과 특히 우리 프로젝트의 이름을 "펄프용 목재 생산을 좌우하는 커뮤니티의 요인들"로 한 점이 다른 연구계획서들과 차별화된 모양이었다.

최종연구계획서를 제출한 지 1주일이 되기도 전에, APA-HRP의 실무책임자인 번커A.G. Bunker가 APA-HRP의 책임자인 월브리지T.A. Walbridge 박사의 심부름으로 왔다면서 우리 집으로 나를 찾아오더니 우리 연구계획서가 채택되었다고 알려 주었다. 그런데 번커가 직접 나를 찾아와서 전해 준 소식은 그뿐이 아니었다. 번커는 한국전에도 참전한 참전용사여서 한국에 대한 애정이 각별했고, 특히 나에게는 친절할 뿐만 아니라 도움을 주려고 애를 썼다. 우리가 이 프로젝트를 하게 된 것도 번커의 숨은 노력이 있었을 것으로 믿고 있다. 그가 베일리 교수를 만나기 전에 나를 먼저 찾아온 이유는 좀 놀라웠다. 그가 말하길 어차피 이 연구는 내가 책임지고 할 것처럼 보이는데, 베일리 교수를 공동책임에서 배제하고 나를 단독 책임연구원으로 하면 어떻겠냐는 질문을 하러 먼저 찾아온 것이었다. 베일리 교수가 연구책임자로 있으면 그가 정교수인 데다가 조지아대학교에서도 최고 연봉을 받는 사람이라 그의 연봉을 연구비 총액에서 빼면 연구비가 줄어든다는 것이다. 번커에게 "나는 당신에게 아무것도 들은 것이 없는 것으로 할 터이니, 우선 우리 연구비가 승인이 났다는 사실을 베일리 교수에게 먼저 전하고, 실무적인 이야기는 '김'에게 하겠다고 하면, 그 후에 내가 당신이 한 이야기를 베일리 교수에게 전하겠다"고 했다. 그때 나는 속으로 "아무리 연구비 액수가 거액이고 기회가 좋아도, 이 일로 인해 나와 베일리 교수와의 사이에 오해가 생기는 것은 바람직하지 않다"고 생각했다. 번커는 베일리 교수에게 우리의 연구계획서가 채택되었다는 통보만 했다고 후에 들었다.

베일리 교수가 공식으로 통보를 받은 후에 나는 번커가 내게 한 이야기를 그대로 전하고, 적어도 우리의 연구계획서가 거기까지 간 것으로 만족한다면서 APA-HRP가 제시한 조건으로는 나는 그 프로젝트를 할 생각이 없으니 그들에게 그렇게 통보해 달라고 했다. 그러나 베일리 교수의 반응은 너무나 의외였다. 왜 그렇게 힘들게 따낸 연구 기회를 포기하느냐는 것이었다. 그때까지도 나는 미국 대학의 연구비에 관한 규정을 몰랐다. 베일리 교수는 자신의 월급이 연구비에서 나오면 학교에서 나오는 월급은 나오지 않으며, 연구비에서 월급을 산정하지 않으면 학교 월급이 그대로 나오기 때문에 따로 연구비에서 월급 신청을 하지 않으면 된다는 것이었다. 그리고 엄밀히 따지면 APA-HRP가 원하는 대로 해도 아직도 대학원 재학생의 신분인 내가 대학이 주체가 되는 연구에 단독 연구책임자Principal investigator가 될 수는 없으니, 학교의 내부 공문서에는 베일리 교수를 책임자로 하고, APA-HRP의 문서에는 나를 책임자로 하자는 것이었다. 베일리 교수는 "내가 지금 교수로서는 최고의 연봉을 받고 있는데 연구프로젝트를 하나 더 수주했다고 더 승진할 수도 없을 뿐만 아니라 연봉에도 아무런 영향이 없다"는 것이었다. 그러니 베일리 교수는 "너에게는 이 기회는 포기할 수 없는 기회이니, 이 프로젝트를 하자"는 것이었다. 학교 내의 실무는 자기가 알아서 처리할 것이며, APA-HRP에게도 자기가 책임연구원 자리에서 빠지고 '김의 고문역'으로 남겠다고 말하겠다고 했다. 나는 한국에서 함병춘 선생님, 스와니 대학교의 랑케스터 교수님, 그리고 조지아대학교의 카드웰 교수님에 이어 베일리 교수님의 배려에 눈시울이 뜨거워졌다.

현지조사지역 선정을 위한 예비조사

인류학자들이 생소한 지역에 현지조사를 갈 때 마음의 준비를 어떻게 하고 복장은 어떻게 하는 것이 좋다는 원론적인 이야기는 있지만, 현지조사지역의 환경이 다 다르다 보니 아무리 현지조사 경험이 많은 인류학자라고 하더라도 일괄적으로 설명할 수는 없는 노릇이다. 더구나 문헌 조사로 인류학자 중에 '벌목꾼'을 조사하고 연구한 사례가 없었고 모든 것이 생소했다. 인류학자들이 현지조사를 갈 때 되도록이면 피조사자들의 복장과 비슷하게 입는 것이 일반적이라고는 하나, 내가 연구계획서를 쓰는 데 견문을 넓히려고 앳킨스빌Atkinsville에 갔을 때 편안한 차림으로 갔다가 야적장의 백인 근로자에게 '보이'라고 불린 것이 마음에 걸려서 점잖게 입을 생각도 해 보았다. 그러나 그것 역시 벌목장에는 어울리지 않을 것 같았다. 게다가 머리를 어떻게 깎을지도 고민이었다. 그 당시에 대학생들은 장발長髮이 유행이었지만 동양 사람인 내가 장발을 하기도 싫고, 뒷목이 드러나도록 짧게 이발을 하면 흑인들이 가장 싫어하는 인종 차별주의자들의 상징인 '레드 넥redneck'으로 구분되기 때문에 그것도 싫었다. 학교에서나 벌목현장에도 어울리는 캐주얼한 옷은 그 시절에 장만하는 것이 쉽지 않은 데다 오히려 정장보다 값이 비쌌다.

우선 나는 학교에서 25km 정도 떨어진 오글소프 카운티Oglethope County에 있는 밥빌Bobville의 한 야적장을 찾아갔다. 짧게 깎은 내 머리가 좀 자란 후였다. 넥타이까지 맨 정장 차림에 심지어 구두까지 반짝거리게 닦아 신었다. 날씨가 따뜻한데도 외투까지 들고 갔다. 야적장 사무실에 들려서 '스케일 맨scale man'[2]에게 "나는 조지아 대학에서 박사과정을 마친 사람인데, 당신들도 아주 잘 아는 세계에서 제일 큰 펄프와 제지 회사인 '인터내셔널 페이퍼 컴퍼니International Paper Company'를 위시한 5개의 제지회사들이 지원하는 연구프로젝트의 연구원"이라고 설명했다. 번커가 벌목 현장에 갈 때 위험하니 쓰라고 준 제지회사 이름이 새겨진 안전모hard hat를 명함인 양 들어 보이면서 스케일 맨이 신뢰할 수 있도록 자신만만하게 행동을 했다. 전에 앳킨스빌에서 만난 스케일 맨과는 180도 다른 대접이었다. 그는 내 소개를 듣고 "아 네, 그러십니까(Yes, Sir)"라는 존칭을 썼다. 스케일 맨은 내가 세계에서 제일 큰 펄프와 제지회사가 지원하는 연구계획의 연구원이라는 점에 크게 놀라는 것 같았다. 그가 나를 다른 사람에게 소개할 때도 '이 양반this gentleman'이라는 존칭을 썼다.

나는 새미Sammy라고 불리는 흑인 트럭기사를 소개받았다. 그러나 초면에 그 트럭운전사에게 '새미'라고 이름first name을 부르는 것이 예의가 아닌 듯해서, 그의 성을 물었다. "내 성은 힐Hill이지만, 대부분의 사람들은 내 성을 모르기 때문에 새미라고 부르라"고 했다. 아직도 미국 문화에 서툰 나는 친한 사이에만 이름을 부르는 것이라고 알고 있었다. 그러나 백인들은 자기 밑에서 일하는 흑인들을 부를 때는 이름을 불렀고, 흑인들이 백인들을 부를 때는 그들의 성을 부르고 앞에는 미스터Mr.라는 존칭어도 붙였다. 그때가 1970년으로 민권법

---

2 '스케일 맨scale man'이란 야적장이나 제재소 등에서 트럭에 싣고 온 나무의 무게를 측정하는 사람인데, 목재가 대량으로 생산되는 지역이나 큰 제재소 등에서는 여직원이 이런 측정을 담당하기도 한다. 그러나 여직원이 이런 일을 담당하더라도 관행적으로 써 왔던 '스케일 맨'이라는 호칭으로 부르며 '스케일 우먼woman'이나 '스케일 퍼슨person'이라고 부르지는 않았다. 그때만 해도 '퍼슨person'이나 '미즈Ms' 같은 호칭도 없을 때였다.

이 통과된 지 6년밖에 지나지 않았고, 사람들은 아직도 '흑인Black'이라는 용어를 쓰지 않고 '니그로Nigro'라고 부를 때이다. 심지어 1972년에 쓴 내 박사학위 논문에도 흑인을 '니그로'라고 썼다. 지금 대부분의 흑인들은 '아프리칸 아메리칸African American'이라고 부르고 쓴다.[3] 실로 흑인들의 지위가 향상된 것은 내가 미국 유학을 간 이후이다. 조지아대학교가 흑인을 처음 받아들인 것이 1961년이며, 에모리대학교 학부에서 흑인 학생의 등록을 처음 받은 것은 1963년이니 내가 유학을 가기 불과 2년 전이었다.

새미는 "같이 가겠으면 나를 따라오라"는 말을 몸짓으로 표현했다. 펄프의 원료인 원목을 싣고 가는 트럭을 뒤쫓아 가본 사람이 아니고는 그 트럭들이 얼마나 속도를 내는지 짐작을 하기 어려울 것이다. 아무리 열심히 따라가도 내 중고차로는 새미를 따라가기 힘들었고, 설상가상으로 차가 진흙탕에 빠졌다. 진흙탕에 빠진 차 바퀴가 겉도는 바람에 내 옷과 구두는 진흙투성이가 됐다. 내가 보이지 않자 되돌아온 새미는 진흙에 빠진 내 꼴이 한심한 모양이었는지 못마땅한 표정을 감추지 않았다. 꼴불견인 내 차림을 보고 냉소를 금치 못하는 것 같았다. 인류학자들의 현지조사에서 적절한 옷차림에 대해서 조언을 한다는 것 자체가 어려운 문제라는 것을 실감했다.

우여곡절 끝에 현장에 도착한 새미는 고갯짓으로 '프로듀서producer'인 프리만Freeman 쪽을 가리키고는 더 이상 한마디도 덧붙이지 않았다. 나는 프리만이 새미네 크루crew의 프로듀서일 것으로 짐작했다. 벌목업계에서 프로듀서는 벌채용 장비를 소유한 사람으로 펄프용 목재를 벌채하는 노동자들을 고용하고, 벌

3 흑인을 부르는 명칭은 내가 미국에서 36년간을 사는 동안에도 여러 번 바뀌었다. 내가 대학원 학생일 때만 해도 '니그로Nigro'라고 부르다가 1974년에 가서야 '블랙Black'이라고 부르기 시작했고, 1980년대 미국의 대법원이 니그로라는 말의 사용을 금지했으며, 1988년에 민권운동가인 제시 잭슨Jesse Jackson의 주장으로 아시아 출신의 미국인을 Asian American이라고 부르는 것과 같이, 블랙도 African American이라고 쓰자고 주장해서 지금은 널리 사용되고 있다. '니거Niger'라는 말의 어원은 원래는 검은 색을 표시하는 라틴어에서 나왔으며 흑인을 비하하는 뜻은 전혀 없었다. 그러나 현대 영어에서는 니거라는 말은 흑인을 경멸하는 용어로 해석되며 인종차별적인 욕설로 인식되고 있다.

채된 목재를 직접 펄프 생산공장에 팔거나 중간 거래상인 '딜러dealer'에게 파는 사람을 말한다. 항공사의 승무원을 나타내는 말로 많이 쓰이는 크루crew는 펄프 벌채업계에서는 '같은 팀을 이뤄 벌채를 하는 대원隊員들'이라는 번역이 가장 적절할 것 같다. 어떤 프로듀서는 단 한 명의 크루만 데리고 있고, 어떤 프로듀서는 여러 크루를 관리하기도 한다. 여자 프로듀서는 만나지 못했다. 또 이 업계에서 가장 많이 쓰는 용어로는 '코드cord'라는 용어이다. 코드는 쌓아놓은 나무를 측정하는 단위로 128평방피트이다. 가장 많이 쓰는 기계로는 벌목용 동력사슬 톱인 '체인 쏘chain saw', 큰 나무들을 땅에 닿을 정도의 높이로 자르는 커다란 가위 모양의 '쉬어shear', 자른 나무들을 트럭에 싣기 위해서 끌고 가는 '스키더skidder'가 있었다.

새미를 따라가서 만난 프리만은 백인 프로듀서인데, 제2차 세계대전 참전용사였다. 그는 전후 일본에 주둔한 경험이 있었기 때문에 아시아, 특히 일본에 대해서 상당한 지식이 있었다. 그는 그때까지도 일본어 단어 몇 개는 기억하고 있었다. 그는 내가 자기의 크루를 연구한다면 적극적인 협조를 하겠지만, 그의 벌채 현장은 저지대이기 때문에 그날 내가 경험했듯이 내 차로는 현장을 드나들기 어려울 것이라고 했다. 우기에는 작업을 중단하는 날이 많다고 덧붙였다. 결국 그의 작업장에 접근하려면 사륜구동 차가 필요했다. 우리 연구비로 학과의 모든 낡은 '캐비닛cabinet'을 다 철제로 바꾸는 등 베일리 교수와 내가 수령한 연구비가 우리 학과에 적지 않은 기여를 했지만, 연구비를 신청할 때 사륜구동 차의 필요성을 인식하지 못해서 포함시키지 못한 것이 후회스러웠다. 한국이라면 으레 나무는 높은 산에 있는데 무슨 저지대 타령이냐고 할지 모르지만, 내가 연구한 벌목꾼들의 일터는 대개가 저지대와 평지였다. 조지아의 북쪽 끝은 애팔래치아산맥의 끝자락이라서 산세가 높지만, 그곳에는 펄프용 목재가 드물었다. 거의 모든 펄프 원료는 해안에서 150마일 이내에 있는 남부 조지아(Coastal Southern Georgia), 북부 플로리다, 앨라배마와 미시시피주에서 주로 생산했다. 해안에 가까운 조지아는 아열대성 기후에 속해서 여름의 평균 기온은 섭씨 25도 이상이고 연평균 기온도 섭씨로 12~13도 이상이다. 강우량도 많고 일조 시간도 길어서 '슬래시 서든 파인Slash Southern Pine'이 자라기에는 최적의 조건을 갖춘 곳이다.[4] 그 덕에 남부 조지아에서 펄프용 목재 생산이 가장 활발하다. 대형 제지회사들은 회사 소유의 임야에서 벌채를 하고 다시 묘목을 심으면 10년 후에는 다시 펄프용 목재를 얻을 수 있다.

몇 시간 동안 벌채 광경을 본 결과, 벌목꾼들의 현지조사에는 일반적인 다른 현지조사에 필수 도구인 카메라 휴대용 녹음기와 테이프 등은 필요 없었다. 벌채 현장의 전기톱 소리와 벌채용 기계음이 너무나 요란해서 일반적인 대화를 녹음한다는 것은 거의 불가능했다. 녹음기가 발명되기 전에 초기 인류학자들이 했듯이 현장에서 나누었던 대화나 관찰한 사람들에 대해서 우선 요점만 짧게 적어두고, 후에 자세하게 다시 풀어 써서 정리하는 수밖에 없을 것 같았다. 그러나 프리만의 크루를 잠시나마 참여관찰하면서 앞으로 본 조사에서 갖추어야 할 장비가 어떤 것인지를 알게 되었다. 응급치료나 구급약 뿐만 아니라, 진흙바닥에도 견딜 수 있고 여름철이면 독이 있는 뱀에 물리지 않도록 막아 줄 장화도 있어야 했다. 자라는 묘목 밑에도, 또 다 자란 나무 밑에도 뱀이 많았다. 카메라를 차 트렁크에 비치해 두었다가 필요할 때 찍을 수 있게 준비하는 것도 중요했다. 상의와 넥타이를 차 안에 둬서 사무실과 현장을 왕래할 때 옷차림을 쉽게 바꿀 수 있게 대비해야만 했다. 요즈음은 병에 든 생수를 쉽게 구할 수 있지만, 그 당시에는 그런 것이 없어서 작업자들은 큰 물통을 준비하고 다녔다. 현지조사를 하는 내가 감히 그들의 귀한 물을 축낼 수는 없었다.

이런 복장과 준비물은 내가 느끼기에 필요한 것들이었지만 작업현장의 모

4 '슬래시 서든 파인Slash Southern Pine'은 미국 동남부의 침엽수인 소나무의 일종인데, 서식지를 구성하는 '슬래시(나무와 관목으로 자란 늪지대)'라는 이름을 따서 붙인 것이다. 미국 동남부에서 자라는 이 소나무는 성장속도가 빠르고, 목질은 손톱으로 눌러도 자욱이 날 정도로 연해서 목재로 쓰이기보다는 펄프용으로 최적의 나무이다. 이 나무 밑에 산성에서도 잘 자라는 진달래가 어우러져 피면 그 경관은 장관이다.

든 안전을 책임져야 하는 프로듀서는 나의 위치를 쉽게 식별할 수 있게 붉은 색이나 노랑색, 아니면 오렌지색 등의 상의를 입으라고 권했다. 전기톱으로 나무를 잘라 넘어뜨릴 때 나무가 어느 방향으로 넘어질지를 가늠하기가 어려워 위험하기 때문에, 작업자들이 내가 있는 위치를 쉽게 알 수 있도록 눈에 띄는 색깔의 옷을 입고 또 나무가 넘어지면서 잔가지들이 멀리까지 튀어 나가니 안전모는 필수라고 했다. 안전모는 이미 APA-HRP에서 준 것이 있어서 들고 다니긴 했으나, 프로듀서는 그걸 항시 쓰고 있으라는 것이었다.

산림 속에서 벌채를 하는 노동자들에 관한 간단한 관찰을 하고 나서, 그다음으로는 그들이 사는 '커뮤니티(마을이나 타운이나 소도시)'에서의 생활을 살펴보아야만 했다. 커뮤니티로 가는 길은 벌목장에서 일하는 일꾼들을 따라 역으로 접근하기로 했다. 우리에게 연구비를 지급한 회사 중에 한 회사가 소유한 조지아주에 있는 베이커스빌Bakersville 야적장으로 갔다. 이 야적장의 목재를 운반하는 흑인 트럭운전사인 빌Bill을 소개해 주었다. 이상하게도 지금까지 만난 거의 모든 펄프용 목재를 실어 나르는 트럭 기사는 모두가 다 흑인들이었다. 나는 맥스 존스Max Jones 크루가 벌채를 하고 있는 현장으로 가기 위해 빌을 따라갔다. 두 명의 백인과 네 명의 흑인이 한 팀이 된 크루였다. 내가 현장에 갔을 때 빌은 나를 그들에게 소개는커녕 인사도 시켜주지 않았다. 두 백인 중에 한 사람이 프로듀서이려니 생각했지만, 아무도 나에게 시선조차 주지 않았다. 휴식시간까지 기다리는 수밖에 없었다. 몇 시간을 기다렸지만 그들은 나를 의식조차 하지 않았다. 그들의 행동이 흥미롭기도 했지만, 어쩌면 내 연구에 영향을 미칠 가장 중요한 일인 것 같았다. 당시의 내 현장 일기장field-note에는 다음과 같이 적혀 있다.

그들이 벌채를 하고 있는 현장에서, 내가 나타난 것에 대해서 무관심한 것을 보고 내심 걱정되기 시작했다. 심지어 석기시대의 삶을 사는 멜라네시아 사람들인 레수Lesu 사람들도 호텐스 파우더메이커Hortense Powdermaker가 자기네 마을에 왔을 때는 호기심을 보였다고 한다. 첫 인상을 기술하면서 파우더메이커는 "마을 사람들이 둘러서서, 놀라움과 존경의 기쁨을 나타냈다"고 했다.[5] 그러나 '외로운 아시아인'인 나는 노동자들의 시선을 끌지 못했다. 숲속에 앉아 생각해 보니, 어쩌다가 귀중한 내 인생의 일부를 벌목꾼들의 삶을 이해하는 연구를 하는 데 쓰겠다고 작정을 했는지, 그리고 무슨 팔자로 나는 울창한 미국 남부의 산림 속에서 현지조사를 하겠다고 했는지 나 자신이 의아했다.[6]

점심 시간에 두 백인은 픽업트럭pickup 뒤에서 함께 식사를 했고, 흑인들은 다른 장소에서 식사를 했다. 나는 흑인과 백인들 중 어느 쪽과 먼저 접촉을 해야 할지 주저했다. 백인들과 먼저 접촉을 하면 흑인들은 자기네들에게 편견이 있다고 할 것이고, 흑인과 먼저 접촉을 한다면 백인들은 내 역할에 대해서 의심할지도 모르는 일이었다. 그러나 백인이 프로듀서일 것이 분명했으므로 나는 프로듀서인 백인과 먼저 접촉해야 할 것 같다고 생각했다. 백인들에게 가서 누가 프로듀서인지 먼저 물었다. 맥스Max가 프로듀서이고 밥Bob은 그의 동생이었다. 둘 다 퉁명스러워 보였다. 나를 소개하자 그들은 경계심을 조금 낮췄다. 그러면서 하는 말이 나 자신이 문제가 아니라, 내가 쓴 안전모에 새겨진 제지회사 표시 때문에 내가 그 회사에서 파견된 간부인 줄로 생각하고 퉁명스럽게 대했다는 것이다. 즉 특정한 회사의 이름이 선명하게 쓰여진 안전모가 불리하게 작용한 건데 아마 그들은 그 회사와 조금 불편한 관계에 있었던 모양이었다.

작업 도중에는 그들과 대화를 할 수 없다고 생각해서 질문은 다음 기회로 미루기로 했다. 사실 나는 이번에는 그들이 사는 마을에서 그들의 위치를 알아보는 것이 주목적이었기에 작업현장에서는 더 이상 그들을 괴롭히지 않기로 했다. 주말에 집으로 방문해도 되겠느냐고 물어보았으나, 그들은 '된다'나 '안 된다'에

5 Hortense Powdermaker, *Stranger and Friend: The Way of an Anthropologist* (NY: W.W. Norton, 1966), p.52.

6 Kim, *An Asian Anthropologist in the South*, p. 31.

대한 대답을 하지 않았다. 그때만 해도 내가 미국에 산지가 4~5년밖에 되지 않아서 주말에 누구를 방문한다는 것이 거의 '금기시taboo'된다는 것을 잘 몰랐다. 그 대신 그들은 자기 이웃에 사는 래리Larry라는 사람이 군인으로 한국에 주둔할 때 결혼한 한국인 부인과 같이 살고 있다고 말해 주었다. 그 부인을 만나겠다는 구실로 그들에게 동리의 약도를 그려 달라고 했다. 나는 그 한국인 부인의 남편을 통해 존스네 형제에 관해 접근해 보기로 했다.

존스 형제와 빌, 그리고 한국인 여인과 결혼해 사는 부부가 살고 있는 하몬타운Harmontown은 조지아대학교 해롤드 닉스Harold Nix 교수가 전에 지역사회 연구를 한 타운으로 조지아주에서 총기사건, 도박, 밀주 등으로 문제가 많은 우범 지역으로 알려진 곳이었다. 닉스 교수는 내가 그 타운을 방문한다는 소식을 듣고 조심해야 된다고 주의를 주었다. 그러나 시골길 찾기는 뉴욕 맨하튼에서 집 찾기보다 더 어렵다. 넓은 지역인데도 이정표가 없는 경우가 대부분이기 때문이다. 겨우 찾아서 그 타운에 들어가기 전에 래리의 집과 존스 형제의 집을 묻는다는 구실로 타운 입구에 있는 술집에 먼저 들러 보았다. 밀주가 성행하는 곳에서 왜 술을 파는 술집이 따로 있는지 모를 일이었으나, 그래도 그 술집의 분위기를 파악하고 싶었다. 술집 주인은 나에게 대단히 친절했다. 그는 갑자기 나타난 동양 사람을 래리의 한국 부인의 친척쯤으로 생각한 것 같았다. 래리의 집을 찾아가려면 맥스 존스의 집을 지나가야만 했다. 존스네 집은 흰색의 '콜로니얼 스타일'로 된 고풍스러운 전형적인 옛 남부 지주의 저택이었다. 어차피 그를 만나러 온 것이니 그 집을 지나칠 것이 아니라 직접 만나고 가는 것이 좋겠다고 생각하고 차를 그 집 건너편 길에 세운 뒤 집으로 향하려는데 갑자기 큰 개 세 마리가 나타나서 나를 향해 짖기 시작했다. 나는 집안의 누군가가 나타나서 개를 불러 줄 것으로 기대했으나 아무도 나타나지 않았다. 개들이 너무 사나워서 내가 한 발짝이라도 움직이면 당장 물어뜯을 기세였다. 돌아서서 나올 수도 없어서 그냥 서서 집안에서 누군가 나타나기만을 기다렸으나 아무도 나타나지 않았다. 개 짖는 소리가 온 동리를 떠들썩하게 만들었다.

맥스의 동생 밥이 와서 개를 다독이기까지는 그렇게 길지는 않았겠지만, 개들의 위협 속에서 누구의 도움을 기다리는 내 '마음속의 시간'은 영겁과도 같았다. 그 짧은 시간 동안 마음속으로는 "개도 인종차별을 하나?"하는 생각이 들었다. 어떻든 맥스의 동생 밥이 올 때까지는 아무도 나오지 않았고, 얼마 후에서야 이웃 사람들이 한두 명씩 나와서 내가 당하는 광경을 구경했다. 애들은 내 뒤에서 별별 소리를 다 했다. 벌채 현장에서 존스의 크루들로부터 아무런 시선을 끌지 못했던 것과는 대조적으로 별안간 나는 많은 사람들의 시선을 끄는 인류학자가 됐다. 너무 과도하게 주위 사람들의 시선을 끄는 것은 무관심보다 더 불편했다. 맥스는 이 '개 소동'이 일어났을 때 자기 집 뒤뜰에서 '픽업 트럭'을 수리하고 있었다니 그런 소동이 난 것을 알지 못할 리가 없었다. 내가 찾아온 것이 귀찮은 모양이었다. 나는 그런 상황에서는 아무런 대화도 나눌 수도 없다고 생각하고 래리의 집을 찾아가는 길이라며, 집을 좀 가르쳐 달라고 물어보면서 어색한 현장을 겨우 벗어날 수가 있었다. 동생인 밥이 래리의 집을 친절하게 가르쳐 주었다.

래리와 그의 한국인 부인은 나를 보자마자 오랫동안 만나지 못했던 친척이라도 만난 듯이 반갑게 맞이해 주었다. 나는 이 펄프 벌목꾼들의 연구를 시작하면서 연구비를 신청했을 때는 한국전쟁 때 참가했던 번커의 도움을 받았고, 이번 하몬타운에서는 한국전에 참전했던 래리의 환대를 받은 셈이었다. 래리의 한국 부인이 '고국 손님'이 왔다고 저녁상을 준비하는 동안 나는 맥스 존스네 집에서 개한테 봉변을 당한 이야기를 해 주었다. 한국 부인이 고국 동포를 위해 준비한 음식은 한국 음식 흉내를 내려고 무진장 노력한 흔적이 보였다. 그때만 해도 애틀랜타에 한인 인구가 십수 명에 불과했기 때문에 남부에서 제일 큰 도시인 애틀랜타에도 한국 식료품 가게가 없었고 그러니 한국 음식을 장만할 만한 재료를 구할 수가 없었다. 일본계의 '마토바'라는 사람이 경영하는 작은 동양풍 선물 가게에서 '기꼬만'이라는 일본 간장을 파는 것이 고작이었다. 애틀랜타에 한인 인구는 1970년대 후반에 그 수가 늘기 시작했고, 1992년 로스앤젤레스 폭동사태[7] 이후에 그곳에 거주하던 한인 교포들이 애틀랜타로 대거 이주했다.

래리의 말에 의하면, 존스 형제는 그 지역의 대지주의 손자라고 했다. 과거에는 대지주였는데, 옛 지주의 몰락과 신흥 중산층의 대두로 존스네 집은 그 지역에서 그 전에 누리던 신분을 위협받으면서 살아왔다고 한다. 고등학교를 중퇴한 두 형제는 살아오면서 쌓인 실망과 분노로 성격이 난폭해졌다는 것이다. 래리의 말에 의하면 존스네는 아직은 벌목할 나무가 무성한 다소의 임야를 소유하고 있지만, 그것도 곧 바닥이 날 것이라고 했다. 존스네 일가의 이야기를 듣고 보니 미국 남부의 지주제도의 변천과 그에 따르는 사회적인 변천사를 듣는 것 같았다. 나 자신도 농지개혁 이후 몰락한 지주의 막내아들로 서울에서 어렵게 지내던 때를 생각하니 존스 형제에게 연민의 정을 느끼게 됐다.

저녁 식사를 마친 후 래리에게 그 마을 입구에 있는 술집에 가서 간단하게 한잔하자고 했다. 저녁을 잘 얻어먹은 것에 대한 회사回謝도 하고, 그 술집에 가서 주말 저녁의 동태를 살펴볼 심산이었다. 이런저런 이야기를 하다가 래리에게 다음 날 흑인 트럭 운전사인 빌을 방문할 계획이라고 했을 때, 래리는 내 계획을 극구 만류했다. 주말에는 더욱 안 된다고 했다. 빌은 술버릇이 좋지 않고, 주말에는 더 나쁘다는 것이었다. 그 술집 주인도 나더러 래리의 말을 들으라고 권했다. 여기서 나는 술집 주인이나 술을 판매하는 사람들은 벌목꾼들의 술 소비행태와 그들의 사회적인 행동에 대해서 중요한 제보자informant가 될 수 있다는 암시를 얻었다. 현지조사에 경험이 많은 인류학자들이 지적했듯이, 현지조사에서 가장 중요한 정보제보자는 그 지역에서 특수한 위치에 있는 사람들이라는 말이

7 '로스앤젤레스Los Angeles' 폭동riots은 1992년 4월 29일부터 5월 4일까지 로스앤젤레스에서 인종차별에 격분한 흑인들에 의해 촉발된 유혈사태다. 한국계 이민자들과 흑인 사이의 갈등도 최고조에 달했고, 이 폭동으로 63명의 사망자가 발생했고, 2,383명의 부상자가 발생했다. 방화와 약탈로 인해 10억 달러에 이르는 재산상의 손해가 발생했으며, 한인 상인들의 피해 액수만 해도 3억 5천만 달러로 추산했다. 이 사태의 진상은 Nancy Abelmann and John Lie, *Blue Dreams: Korean Americans and the Los Angeles Riots* (Cambridge, MA: Harvard University Press, 1995)에 상세하게 기술되어 있다.

일리가 있었다.[8] 내가 래리와 술집 주인에게 이미 빌과 사전 약속을 했다고 했지만, 그들은 그런 약속은 무시해도 된다고 생각하는 듯 했다. 나는 래리가 자신은 인종차별을 하지 않는다는 말을 믿었고, 심지어 한국 여자와 결혼까지 한 사람이기에 그야말로 인종적인 편견에서는 자유로운 사람인줄 알았지만, '흑인' 트럭 운전사에게 갖는 그의 견해는 결국 그도 남부의 백인이고 하몬타운 문화에서 벗어나지 못하는 사람임에 틀림없었다.

주말에는 빌을 찾아가지 말라는 래리와 술집 주인의 경고를 무시하고, 나는 약속대로 빌을 찾아 하몬타운으로 다시 갔다. 존스네 집이나 래리의 집은 들르지 않았다. 빌의 집은 담배를 재배하는 농장에서 좀 떨어진 벌판 한가운데 있었다. 빌은 집에 없었고, 부인 앤Ann이 나를 맞아 주었다. 앤은 남편이 내가 올 거라면서 내가 묻는 것은 무엇이든지 대답해도 좋다고 말했다는 이야기를 했다. 빌과 앤이 거처하는 집은 단칸방이었는데, 그 단칸방이 거실, 식당, 그리고 침실 등을 겸한 집이었다. 부잣집에 가면 으레 손님은 응접실로 안내되어 그 집안을 볼 수가 없지만, 빌처럼 어렵게 사는 사람들의 집을 들어가면 그 집의 모든 것을 한 눈에 볼 수 있다. 래리와 동네 입구의 술집 주인에게 들은 바에 의하면 빌은 문맹文盲이라고 했는데, 그 집에는 야한 여자사진이 표지로 된 잡지도 몇 권 보였다. 문맹인데 잡지는 어떻게 읽는 것이며, 운전면허를 받으려면 필기시험도 쳐야 하는데 어떻게 면허증을 받았는지도 궁금했다. 차마 앤에게 빌이 어떻게 운전면허를 받았는지를 물어볼 수가 없어서 그런 문제는 후에 내가 본격적으로 현지조사를 할 때 다른 사람들에게 물어보기로 했다.

앤의 말에 따르면 앤은 빌이 하루에 몇 시간씩 일을 하는지, 또 한 달 수입이 얼마인지도 모른다고 했다. 살림은 자신이 버는 푼돈으로 꾸려간다고 했다. 앤은 옛날 대지주제도가 있었을 때 힘은 들었지만 목화를 추수하던 그때의 생활이 재미있었다고 했다. 빌의 가족은 존스네 가족과 아주 가까운 관계에 있다고

8 Pelto, *Anthropological Research*, p.21; Williams, *Field Methods in the Study of Culture*, p. 29.

했다. 말하자면 빌은 존스네 집 노예의 후손이었고 앤의 고향은 사우스캐롤라이나South Carolina였는데 맥스와 밥의 어머니가 존스네 집으로 시집올 때 같이 하몬타운으로 왔다고 했다. 후에 존스네 집에서 빌과 앤이 결혼하도록 주선해 준 것이다. 앤의 말에 따르면, 결혼 후에도 존스네 집이 줄곧 자기네들의 생활 근거지였고 빌은 존스네의 쉐어크로퍼sharecropper였다. 쉐어크로핑 제도는 미국 남부에서 성행했던 일종의 소작제이지만, 소작농은 '태넌트 파머tenant farmer'라는 말이 따로 있듯이 두 제도 사이에 차이가 있다. 자기가 경작하는 농지를 소유하고 있지 않다는 점에서는 같지만, 소작인은 사용한 농지에 대해서 세稅나 대가를 농지의 소유주에게 지불하는 형식인 반면, 쉐어크로퍼는 대개 지주가 파종할 곡물의 종자와 경작에 필요한 농기구 등을 공급해 주는 경우가 많고, 지주가 지불한 살충제 등의 비용까지 제한 뒤 수확한 나머지의 곡물을 절반씩 나누어 가진다. 이는 미국 남부에서 많이 쓰던 제도로 쉐어크로퍼의 신분은 당연히 소작인의 신분보다 열등하다.

쉐어크로핑 제도는 미국 남북전쟁(1861~1865) 중인 1863년 노예제의 폐지와 함께 사라졌지만 빌과 존스네의 관계에는 큰 변화가 없었던 것 같다. 빌과 앤은 결혼 후에도 계속해서 통나무로 된 작은 오두막집에서 살았고, 존스네 소유 토지가 줄어들 때마다 여러 번 이사를 했다고 한다. 오두막집이어서 집 전체를 쉽게 다른 곳으로 옮길 수 있었다고 한다. 앤은 자기네 집은 존스네가 소유한 땅의 경계가 되어 왔다면서 존스네 집이 망해가는 과정을 이야기할 때 슬픔에 잠긴 듯했다. 목화재배에서 펄프 목재 생산으로 지주의 생업기반이 급격히 변화함에 따라 흑인 가정의 생활도 큰 변화를 가져왔다. 농사에 의존하던 생활기반이 펄프 목재 벌채로 이행한 것이다. 존스 집안의 몰락은 흡사 농지개혁 이후 우리 집의 가세가 기우는 것을 보는 것 같았다. 우리 집에서 평생 일하던 머슴들이 할 일이 없어지자 마지막 작별인사를 하고 떠나던 장면이 떠올랐다.

앤의 진지한 태도와 과거를 회상하는 이야기를 들으면서, 빌이 난폭한 사람이라 상대하기 위험하다고 한 말을 믿을 수가 없었다. 빌과 앤은 다른 사람의 도움이 필요한 사람일지는 몰라도 다른 사람을 해칠 사람들이라고는 생각되지 않았다. 집으로 돌아오면서 내 마음이 한결 가벼웠던 이유는 내가 흑인들에게 가졌던 두려움은 백인들의 과장 때문에 생긴 기우인지도 모른다고 생각하게 되었기 때문이다. 본 조사를 위해서 이상적인 지역을 선택하는 것이 내 현지조사의 관건일 것으로 생각했다. 만약 내가 하몬타운에서 예비조사를 거치지 않고 다른 지역을 최종 연구지역으로 성급하게 결정했더라면 하몬타운에서 얻은 경험을 활용할 수 없었을 것이다.

파인타운Pinetown에서의 현지조사

예비조사를 마치고 1970년 2월부터 3개월간 나는 현지조사를 하기 위한 장소 물색에 나섰다. 주로 미국 동남부주인 노스캐롤라이나와 사우스캐롤라이나North and South Carolina, 조지아Georgia, 앨라배마Alabama, 미시시피Mississippi, 플로리다Florida, 그리고 루이지애나Louisiana 등의 해안 지역과 대서양 연안의 구릉지대를 돌아보았다. 이 지역이 펄프 원료로 적합한 소나무가 잘 자라고, 여러 제지회사들이 소유한 임야가 많아서 펄프 목재용 벌목이 활성화된 곳이기 때문이다.

이 일곱 개 주를 3개월에 걸쳐 답사하면서 알게 된 것은 벌채 규모와 활동이 그 지역의 해발 고도에 따라 차이가 난다는 점이었다. 대서양과 애팔래치아산맥 사이에 있는 '피드몬트Piedmont'[9] 지역의 펄프 벌목은 농한기에나 하는 '파트 타임' 일이었고, 인력도 계절에 따라 농사와 벌채업 사이에 유동성이 컸다. 이런

9 '피드몬트Piedmont' 지대는 미국 동부에서 남부에 걸쳐있는 구릉지역이다. 북쪽은 뉴저지New Jersey에서 남쪽은 앨라배마Alabama주에 걸쳐 있는 피드몬트 지역은 대서양 연안 평야와 폭포, 그리고 산에 의해 나뉘어 있고, 평야와 미국 동부에 이어지는 애팔래치아산맥 사이에 위치한 총 면적은 210,000km^{2}이며, 고도는 해발 50m에서 300m까지 이르는 지역 편차가 크다.

현상은 군나르 뮈르달Gunnar Myrdal이[10] 이미 1940년대에 지적했듯이, 이 지역의 벌목업은 농업에서 파생한 정도이므로 본 조사지역에서 배제하기로 했다. 그러나 해안가 평원은 벌목이 중요한 산업이고 전업노동자들로 구성되어 있었으며, 연중 쉬지 않는 생산 활동이었다. 이 지역에는 크루 수도 많았으며, 흑인이나 백인으로 구성된 크루도 있었고, 흑·백 혼성 크루도 있어서 본 조사는 해안 평원지대에서 해야 한다고 생각했다.

마침내 연구의 최종 후보지로 남부 조지아주의 제프 데이비스 카운티Jeff Davis County의 파인타운(Pinetown, 가명)을 선정했다. 제프 데이비스 카운티는 미국 남북전쟁 중에 남부 주연합체인 미국 연합Confederate State of America 출신의 유일한 대통령인 제퍼슨 데이비스Jefferson Davis(1808~1889)의 이름을 딴 것이다.[11] 조지아 159개의 카운티 중에서 1905년에 142번째로 형성되었으며, 내가 연구를 시작했던 해의 인구는 9,425명에 불과했다. 산업기반은 담배, 목화, 땅콩, 그리고 펄프용을 포함한 목재였다. 조지아주를 '3P 주'라고 하는 것은 P로 시작하는 복숭아peach, 양계poultry, 그리고 펄프pulp 생산이 유명하기 때문이라고 한다.

우리의 조사지역인 파인타운은 공식적으로는 '시city'였지만, 실제로는 조그마한 읍에 해당하는 타운이었다. 1970년의 인구는 4,065명이었다. 1969년에 10만 코드(1코드는 128평방피트) 이상의 펄프용 원목을 생산했으며, 이런 목재생산만이 아니라 기업으로서의 규모도 크고 조직도 복잡했다. 하워드 오둠Howard Odum이라는 저명한 남부 전공 사회학자가 한때 남부의 무진장한 산림자원의 매력에 대해서 말하기를 "… [미국 남부에는] 수백만 에이커에 달하는 수목, 무

10 Gunnar Myrdal, *An American Dilemma: The Negro Problem and Modern Democracy* (NY: Harper and Row, 1944), p. 1092.

11 '제퍼슨 데이비스Jefferson Davis(1808~1889)'는 미국 정치가이자 노예제도의 옹호자로 남북전쟁이 일어난 동안 패배하면서도 계속 반기를 들었던 남부 노예주들을 이끈 미국 연합국The Confederate States of America(남부연합Southern Confederacy라고도 한다) 출신의 유일한 대통령이었다. 출생지는 켄터키주 페어뷰로 알려져 있다.

4-1. 파인타운 어디에서나 볼 수 있는 펄프용 원목을 실은 트럭.

수하고 무진장한 활엽수와 침엽수… 특히 해안평야지대의 특별히 키 크고 우아하게 보이는 긴 솔잎의 소나무들"을 자랑으로 삼았다고 했다.[12] 그러나 내가 간 1970년대 초반에는 오둠이 묘사했던 것과 같은 그런 자연 상태의 원시림 숲은 이미 사라진 것 같았다. 아무리 아열대성 기후에 잘 자라는 남부 소나무라 해도 이미 도로변에서는 찾아볼 수가 없었다.

협소한 타운의 규모에 비해 숙박시설은 거창했는데, 일례로 옛날 대지주의 개인 저택을 개조한 것으로 보이는 콜로니얼 모텔Colonial Motel이 있었다. 이곳은 사무실과 식당이 있는 본채, 그리고 길 건너에 급조해서 지은 듯한 객실로 구성되어 있었다. 본 건물과 투숙객들의 객실이 있는 별채는 길 하나를 사이에 두고 있었는데 격이 달라 보였다. 모텔 사무실 앞은 큰 길의 삼거리라서 그 타운을 통하는 차들은 모두 그 앞으로 지나가야만 했다. 모텔과 멀지 않은 곳에 주로 화물을 운반하는 기차역이 있었고, 또 그곳에서 멀지 않은 곳에 펄프용 대형 목재를

12 Howard Odum, *The Way of the South* (NY: Macmillan, 1947), pp. 6-7.

손질할 설비를 갖춘 큰 제재소가 있었다. 손님을 응대하는 직원이 자리를 비워서 기다리는 동안 수십 대의 대형 트럭들이 긴 원목long wood을 싣고 지나갔다.

내가 파인타운 모텔에 투숙 수속을 하면서 접수 담당자와 한담을 나눌 때, 그 모텔의 주인인 캐시 헛슨Kathy Hudson이 대화에 끼어들었다. 처음에 캐시는 내가 그곳을 드나드는 일본계 미국인 '병아리 감별사chicken sexer'인 줄 안 것 같다. 양계장에서 한꺼번에 수십 만, 많게는 수백 만 마리의 병아리가 부화되어 나오면 즉석에서 암수를 구분하는 게 병아리 감별사의 일이다. 양계장에서는 암컷만 남기고 수놈은 모두 불태워서 재로 만들어 버린다. 수놈은 사료만 축낼 뿐 달걀을 낳지 않기 때문에 하루라도 더 키우면 손해라는 논리인데 그런 걸 보면 성차별이 가장 가혹한 것이 병아리 세계인 것 같다. 어찌됐든 병아리 감별사들의 감별력은 정확도가 98%가 넘고, 한 마리의 감별에 걸리는 시간은 10분의 1초도 걸리지 않는다고 한다. 그 당시 대부분의 감별사는 일본계 미국인이고, 간혹 한국인 감별사도 있다고 했다. 조지아주는 양계업이 중요한 업종 중의 하나이기 때문에 병아리 감별사들은 병아리 부화기에 맞춰 이 타운에서 저 타운으로 옮겨 다녀야 한다. 수입이 짭짤하기는 하지만 부화기에는 밤을 지새며 감별해야 하는 극한직업이었다. 파인타운에서는 야마모토라는 일본계 미국인이 단골 감별사였다. 모텔주인 캐시는 내가 야마모토와 같은 일본계 미국인인 줄로 알았다가, 숙박계에 쓴 내 소속이 조지아대학교고 내 집 주소가 에센스Athens, Georgia이며 펄프용 목재 벌목꾼들을 연구하러 남부 조지아 타운들을 여행 중이라는 것을 알고 난 후에 무척이나 반가워했다. '통성명'을 하고 보니 캐시는 조지아대학교 출신인데, 모텔을 갖고 있을 뿐만 아니라 그 타운의 공인회계사public accountant이고, 남편인 톰 헛슨Tom Hudson 역시 조지아대학교에서 임업학과를 마치고 돌아와서 어느 제지회사 소속 산림 담당관이었다. 두 사람은 에센스에서 4년을 살았다고 했다. 말하자면 나는 조지아대학교 선배 동문을 만난 것이었다.

파인타운이 우리 연구지역으로 정해질 경우, 내가 어떤 연구를 해야 한다는 얘기를 들은 캐시의 첫 반응은 "하느님 맙소사Good Lord!"였다. 캐시는 "어떻게 외국에서 온 학생을 펄프 목재를 벌채하는 벌목꾼들을 연구하라고 숲woods속으로 보낼 수가 있나? 이런 연구는 본국 학생들도 하기 어려울 텐데….”라고 걱정을 했다. 나는 캐시에게 만일 내가 이 타운에서 연구를 하기로 최종 결정을 하면 이곳에서 근 1년간을 살아야 한다고 했다. 일간에 내 지도교수가 와 보시고 최종 결정을 하게 될 것이라고 했다. 캐시는 무력한 외국인 학생이자 후배인 나를 도와주지 않으면 안 되겠다고 생각한 것 같았다. 그리고 기왕이면 모교의 연구팀이 파인타운에서 조사하기를 바라는 것 같기도 했다. 캐시의 말에 의하면 같은 조지아대학교 졸업생으로 밥 윌리엄스Bob Williams라는 사람이 그 지역에서 제일 큰 제재소를 경영할 뿐 아니라 가장 큰 목재 중간상인이고, 그 자신이 여러 벌목 크루들을 거느리고 있으니 연구에 큰 도움을 줄 수 있을 것이라고 했다. 내가 조지아대학의 구성원이 된 덕을 톡톡히 보는 것 같았다. 나는 차 안에 둔 조지아대학교의 'G' 자 로고가 크게 새겨진 빨간색 야구모자baseball cap를 쓰고 다니기로 했다.

나는 베일리 교수에게 파인타운이 본 조사를 하기에 적합한 곳이라는 것을 설명하기 위해 좀 더 정보를 수집했다. 내 조사에 따르면 첫째로 파인타운은 펄프용 벌채 산업이 담배농사 다음으로 중요한 산업이었으며, 카운티 전면적의 80%에 해당하는 331평방마일(1마일은 약 1.6km)이 상업용 산림지였다. 둘째로 면적에 비해 14명의 딜러, 30명의 프로듀서, 그리고 165명의 노동자 등, 상대적으로 많은 종사자가 있다. 셋째로, 지역이 크지 않아서 커뮤니티 전체에 대한 모든 정보를 수집할 수 있고 무엇보다도 연구자가 자기가 연구하려는 지역에 대해 갖는 '촉觸'이 중요한데, 이곳은 내 촉이 좋았다. 우선 캐시와 톰은 귀중한 '정보제공자informants'일 뿐만 아니라 나를 도와줄 용의가 있어 보였다. 밥 윌리엄스는 우리 연구에 실질적으로 도움을 줄 가장 중요한 인물일 것이며, 백인들이 '지배'하는 그 타운에서 내 신변을 보호해 줄 수 있는 영향력이 있는 타운 지도자로 보였다. 비록 4,065명의 인구 중에서 흑인 인구가 거의 4분의 1을 차지할 정도로 흑인 숫자가 많기는 하지만, 백인들의 협조 없이는 아무 일도 할 수 없을 것 같았다. 혹시 윌리엄스도 하몬타운의 존스네 형제 같지 않을까 싶어 나는 그와의 접촉을 미뤘는데, 파인타운이 조사지역으로 결정이 난 후 온 베일리 교수와 함께 찾아가서 인사를 하기로 했다. 인류학자가 현지조사를 할 때, 그 지역에서 존경을 받거나 영향력을 행사하는 지도자들의 협조가 현지조사의 성패를 가른다는 사실을 염두에 두어야 했다.[13]

베일리 교수가 도착하기를 기다리면서, 모텔 사무실을 지키고 있는 안노인에게 타운에 대한 정보도 들을 겸 말을 붙였다. 노인은 캐시의 친정 어머니로 소일거리 겸 바쁘지 않은 시간에 모텔 사무실을 지켜주는 것 같았다. 나는 그 부인에게 내가 누구라고 소개를 하려고 하는데, 정작 그 노인네는 "나는 당신에 관해서 다 알고 있으니 소개하지 않아도 된다"고 했다. 그 노인의 말을 듣는 순간 나는 내가 타운 사람들을 관찰하기 전에 타운 사람들이 먼저 나에 관한 관찰을 시작했다는 것을 깨달았다. 하기사 내 고향 봉화 바래미 마을에서 이런 일이 일어났다면, 온 동리 사람들이 다 나와서 '구경'하러 쫓아다녔을지도 모른다.

베일리 교수는 파인타운을 둘러본 후 조사지역으로 이상적이라고 좋아했다. 베일리 교수가 우리 호텔에 도착했을 때 벌채한 목재를 실어 나르는 트럭들이 호텔 앞을 지나다니는 것을 쉽게 볼 수 있었다. 만일 밥 윌리엄스가 우리의 연구에 적극적으로 협조하겠다는 보장만 해 준다면 파인타운은 우리 연구조사 대상지역이 되는 셈이었다. 캐시에게 밥 윌리엄스와 약속을 잡아 줄 것을 부탁했다. 약속이 되어 베일리 교수와 나는 윌리엄스 제재소에 있는 그의 사무실로 갔다. 윌리엄스의 사무실에 들어서는 순간, 그가 모교인 조지아대학에 대해서 얼마나 관심이 많은지를 알 수가 있었다. 윌리엄스의 사무실은 조지아대학교의 미식축구팀의 우승기록들을 전시하는 '명예의 전당Hall of Fame' 같았다. 그는 격식을 차리지 않는 소탈한 '노 타이no tie' 차림의 전형적인 '남부 신사Southern

13 Julia G. Crane and Michael V. Ambrosiano, *Field Projects in Anthropology* (Morristown, NJ: General Learning Press, 1974), p. 15; Powdermaker, *Stranger and Friend*, pp, 140-143; Williams, *Field Methods in the Study of Culture*, p. 14.

4-2. 밥 윌리엄스 '제재소saw mill'에서 나무 무게를 측정하는 '스케일 레이디scale lady'.

Gentleman'였다. 윌리엄스는 베일리 교수에게 우리가 그곳에서 연구를 하겠다면 자기가 가진 모든 시설에 대해 개방할 것은 물론, 다른 사람들에게도 널리 알려서 도움을 주게끔 하겠다고 했다. 그는 지금까지 이 분야의 사업을 하고 있지만, 학계나 심지어 제지협회에서도 기계나 기술분야에 관한 연구는 많아도 '인간적인 요인,' 즉 벌목업에 종사하는 벌목꾼들의 생활과 그들이 살고 있는 커뮤니티와의 관계에 관한 연구는 거의 없었다며 정말 좋은 연구라고 생각하니 적극적으로 도와주겠다고 했다. 그는 그의 회사 회계사를 불러 자기 회사가 어떻게 운영되고 있는지에 대해서 필요한 모든 정보를 제공해 주라고 했다. 그리고 자기 회사의 크루들과는 언제나 접촉해도 좋다고 했다.

베일리 교수는 윌리엄스에게 "아시아인 연구원이 이 남부의 '심장부(Deep South)'[14]에서 현지조사를 하는데 별 문제가 없겠느냐?"고 솔직한 질문을 했다.

14 'Deep South'라는 말을 직역하면 '깊숙한 남부'라는 말이 되겠지만, 원뜻은 미국 남부의 문화전통

그의 대답도 솔직했다. "그런 일이 없어서 잘 모르기는 하지만, 어려운 일이 없도록 조치를 하겠다"며 자기 비서를 부르더니, 나를 파인타운의 시민단체에 소개해 주라는 지시까지 했다.

공식적인 이야기들이 끝나자, 윌리엄스는 한국전쟁 중에 자신이 한국에서 체험했던 이야기들을 늘어놓았다. 그는 서울의 변두리인 영등포(지금이야 서울 한복판이지만)에서 군용자동차 정비소책임자로 있을 때 자기를 도와주던 '이李'라는 한국 소년을 찾을 방법이 없겠느냐고 물었다. 너무 오래전 일이고, 그 소년이 이李씨인 것만 알고 첫 이름이 내 이름처럼 길어서 기억이 안 난다는 것이었다. 도와주었으면 좋겠는데 이 일을 어쩌랴. 우리 말에 "촌사람은 '김가' 아니면 '이가'" 라는 말도 있지 않는가? 윌리엄스는 만일 자기가 그때의 이씨를 찾기만 한다면, 그리고 그가 원하기만 한다면 자기의 사업장으로 데려 와서 같이 일하고 싶다고 했다. 그는 여태까지 살면서 그 소년처럼 부지런하고, 성실하며, 정직하고 현명한 젊은이를 본 일이 없다고 했다. 나는 후에 윌리엄스를 기억하는 한국인이 있으면 연락을 해 볼 수 있도록 한국에 있는 몇몇 친구를 통해 신문기자들에게 부탁도 해 보았으나 누구도 관심을 가져주지 않아서 윌리엄스가 찾는 '서울의 이씨'를 찾아주지 못했다.

또 윌리엄스는 한국 여성의 강인함과 부지런함에 관한 이야기를 했다. 전쟁 중에 도로를 수리할 때 한국 여성들이 자갈을 담은 그릇을 머리에 이고 나르는 광경을 보고 놀랐다고 했다. 그러면서 그는 베일리 교수에게 만일 한국 사람들이 옛날에 영국 사람들처럼 미국에 이주해서 사우스캐롤라이나주를 점령했다면 일 년도 채 되지 않아서 노스캐롤라이나주 정도까지는 점령했을 것이라며, 한국 사람은 근면하고 끈기가 있는 사람들이니 조만간 잘 사는 민족이 될 것이라고 좋게 평가했다. 그때는 한국이 경제 부흥에 발동을 건 것을 미국 남부의 작은 도

을 가장 잘 보존하고 있는 보수적인 지역을 말하는 것으로 미시시피, 앨라배마, 조지아, 루이지애나, 플로리다 아칸소주 등을 포함한다.

시에서는 아직 알지 못했을 때였다.

이상한 건 내가 혼자 파인타운에 있을 때는 너도 나도 서로 다투어가면서 나를 도와주려고 했는데, 베일리 교수를 따라다닐 때는 어느 한 사람도 나를 도와주려고 하지 않았었다. 도움이 필요한 아시아인이 아니라 백인 교수의 보호하에 있는 아시아인이라는 생각에 도와줄 필요가 없다고 생각한 것 같다. 그래서 내가 터득한 생존 방식은 내가 독립적으로 행동하는 것보다는 '도움이 필요한 사람'으로 보여지는 것이었다.

파인타운에서 사는 동안 나의 가장 큰 '적賊'은 내 1966년형 중고 자동차였다. 험한 모랫길을 질주하는 펄프목재 운반트럭을 따라다니다 보니, 차 앞 바퀴의 평형front wheel alignment이 수시로 어긋났다. 거액의 연구비를 학교에 가져온 덕분에 내 월급은 일반 박사과정 대학원 조교수당과는 비교가 되지 않을 정도로 많이 인상되었고 출장비도 두둑하게 받았지만, 자동차에 들어가는 돈이 수월치 않았다. 어떤 때는 남부 조지아의 폭염과 과속에 견디지 못해서 엔진이 과열되고 에어컨도 없어서 온몸에 땀띠가 날 지경이었다. 한 번은 차가 모래에 빠져서 나갈 수가 없었다. 앞서가던 펄프 트럭의 운전사는 뒷거울back mirror로 내가 모래 더미에 빠진 것을 보았겠지만, 귀찮으니 그냥 가버렸고 나는 속절없이 다른 펄프 트럭이 지나기만을 기다리고 있었다. 대여섯 명의 건장한 흑인 청년들이 지나가다가 차가 빠진 나를 보고 몰려왔다. 그들이 힘을 합쳐 밀기만 하면 차는 쉽게 빠져나올 수 있었지만, 나는 그들의 바지 뒷주머니에 칼자루가 꽂혀 있는 것을 보고 겁이 났다. "밀어줄까"라고 물었을 때 나는 너무나 겁이 나서 괜찮다고 할 뻔했다. 그러나 어쩌랴. 거기서 도망갈 수도 없고, 빠져나갈 방법도 없었다. 그들이 밀어준 덕에 차는 무사히 나왔고, 그들이 이마에 흐르는 땀을 닦은 후 뒤 주머니에서 빼낸 것은 당시 흑인 사이에 유행하던 소위 아프로 헤어 스타일Afro-hair-style의 곱슬머리를 빗는 빗이었다. 칼자루처럼 보인 것은 사실 빗의 자루였던 것이다.

다른 인종에 대한 편견은 나만의 문제만은 아니었다. 자주 접해 본 일이 없는 흑인의 편견도 큰 차이가 없었다. 파인타운 주위, 특히 윌리엄스가 거느린 '크루'들은 대부분이 우수한 크루로 장비도 좋고 인원도 많았다. 비교를 위해서 나는 윌리엄스네가 아닌 소위 최소의 인원과 최소한의 장비로 운영되는 영세한 크루에 대한 관찰도 해야 했다. 캐시를 통해 수소문한 끝에, 예전에는 타운 외곽 우편물 집배원集配員을 하다가 지금은 목재를 구입하고 또 묘목을 심은 묘포들을 관리하고 있는 바비 로저스Bobby Rogers를 통해 영세한 벌목꾼인 에드 스미스Ed Smith라는 흑인을 소개받았다. 스미스는 사회보장제도social security에서 지급하는 보조금을 받으면서도 저녁에 은행 청소도 하고 틈틈이 펄프용 목재를 벌목해서 팔았다. 그의 작업 일정이 그때그때 달라서 만나기가 쉽지 않았다. 로저스의 도움으로 흑인 밀집 지역 근처에 있는 가게에서 겨우 그를 만났다. 그런데 로저스는 내가 제지회사나 정부에서 파견된 사람이 아니고 대학에서 왔다고 설명을 하고 심지어 내 학생증을 보여주기까지 했지만, 나를 의심했다. 알고 보니 야적장에 있는 백인 프로듀서들이 스미스를 놀린답시고 내가 사회보장제도 수령자가 부수입을 올리고 있는지를 조사하러 온 정부 파견인이라고 말했다는 것이다.

이런 식의 불신은 흑인 프로듀서와 아시아 출신 인류학자 사이에서만 있는 것이 아니었다. 흑인과 흑인 사이의 불신은 흑인과 동양인 사이의 불신보다 어쩌면 더 큰 것 같기도 했다. 흑인 프로듀서인 알 스웨인Al Swain은 아주 착실하고, 신용이 있으며, 경쟁력이 있는 프로듀서로 알려진 사람이었다. 스웨인의 크루는 어느 다른 크루보다 더 많은 임금을 지불했지만, 그래도 스웨인 밑에서 일을 하겠다는 백인 벌목꾼은 없다는 말을 들었다. 나는 이 흥미로운 크루를 관찰하는데 다른 어느 크루들보다 더 많은 시간을 보냈지만, 그의 근무 시간에는 따로 시간을 빼앗지 않고 관찰만 했다. 내가 그의 크루를 관찰하는 만큼 그도 나를 관찰했음에 틀림없을 것으로 짐작했다. 스웨인의 크루 중에도 짓궂은 사람은 뱀을 나에게 던지며 놀리기도 했지만, 나는 별로 개의치 않고 늘상 그의 벌목 현장을 찾아 다녔다. 그런 광경을 오래 관찰한 스웨인이 하루는 나에게 자기 집으로

4-3. 파인타운의 어느 영세한 펄프 목재 벌목 크루.

식사 초대를 하고 싶다고 했다. 그는 자기 집은 파인타운 외곽이라 이정표도 없어 찾기가 힘들 터이니 현장에 오면 자기가 퇴근하는 길에 자기 차를 따라오라고 했다.

나는 스웨인의 집을 내 마음대로 상상해보았다. 솔직히 1965년 추수감사절에 가 본 에모리대학 친구 오티스 터너의 집과 비슷할 것으로 상상했다. 사실 1970년 미국의 인구조사통계에 의하면 미국 남부 시골 흑인들의 평균 가족 수는 4.33명이었고, 가족수가 7명 이상인 흑인 가구도 20%나 되었다. 그래서 나는 스웨인의 집이 허술하며, 변소도 오티스네 집처럼 집 밖에 있고, 더운물도 나오지 않는 그런 집일 거라고 생각했다. 그 집으로 가는 길이 비포장도로인 것으로 미루어 보아 내 추측이 맞을 것 같았다. 그러나 내가 스웨인의 안내를 받고 그 집안으로 들어서자마자 내가 그때까지 가졌던 선입견이 옳지 않았다는 것을 깨달았다. 소나무로 패널을 한 벽에는 그림이 몇 점 걸려 있었고, 방바닥에는 깨끗한 양탄자가 깔려 있었으며, 방안의 가구들은 깨끗하게 정돈되어 있었다. 밖에서 볼 때와는 아주 다른 내부였다. 여러 식구들이 북적거리기는커녕, 이미 결혼한 외아들은 분가해서 나가고 부인과 단둘이 살고 있었다. 스웨인은 자신이 그 집을 수리한 후에 아들과 며느리 이외에는 자기 집에 들어와 본 사람이 없다고 했다. 내가 이 집을 방문한 첫 외부인이라며 스웨인 부인은 백인은 자기 집에 들어오지도 않지만, 들어온다고 하더라도 자기네들이 백인들처럼 해놓고 사는 것을 보면 별로 좋아하지 않을 것이라고 했다. 또 그는 집의 외관을 수리하지 않는 이유도 일부러 그렇게 한 것이라고 했다. 나는 그들에게 내가 만일 흑인이나 백인 연구원이었더라도 나를 집으로 초대했겠느냐고 물었더니 부인은 대답 대신 웃기만 했지만, 스웨인은 "아마 그렇게 하지 않았을 것"이라고 했다. 스웨인은 자기 부인의 무응답에 대한 보충설명으로, 그가 나를 자기 집으로 초대한 것은 내가 외국인이기 때문에 그곳 사람들의 입에 오르내릴 이야기를 하고 다니지 않을 것이기 때문이라고 했다. 스웨인 부부는 특히 동료 흑인 프로듀서나 벌목꾼들에 대해서는 되도록 말을 아끼면서도 조심스럽게 말하기를, 만일 흑인 벌채 노동자들, 특히 자기가 고용하고 있는 벌목꾼들 중에 누구라도 자기 집을 방문하고 나면, 돈을 빌려달라고 조르는 사람이 생길 것 같아 조심한다고 했다. 그들은 우선 자신은 남에게 돈을 빌려줄 정도의 여유는 없고, 또 만일 빌려준다면 다시는 그들을 볼 수가 없을 것이라고 했다. 빌린 돈을 갚을 수 없으니 멀리하거나 자기를 떠나기 마련이라고 했다.

사실 프로듀서가 자신의 크루에게 돈을 빌려주는 것은 펄프목재 생산업에 종사하는 벌목꾼들에게는 뿌리깊은 관행이라고 들었다. 이러한 관행은 또 다른 문제의 발단이 된다고도 하는데 스웨인이 암시하듯이, 만일 프로듀서가 노동자들에게 돈을 빌려준다면 대부분의 경우에는 돌려받지 못한다고 했다. 이론적으로는 프로듀서와 노동자들의 사이는 고용주와 피고용인의 관계이지만 현실적으로는 '가부장적paternalistic'이라는 것이다. 프로듀서는 노동자들과 그 가족들을 돌보아 주는 대신 노동을 그 대가로 교환하는 형식이다. 예를 들어 노동자 한 사람이 경찰에 연행되거나 법률적인 쟁송이 있을 때에는 프로듀서가 그 노동자를 위해서 보석금을 내주는 것 등이었다. 노동자가 돈이 필요할 때에는 급박한 경우가 아니더라도 프로듀서에게서 돈을 융통하려고 하는데, 그런 요구가 거절되면 거절당한 노동자는 돈을 융통해 주는 프로듀서를 찾아 간다고 한다. 이렇게 돈을 빌려주는 관행 때문에 이 업계의 이직율이 높다고 했다. 나는 스웨인에게 흑인 프로듀서인 에드 스미스에게 내가 정부에서 파견된 사람이 아니라는 사실을 좀 설명해 달라고 부탁하면서 스웨인의 집을 나섰다. 그러면서 마음속으로, 당초에 이 연구를 그들이 살고 있는 커뮤니티에 바탕을 두고 연구하기로 한 것이 정말 다행이라고 생각했다.

내가 불편한 사람들

내가 파인타운에서 안심하고 지낼 수 있을 것이라고 생각한 것은 밥 윌리엄스 같은 그 지방의 유지가 나를 보증해 준다는 이유 이외에도, 나 자신이 파인타운의 사람들에게 위협적인 존재가 아니라는 점 때문이었다. 마가렛 미드 Margaret Mead가 뉴기니New Guinea를 연구할 때도, 그곳 사람들이 미드 같은 '한 나약한 여자'가 자기네들에게 위협이 되지 않는다고 믿었기 때문에 안전하다고 생각했듯이, '왜소한 동양 사람'이 홀로 타운에 나타난 것이 위협적이라고 느낄 사람이 없을 것이라고 여겨서 나도 안전할 것으로 생각했다.[15] 다만 내가 위협적인 존재는 아니었어도 뜻밖에 많은 사람들의 '호기심'이나 '관심의 대상'이 된 것은 틀림없는 듯했다. 어느 이른 아침, 내가 원목 야적장으로 가려다 보니 모텔의 내 방문 앞에 세워 둔 내 차 앞 유리창windshield에 쪽지 하나가 붙어 있었다. 담배갑 안에 든 은박지 이면에 조잡한 글씨로 "다치지 않고 싶으면 떠나라"라고 쓴 협박장이었다. 협박장을 내 차창에 붙이려면 내가 자는 방 바로 옆까지

---

15 Margaret Mead, "Fieldwork in the Pacific Islands, 1825-1967." In *Women in the Field*, ed., Peggy Gode (Chicago: Aldine, 1970), pp. 293-331.

왔었다는 이야기였다. 내 모텔 방문이 발길로 차면 열릴 만큼 허술한 것을 생각하니 섬뜩했다. 마음만 먹는다면 나를 쉽게 해칠 수 있다는 의미였다. 이런 와중에 집사람이 내가 혼자 지내는 것이 궁금하기도 하고 어떤 곳에서 현지조사를 하고 있는지도 궁금해서 아이들을 데리고 온다고 하니 더욱 불안했다.

어느 날 모텔 식당에서 저녁을 먹고 방으로 돌아오니, 그간 내가 매일 기록했던 현지조사기록field note이 없어졌다. 그간 파인타운에서 내가 보고 느낀 것을 기록해 둔 것이었다. 필시 누군가 내 행적이 의심스러워서 소지품을 뒤지고 그 기록을 가져간 것임에 틀림없었다. 그렇지만 내가 그 노트를 분실했다고 모텔에 신고할 수도 없었다. 신고를 하게 되면 수사가 시작되고 문제는 더 복잡해지게 될 것이라서 혼자 속앓이를 했다. 만일 한글로 적어 두었더라면 그곳 사람들은 그 내용을 이해하지 못했을 터이지만, 내가 굳이 영어로 기록해 두었던 것은 모든 고유명사가 영어이고, 또 베일리 교수도 읽어볼 수 있도록 하기 위해서였다. 어떻든 내가 하는 일체의 행동이 그곳 사람들에게는 호기심의 대상이 되는 것 같았다. 다행스러운 것은 그때까지 내가 기록해 둔 것들을 생각해 보니 그 타운의 누구에게도 수치심이나 적개심을 일으킬 만한 기록은 없었다. 그러나 자구책을 마련해야 했다.

얼마 후 집사람이 세 살짜리 종윤이와 생후 4개월밖에 되지 않은 호윤이를 데리고 왔다. 집사람은 미국에 온 지 4년이나 되었지만, 1967년에 미국 원주민 체로키 인디언Cherokee Indians들이 살고 있는 국립공원인 그레이트스모키산The Great Smoky Mountains을 관광차 잠시 방문한 것을 제외하고는 주로 애틀랜타, 그리고 캠퍼스 타운인 에센스와 스와니밖에 가 보지를 않아서 정말 전형적인 남부의 시골 타운인 파인타운 같은 곳은 본 일이 없었다. 그 사람에게 파인타운은 정말로 생소했기에 '문화충격'이 컸을 것이다. 세 살짜리와 4개월짜리 꼬마들이 놀 공간조차 없는 시골 모텔 방에 와서 문화충격을 받았을 것이 뻔해서 그 타운에서 살림을 하자는 말은 차마 못했다.

식구들이 머무를 수 있도록 방을 얻을 생각도 해 보았으나 그러면 우선 타운

4-4. 파인타운을 방문한 집사람과 두 아들, 종윤과 호윤.

에서 일어나는 일들을 잘 모를 것 같았다. 내가 묵는 모텔과 그 레스토랑이 타운의 소식과 소문들을 듣기에는 제격이어서 다른 보안조치를 생각해 보기로 했다. 우선 고유 명사를 제외한 모든 기록을 한글로 적고 후에 베일리 교수에게는 영어로 설명을 하기로 했다. 가장 획기적인 보안조치는 그날 일어난 일들을 적은 '필드 노트field note'를 모텔 방에 오기 전에 우체국에 가서 날마다 학교로 우송하는 것이었다. 대신 잃어버린 내 문서에 관해서는 아무에게도 이야기하지 않기로 했다. 아마 내 기록물을 가져간 사람은 내가 아무 반응을 하지 않은 것을 의아하게 생각했을지도 모른다.

어떻게든 나는 내 안전을 위해 나름대로의 대책을 세워야만 했다. 비록 밥 윌리엄스가 내 신변을 보장해 준다고 했어도 그가 나를 늘 따라다닐 수도 없고 경호원을 붙여줄 수도 없을 터이니, 우선 나는 인사도 하고 나의 존재를 알려주기도 할 겸 보안관을 찾아갔다.[16] 경찰은 언제나 제복과 제모를 쓰지만, 보안관들은 평상복 차림을 하는 이가 많아 누구에게 말을 걸어야 할지 머뭇거리고 있는데 그가 먼저 "미스터 김"이라고 부르지 않는가? 내가 타운 사람들에 대한 '참여관찰'을 하기 전에 타운 사람들이 이미 나를 대상으로 삼은 참여관찰을 끝낸 것 같다고 생각한 것이 맞았다. 밥 윌리엄스나 그의 보좌관이 보안관에게 먼저 내 얘기를 해 둔 것 같았다. 그래도 나는 정식으로 스스로 내 신분을 밝히려고 "나는 조지아대학교에서 인류학 박사과정을 공부하는 학생이자 연구원인데 파인타운의 펄프 벌목꾼들의 생활을 연구하러 왔다"고 정중하게 소개했다. 보안관은 "도대체 '인류학'이란 것이 뭐냐?"라고 빈정대는 어조로 물었다. 알고 싶어서라기보다는 반은 시비조가 섞인 어조였다. 그래서 인류학 개론을 강의할 참이었는데, 보안관 옆에 앉아 있던 변호사가 자신이 대학을 다닌 유식한 지식인이라는 것을 과시할 셈인지 "원시인primitive people을 연구하는 학문"이라고 나 대신 대답했다. 원시인을 연구하는 학문으로 이해한 보안관은 역정을 내면서 "아니, 그러면 당신은 우리 카운티 사람들을 원시인으로 생각하고 연구한답시고 왔느냐?"라고 언성을 높였다. 변호사가 인류학에 대한 정의를 잘못하는 바람에 내가 인류학을 바르게 소개할 기회를 그만 놓치고 말았다. 그 후 보안관에게 그 타운 벌목꾼들의 범죄통계에 관해 물었으나, 그는 "그들은 당신 못지않은 선량한 시민들이며, 그들은 아무런 문제도 일으키지 않는다"고 퉁명스럽게 대답했다. 결국 그들의 사건, 사고를 알기 위해서는 타운 신문을 샅샅이 뒤져야만 하게 되었다.

보통 타운에는 두 지성인 그룹이 있기 마련인데, 한 그룹은 타운 신문을 발행하는 사람들이고, 다른 한 그룹은 그 지역의 역사를 '연구'하는 지방사가史家들이다. 그 타운에서 일어난 일들을 이해하기 위해 타운 신문을 섭렵하기로 하

16 미국에서 대부분의 시市는 시 자체의 경찰이 있지만, 카운티의 경찰 행정은 보안관sheriff이 담당하며, 보안관은 그 카운티 사람들의 직접 투표로 선출한다.

고 신문사에 갔다. 작은 타운에 일어난 일들이 별로 없으니 주중에 한 번 발행하는 타운 신문은 주간신문이라도 칸을 메우기 위해 별별 일들을 다 보도하기 때문에 타운에서 일어난 일들을 이해하는 데 도움이 된다. 그러나 지금까지 타운에서 최고의 지성인을 자처하던 지방신문 기자들로서는 별안간 '동양인 박사과정 학생'이 나타난 것을 거북해했다. 파인타운 신문 발행인 겸 편집장을 처음 만난 것은 밥 윌리엄스의 주선으로 내가 시 지도자들의 점심 모임에 초대 연사로 갔을 때였다. 그는 미남형에 싹싹해 보였다. 내 연설이 끝났을 때 대부분의 출석자들은 내 연구프로젝트가 흥미가 있고, 특히 내 연구결과는 타운 행정에도 도움이 될 것이라고 진심으로 많은 관심을 나타냈다. 특히 동양인 인류학자가 옛날 서부영화에 나오는 카우보이처럼 낡아빠진 '다지' 자동차를 끌고 흡사 숲속의 악한들을 찾아 다니는 것처럼 다니는 것이 색다르고 흥미롭게 보인 모양이었다. 그러나 유독 타운 신문 발행인만은 내 일에 대해 의식적으로 관심을 보이지 않으려고 노력했다. 뉴스거리가 없으면서도 내 현지조사에 대해서는 내가 그 타운에서 연구를 끝내고 떠날 때까지 단 한 줄의 기사도 싣지 않았다. 더구나 내가 지난날 타운에서 일어났던 기사를 찾으려고 그의 신문사를 방문했을 때에도 친절한 인사는 고사하고 10여 일 전에 만난 나를 처음 보는 것처럼 대했다. 악수를 하지 않은 것은 물론이다. 내가 어떤 기사에 관해 물었을 때, 그는 자기네 신문은 연구용이 아니라고 했다. 인류학 현지조사를 다루는 모든 매뉴얼manual을 다 뒤져봐도 지방의 지성인을 어떻게 중요한 정보제공자informant로 만드느냐에 대한 해답은 없었다. 마치 영국의 언론인이자 작가인 마이클 브린Michael Breen이 "한국의 지성인들은 보통 한국인들보다 더 외국인에 대해 혐오적xenophobic이고 국수적nationalistic"이라고 했듯이, 미국 남부 시골의 지성인들이 보통 사람들보다 더 외국인에 대해 혐오와 인종차별이 심했는지도 모른다.[17]

17 Michael Breen, *The Koreans: Who They Are, What They want, Where Their Future Lies* (NY: Thomas Dune Books, 1998), p. 20.

이런 태도는 지방의 두 번째 지성인으로 자처하는 소위 지방 역사가들에게서도 나타났다. 미국의 웬만한 타운마다 그 타운 역사에 정통한 지방사가地方史家가 있기 마련이다. 파인타운의 역사가는 1905년에 기차 정거장이 생기면서 형성된 이 작은 타운의 역사를 몇십 년이나 묵은 종이 수백 장에 기록해 두었다. 얼핏 훑어보았더니, 그의 기록은 구약성서의 첫 장처럼 X라는 사람은 Y라는 사람의 아들이라는 식으로 시작했으며, 역사가 본인의 아들 중에 한 사람이 변호사가 된 성공담과, 다른 아들이 군대에서 장성이 된 이야기가 대부분이었다. 남부 사람들은 미국의 어느 지역보다도 더 애국적이며, 군인이 되는 것을 대단한 영예로 여겼고 육군사관학교인 '웨스트 포인트'에 입학하는 것을 어느 아이비리그에 합격하는 것보다 더 명예롭게 생각한다. 미국 대부분의 군인 기지가 남부에 치우쳐 있는 이유를 알 것만 같았다. 스스로의 애국심을 탓할 일은 아니지만, 말끝마다 미국지상주의, 그리고 과도한 애국심에 관한 이야기는 듣는 사람을 피로하게 만든다. 그가 조금만 겸손하고 동양 사람에게도 예의를 갖췄더라면 나는 그의 케케묵은 원고를 출판할 수 있도록 노력했을지도 모른다. 결론적으로, 나는 지방신문 발행인과 향토 역사가와 같은 지역 '지식인들'에게 환영을 받지 못했다.

'엉클 톰Uncle Tom' 행세와 처신

밥 윌리엄스의 크루를 중심으로 우리 연구에 필요한 기초적인 연구를 끝내고 조사가 막바지에 이르렀을 때이다. 이 타운에서 가장 많은 프로듀서를 거느린 데다 가장 생산적으로 크루를 운영한다는 토니 테일러Tony Taylor에게 접근해야 할 때가 왔다. 그와 그가 거느린 크루들에 대한 심층적인 이해가 없이는 내 현지조사는 '수박 겉 핥기'가 될 수도 있기 때문이었다. 나는 테일러의 관심을 이끌어 내어야만 했다. 그러기 위해 나는 미국살이 5년의 경험과 애틀랜타에서 빈곤퇴치프로그램 평가조사 때에 얻은 경험을 토대로 백인에게 '아첨'하는 '엉클

톰Uncle Tom' 행세를 하기로 했다.[18]

테일러는 나에게 친절했으며, 전형적인 '남부의 신사'였다. 그는 나의 배경과 어떻게 박사과정을 끝마칠 수 있었는지에 대해서 물었다. 나는 보안관에게 "인류학이 '원시인'을 연구하는 학문"이라는 오해를 불러일으킨 과오를 되풀이하지 않기 위해 조심했다. 그러나 그는 내 전공에 대해서는 관심이 별로 없는 것 같았다. 그다지 직설적인 표현은 하지 않았지만, 그의 마음속에는 "어떻게 후진국 출신이 이 세상에서 가장 선진국인 미국에 와서 그런 조사를 하겠다는 것이냐"라는 표정이었다. 나는 미국 남부의 시골 사람들이 동양 사람들에게 대해서 가지고 있는 '선입견'에 맞게 행동하기로 했다. 겸손하고, 예의 바르고, 그리고 감사한 태도를 보이기로 했다. 지금까지 내가 외국문화 속에서 오래도록 산 경험에 의하면 '겸손modesty'이 '자랑bragging'보다 더 강하고, 세계 어디에서나 받아들여지는 '여권passport' 이상의 가치를 가진다.

우선 나는 이 연구의 책임자는 내 지도교수이고, 나는 그의 '조교'라고 소개했다. 부연해서, 나는 이 연구를 통해 미국 문화, 특히 미국 남부 문화를 깊이 있게 배울 좋은 기회로 생각한다고 했다. 미국에 와서 공부를 하는 외국인 학생들이 많지만 보통의 경우 학교 캠퍼스에서만 주로 머물다가 가는 경우가 많은데, 나는 그런 외국 학생들과는 달리 당신이 거느린 크루들이 사용하는 초현대식 벌목기계들과 그런 첨단장비를 사용하여 효율적으로 벌목을 하는 현장을 직접 보러 왔으니 첨단장비들을 관찰할 수 있도록 배려해 주고, 현장에서 그들과 대화를 나눌 기회를 주면 감사하겠고, 내가 이 과정을 통해서 미국 사람들의 '노동 윤리work ethic'도 배울 수 있다면, 수업 중에 배우는 것보다 훨씬 더 가치가 있을 것으로 생각한다고 했다. 외국인 학생인 나를 환대해 주고 그의 크루들이 일하는 현장을 보게 해 준 데 대해 감사하는 마음을 영어로 적절히 표현하지 못

18 '엉클 톰Uncle Tom'이라는 말은 1852년에 해리엇 비처 스토Harriet Beecher Stowe(1811~1896)가 노예제도에 반대하는 소설인『톰 아저씨의 오두막*Uncle Tom's Cabin*』에서 나온 말인데, 흑인이 백인에게 아첨하고 굽실거리는 것을 나타내는 표현으로 쓰인다.

해서 죄송하다고도 했다. 그리고 나는 아직도 미국 생활을 배우고 있는 중이어서 미국 관습에 생소하니 잘못된 점이 있다면 이해해 달라고까지 했다. 그러자 테일러는 "내가 모든 것을 다 알아서 도와줄 터이니 걱정 말라"고 했다. 그 경험을 통해 나는 왜 아직도 일부 흑인들이 백인들에게 '엉클 톰' 노릇을 하는지를 알 것만 같았다.

테일러는 자기의 여러 크루 중에서 가장 실적이 좋고 작업을 효율적으로 하는 크루의 프로듀서인 지미 영Jimmy Young을 소개해 주면서, 지미한테는 내게 모든 것을 알려 주라고 신신당부했다. 지미는 그 근방의 크루 중에서 가장 실적이 우수할 뿐만 아니라 지미의 크루에 들어가기만 하면 일 년 수입이 늘 일정하게 보장이 된다고 알려져 있었다. 물론 벌목꾼들의 일당이나 주급은 다른 일반 노동자보다는 훨씬 더 높지만, 연 수입으로 치면 다른 노동자들에 비해 적다. 대부분의 야외노동자들이 거의 다 그러하듯이 날씨에 영향을 받기 때문인데, 우리 조사에서도 나타났듯이 이들의 생활을 개선하는 방법은 일당을 인상하는 것보다는 일정한 수입을 예측 가능하게 만드는 것이 더 중요했다. 그러면 지미의 비결은 무엇일까?

지미에 의하면 파인타운이 속하는 남부 조지아의 해안 지역은 아열대성 기후였다. 여름철에는 잠시 차를 세울 때도 차 유리창만큼은 언제나 닫아야 하는데, 언제 소낙비가 한줄기 올지 모르기 때문이라는 말이었다. 그러나 나도 경험했듯이 그 소낙비는 금세 그치고 언제 비가 왔는지 모를 정도였다. 지미의 말에 의하면 파인타운 인근의 벌목은 비가 지속적으로 내려서 일을 못하기보다는 별안간 내린 비로 개천이 넘치고 길이 질어져 벌목장비나 트럭이 드나들지 못해서 작업을 하지 못하는 경우가 많다는 것이다. 지미의 해결책은 늘 두 곳의 벌목할 장소를 정해 두는 것이었다. 한 곳은 약간 고지대로 비가 조금 올 때도 장비나 트럭이 드나들 수 있는 곳이고, 다른 한 곳은 약간 저지대로 비가 오지 않는 건조한 날에만 작업을 할 수 있는 곳을 마련해 둔다는 것이다. 파인타운 지역의 아열대성 기후는 '장마'라는 것이 거의 없으니 그렇게 두 작업장을 마련해 두면 다른 크루들이 날씨 관계로 작업을 하지 못할 때 자기네 크루는 작업을 지속적으로 할 수 있어서 거의 일정하게 연간수입이 보장되고 벌목꾼들이 다른 크루로 옮겨가는 일이 거의 없다고 했다. 이렇게 해서 프로듀서에게 가장 큰 문제인 '이직labor turn over'을 최소화하는 한편, 벌목꾼들은 연 수입이 일정 수준으로 보장되는 지미의 크루에 들어오고 싶어 한다고 설명해 주었다. 벌목꾼들의 생활과 그들의 지역사회와의 관계는 그 자체가 책 한 권 이상의 분량이기에 이에 대해서 자세한 관심이 있는 독자는 우리에게 연구비를 지원한 APA-PHR에 낸 우리의 보고서와 내 박사학위 논문에서 찾아볼 수 있을 것이다.[19]

병아리 감별사chicken sexer의 충고

하루는 온종일 벌목장에서 시달려서 지친 채로 모텔로 돌아왔을 때 모텔의 '접수직원receptionist'이 일본계 미국인 병아리 감별사인 야마모토(山本) 부부가 식당에서 나를 기다린다고 했다. 만나본 일도 없는 사람이지만, 미국 남부의 시골에서 또 다른 동양인을 만날 수 있다는 것이 반가워서 단숨에 달려갔다. 그 시골 타운에 별안간 동양인이 세 사람이나 모였다. 모텔 직원들은 우리가 동양말로 인사할 줄로 아는 것 같았다. 그때만 해도 대부분의 파인타운 사람들에게는 일본 사람과 한국 사람 간에 차이가 있고, 말이 서로 통하지 않는 것을 모르는 사람들이 대부분이었다.

저녁 식사를 마치고 이런저런 이야기를 하는 중에, 야마모토 부부는 나더러 "내가 아시아 억양으로 영어를 하고 아시아인처럼 겸손하게 행동해서 미국 남

19 Wilfrid C. Bailey, and Choong Soon Kim, *Community Factors in the Productivity of Pulwood Harvesting Operation* (Atlanta, GA: American Pulpwood Association Harvesting Project, 1971); Choong Soon Kim, Life Patterns of the Pulpwood Workers in a South Georgia Community, Unpublished Ph.D. dissertation, University of Georgia, 1972); Choong Soon Kim, "In the Back Woods," In *From the Outer World*, Oscar Handlin and Lilian Handlin, eds., (Cambridge, MA: Harvard University Press, 1997), pp. 347-389.

부에서 외국 손님대접을 받으면서 무사하게 지낼 수 있는 것"이라고 했다. 그가 자란 캘리포니아에는 아시아인들이 너무나 많기 때문에 손님 대접을 못 받고, 대신 경쟁의 대상이 된다고 했다. 이런 사실을 군나르 뮈르달Gunnar Myrdal은 이미 사반세기 전에 파악했다. 뮈르달에 의하면 "인종차별은 지역적 전통에 따라 다른 결과로 나타나기도 하지만, 그 지역에 어떤 특정 소수민족집단이 존재하느냐, 존재하지 않느냐에 따라, 그리고 만일 그런 소수민족이 존재한다면, 그 수가 얼마나 되느냐 하는 비율에 달렸다"고 했다.[20] 야마모토 부부는 미국 태생이라 자기네 영어가 동양 사람들의 억양accent이 없는 것이 오히려 불리하게 작용할 때가 많다는 것이다. 현지인과 꼭 같은 영어를 하기 때문에 듣는 사람들은 "영어를 참 잘하는데 어디서 영어를 그렇게 잘 배웠느냐고 한다"는 칭찬을 듣는 것이 고작이라고 했다. 그들은 나더러 "이 사람들과 경쟁할 생각을 하지 말고 미국 문화를 잘 모른다고 말하며, 외국인 행세를 하는 한 '외국에서 온 손님' 대접을 받을 수 있을 것"이라고 했다.

나는 남부에서 흑인들이 동양 사람들을 대하는 태도가 어떤지를 물어보았다. 그는 남부의 흑인들에 대해서는 잘 모르지만 "그들은 자기네 이외의 다른 소수민족에 대해서 별 관심이 없는 것같이 보인다"고 조심스럽게 말했다. 야마모토의 부인은 "대부분의 흑인들은 동양 사람들을 별로 탐탁지 않게 생각하는 것 같다"고 했다. 그리고 자기 추측으로는 "대부분의 동양 사람들이 자기네들보다 더 잘 살기 때문에 시기하는 것 같기도 하다"고 했다. 남편도 "어느 소수민족도 소수민족 중에서 맨 밑바닥에 자리매김되는 것을 싫어하기 때문에 언제나 다른 소수민족을 자기보다 밑에 두기를 원하는 모양"이라고 했다. 사실 소수민족간에 경쟁이 치열하다 보니 소수민족들 간의 편견은 주류사회층이 소수민족들에 대해서 가지는 편견보다 더 심한 경우가 허다하다. 이런 예로는 루이스 로맥스Louis Lomax가 미국 흑인들이 유태인들을 대하는 구체적인 태도를 예로 들어

20 Myrdal, *An American Dilemma*, p. 615.

서 기술했다.[21] 내가 야마모토와 이야기를 나눈 지 22년이 지나고 발생한 일이기는 하지만, 1992년 로스앤젤레스의 폭동 때 흑인들의 한인 교포들에 대한 적대관계도 같은 맥락에서 설명될 수도 있을 것이다.[22]

현지조사를 통해 얻은 교훈과 30년 후의 재방문

내가 1970년에 파인타운의 현지조사를 마치고 떠난 지 30년이 된 2000년 초여름, 헌터 웰스The Wells 부부가 제공한 교수발전기금의 도움을 받아 내가 현지조사를 했던 지역을 재방문할 기회가 생겨 파인타운을 다시 찾았다. 아직도 펄프 목재를 실은 트럭들이 간혹 지나가기는 했지만, 전처럼 빈번하지는 않았고 도로변의 서든 슬래시 파인은 거의 다 벌채가 되어서 찾아볼 수가 없었다. 새로 심은 묘목이 제 몫을 하려면 몇 년은 족히 기다려야 할 것 같았다. 연초 재배는 인기가 없어서 목화 재배로 바뀌었다. 어떤 농부는 유명한 바이댈리아Vidalia산 양파를 재배한다며 양계는 아예 사라졌다고 했다. 30년 전 생각이 나서 길가에서 복숭아를 샀지만 알고 보니 외국에서 수입한 것이었다. 조지아 경제에 중요한 몫을 한 소위 '3-P'인 펄프Pulp, 복숭아Peach, 양계Poultry는 옛날 얘기가 된 것이다. 타운의 인구도 내가 조사를 하던 1970년에는 4,065명이던 것이 내가 재방문한 2000년에는 3,787명으로 9.9%나 줄었다. 쇠퇴하는 타운이 된 것이다.

반세기 전에 내 연구의 중심 거점이었던 모텔과 식당의 주인 캐시 내외는 1988년에 사망했고, 주인은 인도인으로 바뀌었다. 우아했던 모텔 본관은 건축양식과는 어울리지 않는 값싼 멕시코 식당으로 변했다. 내가 근 일 년을 보낸 모텔 별채는 흔적도 없이 사라졌다. 내 연구의 열성적인 후원자였던 밥 윌리엄스는 1999년에 사망했다고 들었다. 내가 1년만 일찍 방문했어도 그렇게나 활달하던

---

21 Louis E. Lomax, *The Negro Revolt* (NY: Harper, 1962), pp. 179-180

22 Abelmann and Lie, *Blue Dreams*, 1995.

그를 한 번 더 볼 수 있었을 터인데 안타깝기만 했다. 스웨인에 대해서 물었으나 그를 아는 사람은 아무도 없었다. 그때 내가 그의 집을 찾아갔던 2차선의 시골 도로는 모두가 다 4차선으로 확장되어서 스웨인의 집으로 가는 길을 찾을 수도 없었다. 내가 윌리엄스의 옛 사무실에 앉아 있노라니 그렇게나 활달하던 그가 금세라도 나올 것만 같았다. 그 회사는 윌리엄스의 사위가 운영하고 있었으며, 그 규모는 국제적으로 변하여 대부분의 원목은 가구를 만드는 공장이 많은 노스 캐롤라이나로 가고, 홍콩과 다른 외국으로도 수출한다고 했다. 윌리엄스의 회사는 변화에 적응을 잘한 덕에 카운티에서 다섯 번째로 많은 인원을 고용하고 있었다. 옛날 이야기를 하는 내 모습이 그 회사의 젊은 사람들에게는 흡사 외계인처럼 보이는 모양이었다. 내가 묻는 사람마다 다 사망했다고 대답하는 그들의 표정은 오히려 "당신은 어떻게 아직까지 살아 있는가?"라고 묻고 싶은 것 같았다.

무엇보다도 파인타운은 글로벌해지는 현상이 뚜렷했다. 한국 기아자동차 딜러가 있었고, 태권도 도장에는 태극기와 성조기가 붙은 유니폼을 입은 아이들이 눈에 띄었다. 만일 내가 5년 전에만 찾아왔어도 그때 나를 도와주었던 사람들을 만날 수 있었는데 말이다. 옛사람이 그리워지는 데는 종족, 인종, 그리고 국적이 아무런 상관이 없는 것 같다. 식당에서 내가 미국식 '샐러드'를 두고 '야채밭'이 그냥 나온 것 같다며 싫어하는 걸 갖고 수근거리고, 내 식사량이 미국 사람에 비해 너무 적다고 '버드bird'라는 별명으로 놀리던 식당의 웨이트리스들도 그리워졌다. "파인타운이여 활기가 넘치는 타운으로 다시 태어나다오"라고 속으로 바라면서 그곳을 떠났다.

테네시대학교에 입도선매立稻先賣 된 이야기

벌채꾼들에 대한 연구의 자료를 토대로 박사학위 논문을 쓰는 동안 일자리를 구해야 했다. 베트남전쟁(1955~1975)이 시작된 이래 대학생은 징집 보류가 되었고, 이 때문에 징집 연기를 받으려는 젊은이들이 대학으로 몰려들면서 대학은 교수 충원이 필요했다. 그러나 공교롭게도 내가 교수 자리를 찾는 1971년부터는 대학 재학생의 징집 연기제가 폐지되어 대학마다 학생 수가 급격히 줄어들고, 그로 인해 대학들은 교수 정원을 줄이기 시작해서 신규채용은 드물었다.

교수 모집 광고를 열심히 보고 있던 참에, 앨라배마주 주도州都인 몽고메리시에 있는 지역 명문대학인 헌팅던대학Huntingdon College에서 인류학과 사회학 두 분야를 가르칠 수 있는 교수를 찾는다는 공고가 있어서 지원을 했다. 놀랍게도 곧 '인터뷰' 일정을 잡자는 통지가 왔다.[23] 나는 그때까지만 해도 앨라배마주가 어디에 있는지를 잘 몰랐지만, 스티브 포스터Stephen Collins Foster(1826~1864)가 작곡한 「오 수잔나Oh Susanna」의 노랫말에 나오는 '멀고 먼 앨라배마'는 어릴 때 동경의 대상이었다. 나는 이제 그 노랫말에 나오는 곳을 향해 밴조banjo 대신 '이력서'를 들고 찾아 가게 되었다. 노랫말에 그렇게도 멀고 멀다는 '앨라배마'는 내가 살던 곳에서는 불과 375km로, 차로 가면 3시간 반 정도밖에 걸리지 않는 거리였다. 미국의 거리 개념으로는 '멀고 먼 것이 아니고 지척'이나 다름없다. 그렇게 가까운 곳인데도 단 한 번도 가본 일이 없었다. 그때 나는 장차 한국의 현대자동차회사가 그곳에 현지법인Hyundai Motor Manufacturing Alabama, LLC or HMMA을 설립하고 3,000여 명에 가까운 현지사람들을 고용하리라고는 꿈에도 생각하지 못했다.

나는 헌팅던대학의 앨런 잭슨Allen K. Jackson 총장과 먼저 면담을 하고 학과 관계자들을 만났다. 에모리대학 출신인 총장님을 비롯하여 다른 관계자들 모

23 헌팅던대학Huntingdon College는 1854년에 감리교 계통의 대학으로 설립된 전형적인 소규모의 인문대학liberal arts college으로, 학생 수는 그때나 지금이나 1,000여명 정도를 유지하고 있다. 설립 당시에는 여자대학이었지만, 1934년에 남녀공학대학이 됐다고 한다. 그러나 지금도 여학생 비율(51%)이 남학생 비율(49%)보다 다소 높다. 앨라배마주의 주지사들의 부인 여러 명이 이 대학 출신이라고 했다.

두가 남부 특유의 '외국 손님에 대한 환대Southern Hospitality'를 해 주었다. 떠나기 전에 다시 만난 총장은 학과 사람들과 논의한 결과라고 하면서 나를 조교수로 임명하고, 9개월 연봉은 10,000달러로 정했다고 했다. 곧 계약서를 작성해서 보내 주겠다고 했다. 다른 학교에서 연락이 없는 처지라 나도 헌팅던대학으로 가는 방향으로 마음을 정했다. 집에 가서 베일리 교수에게 헌팅던대학이 제시하는 연봉이 타당한지를 알아보고 최종 결정을 해야겠다고 생각했다. 부담스럽던 면접을 끝냈고, 교수 자리를 제의 받았으며, 9월부터는 대학교수로서 월급을 받게 되었으니 그것만으로도 만족했다.

'밴조Banjo' 대신 '테네시 왈츠Tennessee Waltz'를 택하기까지

교수 자리를 제의받은 뒤 안심하고 놀고 있는 와중에, 학과에서 가깝게 지내던 미시시피 출신의 친구 닐 스미스Neal Euclid O Smith가 서부 테네시에 있는 테네시대학교 마틴Martin 캠퍼스에 인터뷰를 가는데 혼자 가기가 심심하니 놀러 가는 셈치고 같이 가지 않겠느냐고 물었다. 에센스에서 그곳까지는 540km나 되어서 차로 6~7시간은 쉬지 않고 가야 하는 거리였다. 나도 심심하던 차에 잘 되었다고 생각하고 같이 가기로 했다. 내가 서부 테네시까지 기꺼이 동행을 하기로 한 이유는 마틴 쪽으로 가면 테네시강과 애팔래치아산맥이 어우러진 차타누가Chattanooga 일대의 아름다운 산천, 그리고 마음의 고향 같은 컴벌랜드고원의 스와니를 다시 한 번 더 볼 수 있기 때문이었다. 또 말로만 듣던 음악의 도시이자 미국 남부의 민요격인 '컨트리 뮤직country music'의 명예 전당인 '컨트리 뮤직 홀 오브 패임The Country Music Hall of Fame'이 있는 내슈빌Nashville도 가보고 싶었다.

테네시대학교 마틴 캠퍼스가 있는 마틴City of Martin은 테네시주의 최서북단에 위치하고 있다 보니 북으로는 켄터키Kentucky주와 맞닿아 있고, 일리노이Illinois주와도 가까운 거리이며, 옆으로는 미주리Missouri주, 그리고 아칸소

Arkansas주와도 지척인 곳이다. 마틴시에 가까워지자 도로변의 선전판에 『에스콰이어 잡지*Esquire Magazine*』가 1970년에 "마틴을 미국에서 가장 행복한 타운 중의 하나"로 선정했다는 선전 문구가 곳곳에 붙어있었다. 미국에서 가장 행복한 타운 중에 하나인 곳에서 단잠을 잔 우리는 '시골식 아침Country Style Breakfast'으로 포식하고, 닐이 인터뷰를 하는 동안 나는 되도록이면 그와 가까운 곳에서 기다리기로 했다. 그런데 아직 점심시간도 되지 않았는데, 그가 헐레벌떡 내가 기다리고 있는 학생회관으로 왔다. 나는 가슴이 철렁했다. 속으로 "이 과격한 친구가 인터뷰 도중 또 무슨 '사고'를 친 것 아닌가?"하고 걱정스러웠다. 그러나 그는 학교 인터뷰 팀이 나를 만나자고 한다며, 인터뷰를 하는 중에 친구와 같이 왔는데, 그 친구는 이미 앨라배마에 있는 헌팅던대학에서 교수 자리를 제안을 받았고, 심심해서 같이 왔다고 했더니 학과의 사람들이 나를 좀 만나 봤으면 한다고 가보자는 것이었다. 나는 잃을 것이 없으니 그러자고 하고 그들을 만났다. 인사를 하는 정도로 생각하고 갔으니 긴장할 것도 없어서 대화도 자연스러웠다. 그들은 쭈뼛쭈뼛하고 부끄러움 타는 동양 사람일 것이라고 생각했었는데, 자연스러운 나의 태도가 마음에 든 모양이었다. 학과장에게 '아첨'을 떠는 한 교수는 "헌팅던대학이 교수 자리를 주는 이유를 알 것 같다"고 나를 추켜세웠다. 학과장은 "그러면 우리가 좀 더 좋은 조건을 제시하면 우리 학교로 올 수 있겠느냐?"고 물었다. 그들은 그 자리에서 헌팅던대학교가 제시한 것보다 9개월 연봉에 천 불을 더 주겠다고 했다. 그리고 되도록이면 여름 계절학기를 가르치도록 주선을 하겠다고 했다. 두 '텀term'으로 나누어진 여름 계절학기를 모두 가르치면 연봉의 25%를 더 받을 수 있다고 했다. 월급 문제를 의논해 보는 것도 두 번째라 이력이 생겨서 "잘 알겠다. 집에 가서 집사람과 상의해 보고, 지도교수에게 다시 내 몸값을 물어본 후에 연락을 하겠다"고 말했다.

닐 스미스의 면접에 갔다가 나까지 교수 자리를 제의 받고 에센스로 돌아올 때까지 나는 마음속으로 테네시대학교를 택할 것인가, 아니면 헌팅던대학을 택할 것인가를 두고 고민했다. 우선 내 머리를 스쳐 지나간 건 1966년 집사람이 미국에 처음 왔을 때, 랑케스터 부총장 댁에 인사를 갔다오면서 "나중에 공부가 끝난 후에 테네시주 어딘가에서 교수생활을 할 수만 있다면 얼마나 좋을까?" 하고 말했던 기억이었다. 테네시주에 살고 싶다는 희망 사항이 4년 만에 현실이 될 줄이야! 어떻든 행복한 고민이었다.

돌아와서 집사람에게 테네시대학교의 마틴 캠퍼스에서 교수 자리를 제안받은 것과, 월급을 앨라배마에 있는 대학보다 좀 더 준다는 얘기를 했다. 집사람은 면접 가는 친구를 따라 놀러 갔다가 교수 자리를 제의받고 온 것이 믿기지 않는 모양이었다. 집사람은 돈보다는 미국에 처음 와서 스와니를 방문했을 때 테네시의 산천이 한국과도 유사하고, 사람들도 순박한 것에 대한 인상이 깊어 그곳에 살고 싶다고 하던 차에 잘 되었다고 테네시로 가자고 했다. 학교에서도 소문이 나서 모두 놀라는 모습이었다. 베일리 교수의 의견만 타진하면 최종결정을 할 수가 있었다. 선택의 여지가 없던 것보다는 생긴 것이 다행이었다.

카드웰 교수는 닐 스미스에게서 내가 교수 자리를 제의받았다는 이야기를 듣고 "'김'이 테네시 촌사람들을 속였다(Kim fooled the Tennessee hicks)"고 농담을 했다고 들었다. 베일리 교수의 의견을 물었을 때, 그는 "넌 이미 '답'을 알고 있지 않느냐"고 했다. 이 선택에는 고민할 여지가 없다는 것이다. 그는 작은 인문사립대학이 가진 장점도 있지만, 앨라배마의 소규모의 사립대학보다는 테네시대학과 같은 큰 시스템으로 가야 발전할 기회가 있을 것이라고 했다. 특히 녹스빌에 있는 대학본부와 오크리지 국립연구소의 긴밀한 협력관계는 테네시대학 시스템 전체에 큰 힘이 될 것이라고 했다.[24] 베일리 교수는 내가 헌팅던대학의

24 테네시대학 본부에서 오크리지Oak Ridge는 불과 40km에 불과해서 같은 시나 다름이 없다. 오크리지는 타운 자체가 오크리지 국립연구소Oak Ridge National Laboratory라고 해도 될 정도로 실제 연구실만 18㎢나 된다. 테네시대학교와 국립연구소 간에는 밀접한 협력관계를 유지하고 있으며, 공동연구도 진행하고 있다. 오크리지가 유명한 이유는 이 연구소에서 제2차 세계대전 중에 핵폭탄을 개발하는 '맨해튼 프로젝트Manhattan Project'가 진행되어서이다. 이 연구소는 Ph.D.를 소지한 연구인력이 세계에서 단위면적당 가장 높은 곳이라는 별명을 가진 곳이다. 1978년 내가 미국 원주민 인디언들의 성인교육 연구프로젝트를 수행하는 중 애틀랜타공항에서 메인Maine주의 뱅고어Bangor공항으로 비행하는 도중에 오크리지 상공에 이르렀을 때 조종사

계약서에 서명을 하지 않고 온 것이 다행이라고 하셨다. 나는 즉시 헌팅턴대학에 못가게 되었다는 연락을 하고 테네시대학에는 가기로 결정했다고 알렸다. 내 연락을 받은 학과장은 "당신은 드디어 「테네시 왈츠Tennessee Waltz」를 택했군!"이라고 했다.[25]

는 기내 방송을 통해 "우리 비행기는 지금 단위 면적당 세계에서 Ph.D.의 인구밀도가 가장 높은 오크리지 상공을 비행 중"이라고 했다. 인구 27,000여 명의 작은 도시에서 연구소에 근무하는 인원만 4,500여 명이고, 그중 1,600여 명은 직접 연구에 참여하고 있으며, 매년 외부에서 온 3,000여 명의 객원 교수들을 수용하고 있다.

25 「테네시 왈츠Tennessee Waltz」는 1946년 리드 스튜어트Reed Stewart와 피 위 킹Pee Wee King 콤비가 만든 음악이다. 특히 패티 페이지Patti Page 버전이 1950년 12월부터 1951년 2월까지 9주간이나 빌보드 차트 No.1을 차지했으며, 1967년까지 무려 600만 장 이상이 팔렸다. 주의 주가州歌 중의 하나가 됐다.

제5장

미시시피에서 '촉토 인디언 부족Choctaw Indian Tribe'에 대한 현지조사

나는 1968년 9월 6일에 미국 인디언 부족American Indian과 처음으로 조우했다. 애틀랜타에서 살 때 친구 가족과 그레이트스모키Great Smoky Mountains 국립공원으로 여행을 갔는데, 그곳에서는 야생 곰도 볼 수 있지만, 그보다 인디언 보호구역에 가면 미국 원주민인 '인디언'들을 만날 수 있다는 말에 스모키 공원 속의 '콸라 바운드리Qualla Boundary'라는 인디언 마을에 가서 체로키 부족 인디언Cherokee Indian Tribe들을 처음 만났다. 몇 년이 지나 내가 인류학자가 된 후 1974년부터는 인디언들과 밀접한 관계를 유지하게 되었으니 어느 가수의 노래 말처럼 "1968년에 나와 인디언들과의 만남은 우연은 아니었던 것" 같다.

미국 인디언 연구의 시작

테네시 리버빌Riverville에 사는 촉토 인디언

내가 테네시대학교에 부임한 다음 해인 1972년 봄 학기였다. 내 과목을 수강하던 한 학생이 자기 집에서 멀지 않는 곳에 '촉토Choctaw Indian Tribe'라는 인디언들이 살고 있다고 알려 주었다. 이들은 원래 미시시피 중동부에 위치한 촉토 부족의 보호구역Choctaw Indian Reservation에 살았으나, 1950년대 초부터 보호구역의 경제사정이 어려워지자 서부 미시시피강The Mississippi River 둑을 따라 형성된 서부 테네시주 리버빌(Riverville, 가명)이라는 마을에서 '쉐어크로퍼sharecropper'로 살고 있다고 했다. 그곳의 촉토 인디언 수는 한때 300여 명에 가까웠으나 1967년 이후에 그 수가 급속히 감소하기 시작했는데, 일부는 미시시피 인디언 보호구역으로 돌아갔고 일부는 멤피스Memphis, 세인트 루이스St. Louis, 그리고 시카고Chicago 등지의 대도시로 이주했다고 했다. 지금까지 보호구역에서 도시로 이주한 인디언들을 다룬 인류학적인 논문과 책들은 좀 있었지만,[1] 시골로 이주한 인디언들에 대한 정보는 거의 없는 상태에서 리버빌에 사는 촉토 인디언들에 대한 연구는 그 자체로 가치가 있을 것으로 생각했다.

비록 1968년 체로키 인디언들과 잠깐 조우한 일은 있지만, 나의 미국 인디언들에 대한 지식은 거의 백지 상태였다. 낭만주의 유럽인들이 '고귀한 야만인Noble Savage'[2]이라는 말로 인디언이 문명에 부패되지 않았다고 추켜 세운 이야기와 유럽인들이 인디언들에게 저지른 짓들을 정당화시키는 '백인들의 생각대로 만들어내는 인디언상(White Man's Indian)'이 있는지도 몰랐다. 그리고 인디언들에 대한 이런 낭만적인 묘사가 그들의 정체성을 모호하게 만든다는 사실에 대해서도 아는 바가 없었다.[3] 무엇보다도 왜 그들을 '인디언'이라고 불렀는지도 몰랐

1 Jack O. Waddell and O. Michael Watson, eds., *The American Indian in Urban Society* (Boston, MA: Little, Brown and Company, 1971).

2 장 자크 루소Jean-Jacques Rousseau(1712~1778)는 스위스 제네바공화국에서 태어난 프랑스의 사회계약이론자, 직접민주주의자, 공화주의자, 계몽주의 철학자, 그리고 낭만주의자였다. 정작 루소 자신은 '고귀한 야만인'이라는 불어의 bon sauvage 라는 말을 쓴 일이 없었는데, 후에 문학의 장르로 등장했다. '고귀한 야만인'이라는 말은 1853년에 찰스 디킨스Charles Dickens에 의하여 누구나 아는 말household word이 되었다.

3 Robert F. Berkhofer, Jr., *The White Man's Indian* (NY: Vintage Books, 1979); Fergus M. Bordewich, *Killing the White Man's Indian: Reinventing Native Americans at the End of the Twentieth*

다. 하기야 한 인디언이 1646년에 메사추세츠Massachusetts의 선교사인 존 엘리엇John Elliot에게 "왜 당신네들은 우리를 '인디언'이라고 부르느냐?"고 물었다는 일화가 있다. 정작 인디언이라고 불리는 그들도 왜 자신들이 그렇게 불리는지를 몰랐으니, 이 역시 '백인들의 생각대로 만들어낸 인디언상'의 전형적인 예가 아닐까?[4]

무엇보다도 내가 서부 테네시주에 살고 있는 인디언들에 대한 현지조사를 시작할 때쯤은 무슨 이유인지 일부 과격한 인디언들, 특히 교육을 많이 받은 인디언 지식층들이 백인 '인류학자들'을 보는 시선이 곱지 않았다.[5] '수 인디안 부족Soux Indian tribe' 출신의 변호사인 바인 델로리아Vine Deloria, Jr.는 백인 출신의 인류학자를 평하길 "…군중 속에서 버뮤다 셔츠를 입고, 오스트레일리아제 털모자를 쓰고, 제2차 세계대전 때 공군조종사들이 입었던 것과 같은 재킷을 입고 있는 키 크고 말라빠진 백인 한 사람을 골라 잡아보면, … 그 사람은 틀림없이 I.Q.가 191이나 될 것이고, 말할 때는 심지어 전치사까지도 11개의 '음절syllable'로 된 단어를 구사하는 사람으로 부인을 대동했을 것이며 … 이런 자가 곧 인류학자인 것이다"라고 인류학자를 '맹비난'했다.[6] 이 점과 관련하여 인디언들이 백인이 아닌 동양 인류학자인 나를 대하는 태도는 어떨지가 궁금했다.

리버빌에 사는 촉토 인디언들에 대한 이야기를 들으면서 나는 이전의 현지조사 때에는 느껴보지 못했던 야릇한 '동정심'에 사로잡혔다. 그들의 먼 조상들은 어떻게 지구의 반대편인 시베리아Siberia에서 베링해협Bering Strait을 거쳐 이곳까지 흘러와서 살게 되었으며, 어쩌다가 밖에서 온 흑인과 백인들의 틈바구니

Century (NY: Anchor Books, 1997).

4 '인디언'이라는 이름은 인디언들이 지은 것이 아니다. 인도로 가는 새로운 항로를 찾아 나섰던 크리스토퍼 콜럼버스Christopher Columbus(1451~1506)가 1492년 10월 2일에 자기가 처음 찾은 곳이 인도의 동쪽인줄 알고 그곳의 원주민을 스페인어로 '인디오스Indios'라고 한 것이 '인디언Indian'으로 불리게 된 계기라고 한다.

5 Eileen Maynard, "The Growing Negative Image of the Anthropologists among American Indians," *Human Organization* 33(1974): 402-401.

6 Vine Deloria, Jr., *Custer Died for Your Sins: An Indian Manifesto* (NY: Macmillan, 1969), p. 84.

에서 조상 전래로 살던 온화한 기후와 비옥한 땅과 삶의 터전을 송두리째 다 빼앗기고, 마침내는 미시시피강 서쪽의 황량한 불모지로 추방당하게 됐을까?[7] 자기네들이 누대로 살아온 미국의 동남부는 모자람이 없었다. 생선이 먹고 싶으면 강가에 가서 손으로 건지면 되었고, 과실이나 열매는 나무에 올라가기만 하면 무진장이어서 모아둘 필요도 없으니 힘들게 농사를 짓기보다는 자연에 맡기다시피 하고 살았는데, 유럽에서 온 사람들은 인디언들이 자기네처럼 '집약적인 농사'를 짓지 않는다고 '게으르고 원시적'이라며 '미개인' 취급을 하지 않았던가? 1830년을 전후하여 인디언들의 대이동Indian Removal이라는 이름 아래 근 6만여 명의 인디언 부족들은 우시장으로 끌려가는 소떼처럼 그 먼 길을 맨발로 끌려갔고, 이때 추위와 허기로 죽은 사람이 8천여 명이 넘었다고 한다. 이들을 미개척지인 서부로 강제 추방한 것은 1937년 소련 정부가 연해주에 살던 우리 동포인 '고려인' 18만 여 명을 중앙아시아 지역으로 강제 이주시킬 때 1만 명 이상의 사상자가 난 것과 다름없는 처참한 역사적 비극이다. 아무리 지난 시대의 일이라고 하더라도 한 인간 집단이 다른 집단의 인간들에 대해 이런 끔찍한 일을 저지를 수가 있을까?

리버빌에서 본 촉토 인디언들의 생김새는 내가 1968년에 스모키 산중에서 만난 체로키 인디언처럼 우리 한국 사람들과 너무나 닮았기에, 그들에게 품는 내 감정이 더 유별났을지도 모른다. 생김새가 비슷하게 생겼다는 것은 많은 것을 시사한다. 우선 같은 '인종race'으로 구분할 수 있고, 말을 하지 않아도 통할 것 같은 느낌이 있다. 나는 촉토 말을 단 한마디도 못하지만 그들이 말을 하면 알아들을 것 같았고, 그들도 내가 무심결에 "이쪽으로 가시죠" 하면 그쪽으로 갔다. 정말 놀랍지 않은가? 이심전심以心傳心 이상의 무엇이 통하는 것 같았다. 이런 감정은 나만 느끼는 것이 아니고 촉토 인디언들도 비슷한 것 같았다. 지금

7 오클라호마Oklahoma가 미합중국의 46번째 주로 편입된 것은 1907년 11월 16일이니 인디언들의 강제 이주가 이루어지고 나서 77년이 지난 후이다. 그때까지 오클라호마를 위시한 그 주변의 땅들은 미국 영토가 아니고 인디언 영토Indian Territory였다.

까지는 인디언들과 비슷하게 생긴 아시아계 인류학자가 인디언을 연구하면서 겪은 경험담에 대한 학문적인 연구가 출판된 일이 없기 때문에, 그들이 아시아계 인류학자들한테 보인 반응이 너무나 궁금했다.

리버빌 촉토의 환대

학교에서 가르쳐야 하는 소임은 감당하기 어려울 정도로 과중했지만, 나는 주저없이 촉토 인디언 연구를 진행하기로 했다. 내 학생 중에 그곳 출신이 두 명이 있었다. 그곳에 촉토 인디언들이 살고 있다고 내게 처음으로 말해 준 학생은 촉토 인디언들에 대해 상당히 동정적이었지만, 그곳 지역신문의 파트타임 기자이기도 한 켄 존슨Ken Johnson(가명)이라는 학생은 인디언들을 백인들과 대등한 사람들이라고 보지 않는 전형적인 백인 우월주의자였다. 그들의 인디언에 관한 견해가 어떻든지 간에, 내가 인디언들과 접촉하기 위해서는 두 사람의 도움이 필요했다.

나는 켄 존슨의 안내로 같은 학교에서 소수계 미국인들의 민족사를 가르치는 러시아계 유대인 이민 2세인 론 새츠Ronald Satz 교수와 동행하기로 했다. 새츠는 자신의 관심사인 소수계 미국인들의 역사에 관한 조사를 하고, 나는 그들의 문화를 연구하기로 했다. 사학자들은 이런 연구를 위해서는 으레 국립기록물보관소national archive나 도서관 등을 찾아 다니기 마련인데, 새츠 교수는 내가 연구대상인 사람들이 살고 있는 삶의 현장에 가는 것이 신기하기도 하고, 그들에 대한 이해를 넓히는 좋은 기회로 생각하여 동행하기로 했다. 그가 1983년에 위스콘신주에 있는 위스콘신대학교 오클레어 캠퍼스University of Wisconsin-Eau Claire로 떠나기 전까지 우리는 아주 가까운 친구이자 학문적인 동료가 되었다.[8]

8 론 새츠Ronald N. Satz는 이때의 연구가 계기가 되어 내 책이 출판된 2년 후에 '테네시 인디언'에 관한 책을 출판했으며, 책 말미에 나에 대한 감사의 뜻도 남겼다(See Ronald N. Satz, *Tennessee's Indian People: from White Contact to Removal, 1540-1840* [Knoxville, TN: The University of

그 역시 지금은 고인이 됐다.

리버빌 인근에 살고 있는 촉토 인디언들을 살펴보기 위해 1973년 1월 20일 토요일 아침, 켄 존슨의 안내로 새츠와 나는 그곳 보안관 사무실과 지역 신문사를 방문하기로 했다. 우리가 방문했을 때 나는 그곳 백인들로부터 거의 도외시 됐다. 두 사무실에서 나는 그들과 악수할 기회조차 얻지 못했다. 그곳 학교의 교사들을 제외하고는 내가 만난 각 기관의 백인들은 새츠 교수에게는 친절했고 악수도 청하면서 대화도 나누었지만, 나는 그들에게 철저히 무시당했다. 벌목꾼을 연구할 때와 꼭 같이 이번에도 보안관에게 무시당했고, 지역신문 편집자에게는 문전박대를 당했다. 인디언이 없는 지역에 가면 인디언들은 거의 '손님' 대접을 받지만, 인디언들이 집단적으로 거주하는 지역에서는 인디언들을 차별하고 홀대한다. 그런 것처럼 리버빌 인근의 백인들은 인디언과 비슷하게 생긴 나를 촉토 인디언과 같은 대접을 하는 것 같았다.

그곳 백인들이 나를 대하는 태도를 본 새츠 교수는 오히려 나보다 더 당황했다. 그 역시 러시아에서 온 이민 2세의 유태인Jewish으로 반 유대주의anti-Semitism의 정서를 잘 알고 있었지만, 자신의 출신 배경과 종교를 말하지 않는 한 시골 백인들의 눈에는 자기네들과 같은 백인으로 보여서 동등하게 취급했다. 그의 부모는 러시아에서 이민을 왔지만, 그 자신은 시카고Chicago에서 태어나고 자라서 남부 시골 백인들이 유색인종을 차별하는 것은 듣기만 했지, 실제로 목격한 건 처음이었다고 했다. 기질이 보드랍고 얌전한 그는 나에게 남부 시골 백인들이 유색인종을 차별하는 것을 실제로 보는 것이 '두려울 지경'이라고 실토했다. 새츠 교수는 나에게 그런 차별을 어떻게 견디느냐고 물었다. 나는 그에게, 내가 학교에 가느라 서울로 올 때 기차 안에 사람이 미어지는데도 한

Tennessee Press, 1979]). 그는 1983년에 테네시대학교를 떠나 위스콘신대학 오클레어 캠퍼스에서 여러 보직을 거치다가, 1999년부터는 부총장 겸 '프로보스트provost'까지 역임했다. 그는 내가 한국으로 온 5년 후인 2006년에 혈액암으로 62세에 사망했다. 나는 또 한 명의 오랜 친구이자 학문의 동반자를 잃었다.

미군 병사가 앉은 옆의 빈자리에 앉지 않고 청량리역까지 서서 왔던 이야기를 해 주었다. 그러면서 내가 그 미군의 옆자리에 앉지 않았던 이유는 그 병사가 서양인이라고 인종차별을 해서 그랬던 것이 아니라, 그 사람 옆에 앉는 것이 불편해서 피한 것이라고 설명해 주었다. 그래서 나는 새츠 교수에게 사람들은 외국인을 다르게 대하는 것을 다 싸잡아서 '외국인 혐오증Xenophobia'이라고 하지만, 나는 그런 행동을 '외국인에 대한 불편한 느낌,' 즉 'Xeno-uneasiness'라는 신조어新造語로 구분하면 좋겠다고 말했다. 그로부터 40년이 지난 2011년 내가 영문으로 쓴 한국에 이주한 다문화가정 부인에 대한 책에서 이 신조어를 다시 소개해 보았으나, 독자들로부터는 아무런 반응을 얻지 못했다.[9] 그러나 외국인들을 대하는 것이 불편해서 피하는 행동을 싸잡아 '외국인 혐오증'으로 보는 것은 맞지 않는다고 생각한다.

지금까지 내가 현지조사를 하면서 느낀 경험으로는 시골이라도 소수민족에 대한 이해나 동정심이 가장 많은 사람들은 학교 교사들이었다. 미국에서 교사직은 여러 직업군 중 유일하게 4년제 대학을 졸업한 사람들로만 구성되어 있다. 당시만 해도 일반 대학에는 경찰행정criminal justice학과 같은 것이 드물었고, 대부분의 지방 경찰들은 대학 문전에 가본 일이 없었다. 심지어 지역에 따라 법과대학을 나오지 않고 변호사 자격도 없는 판사도 있었다. 내가 살던 마틴시의 판사도 법과대학 출신이 아니었다. 교회의 목사 또한 신학대학 근처에도 가 보지 못한 경우가 많았다. 그래서 나는 리버빌 아이들이 다니는 고등학교 선생님들에게 부탁해서 학생들의 부모를 만날 수 있는 연결고리를 찾아보기로 했다. 새츠 교수와 함께 고등학교를 찾아가서 인사를 하고, 촉토 인디언 학생 담임 선생님을 소개해 주도록 부탁했다. 상담 담당 교사가 말하길 예전에는 촉토 출신 학생들이 상당수 있었지만, 이젠 몇 명밖에 없다고 하면서 촉토 학생의 담임을 맡고

---

9 Kim, *Voices of Foreign Brides*, p. 49 (한국 번역판으로는, 김중순 저, 고려사이버대학교 봉사협력단 역, 『한국에서 다문화주의의 역사적인 뿌리와 발전』, p. 135.

있는 선생님을 소개해 주겠다고 했다.

촉토 학생들을 소개받기 전 마음이 조급해진 나는 1972년 1월 초에 식구들을 차에 태우고, 그 지역을 지나가는 관광객처럼 촉토 인디언들이 사는 마을을 둘러보았다. 인디언들이 사는 리버빌이 가까워지자 포장된 도로는 끝나고 길은 좁아졌으며, 페인트가 벗겨지고 잘 관리가 되지 않은 허름한 집들이 불규칙하게 놓여 있었다. 나는 촉토는 따로 떨어져 살 것으로 생각했으나, 의외로 그들은 흑인과 백인 사이에서 따로 경계를 두지 않고 함께 살았다. 동리 앞에는 식품가게가 하나 있었고, 주위의 집들과는 차이가 나게 산뜻한 침례 교회가 눈에 띄었다. 후에 들은 바에 의하면, 이 교회는 내가 근무하던 대학교의 학생들의 자원봉사로 세운 교회라고 들었다. 마을 안쪽으로 가면 미시시피 강물이 닿을 것 같은 저지대에 집들이 띄엄띄엄 있었다. 강이 범람하면 마을이 잠길 것만 같았다. 그 길을 따라 사방 1마일(1.6km)의 지역을 중심으로 인디언들이 살았다. 지금은 그곳에 사는 촉토 인디언들의 수가 많이 줄었지만, 그래도 그들의 생활상과 문화를 이해할 정도는 되는 것 같았고 무엇보다도 나는 그들이 미시시피주에 있는 촉토 인디안 보호구역의 인디언들과 어떤 관계를 맺고 있는지를 알아볼 수 있을 것 같았다.

그 해 2월 말경에, 나와 새츠 교수는 사전에 약속한 대로 촉토 학생들이 다니는 학교를 방문했다. 선생님은 린다Linda와 메리Mary라는 두 여학생을 뽑아놓았다. 새츠 교수와 나는 두 학생을 만났다. 린다는 그 지역에 살던 촉토 인디언들의 '추장 격'인 여인의 손녀인데, 그 할머니가 사망하고 나서 지금은 린다 아버지가 그곳의 '족장' 역을 한다고 했다. 촉토는 원래 모계사회였기 때문에 그 전통을 따라서 린다의 할머니가 서부 테네시로 이주해 온 촉토 인디언들의 추장 역할을 했지만, 지금은 남성들이 여·남 평등을 주장하여 분위기가 서서히 변해가고 있다는 것이었다. 물론 린다나 메리는 그곳에서 태어났고 흑인, 백인 학생들 속에서 자랐지만, 그래도 자기와 비슷하게 생긴 내가 서양인인 새츠 교수보다는 대하기가 편한지 린다는 주로 나와 이야기를 하려고 하고, 새츠 교수가 묻는 말에는 '예스Yes' 나 '노No' 정도로 간단하게 대답했다. 린다와 메리는 집에 가서 자기 부모들과 상의를 한 후, 가능하다면 1972년 3월 3일 오후 2시에 리버빌에 있는 식품가게 앞에서 만나기로 약속을 하고 헤어졌다. 돌아오는 길에 새츠 교수한테 나는 백인들에게는 내가 괄시를 당했으니 이번에 네가 인디언들에게 당하는 것이 당연하지 않느냐고 했고, 그러면서 '두 소수계 교수'는 함께 웃고 말았다.

약속한 날인 1972년 3월 3일 오후 2시에 리버빌 식품가게 앞에 촉토의 복장인 짙은 검붉은 상의에 검은 바지를 입은 중년의 촉토 인디언이 낡은 '픽업 트럭'을 세워 놓고 나를 기다리고 있었다. 린다의 아버지인 존 톰슨John Thompson이었다. 그는 나를 반갑게 맞이했고, 나와 동행한 새츠 교수에게는 눈길도 주지 않았다. 그러더니 존은 나더러 자기 트럭에 타고 집으로 가자는 것이었다. 내가 그의 트럭에 오르자 그는 "저 백인은 누구냐?"고 물어서 동료 교수라고 했더니, "그 사람은 차가 있으니 우리 볼 일이 끝날 때까지 기다리라고 하라"고 했다. 우리가 타고 간 차가 학교차인데 학교가 주립대학교이다 보니, 차 번호판이 주 관용차 번호판이라서 톰슨은 새츠 교수를 정부관리로 오해를 한 모양이었다. 나는 톰슨의 안내로 촉토 인디언들이 처음 테네시로 이주했을 당시에 살던 옛날 집들도 둘러보고, 마지막으로 그의 집으로 안내되었다. 어쩌다가 그의 집 뒷문으로 들어가는 바람에 그의 침실을 거쳐서 거실로 가야 했다. 간단한 가구들이 있었고, 대형 TV가 돋보였다. 그의 거실에는 톰슨네 가까운 친척들이 다 모여서 나를 기다리고 있었다. 린다의 어머니는 별로 말이 없었으나 다른 사람들은 동양 사람, 특히 한국 사람을 처음 본다고 모여들었다. 난방은 나무를 태우는 스토브(pot belly stove)였다. 젊은 데즈몬Dezmon Thompson은 형이 군인으로 한국에 주둔해 있을 때 보내온 편지와 한국에 관한 사진 몇 장도 나에게 보여 주었다. 그리고 린다의 어머니는 자기가 집에서 만드는 촉토 공예품, 특히 구슬beads을 꿰어 만든 목걸이, 팔찌 등을 보여 주었다. 린다의 어머니는 자기네들끼리는 촉토 말을 했지만, 내게 영어로 말을 걸지 않는 것으로 보아 영어

사용이 자유롭지 않은 것 같았다. 그러나 친절했고, 무엇이든지 내게 보여 주려는 노력을 아끼지 않았다.

일반적인 소개가 끝나자 인류학자로서의 역할이 바뀌어 오히려 린다네 집에 모인 모든 촉토 인디언들이 인류학자가 되고, 내가 연구대상이 되었다. 데즈몬은 자기 형 해리Harry의 말에 의하면, 한국의 농촌 사람들은 미시시피 인디언 보호구역에 사는 인디언들과 비슷한 풍습이 많다는 이야기를 들었다고 했다. 심지어 농촌의 농악대의 옷차림은 촉토 인디언들의 전통의상처럼 원색을 많이 쓰고 노래하는 모습도 비슷하다고 들었다고 했다. 생김새가 비슷하니 언어도 같은 줄 알고, 나에게 '아버지,' '어머니,' '형', '동생' 등 친족을 부르는 친족 명칭을 한국말로 해 보라고 했다. 혹 촉토 언어와 비슷한 말이 있는지를 찾아보려는 노력을 하다가 비슷한 단어가 없자, 이번에는 한국 노래를 해 보라는 것이었다. 나는 소위 '맨입'에 반주도 없이 한국의 노래를 두서너 곡 불렀다. 아리랑도 그중 하나였다. 다음에는 난감한 요구를 했다. 해리의 말에 의하면 한국 사람들도 인디언들처럼 엉덩이에 "푸른 색깔의 '몽고 반점'이 있다고 들었다"면서 나도 그 점이 있느냐고 보자는 것이었다. 아무리 그래도 내가 거기서 어떻게 바지를 내리고 엉덩이를 보인다는 말인가? 그래서 나는 어릴 때는 그런 반점이 뚜렷이 보이지만 나이가 들면 사라진다고 했더니, 자기네들도 그렇다고 했다. 간신히 바지 가랑이를 내리는 것은 모면했지만 마지못해 엉덩이 일부를 보여주었다. 이렇게 몇 시간을 보내다 보니 우리는 아주 빨리 친해졌다.

나는 그들에게 미시시피의 보호구역과의 관계를 물어보았다. 그들은 비록 멀리 떨어져 살아도 아직까지도 가까운 친척의 길흉사吉凶事에는 미시시피 보호구역까지 근 480여 km(300여 마일)의 먼 길을 다녀온다고 했다. 비록 경제적인 이유 때문에 일자리를 찾아 낯선 서부 테네시로 이주를 했지만, 자기네 마음의 고향은 미시시피 중동부라는 것이다. 이곳의 백인이나 흑인들에게 잘 받아들여지지 않아서, 이들의 커뮤니티야말로 인디안 사회도 미국의 주류사회의 일부도 아닌 소위 인류학자들이 말하는 '부분 사회이자 부분 문화part-society and partculture'인 격이었다. 흡사 일제강점기에 농토를 잃은 동포들이 살 곳을 찾아 고향을 버리고 만주 벌판과 러시아의 연해주로 이주한 것이나 다름이 없어 마음이 아팠다. 리버빌에 살고 있는 촉토 인디언을 보면 볼수록 그들과 그들의 고향인 리저베이션과의 관계를 고찰할 필요가 있었다.

친한 친구이자 촉토 부족정부의 최고기획담당관으로 추장의 두터운 신임을 받고 있던 존 피터슨John H. Peterson, Jr.(1937~1993)이 생각난다. 존은 내가 촉토 인디언 보호구역을 드나들 수 있도록 주선해 주었을 뿐만 아니라, 남부인류학회Southern Anthropological Society 때 촉토 부족정부 의회Tribal Council의 부의장인 젊은 바비 톰슨Bobby Thompson을 학회에 일부러 데리고 와서 나에게 소개시키고, 학회 기간 중 2~3일을 같이 지내게 해주었다. 존은 젊고 유능한 바비가 후에 촉토 인디언 부족정부에서 큰 역할을 할 사람이니 그를 알아둘 필요가 있고, 특히 어릴 때 서부 테네시의 리버빌에서 자라난 바비가 내 촉토 인디언 연구에 가장 좋은 정보제공자informant가 될 것이라며 자리를 마련해 준 것이다. 그 후 1973년 7월부터 나는 바비의 주선으로 여름마다 열리는 촉토 인디언 축제Choctaw Indian fair에 참여할 수 있었다.

존 피터슨은 그 후 내가 미시시피 리저베이션에 살고 있는 촉토 인력 조사Choctaw Manpower Survey에 참여할 기회를 마련하는 등, 내 촉토 연구에 큰 역할을 했다. 존과 나는 베일리 교수 밑에서 박사학위 논문지도를 받았다. 대학원에서 2년간 같이 공부를 했지만, 그는 나보다 학위를 2년 먼저 받았고, 나이도 나보다 한 살 더 많으니 나에게는 선배격이다. 또 그는 베일리 교수가 연구하던 촉토 부족연구로 박사학위를 했다. 후에 내가 촉토 인디언들의 경제사회 및 인구통계 등을 연구했을 때는 공동저자로 같이 출판하기도 했다. 존은 탁월한 지도력과 친화력을 가진 사람으로 남부인류학회 회장직을 역임했으며, 박사학위 논문을 쓰기 위해 촉토 인디언을 연구하던 중에 추장에게 발탁되어 촉토 부족정부의 최고 기획담당관 겸 추장Tribal Chief의 고문역을 맡아 왔다. 본인은 부정하지만, 내가 촉토 인디언들에 대한 인력조사연구 책임자로 일하게 된 것도 존의

5-1. 여름 축제에 연주하는 촉토 인디언 소리꾼.

5-2. 전통 의상을 입고 축제에 참여하는 촉토 인디언들.

5-3. 전통 의상을 입고 스틱 볼 놀이에 참여하는 촉토 인디언들.

적극적인 추천 덕분으로 믿고 있다. 뛰어난 인류학자로 장래가 촉망되던 그는 1990~1991년 선임 풀브라이트 학자Senior Fulbright Scholar로 아프리카의 짐바브웨Zimbabwe에 다녀온 뒤 풍토병으로 세상을 떠났다. 내가 선임 풀브라이트 학자로 연세대학교에 와 있을 때라 그의 마지막 길을 지켜보지 못한 것이 지금도 한으로 남는다.

내가 그간 테네시 리버빌에서 조사한 결과와 미시시피 리저베이션에 있는 촉토인들과의 관계를 정리하여 남부인류학회 연차학술회의에서 발표도 하고, 그에 관련된 학술 논문도 출판했다.[10] 이 논문에 대한 반응과 더불어 인디언들

10 여기서 '페전트'사회Peasant Society'를 소작농사회라고 굳이 우리말로 번역했지만, 인류학자들이 말하는 '페전트 파트-소사이어티peasant part-society'라는 것은 미시시피에 있는 인디언 보호구역과 백인들의 기반인 리플리Ripley 사이에서 일부는 보호구역의 인디언문화와 생활방식을 답습하고, 다른 한편은 리플리 지역 사람들의 문화도 차용하면서 산다는, 즉 부분적으로 양 문화와 생활방식으로 사는 '반쪽 사회, 반쪽 문화'라는 뜻이 더 강하다. 이런 맥락에서 발표한 논문이 Choong Soon Kim, "Life Patterns of the Off-Reservation Choctaws in a West Tennessee Community," at the annual meetings of Southern Anthropological Society, 1974, Blacksburg, Virginia; Choong Soon Kim, "Choctaw Indians and Their Migratory Patterns in West

이 아시아 출신의 인류학자에게는 많은 호감을 표시했다는 입소문이 나자, 촉토 인디언 부족정부도 내 연구에 관심을 갖게 되었다. 존이 나와 내가 한 일을 크게 홍보를 해 준 것 같다.

촉토 인디언 부족정부의 인력조사연구의 책임자로

나는 리버빌에 있는 촉토 인디언들을 조사하는 가운데 마음속으로는 언젠가 촉토의 본고장에서 본격적인 인류학 현지조사를 해서 촉토 인디언상을 좀 더 확실하게 그려보고 싶다는 생각이 들었다. 그러나 그 정도 규모의 현지조사를 하기 위해서는 우선 부족정부의 허가를 얻어야 하고, 어느 정도의 연구비가 확보되어야 학교에서 허락이 떨어질 것이라고 생각했다. 당시 학교에서 내 위상은 아직 '테뉴어tenure(혹은 종신직)'를 받지 못한 '파리 목숨' 같은 '조교수'에 불과했다.

촉토 부족정부 청사로부터 걸려온 한 통의 전화

나는 아직까지도 1974년 5월 첫날 촉토 부족정부에서 걸려온 한 통의 전화를 잊을 수가 없다. 지금 그 사람의 이름은 기억이 나지 않지만, 촉토 부족정부에 근무하는 어느 백인 기획관Planner이었다. 그는 촉토 부족정부가 그간 촉토 인디언들의 소위 자결 의지self-determinism를 실천하기 위해 장기경제개발계획을 추진하고 있다면서, 그 과정에서 미시시피 리저베이션을 중심으로 7개의 커뮤니티에 거주하는 촉토 인디언들에 대한 인력조사man-power survey 프로젝트를 시작하려 한다고 했다. 조사를 위한 연구기금은 미국 연방정부의 보건·교육·복

Tennessee," at the annual meetings of Southern Anthropological Society, 1975, Clear Water Beach, Florida; Choong Soon Kim, "Choctaw Indians and Their Migratory Patterns in West Tennessee," *Journal of Humanics* 3(1976): 53-60.

지부(U.S. Department of Health, Education, and Welfare 혹은 HEW, 당시의 명칭이며, 후에 교육부가 독립되었다)에서 지원한다는 말과 함께, 미시시피 촉토 인디언 리저베이션에 사는 모든 촉토 인디언들에 대한 전수 조사를 하는 프로젝트에 나를 책임자Field Director로 임명하려고 하는데 혹시 내가 그 제의에 관심이 있는지를 물었다.[11] 연구비 최종 결정일자가 지연되는 바람에 앞으로 진행해야 할 일정이 촉박하니 48시간 내에 수락여부를 알려달라는 것이었다.

이 전화를 받은 나는 반갑다기보다는 오히려 당황했다. 내가 한국 국민의 법의식조사를 할 때 충남 당진의 여관으로 함병춘 선생님이 "너 미국 유학 가게 되었으니, 내일 당장 서울로 올라오라!"는 전화를 하셨을 때와 똑같은 기분이었다. 오래 생각할 여유가 없었지만, 나는 우선 세 가지를 하기로 했다. 첫째로 베일리 선생님이 1962년에 정부의 지원으로 촉토 인디언들에 관한 비슷한 조사를 한 일이 있고, 1968년에 존 피터슨이 같은 조사를 한 일이 있으니, 우선 그 두 사람에게 전화를 해서 내가 이 일을 할 수 있는지, 그리고 하는 것이 좋을지에 관한 의견을 물어보아야 했고, 둘째로는 아시아 사람들을 대하는 그 지역 사람들의 태도가 어떨지에 대해 좀 더 자세하게 점검을 해 봐야 했다. 촉토 인디언들이 나를 대하는 태도는 이미 그들과의 접촉을 통해 알고 있었지만, 주위의 흑인과 백인들의 태도는 다른 문제였기 때문이다. 끝으로, 학교 측이 내가 이 연구에 참여하고 연구작업을 하도록 허락해 줄지를 문의해봐야 했다. 실제 조사 자체는 여름 3개월에 끝이 나지만, 그 후의 자료분석 및 보고서 작성 등에 만 1년이 소모되기 때문이었다.

우선 베일리 교수에게 전화부터 했다. 그런데 베일리 교수는 이미 이런 사실을 다 알고 있었다. 나는 존이 이야기를 한 줄로 알았으나, 촉토 부족정부의 추장이 베일리 교수에게 그간의 내 현지조사 성과 등을 먼저 물어본 모양이었다.

11 그때 수령한 연구비 지원의 공식 명칭과 번호는 OEG-0-74-1737 with the Office of Education, U.S. Department of Health, Education, and Welfare였다.

베일리 교수는 부족정부가 에모리대학교의 사회변동연구소 시절의 내 이력도 조사해 갔다고 들었다고 했다. 나는 미국 사람들이 사람을 쓸 때는 그 사람의 과거 이력을 철저히 조사한다는 사실을 알게 되었다. 존 피터슨의 반응은 아주 적극적이었다. 짐작한 대로 존이 나를 그 프로젝트의 책임자로 하는 것이 좋겠다며 추장에게 적극적으로 추천했다고 했다. 피터슨은 지금까지 백인 인류학자들이 인디언을 연구하는 과정에서 가끔 마찰이 있었으나, 내가 서부 테네시에 거주하는 촉토 인디언들과 형성한 관계를 보고 날 적임자라고 주장을 한 모양이었다. 거기다가 피터슨의 생각으로는 흑인도, 백인도 아닌 아시아 출신의 인류학자가 흑인과 백인과의 관계에서도 유리한 점이 있다고 주장했다는 얘기를 후에 들었다. 대학원에서 2년을 같이 공부한 절친한 친구 덕을 톡톡히 본 셈이다. 그리하여 한 지도교수 아래 두 제자가 촉토 인디언들과 인연을 맺게 됐다.

피터슨은 "우리가 촉토를 도와줄 방법이 있다면, 그들이 가진 인력이 어떤지를 정확하게 진단하고 판단해서 그들의 인력에 맞는 경제정책 방향을 설정할 수 있게 하는 것"이라고 했다. 그가 말하길 딴 사람들은 미국의 인구통계가 정확하고 자세한데 왜 별도의 조사가 필요하냐고 묻겠지만, 1980년 이전에 미국 연방조사통계국이 사용했던 인종별 구분은 미국 인디언들을 '비非백인'이나 '기타 종족' 등으로 포괄적으로 분류했기 때문에, 부족정부를 비롯해서 촉토를 대상으로 일하는 정부기관들도 촉토 인디언들의 인구통계에 대해서는 대충 추측하는 수밖에 없었다고 했다. 게다가 촉토 인디언들은 한 장소에 밀집해서 거주하는 것이 아니고 그들의 커뮤니티가 상당히 넓은 면적에 산재한 형태로 형성되어 있기 때문에 종래의 미국인구조사통계census로는 촉토 경제발전계획을 짜는데 큰 도움이 되지 못했다. 그래서 새로운 촉토 부족정부용 자료기반을 구축하는 큰 규모의 프로젝트를 시도하게 된 것이라는 이야기였다.

또 피터슨에 따르면, 지금 내게 조사 책임을 맡기려는 인디언들에 대한 전수 조사가 필요한 이유는 따로 있었다. 1962년 베일리 교수가 조사했을 때는 촉토 관리청(Choctaw Agency, Bureau of Indian Affairs, US Department of Interior) 주도로 인구조사를 했기 때문에 촉토 인디언들의 65% 정도를 파악하는데 그쳤고, 1968년에 자신이 관여한 조사는 조사 자체가 촉토 인디언들의 세대주나 호주를 중심으로 행해졌기 때문에 촉토 인디언 개개인들에 대한 정보가 미흡하여 지금 촉토 부족정부가 야심차게 계획하는 경제개발계획안의 기반이 되기에는 부실하다는 것이었다. 자기가 계속 촉토 부족정부의 기획관Planner으로 있으면 좋겠지만, 안식년sabbatical이 끝나서 학교로 복귀해야 하니 직접 도와주지는 못하더라도 자기의 도움이 필요하다면 언제든지 도와주겠다고 했다. 그리고 그는 개인적으로 내가 촉토 인디언들과 일하는 사이에 촉토 인디언들이 '아시아 출신의 인류학자를 어떻게 대했는지'에 대한 나의 경험은 인류학의 이론이나 방법론적으로도 큰 공헌을 하게 될 것이라고 했다. 쉽게 오지 않는 기회이니 한번 능력을 발휘해 보라고 권했다.

이제는 내가 1년간 학교를 쉬면서 이 프로젝트를 수행하는 것을 학교가 어떻게 생각하느냐는 문제가 남았다. 그런데 뜻밖에도 학교에서는 내가 연방정부의 연구비를 받게 되면 내 1년 연봉이 고스란히 남게 되고, 학교 본부로서는 우리 학과가 거액의 연방정부 연구기금을 받게 되니 자랑스럽다는 입장을 전해 왔다. 미국의 대학연구비는 연구비가 결정되면 학교 당국이 직접 계약을 체결하여 연구비는 학교가 수령하고, 학교는 내게 전과 다름없이 월급을 그대로 지급하는 것이니 나 대신 다른 교수 한 명을 더 쓸 수도 있으며, 내가 가르치는 과목을 강사로 때우면 내 월급 몫으로 온 기금은 학교의 계좌로 들어가게 되는 것이다. 조교 12명의 수당과 거기에 포함되는 기타 연구비를 합쳐 거액의 연구비를 수령하게 된 학교는 '손도 대지 않고 코 푼 격'이 되어서 아주 좋아했다. 그 대신 큰 연구비를 수령한 대가로 보통은 6년 후에 심사를 거쳐 7년째에 종신직tenure을 결정하는데 내 경우에는 3년이 지나 4년째가 되는 1975년 가을 학기부터 부교수 승진과 함께 테뉴어를 준다고 했다. 그렇게 함으로써 내가 학교를 떠나 인디언들과 일을 하는 동안 학교로부터 부당한 대우를 받지 않고 자유롭게 일할 수 있다는 확신을 준 셈이었다.

사실 나는 그때까지 테뉴어의 중요성을 인식하지 못했고, 테뉴어를 받을 때까지 그 학교에서 근무할 생각도 없었다. 그때만 해도 미국 대사로 부임하신 함병춘 선생님이 연세대학교로 돌아가시면 나도 연세대학교로 갈 수 있지 않을까 하는 막연한 기대가 있었다. 그래서 내가 살던 학교 아파트에 커튼도 달지 않고 있었다. 그러나 아무리 생각해 보아도 이 기회를 놓치면 다시는 인디언들에 대한 연구를 해 볼 기회가 오지 않을 것 같았다. 나는 용기를 내어 촉토 부족정부의 백인 기획관에게 촉토 인디언 추장의 제안을 받아들이겠다고 했다. 며칠 후 추장이 직접 우리 학교로 와서 학교와 계약을 체결했다. 그 일을 할 당사자는 나인데, 촉토 인디언 부족정부나 내가 근무하는 테네시대학교도 아닌 테네시주가 계약 당사자가 되는 것이 놀라웠다. 그저 주정부라는 것이 그런 것이거니 생각했다. 그런데 문제는 인디언 부족정부는 주정부와 계약을 했고, 나는 주정부가 고용한 것이라 모든 여행 규칙은 학교와 주정부의 규칙에 따라야 했다. 자동차를 운행할 때도 인디언들은 연방정부 기준으로 계산했지만, 학교는 주정부 기준으로 지급하니 나는 늘 손해였다. 워싱턴에 출장을 가면 추장 마틴은 워싱턴에서 제일 값이 비싸고 정부청사와 가까운 호텔에 투숙하지만, 나는 주와 대학의 규정에 따르다 보니 값싼 변두리 호텔로 가야 했다. 한번은 추장이 "우리가 김 교수의 출장비는 두둑하게 계산했는데, 왜 김 교수는 자꾸 그런 싸구려 호텔로 가느냐?"고 물어서 학교 규칙을 이야기했더니, 대학이 교수들에게 너무 박하다며 "다음에는 내가 김 교수를 직접 고용해야 하겠다"고 했다.

미국에서 가장 '살벌한' 곳으로 떠나는 현지조사

내가 리버빌의 촉토 인디언들과 리저베이션과의 관계를 조사하느라고, 그리고 또 그들의 여름 축제를 구경하기 위해 몇 번 다녀오기는 했지만, 조교들과 함께 여름 석 달을 지낼 미시시피 주 네쇼바 카운티Neshoba County의 분위기는 잘 알지 못했다. 그저 깊숙한 남부 내륙이니 인종차별이 심할 것이고, 미시시피 주의 인종 편견은 조지아주보다는 더 심하다는 이야기도 들었으며, 특히 네쇼바 카운티는 미국 전역에서 가장 낙후되었는 데다가 인종분규 면에서 가장 살벌한 곳이라는 사실은 존 피터슨John H. Peterson, Jr.의 학위논문을 읽고 대충 짐작은 했다.[12] 존 피터슨의 학위논문에 의하면, 인디언 리저베이션이 있는 네쇼바의 군청 소재지 격인 힐타운(Hilltown, 가명)은 1878년에 일어난 치슴 일가의 살인사건Chisolm Massacre으로 세상을 떠들썩하게 한 곳이었다. 이 사건은 남북전쟁 이후 남부의 변화를 모색하던 시기에 미시시피의 네쇼바 카운티에서 전직 판사이자 전 보안관인 윌리엄 치슴William Chisolm이 민주당 출신의 보안관을 살해했다는 이유로 지방유치장에 몸을 피했던 치슴과 그의 가족이 300여 명의 극우단체(Ku Klux Klan 혹은 KKK)가 중심이 된 그 지역의 폭도들에게 살해당한 끔찍한 살인사건이다. 요즈음은 대부분의 남부 주에서는 공화당이 우세하지만, 남북전쟁 직후의 남부는 민주당 일색이었다.

그리고 같은 곳에서 내가 현지조사를 가기 10년 전에는 더 끔찍한 일이 일어났다. 1964년 6월 21일 뉴욕에서 파견된 유색인종지위향상협회National Association for the Advancement of Colored People or NAACP의 민권운동가 세 명이 네쇼바 카운티에 투표소 설치문제로 방문한 뒤 실종되었다. 실종자 측과 인권단체들은 경찰에 실종자 수색을 요구했으나 미시시피경찰은 이 요구를 외면했다. 존슨 대통령이 연방수사국FBI에 수사 지시를 했고, FBI의 수사를 통해 그곳의 KKK 지도자들이 그 배경이고 기독교 전도사와 보안관이 살해에 개입했다는 정황이 밝혀졌다. 수색 끝에 사건발생 44일만에 민권운동가 세 명의 시신이 네쇼바 카운티의 동쪽 늪swamp에서 발견되었다. 최종 보고에 따르면 백인우월주의자White, Anglo-Saxon, Protestant, WASP들의 모의와, 흑인 교회를 중심으로

12 John H. Peterson, Jr., "The Mississippi Band of Choctaw Indians: Their History and Current Social Relations," unpublished Ph.D. dissertation, University of Georgia, Athens, Georgia 1970, pp. 1–2.

확산하는 흑인 민권운동에 불만을 품은 보안관이 흑인을 동원해 흑인 교회에 불을 지르게 한 것이다. 내가 만일 그때 「미시시피 버닝*Mississippi Burning*」이라는 영화를 봤더라면 그 연구에 참여하지 않았을지도 모른다.[13] 영화는 1964년의 살해 사건을 다룬 영화지만 해당 범죄가 일어난 지 24년 후, 즉 내가 연구를 끝낸 지 14년 후에야 개봉되었다. 그래서 나는 그 영화에 그려진 험악한 장면들을 상상도 하지 못했기에 용감하게 그 프로젝트를 수행했는지도 모른다. "하룻강아지 범 무서운 줄 모른다"는 말처럼 그때 나는 36살의 혈기왕성한 청년이었기에 객기를 부렸는지도 모른다.

조지아주 파인타운의 백인들과는 달리 힐타운의 백인들은 중국 사람들과 인디언들을 오래 보아왔기 때문에 동양 사람들에 대한 '호기심'이나 '동정심' 같은 것이 없어서 내 정체성에 대한 '희소가치'를 누릴 수 없는 점이 걱정이 되긴 했다. 내가 리버빌의 촉토를 조사할 때 미시시피 촉토 인디언 축제를 관람하러 간 적이 있었는데, 다른 관광객들과 함께 촉토 인디언들의 '기원지origin'라고 하는 '나니 와이야 무덤Nanih Waiya Mound'을 보러 녹사파터Noxaparter로 가는 관광버스를 탔었다. 내 뒤편에 앉은 백인 여성 세 명이 심심했던지 내게 말을 걸면서 어디 출신이냐고 물었다. 나도 반은 농담으로 촉토 인디언인데 테네시 리버빌에 산다고 했더니, 그중 한 여성이 믿을 수가 없다면서 내 옆 빈자리로 옮겨 앉더니 거짓말하지 말라고 했다. 어떻게 알았냐고 물었더니 자기는 미시시피 '델타Delta' 지역에서 머지않은 곳이 고향인데, 어릴 때부터 그곳에 사는 중국 학생들과 지내서 동양 사람과 인디언들을 구별할 수 있다는 것이었다. 나는 그때까지도 미국 남부, 특히 미시시피주에 3,000여 명 이상의 중국 사람이 살고 있다는 사실을 몰랐다. 그 여인의 말로는 적어도 이 지역의 사람들은 동양 사람들을 색다르게 보지 않는다는 것이다. 이는 곧 미시시피의 델타 지역에서 동양 사람은

13 「미시시피 버닝*Mississippi Burning*」은 1988년에 개봉한 영화로, 앨런 파커Allen Parker 감독이 1964년에 미시시피의 제섭 카운티(Jessup County, 가명)에서 2명의 유대인과 1명의 흑인 민권운동자들이 미시시피에서 살해된 사실에 기초한 범죄영화다. 한국에서도 상영되었다.

흑인과 거의 같은 대접을 받는다는 말로 들렸다. 파인타운에서 벌목꾼들을 연구할 때와 같은 외국인 대접은 기대할 수 없다고 느꼈다. 그들과 좀 더 이야기를 하다 보니, 내 옆 좌석에 앉은 여인은 미시시피대학The University of Mississippi에 근무하는 직원이었고, 내 뒤 좌석에 앉은 두 여인은 같은 대학에서 고고학을 전공하는 조교들이라는 것을 알게 됐다. 나는 그때만 해도 겨우 논문 몇 편을 발표한 무명의 인류학자nobody여서 처신이 자유로웠다. 나로서는 미시시피 인디언 보호구역 근처의 백인들이 동양 사람이나 인디언들에 대해서 어떤 반응을 하는가를 가늠해 보기 좋은 기회였다.

덧붙이자면, 미시시피 델타 지역[14]은 1800년대 초부터 남북전쟁 후 재건기Reconstruction period까지 남중국 광동Guangdong Province 지역에서 농업이민을 받아들였다. 목화 재배에 필요한 인력을 보강하기 위해서였는데, 한때는 그 수가 3,000여 명이 넘었다고 한다. 그러나 델타에 살던 중국인들은 점차 도시로 이주를 했고 제임스 로웬James W. Loewen이 델타 거주 중국인들에 관한 조사를 할 때인 1960년대 말에는 겨우 1,200명 정도만 남았다고 했다.[15] 중국인들은 이주 초기에는 흑인과 같은 취급을 받았고, 아이들은 흑인 학교를 다녀야만 했다. 그러나 점차 작은 식료품가게 등을 운영하면서 그들의 경제적인 지위가 상승하자 그들은 백인 쪽에 더 가까운 지위를 획득하게 되었고 점차 그곳을 떠나 멤피스를 비롯한 주변 도시로 이주해 갔다고 한다. 그런 연고로 인해 미시시피 델타 지역의 사람들은 동양 사람들에 대해 다른 남부 사람들보다 좀 더 잘 알고 있는 편이었다.

---

14 미시시피 델타(Mississippi Delta 혹은 Yazoo–Mississippi Delta)는 미시시피강과 야주강 사이에 있는 미시시피의 독특한 북서 구역을 말한다. 독특한 인종적, 문화적, 경제적 역사 때문에 '지구상에서 가장 남쪽에 있는 곳'이라는 별명도 갖고 있다.

15 James W. Loewen, *The Mississippi Chinese: Between Black and White* (Cambridge, MA: Harvard University Press, 1971).

조교를 동반하는 현지조사의 어려움

조사 책임을 맡기는 했어도 우선 나를 도와줄 열두서너 명의 유능한 연구 조교를 확보하는 것이 문제였다. 내가 가르치던 테네시대학교 마틴 캠퍼스에는 사회학이나 인류학의 대학원 과정이 없고 학부 학생만 있으니 학부 학생 중에서 이런 연구를 도와줄 조교를 찾는 일이 쉽지 않았다. 동료 교수를 통해 인류학 대학원이 있는 학교 학생들을 물색해 보려고 했지만, 그때가 5월 초라서 이미 대부분의 학생들은 여름 일자리summer job를 구한 다음이었고 특히 '학기제semester system' 학교는 이미 여름방학이 시작되어 학생들은 학교를 떠나고 없었다. 하는 수 없이 내가 가르쳤던 학생들을 수소문했다. 보수가 여느 다른 여름 일자리보다 후하기는 했지만, 미시시피 네쇼바의 민권운동가 학살 사건을 아는 학생들이 이 일을 기피했다는 사실을 당시 나는 몰랐다. 몇몇 흑인 학생들을 접촉해 보았지만, 그들은 "겁에 질려 도망간다고 할 정도"로 피했고 어떤 학생은 자기네와 다른 소수계에 대해서 별로 관심이 없었다. 노력 끝에 12명의 조교를 겨우 확보할 수 있었는데, 그렇게 하려고 한 것은 아닌데도 남녀 학생 각 6명으로 구성되었고 그중에는 캠퍼스 메이퀸May Queen도 있었다. 우리에게 반드시 필요한 건 자동차였는데, 12명 중에서 8명이 자기 차를 가지고 있어서 학교에서 미시시피뿐만 아니라 미시시피 리저베이션 안에서도 기동력은 충분했다.

조사가 끝난 후 보고서 작성을 1년 내내 할 수 있어서 시간적인 여유는 있었지만, 근 3,800여 명에 달하는 촉토 인디언 개개인에 대한 사회, 경제, 그리고 인구통계학적인 전수 조사를 여름 3개월 안에 마쳐야만 해서 일정은 빠듯했다. 우리 집에서 힐타운까지의 거리도 무려 462km나 되어서 서울서 부산까지의 거리였는데 도로 사정상 차편으로 쉬지 않고 가도 6시간은 족히 걸렸다. 주말에 집에 오기도 힘겨운 거리였다. 조사 기간에는 부득이 그곳에서 살아야만 해서 학생들도 3개월간 그곳에서 지낼 짐을 가져가야만 했다. 또 촉토 인디언들이 7개의 커뮤니티로 흩어져 살고 있었고, 또 그 커뮤니티들 사이도 차로 몇 시간씩 걸리는 거리였다. 인디언 부족정부가 있는 펄 리버Pear River커뮤니티에서 보그호마Bougue Homa커뮤니티까지는 근 100여 마일(약 160km)이나 떨어져 있어서 차로도 거의 두 시간이 걸렸다.

조사에 참여한 학생들은 모두 다 내 과목을 수강했고, 인류학적인 조사방법론에 관해서도 개론 정도는 다 알고 있는 학생들이었지만, 현장에 투입되기에 앞서 그들이 하는 아주 구체적인 질문들에 나는 대답하기가 어려웠다. 그 당시는 히피운동이 성할 때라 남학생 중에도 머리가 긴 학생들이 많았다. 우리가 가는 곳이 미시시피 시골의 보수적인 지역인데 이 머리도 괜찮겠느냐는 장발 남학생의 질문에 대답하기 어려웠다. 대부분의 인류학자의 현지조사가 팀으로 구성되는 경우가 거의 없어 대동하는 조교들의 차림새에 대한 지침도 없고 나 자신도 어떻게 조언을 해야 할지 난감했다. 또 여학생들은 청바지를 입어도 되느냐, 화장을 해도 되느냐, 아니면 하지 말아야 하느냐 등의 질문에 대해서도 대답할 준비가 되어 있지 않았다. 항상 나 혼자 다니는 연구를 하다 보니 나를 도와주는 조교를 어떻게 활용해야 할지 알 수가 없었다. 그나마 이론과 현실의 차이를 실감하면서 모든 것을 상식선에서 처리하는 방식으로 원칙을 세웠다.

현실적으로 12명의 조교와 내가 9대의 차를 타고 무려 462km나 되는 거리를 고속도로도 아닌 국도로 이동하는 소위 '캐러밴 드라이브caravan drive' 자체도 쉽지 않았다. 도중에 작은 도시를 지날 때 차 몇 대는 신호에 걸려 뒤처지기 마련이었다. 그래서 우리는 캐러밴 드라이브를 원칙으로 하되 도중에 쉴 곳을 세 곳 정해서 그곳에서 재회하기로 했다. 속도를 크게 낼 수 없는 폭스바겐 비틀을 선두차로 하고 내가 맨 마지막에 따르기로 했다. 첫 번째 휴식 장소는 테네시주와 미시시피주의 경계 도시인 미시시피주의 코린스Corinth였고, 두 번째는 투펄로Tupelo였다. 투펄로에 쉬기로 한 것은 그곳이 우리가 통과하는 여정에서 인구가 3만 명이 넘는 가장 큰 도시일 뿐만 아니라, 세계적인 '로큰롤Rock 'n' Roll'의 황제라고 불리는 엘비스 프레슬리Elvis Presley의 생가가 도로변에 있어서였다. 그가 태어난 투펄로의 두 칸짜리 초라한 집이 아직도 보존되어 있고 연간 50만

5-4. 미시시피주 투펄로에 있는 엘비스 프레슬리의 생가.

명 이상의 관광객이 들른다고 했지만, 우리가 갔을 때는 방문객이 우리 이외에는 단 한 명도 없이 쓸쓸했다. 우리는 간단한 안내표지 판이 붙은 엘비스 프레슬리의 생가를 10분 동안 '관광'했다.[16]

마지막으로, 미시시피 주립대학교가 있는 스탁빌Starkville에 들러서 존 피터슨으로부터 힐타운과 인디언 리저베이션에 대한 일반적인 설명과 '오리엔테이션'을 받기로 했다. 도중에 우리 캐러반 드라이브가 끼여드는 차들로 인해 대열이 끊기는 경우가 몇 번 있기는 했지만, 45번 국도로 곧장 남하하기만 하면 되

16 엘비스 프레슬리Elvis Presley(1935~1977)는 미국이 낳은 세계적인 가수, 음악가, 작곡가, 배우, 그리고 무엇보다도 그는 '로큰롤Rock 'n' Roll'의 제왕으로 불린다. 미시시피주의 투펄로에서 태어났다. 유명해진 후에 사들인 그레이스랜드Graceland라고 불리는 그의 멤피스 저택은 면적이 13.8에이커acre(5.6 ha)이나 되며 5개로 된 별도의 박물관과 그가 탔던 비행기와 수집했던 '클래식 승용차'들을 비롯한 그의 유품들이 고스란히 남아 있다.

어서 큰 어려움은 없었다. 우리 캐러반 드라이브의 선도 차인 폭스바겐을 운전한 에드 애틀리Ed Attlee는 그가 운전하는 자동차에는 어울리지 않을 정도로 기골이 장대한 3학년 학생이었다. 테네시주의 마일란Milan(테네시 사람들은 이곳 발음을 '마일란'이라고 한다)에서 온 그는 1945년부터 1950년까지 영국 수상을 역임한 클레멘트 리처드 애틀리Clement Richard Attlee(1883~1967)의 집안 출신이다. 나는 그가 저명한 영국 가문 출신이라는 점에 놀라지 않았지만, 줄곧 우리 캐러반 드라이브를 선도한 그가 색맹色盲이었다는 사실에 깜짝 놀랐다. 학교로 돌아온 후 그가 나에게 '고백'을 해서 알게 되었는데 이미 일어난 일이었으니 어쩔 수 없었지만, 어떻게 신호등 불빛이 바뀌는지를 읽고 다녔느냐고 물었더니, 그는 반대편 차의 움직임을 보고 자기도 움직였다고 했다. 위험천만한 일이었고 "무식하면 용감하다"는 말이 그렇게 맞을 수가 없었다. 운전 면허는 어떻게 받았느냐고 묻지는 않았다. 조지아의 흑인 벌목트럭 운전사도 문맹이었지만 트럭운전면허증을 갖고 트럭을 운전하고 다녔던 기억이 났다. 큰 사고 없이 프로젝트를 끝마치고 돌아온 것이 기적같이 느껴졌다.

존 피터슨이 우리를 보고 반가워할 것으로 생각했으나 그의 얼굴에 근심이 가득했다. 예감이 별로 좋지 않았다. 그는 자기가 말을 전할 게 아니라 지금 당장 부족정부의 담당관에게 직접 전화를 해서 자세한 사정을 들어보라고 했다. 그 백인 담당관이 말하기를 원래는 여름 방학 중에 리저베이션 안에 있는 촉토 고등학교 학생기숙사를 우리가 숙소로 쓸 예정이었는데, 촉토 관리청Choctaw Agency이 리저베이션 내의 시설을 외부 사람이 쓸 수 없다고 해서 기숙사를 쓰지 못하게 되었다는 것이다. 담당관은 하는 수 없이 시내의 한 모텔을 예약해 두었으니 그곳으로 가라고 했다. 나는 우리가 촉토고등학교 기숙사를 쓸 것으로 생각하고 그곳을 사전에 답사하기까지 했다. 새로 지은 고등학교 시설이라 아주 깨끗했는데, 우리의 당초 계획이나 약속과 달라진 것이다. 나는 속으로 "이게 인디언식 일 처리 방식인가? 그렇다면 여름 3개월간의 내 생활은 엉망이겠구나!" 하고 걱정을 했다. 그러나 여기까지 왔는데 집으로 돌아갈 수도 없지 않는가? 다만 실질적인 문제가 남아 있었다. 모텔 비용과 식사비를 빼고 나면 학생들의 3개월간의 수입이 반 토막이 될 것이니 이를 어쩐단 말인가? 그리고 무엇보다도 나는 우리 학생들이 시내 모텔에 머물다가 시내에서 경찰과 충돌이 일어날까 걱정이었다. 세 명의 민권운동가를 죽인 것도 힐타운의 경찰과 네쇼바 카운티의 보안관과 KKK와의 합작품이라고 하지 않는가!

그러나 숙소 문제는 차차 해결할 일이고, 우선은 부족정부의 담당관이 예약한 모텔로 가는 수밖에 없었다. 스탁 빌에서 힐타운까지는 60마일(약 96km)의 거리밖에 되지 않았지만, 시골길이고 '캐러반 드라이브'이다 보니 1시간이 훨씬 넘게 걸렸다. 차 9대가 한꺼번에 대이동을 하는 것을 본 힐타운의 경찰은 우리 차 대열의 앞과 뒤에 붙어서 선도하는 척했지만, 뭔가를 캐내려고 하는 것처럼 보였다. 아마 경찰은 또 무슨 인권운동가들의 행렬이 아닌가 하고 걱정했던 것 같다. 예약된 모텔은 도로변에 있는 값싼 모텔이었다. 모텔 사람들도 놀란 모양이었다. 10년 만에 이렇게 젊은 대학생들이 한꺼번에 몰려온 것은 처음이라고 했다. 경찰은 차 위에 설치된 경고등을 켜고 우리를 지켜보고 있었다. 나는 모텔주인에게 우선 내 소개를 하고, 우리가 내일부터 시작할 촉토 인디언들의 '맨파워man power'조사를 하러 온 연구팀인데 내가 책임자이고 다른 이들은 나를 도우려고 온 학생 조교들이라고 소개했다. 한 방에 두 명씩을 배정하고 보니 그 길가 모텔은 우리가 다 '점령'한 셈이 되었다. 그리고 밖에서 경비를 서고 있는 경찰에게 똑같이 소개했다. 나는 생애 처음으로 명함을 사용해 보았다. 다른 곳에서 조사할 때는 내가 대학원 학생이라는 것이 오히려 편하고 좀 실수를 해도 괜찮았지만, 이번 연구는 연구책임자로 나를 소개해야 하니 명함이 꼭 있어야 한다고들 해서 만든 것이 요긴하게 쓰였다. 경찰은 '닥터 김'이라고 정중하게 예의를 갖추었다. 자기들은 우리가 혹시 도움이 필요할까 봐 도와주려고 왔다고 했다. 그러나 그들은 내심 "중국 사람 아니면 인디언인데 어쩌다가 박사나 교수가 된 모양"이라고 비웃는 것같이 보이기도 했다. 요즈음 같으면 성이 '김Kim'이라고 하면 으레 한국 사람인 것을 알지만, 그때만 해도 한국 김씨 성을 미국 시골

경찰이 알 수는 없었다.

나는 방 배정을 받은 학생들도 고단할 테니 잠이라도 좀 자겠지 생각했지만, 젊은 학생들이다 보니 길도 모르면서 모두가 시내로 나가고 결국 모텔에는 나 혼자만 남게 되었다. 모텔 종업원조차 학생들이 술이라도 한잔하고 다니다 보면 경찰과 충돌을 할지도 모른다며 내 앞에서 걱정을 했다. 실제로 학생들은 밤늦게 돌아와서도 잠잘 생각은 하지 않고 방문을 열고 떠들어대니 나는 불안하기 짝이 없었다. 원래 인류학자들은 조용히 혼자 다니며 관찰하는 법인데 12명의 조교를 데리고 다니는 것은 여간 거추장스러운 일이 아니었다. 다음 날 아침에 우리는 리저베이션에 있는 촉토 부족정부의 청사로 가서 인사를 하고, 학생들에게 지불할 돈을 받기 위해 은행에 계좌를 개설했다. 은행에서는 젊은 외지 학생들이 개인 수표를 쓰면 아무도 받지 않을 것이라며 현금으로 지불하겠다고 했다. 12명 학생의 주급을 현금으로 관리하는 것도 일이었다. 에디 애틀리가 가장 덩치가 큰 학생이라서 내 '보디가드(경호원)'로 은행에 갈 때마다 늘 나를 수행했다. 학생들을 4명씩 3개의 팀을 만들어 7개의 커뮤니티로 배정을 마쳤다. 보그 호마 커뮤니티에 배정된 학생들은 상당히 먼 거리를 운전해야만 했다.

가장 큰 문제는 나이 든 촉토 노인들은 영어를 하지 못하는 사람들이 많다는 것이었는데 방학 중에 집에 와 있는 촉토 출신 대학생 12명을 통역 겸 안내원으로 고용해서 해결했다. 학생들이 가진 돈이 없어서 우선 나는 그들에게 현금으로 지급했다. 돈뭉치를 들고 다니기가 어려우니 학생들에게 100달러짜리 큰돈으로 지급했다. 그런데 이걸 어쩌랴! 먼 거리에 있는 보그 호마까지 가서 하루 종일 일하고 돌아온 학생이 거의 기진맥진해서 돌아왔기에 무슨 일이 있었느냐고 물었더니 아무것도 먹지를 못했다고 했다. 내가 오전에 준 돈을 벌써 다 썼느냐고 했더니, 백불짜리 지폐를 보여 주면서 하는 말이 보그 호마 같은 시골에서는 이 지폐가 가짜일지도 모른다고 받질 않아서 써보지도 못했다는 것이다. 그 당시만 해도 시골의 조그마한 가게에서 백불짜리 지폐를 보는 일이 드물었다. 내가 실수한 것이다.

나는 우리 학생들이 10년 전에 온 대학생들처럼 민권운동을 하러 온 것이 아니고 촉토 경제개발에 필요한 자료 조사가 목적이라는 것을 알릴 필요가 있다고 생각했다. 우선 학생들에게 누구나 쉽게 알아볼 수 있도록 크고 선명한 글씨로 본인의 이름, 소속 대학교 이름, 그리고 “촉토 경제개발을 위한 인력조사”라고 쓴 명찰을 달게 했다. 그리고 인디언이 아닌 현지의 백인들이 우리의 조사에 의구심을 갖지 않도록 학생들에게 이 연구가 이 지역에 산업시설과 기업을 유치하는 기본자료를 마련하기 위한 것이라는 점을 강조하도록 시켰다. 다만 지역 주민들의 젊은 대학생들과 민권운동가에 대한 뿌리 깊은 선입견 때문에 실제로 이 명찰이 어떤 작용을 했는지는 알 수 없었다.

옹색한 힐타운의 모텔에 머물다 보니 학생들은 학생들대로 답답하여 일이 끝나면 차를 타고 시내를 돌아다녔고, 그러다가 어느 틈에 교통법규 위반 '딱지'를 여러 장 받았다는 이야기가 들려왔다. 타운의 경찰들은 우리 학생들의 정체를 아는 것 같았지만, 이 타운은 시골 타운인데도 불구하고 '블록block'마다 신호등이 설치되어 있어서 딱지 떼기가 무척 쉬웠고 딱지는 줄지 않았다.

나도 갑갑하고 막막해서 커피나 한잔 마시려고 촉토 인디언 리저베이션 입구에 있는 구멍가게에 들렀다. 중늙은이로 보이는 조 깁슨Joe Gibson이라는 백인이 하는 '노포'였다. 아주 양순하고 교양이 있고 사려 깊어 보이는 주인이었다. 커피 한잔을 시켜놓고 가게 주인에게 내가 누구고 무엇 때문에 왔다는 것을 설명하려고 하자, 가게 주인이 먼저 내게 하는 말이 “젊은 대학생들을 이 타운에서 마지막 본 것이 꼭 10년 만”이라고 하면서, 1964년 민권운동을 하던 학생들이 살해당했던 때의 광경을 설명해 주었다. 그때 자기는 처음으로 전 세계의 기자들이 이 작은 타운으로 몰려드는 것을 목격했다며 다시는 그런 일이 되풀이되어서는 안 된다고 말했고, 자기가 들은 소문에 의하면 우리 학생들과 타운의 경찰 사이에 이미 10년 전과 비슷한 반목이 시작되었다고 했다. 그는 나더러 “당신 학생들이 교통법규 위반 딱지를 몇 장이나 받았는지를 물어보라”고 했다. 나는 그의 말을 듣고 나니 온몸에 소름이 끼치는 것 같았다. 더 이상 그 상황을 그냥 볼 수만은 없었다. 그에게 고맙다는 말을 남기고 즉시 부족 청사로 가서 추장과의 면담을 신청했다.

부족정부의 백인 기획관의 설명에 의하면, 애당초 우리가 쓰기로 한 촉토 고등학교 기숙사를 쓰지 못하게 된 이유가 촉토 관리청과 부족정부 사이의 알력 다툼 때문이라고 했다. 내가 추장 마틴(그때까지 그의 공식 직함은 촉토 부족정부 의회 의장이었으나, 그 후 공식적으로 추장이라는 직함을 얻게 됐다)에게 그간의 숙소 문제를 설명하면서 지금 힐타운의 모텔에 머물다 보니 벌써 경찰과 마찰이 시작됐고, 조 깁슨 같은 사람의 말에 의하면 상황은 10년 전이나 큰 차이가 없다고 하니 걱정스럽다고 했다. 그리고 학생들도 타운의 백인들을 무서워하고 있다는 설명을 부연했다. 조만간 학생들의 숙소가 안전한 리저베이션 안에 마련되지 않으면 나는 학생들의 안전과 우리 조사를 위해 '극단'의 결정을 할 수밖에 없다는 단호한 뜻을 전달했다. 그런데 추장의 반응은 의외였다. 왜 학생들이 리저베이션에 머무르지 못하게 되었느냐고 나에게 되물었다. 내가 촉토 부족정부와 촉토 관리청 사이에 불편한 관계 때문인 걸로 알고 있다고 했더니, 추장은 그런 일은 없다고 했다. 추장은 내가 보는 앞에서 촉토 관리청장한테 전화를 하고 김 교수가 데리고 온 12명의 대학생 조교들이 시내의 모텔에 머무는 것에 불안감을 느끼고 있으니, 무슨 특단의 조치를 해 보자고 상의하는 것을 옆에서 들을 수가 있었다. 촉토 관리청장은 미국 내무부 인디언 관리국의 연방정부 관리였지만 촉토 인디언 출신이었다. 그가 직접 만나서 학생들의 숙소 문제를 해결했으면 좋겠다고 해서 나는 당장 시내에 있는 그의 사무실로 갔다. 그렇지 않아도 촉토 인디언들의 부족 번호tribal roll number를 열람하기 위한 허가가 필요해서 그를 만나야만 했던 참이었다.[17] 그는 아주 겸손하고 점잖은 촉토 인디언 출신의 신사였다.

---

17 '인디언 부족 번호tribal roll number'는 인디언 리저베이션에서 태어난 모든 인디언 부족에게 주어지는 고유의 일련 번호이다. 일반 사람들이 사회보장번호Social Security Number를 가지고 있는 것처럼 인디언에게 주어지는 번호인데, 인디언으로서의 권익을 보장받기 위해서는 이 번호가 있어야만 한다. 그러나 대부분의 인디언들은 자신의 번호를 기억하지 못해서 촉토 인디언 관리

촉토 관리청장은 부족정부 청사에서 누가 그런 말을 했는지는 몰라도 자신과 추장 간에는 아무런 문제가 없다며, 자기는 우리가 촉토 고등학교 기숙사를 쓰게 되었는지도 몰랐다고 했다. 관리청장은 원칙적으로 인디언이 아닌 사람은 인디언 리저베이션에서 밤을 보낼 수 없다는 규칙은 맞다고 했다. 그러나 학생들의 사정이나 타운의 위험성 등을 고려할 때 자기 권한으로 예외를 허가할 수 있다고 했다. 다만 누가 이미 학생들이 고등학교 기숙사를 쓸 수 없다고 결정을 한 모양이니, 다시 그 문제를 따지기보다는 관리청이 소유하고 있는 대형 '모빌홈(Mobile Home or Trailer House)' 두 채를 당장 인디언 리저베이션 내에 설치하고 전기와 수도관을 연결시켜 주겠다고 했다. 한 채는 남학생 6명, 그리고 다른 한 채는 여학생이 쓰도록 하자는 제안이었다. 더 바랄 것이 없었다. 나는 그의 손을 덥석 잡고 여러 번 고맙다고 했다. 학생들을 악마의 소굴에서 구해낸 것 같은 기분이었다. 학생들의 숙박에 돈을 쓸 필요도 없었고 깨끗한 '부엌'이 딸렸으니 식사를 해 먹을 수도 있게 됐다. 신변의 안전도 찾고 경제적인 도움도 받은 셈이다. 관리청장은 "학생들에게는 특혜를 베풀었지만, '교수'인 당신은 리저베이션에서 지낼 수 없으니 타운의 모텔에 머무는 수밖에 없다"고 미안해했다. 나는 상관없으니 학생만 안전하면 된다고 했다.

기왕 간 김에 인디언 부족 번호 열람과 개인의 신상기록 열람에 관한 허가를 부탁했다. 관리청장도 이번 기회에 모든 미시시피 촉토들의 신상을 정리할 필요가 있으니 부족 번호를 관리청의 기록에서 복사해 가도록 허락을 해 주었다. 그러나 낮에는 사무실에 사람들이 드나드는데 만일 외부인들이 개인신상정보를 복사하는 것을 보면 문제를 삼을 수 있으니 일과가 끝나 직원들이 퇴근한 후에 학생들이 기록을 열람하는 것이 좋겠다고 했다. 그러면 매일 밤 당직자 한 명이 참관을 하고 안전을 보장하겠다고 했다.

그런데 문제가 또 생겼다. 우리가 통역 겸 안내를 위해 고용한 촉토 인디언

청에 있는 문서를 일일이 열람해야 했다. 이 번호의 확인도 우리 조사의 일부였다.

출신의 대학생들의 불평이 만만치 않은 것이었다. 그들은 지금 테네시대학교 학생들이 하고 있는 조사는 자기네들이 더 효과적으로 할 수 있다며, 자기네들은 별도의 통역이나 안내자가 필요 없고 숙박용 모빌 홈을 설치할 필요도 없지 않느냐는 것이었다. 틀린 말은 아니었다. 엎친 데 덮친 격으로 모빌 홈에 있는 우리 남학생들이 예쁘장한 촉토 처녀들을 따라다닌다는 소문이 자자하다고 했다. 촉토 부족정부 관리들도 우려를 표시하며 타운의 허름한 모텔에 혼자 기거하고 있는 나에게 밤늦게까지 학생들이 머물고 있는 모빌 홈에서 기숙사 사감 역할을 하라고 했다. 주말에는 더욱 더 '경비'를 서 달라고 하니 주말마다 집에 다녀오는 것으로 계획을 잡았던 나는 자리를 비우기가 걱정스러워졌다. 만일 촉토 처녀들과 우리 남학생 사이에 문제라도 생긴다면 어떻게 해야 할지 걱정이 태산이었다.

촉토 인디언 문화를 몰라서 겪는 어려움

이 조사의 책임자인 나에게도 촉토의 문화는 너무나 다른 문화라서 문화의 차이를 극복하고 연구를 진행하는 것이 쉽지 않았다. 우선 촉토의 혈통 문제와 친족 개념이 내가 알고 있던 문화와 아주 달랐다. 우리의 이번 조사가 표본 조사가 아니고 '전수 조사'이다 보니 본인이 촉토라고 주장하는 사람을 우리 조사에서 배제할 수 없었다. 그런데 인디언 리저베이션에서 출생했다면 인디언 부족 번호가 주어져서 문제가 없지만, 리저베이션 이외의 지역에서 출생한 사람은 그 사람이 '인디언이 맞다' '아니다'를 판단할 기준이 없었다. 생김새로 따진다고 하더라도 다른 부족의 인디언이 촉토 부족으로 취급되는 편이 유리해서 스스로 촉토라고 주장한다면 그의 조상을 따질 수도 없었다. 더 큰 문제는 촉토는 원래 '모계母系'사회이다 보니 촉토와 촉토가 아닌 사람이 결혼을 한 경우, 만일 어머니가 촉토 여인이면 어떤 인종과 결혼을 했더라도 그 자녀들은 촉토로 인정하지만, 만일 아버지가 촉토이고 어머니가 촉토가 아니면 그들은 '완전한 촉토'로 보지 않고 혈통의 백분율(%)로 표시한다. '100% 촉토, 반 촉토(50%), … 몇 분의 1' 등으로 표시한다고 한다. 이는 촉토가 모계사회이기 때문에 그런 것만은 아니었다. "어머니가 촉토면 자식들이 촉토 언어를 완전하게 습득할 수 있고, 촉토 문화를 계승하기 때문"에 그런 경우를 완전한 촉토로 취급한다고 했다. '모국어mother tongue'라는 말처럼, 어머니가 하는 말은 한 개인의 '모국어'라는 말이었다. 그러나 3,800여 명을 한 명 한 명씩 이런 식으로 혈통을 구분하는 작업은 여간 어려운 일이 아니었다.

나는 이 혈통 문제를 해결하기 위해서 추장과 상의하여 이 기회에 모든 촉토들이 속하는 '촉토 인디언 족보族譜'를 만들어 보자고 제의했고, 조사과정에 자기의 부모, 조모, 조부 등을 표시하는 개인적인 '카드 파일'을 만들면 후에 컴퓨터로 분류해서 거꾸로 올라가면 촉토 족보가 형성될 것이라고 믿었다. 처음에 나는 우리 한국에서 족보를 만드는 것처럼 하면 된다고 생각했는데, 문제는 촉토의 경우 두 가지 문화적인 차이가 있었다. 첫째, 형제 간에도 성이 다른 경우가 많았다. 나는 촉토 중에 상당 수의 사람들이 친형제이고 부모가 같은데 어떻게 형제 간에 성이 다르냐고 했더니, 촉토에 처음 현대식 학교가 소개되었을 때 인디언 학교 교사가 인디언 성을 발음할 수가 없어서 지금부터 "너는 톰슨Thompson"이고 옆에 앉은 동생에게는 "너는 벨Bell"이라고 하라고 한 것이 그들의 영원한 성이 되었다는 것이다. 또 어떤 인디언의 성은 미국의 흔한 이름과 같은 성도 많다. 예를 들어서 밥Bob은 보통 미국 사람들의 이름인데, 인디언 중에는 밥이 성姓인 경우도 있다. 그것 역시 인디언 학교 백인 선생들이 잘못 지어준 이름 탓이라고 했다. 또 족보를 만들어 보려는 노력이 허사로 끝난 것은, 어떤 촉토 여인은 여러 번 이혼하고 여러 번 재혼을 했는데, 전 남편의 성을 다 기억하지 못했다. 이런 경우가 적지 않았다.

우리 질문지에 포함된 중요한 대목은 촉토 가정의 호주head of household에 관한 질문이었다. 나는 이 질문에 직접 참여했는데, 식구 수가 여러 명인 촉토 가정에서 "누가 호주head of household냐"고 물었더니, 세 사람 모두 자신이 호주라고 주장했다. 첫 번째로 호주라고 하는 젊은 남자는 그 집 늙은 안노인의 손자인데, 자기가 그 집 가족의 부양의무를 책임지는 소위 “브레드 위너bread winner”이기 때문에 자신이 그 집의 가장이자 호주라고 했다. 그러자 그 집에서 가장 나이가 많은 할머니는 촉토의 전통에 따라 자신이 그 집에서 나이가 제일 많은 여자이니 자기가 호주라고 했고, 중늙은이인 며느리는 자기 시어머니는 너무 나이가 많으니 자기가 호주라고 했다. 촉토는 원래 모계사회였으니 전통적인 촉토의 가족 문화에 따르자면 당연히 가장 나이 많은 할머니가 그 집의 '가장'임에는 틀림없다. 그러나 그 당시 촉토 인디언들 사이에는 자기네 전통문화에 대한 도전이 심했다.

한편 존 피터슨은 그때 젊은 촉토 대학생 부부들 사이의 갈등 중재자 역할에 바빴다. 왜냐하면 정부의 장학지원으로 리저베이션에서 멀지 않은 미시시피주립대학교Mississippi State University에서 공부를 하고 있는 30여 명의 촉토 인디언들 중에는 기혼자들이 상당수 있었는데, 이들 사이에는 하루가 멀다 하고 부부싸움이 나서 그 중재자로 피터슨이 불려 다니는 것이었다. 특유의 사교술과 후덕한 인품의 소유자인 존 피터슨을 거의 대부분의 촉토 인디언들이 형이나 아버지같이 존경하고 따르는 처지여서 이러한 상황이 종종 발생했다. 피터슨에 의하면, 부부싸움의 주 원인은 젊은 촉토 남성들이 대학촌에 와 보니 대부분의 백인 부부는 서로가 권위를 공유하는 소위 양성평등권을 누리고 사는데, 촉토인이라는 이유로 여자의 권위 밑에 사는 것이 싫어서 대등한 권위를 주장하고, 대부분의 촉토 여인들은 기득권을 지키려고 하는 중에 싸움이 벌어진다고 했다. 존의 말에 의하면 어떤 부부는 이가 부러지도록 물리적인 싸움을 하는 경우도 있다고 했다. 내가 보았을 때 촉토 여인들은 어릴 때는 베트남 여인들처럼 가냘프고 약하게 생겼지만, 나이가 들수록 몸이 비대해지고 겉보기에도 위압적일 정도로 강건해져서 남자들이 겁을 먹을 수도 있겠다고 생각했다. 우리가 조사를 할 때는 모계사회였넌 촉토가 이미 백인들의 가족제도에 준하는 남녀평등권을 향해 변해가고 있었다. 그러나 여권女權에 도전하는 남성들의 권위를 인정하지 않으려는 여권 고수파도 만만치 않았다.

우리 학생 조교와 통역 겸 안내자로 고용한 촉토 출신 대학생들 간의 반목과 시기도 내가 해결해야 할 문제였다. 촉토 학생들은 자기네들을 조교로 써도 할 수 있는 일을 왜 백인 대학생들을 고용하고, 급여도 자기들보다 더 많이 주느냐는 것이 가장 큰 불만이었다. 사실 처음에는 촉토 대학생들을 고용할 생각을 안 했지만, 안내보다는 통역이 필요했다. 1974년 당시에 미시시피 촉토 인디언들은 전세대의 80%가 촉토 언어를 사용했으며, 단지 7%만이 영어를 사용하고 있었다. 내가 1963~1965년 사이에 한국인의 법의식을 연구할 때 제주도에서 고등학생들을 통역으로 썼던 경험을 되살려 현지 통역을 쓰기로 결정했으나, 촉토 대학생들은 거의 태업을 하다시피 아침 점호 시간에 나타나지 않거나 늦게 나타났다. 우리 학생들은 그들이 '촉토 타임'으로 일한다고 불평을 하더니 정작 자신들도 '촉토 타임'에 '감염'되는 것 같았다. 어떤 계기가 필요했다.

그러던 어느 날, 촉토 관리청 사무실에서 인디언들의 부족 번호를 옮겨 적기 위해 저녁 7시에 그 사무실에 모이기로 했는데, 서류를 관리할 촉토 관리청 소속 직원과 사회사업과 직원은 이미 와서 기다리고 있는데 우리 학생과 촉토 통역 겸 안내자들은 몇 명밖에 오지 않았다. 나는 이 기회를 이용하기로 했다. 촉토 관리청 직원과 일부 촉토 통역들이 있는 자리에서 우리 학생들에게, "일부 촉토 대학생들은 지금 우리가 하고 있는 일을 자신들이 더 능률적으로 할 수 있다고 생각하고 있다. 그러나 촉토 학생들이 연구 조교로 일을 하면 친척이나 이웃 사람들의 개인적인 신상정보를 보지 않을 수가 없고, 그렇게 되면 그에 대한 소문을 내지 않는다는 보장이 없기 때문에, 그런 의심을 사전에 차단하기 위해서 여러분들을 이 조사 연구원으로 투입한 것이다"고 했다. 우리 학생들이 촉토 학생들보다 우수해서 고용한 것이 아닌 점을 강조했다. 그러면서 우리 학생들이 '촉토 타임'이라고 촉토 학생들이 시간을 잘 안 지킨다고 불평을 했는데, 여러분이 오늘 저녁에 하는 짓을 보니 '촉토 타임'이나 '테네시 타임'이나 차이가 없다. 이런 버릇을 시정하지 않으면, 몇 년이 걸리는 한이 있더라도 나 혼자 조사를 할 터이니 여러분은 내일 아침 모빌 홈을 비우고 일찍 돌아가라고 했다. 이 말은 진심이라고(I mean it) 했다. 모두 잘못했다고 사과를 했고, 촉토 관리청이나 복지시설 직원들도 저 '동양인 인류학 교수'가 백인 학생들에게 끌려 다니는 줄 알았는데 '눈물이 쏙 빠지도록' 야단을 치는 것을 보니 내가 이 조사에 책임자라는 것이 확실하다고 이야기한다는 뒷소문을 들었다. 그 후로는 촉토 대학생들도 대단히 우호적인 자세로 큰 도움을 주었다.

웃지 못할 촌극도 벌어졌다. 하루는 좀 늦게 촉토 부족정부 청사를 나섰는데 중늙은이로 보이는 한 촉토 인디언이 나를 기다리고 있었다고 했다. 무슨 일이냐고 물었더니, 자기가 어제 소변에 피가 나왔는데 왜 그런지 좀 봐 달라는 것이었다. "아이고, 나는 그런 것은 모른다"고 했더니, 돈은 나중에 어떻게 마련해 보겠으니 얼른 좀 고쳐달라는 것이었다. 나는 하도 이상해서 왜 나에게 그런 이야기를 하느냐고 물었더니, 리저베이션에서 모두가 당신을 '닥터 김'이라고 부르는데 왜 당신이 의사가 아니라고 발뺌을 하느냐는 것이었다. 나를 '의사'인 '닥터'로 오해를 한 것이다. 나는 그에게 나는 그런 닥터가 아니라고 장황하게 설명했지만, 그 촉토 인디언이 의사가 아닌 철학박사Ph. D를 알 턱이 없었다.

한편 리저베이션에서는 알코올alcohol의 소지나 섭취가 법으로 금지되어 술을 구할 수도 마실 수도 없다. 그래서인지 소독용 화학 알코올을 마시다가 위가 탈이 나는 사람들도 있었는데 오히려 아주 명석한 젊은 친구들이 그런 짓을 한다고 했다. 장래에 대한 희망이 별로 없다는 좌절감에서 오는 것이라고 추장이 내게 한 말이 생각났다. 그런 영리한 젊은 인디언들을 위해서라도 자신이 촉토 경제개발을 하지 않을 수 없다던 그의 말을 들으니 우리 1960년대 개발을 주도하던 박정희 대통령 생각이 났다. 박 전대통령을 개발독재자로 비판하는 사람들이 있듯이, 우리가 촉토 경제개발계획을 위한 기초자료를 수집할 때도 일부의 젊은 촉토들이 추장 마틴을 '독재자'라고 비판하는 소리를 수시로 들었다.

힐타운에서 지내는 동안 가장 조심스럽고 무섭기까지 한 것은 현지 경찰이었다. 사실 내가 그곳에서 경찰에게 당한 일은 없다. 오히려 특별 배려를 받기도 했다. 학생들은 숱한 교통법규 위반 딱지를 받았지만, 나는 그런 일도 없었다. 하루는 타운 안에 설치된 자동 파킹미터기가 있는 곳에 차를 세우고 일을 보고 나와보니 시간은 넘었고, 드디어 내 차에는 쪽지가 붙어있었다. 그러나 그 쪽지에는 "우리 시에 방문한 것을 환영합니다! 우리 시는 귀하의 방문을 진심으로 환영하며, 우리 시를 또다시 방문해 주시기를 간절히 바랍니다. 경찰서"라고 적혔고, 다른 쪽지에는 "이 쪽지를 소유하신 분은 필요한 시간만큼 주차할 수 있습니다. 시간 제약에 구애받지 마십시오. 그러나 합리적이기를 바랍니다!"라고 적혀 있었다. 그 딱지를 붙인 경찰은 내가 누구인지를 아는 사람임에 틀림없었다. 이런 친절에 대해 그곳 문화에 익숙한 존 피터슨에게 물었더니 그의 답은 "네가 언젠가 이 타운에 관해 무언가를 쓸 줄 알고 있기 때문이라면서, 인류학자를 푸대접했다가 그 뒤에 닥쳐올 후폭풍을 생각하면 너를 해코지할 이유가 없다고 생각한 것이니 안심하라"고 했다. 그러나 그런 이야기를 들은 나는 모골이 송연했다. 그런데도 모텔에 세워 둔 내 차에 자고 나면 협박장이 붙는 것은 어쩔 수가 없었다.

힐타운에서는 인디언들에 대한 인종차별이 심했다. 한동안 테네시의 리버빌에 산 경험이 있는 한 촉토 인디언은 그가 테네시에 살 때는 백인들이 이발하는 이발소에 가서 이발을 했지만, 힐타운에서는 백인들이 이발하는 이발소를 갈 수 없다고 했다. 한번은 힐타운에서 좀 떨어진 곳에 좋은 식당이 있다는 이야기를 듣고 특별히 수고한 촉토 학생을 데리고 가서 밥을 사주려고 했으나, 그 학생이 말하길 그 식당에 촉토는 출입이 되지 않는다고 해서 가지 못했다. 가장 긴장했던 순간은 인디언 부족정부 청사에서 가장 먼 거리에 있는 보그 호마 커뮤니티를 학생 조교와 함께 다녀오는 길에 시장기가 들어 길가의 식당에 들어갔을 때였다. 나와 동행한 조교는 주디 브로드스트리트Judy Broadstreet라는 학생이었는데, 우리 학교의 5월의 여왕, 즉 '메이퀸'으로도 선발되었던 미인이었다. 우리 두 사람이 식당에 들어서자 그 식당 안에 있던 모든 사람의 시선이 우리에게 집중되었다. 흡사 서부영화에서 식당 안의 깡패들이 홀로 들어서는 보안관을 노려보는 장면과 꼭 같았다. 그들은 아무 말도 안 했지만 보아하니 "이 촉토 인디언 놈이 어쩌다가 저런 금발의 백인 미인을 꿰찼지?" 하는 표정이었다. 짓궂은 주디가 "김 박사님, 제가 이 사람들 앞에서 박사님께 키스를 한 번 하면 어떨까요?"라고 했다. 나는 주디에게 "그러는 즉시 내 머리에 총 구멍이 몇 개 날 거야"라고 했다. 정말 일촉즉발의 위기였다. 그나마 주디의 가슴에 찬 명찰이 안전장치가 되어 인력 조사를 하러 온 학생조교임을 알고는 다소 분위기가 안정되었고 주디가 키스 대신 나에게 큰 소리로 '김 교수님'이라고 불러준 덕에 위기를 겨우 모면했다. 인디언이 백인 미녀와 같이 다니면 봉변을 당할 수 있는 곳이었다. 그런 의미에서 힐타운은 보그 호마보다는 '문명화된' 곳이라고 느끼게 됐다.

3개월 동안 나는 인류학자로서 현지조사에 집중하는 것보다 말단 행정업무에 시달렸다. 부족정부의 인디언 간부들과 그 밑에서 일하는 백인 기획담당관들 사이에서 의견 조율도 해야 했고, 제멋대로인 학생 조교들을 '어르고 달래며' 때로는 협박도 해야 했고, 인디언 출신 대학생들의 협조를 받느라 읍소泣訴도 하다 보니 3개월이 금방 지나갔다. 나는 앞으로는 '정부'가 지원하는 기금을 사용하는 현지조사는 되도록이면 피하겠다고 결심했다. 정부가 요구하는 서류를 작성하다 보면 연구하려는 대상은 사라지고 만다. 나는 이 조사를 수행하면서 촉토 인디언들과 접하기보다는 행정담당자들과의 행정업무에 모든 시간을 쓴 것 같이 느껴졌다.

여기까지 쓰다 보니 내가 타고 다닌 자동차에 대해서 감사하지 않을 수가 없다. 고학생일 때 중고차를 타고 다니다가 취직을 하고 1972년에 크라이슬러Chrysler의 '다지 코로넷Dodge Coronet'이라는 새 차를 난생처음 구입했는데, 이 차는 촉토 인디언 연구를 하느라고 서부 테네시와 미시시피를 수없이 다녀서 차의 주행계기gage는 이미 10만 마일을 넘기고 다시 돌아 2만 마일로 기록되어 있었다. 한참 후에 이 차를 처분할 때 차의 주행 기록은 3만 마일로 표시되어 있었다. 이 차를 사려는 사람이 하는 말이 "대학 교수여서 차를 정말 얼마 타지 않은 것 같다"고 했지만 (당시의 자동차의 마일리지 계산기는 여섯 단위(digit) 이상은 없었고,

다 채우면 '0'부터 다시 시작되었다) 우리 집사람이 정직하게 "사실은 차에 표시된 마일리지 게이지는 여러 바퀴를 돌아 다시 시작한 것"이라고 하면서 500달러를 주겠다는 것을 300달러만 주고 가져가라고 했다고 한다. 23년된 낡은 차를 처분했다는 이야기를 퇴근한 후에 집사람에게서 들었다. 내 촉토 연구를 끝내게 해준 "애마愛馬"라 섭섭하기도 했다. 내가 그 차를 하도 오래 타고 다녀서 우리 타운에 사는 사람들은 그 차만 보면 우리인 것을 알 정도였다. 그 차로 테네시 주의 리버빌 촉토도 자주 다녔고, 힐타운에서 7개의 촉토 커뮤니티를 다닌 거리도 대단했지만, 주말에 집에 다녀오려면 근 458km의 먼 거리를 주파해야 했다. 주말에 우리 학생조교들이 돌아온 후인 저녁 8시에 힐타운을 떠나면 마틴 집에는 새벽 1시가 넘어서야 겨우 도착할 수가 있었다. 내 차에 기록된 마일리지는 내가 현지조사를 위해 얼마를 다녔는지를 가늠하는 척도였다.

서부 테네시의 리버빌과 미시시피 중동부의 7개의 커뮤니티에 흩어져 살고 있는 1,862명의 남자와 1,921명의 여자들에 대한 전수조사는 작정한 기간 내에 성공적으로 마쳤다. 이제 촉토 부족정부는 자신들이 누구이며 그들이 할 수 있는 경제개발계획을 수립할 자료를 갖추게 된 셈이다. 촉토의 노동인구는 1,481명이었으며, 그중 65%는 직업을 가진 사람이고, 8%는 직업훈련소에서 훈련 중에 있었으며, 나머지 27%는 실업자들이었지만 언제든지 직장이 있으면 일을 할 용의가 있는 사람들이었다. 이런 성공적인 결론을 얻기까지 나는 별별 소리를 다 들었다. 촉토 관리청 직원이나 촉토 부족정부의 담당자들, 심지어 일부 타운 상인들까지도 내가 우리 프로젝트에 관여한 사람들을 혹사시킨다는 소리를 하기도 했다. 그러나 나로서는 무슨 말을 듣든 간에 프로젝트를 성공적으로 끝낸 것에 만족했다.

이 때 주미대사로 계시던 함병춘 선생님께서 촉토 부족정부에 있는 내 사무실로 전화를 하셨다. "지금 네 고향 인근의 옛 양반 문화의 중심지역이 댐 건설(안동 댐)로 마을 전체가 수몰水沒될지도 모른다면서 옛 선비 문화와 양반 문화에 관한 기록 보존을 위해 일본 대학 교수들까지 와서 향토문화보존사업에 열심인

데, 너는 어쩌자고 인디언 부족 마을에 들어가서 인디언을 돕는다고 야단법석을 하느냐"고 역정을 내셨다. 그때가 함 선생님이 주미대사로 부임하신 지 1년이 되었고, '안동 댐dam' 건설을 착공한 지 3년째가 되던 해였다.[18] 경북 북부지방의 옛 반촌문화유산이 안동 댐 건설로 수몰되기 전에 한국 인류학자들이 옛 문물을 보존하기 위해 노력하던 때이기도 했다. 그 당시 안동군 월곡면이 폐지되었으며, 예안면, 도산면, 와룡면 일대의 수많은 자연 부락들이 수몰되었다. 지금은 고인이 됐지만, 영남대학교 인류학 교수이자 내 친구인 김택규 교수는 안동 댐으로 인해 수몰 위기에 있는 도산면 소재의 고가들을 보존하려고 노력하는 과정에서 의인마을에 있던 우리 셋째 누님 댁을 해체한 후, 그 집을 영남대학교로 이전, 원형대로 복원하고 '의인 정사'라고 작명하여 지금까지 보존되고 있다. 이 집은 바래미에 있는 내 생가를 모방하여 지은 집이다. 나는 나대로 이 촉토 프로젝트가 끝나면 남부에 살고 있는 흑인, 백인, 그리고 인디언들에 대한 현지조사를 다 해 보는 것이어서 성취감이 있었지만, 선생님은 내가 '황당한 일'을 하고 있다고 생각하시는 것 같아서 마음속으로 상처를 받았다.

기분전환을 할 겸 촉토 부족사무실을 빠져나와 내가 묵고 있던 모텔 식당 구석에 혼자 앉아 지난 일과 앞으로 할 일을 생각하고 있는데, 추장인 필립 마틴이 와서 내 어깨를 두드리면서 "이곳 사람들은 모두 김 교수를 칭찬한다"고 말했다. 우리의 조사를 기반으로 세운 장기적인 경제개발계획을 설명하며 내가 주관해서 모은 이 자료가 얼마나 요긴하게 쓰였는지는 곧 알게 되고, 이 일에 대해 보람을 느낄 것이라고 했다. 그때까지 나는 한국의 경제개발계획을 잘 모르고 있었지만, 나중에 한국에 와서 한국의 경제발전 상황을 직접 눈으로 보면서 필

18 안동 '댐dam'은 경북 안동시에 있는 다목적 댐으로 1971년 4월에 착공하여 5년 6개월 만인 1977년 5월에 본 댐을 준공했다. 이 댐으로 인해 하류지역 44,000ha에 달하는 농지에 연간 3억㎥의 농업용수와 부산 대구 등에 연간 4억㎥의 생활 및 공업용수를 공급하고 있다. 옛 경상도 사람들의 농담 중 "낙동강은 긴 700리를 흐르면서 '한 뙈기'의 논에도 물을 댈 수도 없는 쓸모없는 강"이라던 말은 옛말이 되고 말았다.

립 마틴의 경제개발계획은 한국의 경제개발계획의 판박이였음을 알게 됐다.

지금까지도 내가 한 사람의 응용인류학자로서,[19] 또 아시아 출신의 인류학자로서 촉토 인디언들의 인력조사연구를 한 것이 결과적으로 얼마나 촉토 인디언들의 경제개발계획에 기여했는지를 스스로 평가하기는 어렵다. 그러나 촉토 경제발전 상황이 미시시피 지역의 백인들의 평균치를 훨씬 상회하고, 미시시피 인디언 리저베이션이 미시시피 중동부에 가장 큰 직장 제공처가 되어 수천 명의 백인을 고용하였으며, 나중에는 멕시코에 촉토 해외투자기업까지 건설하게 된다. 그 과정에서 내가 그들에게 계획을 수립할 수 있는 자료를 손에 쥐여 주었다는 점을 함 선생님이 너무나 과소평가하셨는지도 모르지만, 나는 당신이 왜 "제 나라 일은 안하고 인디언들을 돕는 황당한 일을 하고 있느냐"고 말씀하신 뜻을 너무나 잘 알기에 더 마음이 무거웠다. 애써서 연대 사회학과를 만드셨는데 내가 걷어찬 것같이 되어버렸기 때문이다. 큰 돈을 원하지는 않지만 꼭 필요한 때에 필요한 만큼의 돈을 쓸 수 있는 처지에 있는 사람들은 얼마나 행복할까? 그러나 내가 할 수 있는 "심어진 곳에서 꽃을 피워야만" 하지 않겠는가? 그 해 남은 기간을 존 피터슨과 촉토 인디언 부족정부의 일을 맡았던 바바라 스펜서Barbara Spencer와 셋이서 여름 3개월 동안 모은 방대한 자료를 분석하여 자료집을 출간하면서,[20] 나는 1년간의 휴직 기간을 마무리하고 학교로 돌아갔고 촉토 부족 정부는 경제개발 계획수립에 착수했다.

---

19 응용인류학applied anthropology이란 이론적인 인류학과는 달리 인류학적인 이론과 방법론을 활용하여 우리의 실제 생활에 도움을 주는 것을 말하는데, 이는 인류학의 전 분야에 원용될 수 있다.

20 Barbara G. Spencer, John Peterson, Jr., and Choong S. Kim, *Choctaw Manpower and Demographic Survey, 1974* (Philadelphia, Mississippi: Mississippi Band of Choctaw Indians, March 1975).

촉토의 기적 같은 경제발전을 보는 감회

조사가 끝난 이후 나는 한동안 힐타운 출입을 하지 않았는데, 추장 마틴이 학교로 나를 찾아왔다. 1978년이었는데, 이번에는 전국인디언경영서비스National Indian Management Service라는 단체의 중심이 된 마틴이 내게 미시시피강 동쪽 22개주에 있는 인디언들의 성인교육에 관한 연구책임자를 맡아달라고 했다. 마틴의 말에 의하면 인디언들이 백인 인류학자보다는 나와 일하는 것이 더 편하고 좋다고 했다는 것이다. 그러나 말이 그럴싸해서 그렇지, 미시시피강 동쪽의 22개주는 미국의 반을 의미하는 것이니 실제로 하게 된다면 이 광대한 지역에 흩어져 사는 수많은 인디언 부족들을 상대해야 했다. 촉토 추장은 혹시 학교나 내가 이 일을 못하겠다고 하면 학교 챈슬러Chancellor에게 찾아가 내가 그 일을 하도록 "떼를 쓰려"고 직접 왔다는 농담까지 했다. 정부의 지원금을 받는 일인데 학교가 마다할 이유는 없었다. 그러나 이 일은 내가 매주 이틀만 학교에서 수업을 하고 나머지 시간에 내슈빌이나 멤피스 공항으로 가서 비행기를 갈아타가며 동북부주로 다녀야 하는 고된 일이었다.

가장 인상적인 여정은 미국의 맨 위쪽에 위치한 메인Maine주를 다닐 때이다. 패놉스캇 인디언Penobscot Indian을 만나기 위해 멤피스 공항을 출발하여 애틀랜타, 보스턴을 거쳐 메인주의 뱅고Bangor공항에서 자고 패놉스캇 인디언을 만나러 가야 했다. 그런데 이걸 어쩌랴! 날씨가 너무 추웠던지 카뷰레터에 온열장치를 연결해 놓았음에도 불구하고 아침에 차의 시동이 걸리지 않았다. 천신만고 끝에 겨우 찾아간 마을의 인디언들은 신발 밑에 테니스 라켓 같은 망을 붙여 신고 다녔다. 안 그러면 신발이 눈에 묻혀 못 찾는다고 했다. 그래도 그들이 점심이라고 내놓은 조개탕은 그간의 모든 고생을 단숨에 날릴 만한, 평생 처음 맛보는 별미였다. 아침상에 올라오는 블루베리 머핀muffin도 그곳에서만 맛볼 수 있는 귀한 음식이었다. 내가 느낀 것은 북쪽의 인디언들은 남쪽의 체로키나 촉토 인디언들보다 교육을 더 많이 받은 것 같고, 그중에는 아이비리그 출신들도 여럿이 있다고 했다. 하기야 아이비리그 중의 하나이자 1769년에 설립된 다트머스대학Dartmouth College은 원래 미국 원주민 인디언들에게 기독교 신학과 인문과학 교육을 하기 위해 설립된 학교였으니 북쪽의 인디언들의 교육 정도가 남부의 인디언들보다 높을 수밖에 없었다.

가장 인상적인 인디언들과의 모임은 보스턴Boston에 있는 인디언 집합체인 보스턴인디언의회Boston Indian Council와의 모임이었다. 여러 부족이 섞인 인디언 협의체였는데 개중에는 하버드 출신도 몇 명이 있었다. 그들이 나와 추장 마틴을 대하는 태도는 약간 고자세였고, 아이들 표현으로 '까칠'하기까지 해서 나는 촉토 부족정부의회 의원들에게 했던 협조를 호소했던 연설과는 조금 다른 어조와 내용으로 그들의 관심을 집중시켜 보려고 했다. 내 연설 요지는 다음과 같았다.

존경하는 보스턴 카운슬 회원 여러분, 여러분들이 보시다시피 저는 동양인이기 때문에 제 생김새가 여러분들과 아주 비슷합니다. 만일 여러분들에게 제가 치카소Chicasaw 인디언이라고 한다면, 여러분들은 제 말을 믿을 수밖에 없을 것입니다. 저는 인류학자이지만, 대부분의 미국 인류학자들과는 달리 피부색은 여러분들과 같습니다. 제가 여러분들에게 남다른 관심을 가지고 있는 이유는 피부색이 같은 점도 있지만 그 밖에도 제 고국의 문화가 여러분들의 문화와 너무나 비슷한 점이 많기 때문입니다. 미시시피 촉토 부족정부의 일을 도와드릴 때, 어느 촉토 할머니가 모기를 쫓기 위해 나뭇잎을 태워서 연기를 내는 것을 보고 제가 어릴 때 자란 시골 농촌으로 돌아간 것 같은 느낌을 받았습니다. 어떤 의미에서는 이 카운슬 회의가 한국의 시골 마을의 원로 모임 같다는 생각이 듭니다. 전국인디언경영서비스National Indian Management Service가 주도하는 인디언 성인교육adult education연구에 많은 협조를 해 주시기를 당부드립니다. 이 성인교육은 인디언들이 자신의 진로를 개척하는 '자기결정론self-determinism'의 중요한 요소가 될 것이기 때문입니다. 미시시피 촉토는 4년 전에 자신들의 장래 진로개

척을 위한 경제개발계획 수립의 기초작업으로 촉토에 대한 '인력man-power'조사를 한 일이 있는데, 여러분도 소문을 들어서 아시다시피 촉토는 여기 저와 같이 온 필립 마틴 추장의 지도력으로 벌써 경제개발계획에 많은 진전이 있었습니다. 우리가 지금 계획하는 성인교육연구에 여러분들의 협조를 바라겠습니다. 그리고 여러분들을 만난 제 개인적인 느낌을 말씀드리자면, 여러분들의 조상이 저보다 수만 년 먼저 베링해협을 건너왔다고 해서 좀 늦게 건너온 저를 무시한다면, 당신들도 백인들과 다를 바가 없지 않겠습니까?

내가 인사말을 이렇게 하자 모두가 내 말을 조용하게 경청하기 시작했다. 마틴 추장은 나보고 다른 부족들을 만날 때도 오늘 내가 한 말을 그대로 하라고 했다.

필립 마틴은 그곳 인디언들과 저녁을 같이 하면서 인디언들끼리의 협조를 논의하겠다고 떠나고, 나는 고등학교의 동창이자 내가 에모리대학교를 다닐 때 조지아공대 대학원을 마치고 부동산업에 뛰어들어 엄청난 부호가 된 친구의 안내로 케네디가의 형제들이 즐겨 찾는다는 유명한 '생굴 집(Oyster)'에서 해물을 한껏 먹었다. 숙소인 하버드 스퀘어 인근에 위치한 '하버드 스퀘어호텔Harvard Square Hotel'은 2성급 호텔에 불과했지만 하버드대학과 가장 가까운 거리에서 하룻밤을 보낸 기억이 새롭다.

전국인디언경영서비스 프로젝트를 수행하면서 가장 놀랐던 일은 룸비 인디언Lumbee Indian들을 만나기 위해 노스캐롤라이나주의 로베슨 카운티Robeson County의 룸버톤Lumberton에 갔을 때이다. 약속 시간에 인디언들은 보이지 않고 흑인과 백인들만 보여서 한없이 기다리다가 하는 수 없어 "인디언들은 어디 있느냐?"고 물었더니, 내 눈에는 흑인이나 백인으로 보이는 사람들이 "우리가 인디언"이라고 했다. 지금까지 나는 나와 비슷하게 생긴 촉토나 체로키 같은 비교적 순수 혈통의 인디언들을 만나다가 룸비처럼 혼혈인 인디언들을 처음 접하고 또 새로운 사실을 알게 됐다. 소위 혼혈인 '뮬라토mulatto'들이 많은 룸비를 보고 이들에게서 인디언의 혈통을 따진다는 것은 어려운 문제일 것으로 생각했다. 내가 보스턴인디언의회에서 했던 연설은 룸비 인디언들에게는 맞지 않았다. 돌아오는 길에 마틴은 나에게 “룸비 인디언부족은 이미 이 세상에 존재하지 않는다”고 본다고 했다. 그는 인디언이라면 자신들의 고유한 언어와 그네들만의 고유한 문화를 가져야만 하는데 룸비는 그 특성을 잃었다는 것이다.

나중에 노스캐롤라이나의 체로키 인디언 리저베이션을 찾았다. 6년 전인 1968년에는 한 사람의 관광객으로 찾았으나 이번에는 소위 인디언 전공자로 찾아가니 격세지감이 느껴졌다. 체로키 인디언 리저베이션은 추장 마틴에게도 특별한 의미를 가진 곳이었는데, 그는 미시시피에서 중학교를 마친 후에 미시시피에는 인디언 고등학교가 없어서 체로키 인디언 리저베이션에 있는 고등학교를 다녔다며 옛 생각에 잠겼다. 이렇게 이 주에서 저 주로, 그리고 한 인디언 리저베이션에서 또 다른 리저베이션으로 돌아다니다 보니 1978년의 거의 반 이상을 비행기와 호텔에서 보냈다.

촉토의 경제발전

촉토의 경제발전은 1960년대부터 시작한 한국의 경제발전과 유사한 점이 많다. 한국의 경제발전이 온 한국민이 참여했기에 가능했듯이 모든 촉토 인디언들의 헌신적인 노력이 뒷받침된 덕분에 가능했지만, 그 원동력을 제공한 사람은 추장 필립 마틴이다. 그의 지도력에 관해 이야기를 하자면 이 책 한 권을 다 써도 부족할 것이라 여기서는 그의 자서전이자 평전을 겸한 책 소개로 가름하겠다.[21] 마틴은 자신의 지도력은 군대 생활을 통해 습득했다고 하는데 실제로 그는 제2차 세계대전 중에 유럽 전선에 참전했었다.

---

21 Chief Phillip Martin with Lynne Jester and Kendall Blanchard, *Chief: The Autobiography of Chief Phillip Martin, Longtime Tribal Leader, Mississippi Band of Choctaw Indians* (Brandon, Mississippi: Quail Ridge Press, 2009).

우선 마틴은 나의 1974년 여름 조사로 얻은 촉토의 인력 자료를 면밀하게 분석한 후 촉토 인력을 보완하기 위해 제일 먼저 성인교육, 직업교육, 그리고 직업갱생 프로그램을 도입했다. 촉토의 인력을 개발하는 것과 동시에 외부기업들이 보호구역에 산업시설을 설치할 매력을 느끼도록 최대한의 노력을 했다. 미시시피주가 1930년대 여러 가지 특혜를 제공하면서 북부의 기업을 유치하던 것과 똑같은 방법으로, 추장 마틴은 외부의 기업들에게 인디언 리저베이션이 기업에 제공할 수 있는 유리한 조건들을 소개했다. 각종 세금감면 혜택, 저임금의 풍부한 노동력, 최소한의 정부규제, 공장부지로 쓸 만한 넓은 사업용 부지, 그리고 지역적으로 힐타운이 미국의 중심부에 위치한 점 등을 미국 기업들에게 널리 알렸다. 값싼 임금을 찾아 제3국으로 갈 필요가 없이, 후진국이 미국 기업들에게 제공하는 이상의 인센티브incentive를 제공하는 미국의 중심부에 위치한 인디언 리저베이션이 있다는 소개에 3년 사이에 500여 개의 미국 기업들에 사업계획서를 제출했다.[22] 1977년에는 미합중국 경제개발청의 후원을 받아 기존의 촉토 산업공단부지를 80에이커로 확장했고, 그 부지에 전기를 가설하고 도로를 개설했으며 각종 부대시설을 갖추었다. 제너럴모터스사의 계열사인 팩커드 일렉트릭Packard Electric은 촉토 부족에게 기술과 장비를 제공하고 신입사원의 연수까지 맡았다. 이를 위해 촉토 부족정부는 43,000평방피트의 공장 건물을 신축했다. 이뿐만 아니라 부족정부는 미국 연방정부 경제개발청의 후원금과 인디언재정법Indian Financial Act에 근거해서 인디언 관리국BIA의 보증으로 지방은행의 융자를 받아 촉토가 최초로 설립한 차타기업Chata Enterprise을 육성시켰다. 2001년에는 차타기업이 공장 4개를 확보하는 기업이 되어 19만 평방피트의 제조 면적에, 1천 2백 명의 종업원을 고용하여 연간 임금지급 액수만 1천2백만 달러에 달하고, 연간 매출액은 4천3백만 달러나 되는 규모로 성장했다. 내가 처음 갔을 때

22 Peter J. Ferrara, *The Choctaw Revolution: Lessons for Federal Indian Policy* (Washington, DC: Americans for Tax Reform Foundation, 1998), p. 64.

만 해도 차타 개발사는 30.6에이커의 땅을 산업단지로 지정한 것 이외에는 아무 것도 없는 벌판이었다.

차타기업을 통해서 제너럴 모터스를 유치하는 데 성공했다는 사실은 다른 기업들을 유치하는 데 촉매작용을 했다. 이곳에 투자하고 입주한 기업의 명단은 길다. 몇 기업만 예를 든다면 아메리칸 그리팅사, 통신사인 AT & T, 보잉Boeing, 포드Ford, 맥도널 더글라스McDonnell Douglas, 나비스타Navistar, 그리고 제록스Xerox, 맥도날드McDonald's가 사용하는 플라스틱 숟가락, 포크, 칼 등을 주로 생산하는 퍼스트 아메리칸 플라스틱 몰딩First American Plastic Molding 등이 있었다. 그중에서도 촉토 인디언들의 고수익을 보장하는 '캐시 카우Cash Cow'는 1994년에 개장한 카지노Casino 실버스타였다. 내가 방문한 2000년 가을에는 2,800여 개 이상의 '슬롯 머신slot machine'과 100여 개의 테이블을 가진 라스베가스Las Vegas 형태의 카지노를 24시간 운영하고 있었다. 이 카지노는 6개의 식당과 5만5천 평방피트의 회의실과 오락용 극장을 구비했고, 508개의 객실을 갖춘 호텔과 상점에 2천2백 명의 종업원을 고용하고 있었으며 급여 총액만도 4천5백만 달러에 달했다. 이 위락시설은 18홀의 골프 코스도 갖추고 있었고 2억5천만 달러를 추가로 투자하여 '골든 문Golden Moon'이라는 이름으로 호텔도 추가하고 카지노도 확장하여 짓고 있었다.

헌터 웰스 교수개발연구비E. Hunter Welles Faculty Development Fund 덕분에 나는 22년 만에 집사람과 함께 힐타운의 리저베이션을 방문할 수 있었다. 촉토 인디언들과 일을 한 후에 내가 한국으로 오기 전까지 촉토 인디언 신문인「촉토 커뮤니티*Choctaw Community*」를 한 주도 빼지 않고 보내 주어서 촉토에서 일어나고 있는 큰 일들은 알고 있었지만, 막상 내가 리저베이션을 가기 위해 네쇼바 카운티에 도착했을 때 리저베이션으로 가는 길을 찾을 수 없을 정도로 힐타운은 변해 있었다. 인디언 리저베이션이라는 표지판보다는 '실버스타'라는 카지노 사인이 먼저 보였고 추장의 안내로 나는 대도시로 변한 리저베이션의 모든 시설을 둘러본 후, 카지노에 딸린 여러 호텔 중에서 추장 마틴과 함께 그의 이름을 딴 식당에서 식사를 하면서 그간 리저베이션에서 일어난 기적과도 같은 경제부흥에 대한 설명을 들었다.

나는 추장의 이야기를 듣고 현장을 보면서도 22년 만에 이룩한 촉토의 경제발전을 믿기가 어려웠다. 추장 마틴에 의하면 2000년 여름 현재 부족정부의 직원 수만 1천3백 명이고, 다른 2천2백 명의 촉토 인디언들은 카지노에서 일하며, 또 다른 2천2백 명은 부족정부가 운영하는 기업이나 사업체에서 일하고 있다고 했다. 1974년 조사 때 촉토 인구가 3,783명이었는데, 지금(2000년)은 8천3백 명으로 늘었을 뿐만 아니라, 그들 중 고용된 인원이 5천7백 명이니 일하기를 원하는 촉토 인디언은 누구나 일자리를 가질 수 있다는 의미였다. 1974년 당시의 실업률이 26.6%이던 것을 생각하면 놀랄 만한 발전을 한 것이다. 고용된 촉토 인디언들이 받는 연간 급여 총액은 9천1백만 달러이고, 그곳에 흔한 원목 판매로 얻어지는 수익만도 3억 달러나 된다고 했다. 추장 마틴에 따르면 "촉토 부족정부는 미시시피주 전체에서 열 번째 안에 드는 최대 고용창출 기관이며, 네쇼바 카운티에서는 가장 큰 고용업체이고, 미시시피 중동부에 있는 몇 개의 인접 카운티를 다 합쳐도 촉토 부족정부가 제일 큰 고용창출업체"라는 것이었다. 또 촉토 인디언 외에도 근 3천 명 이상의 백인과 흑인들이 촉토 인디언들이 소유하고 운영하고 있는 기관에서 일하고 있었다. 2000년 여름 기준으로 미시시피 촉토 인디언 보호구역에 사는 촉토 인디언들의 연평균소득은 2만4천달러 이상이며, 이는 지난 사반세기 동안 10배 이상 늘어난 것이라 했다.

추장 마틴은 다음날 우리 부부에게 새로 건축이 진행 중인 촉토 인디언들의 단독주택건설 현장, 그리고 청소년 보호 및 재활원의 공사현장을 보여 주었다. 그는 젊은 진보 성향의 촉토 젊은이들로부터 자신이 주도한 카지노 설치와 각종 경제개발 정책이 오히려 청소년들의 탈선을 조장한다고 비판하는 소리가 나오고 있다며 그래서 이 시설의 건설을 서두르고 있다고 했다. 추장은 청소년의 탈선이란 것이 가난해도 여유가 있어도 일어나는 것이라면, 경제적으로 궁핍하면서 사회적인 문제를 안고 가야 할 바에야 차라리 경제적으로 윤택하면서 사회문

5-5. 촉토 인디언 부족이 운영하는 카지노 실버스타 전경.

제를 안고 가는 것이 낫지 않겠느냐고 하면서 "카지노에서 나오는 수입은 촉토 인디언들의 교육기회를 확대하고, 의료시설을 개선하며, 안전하고 위생적인 주택 환경개선과 보호구역 내의 하부시설을 확충하고 보완하는 데 쓴다"고 했다. 그는 내가 테네시에 진출한 일본 기업들에 대해 쓴 연구서에 대해 들었다면서, 촉토도 1987년에 촉토 기업인 차타가 임금이 미시시피보다 싼 멕시코의 소노라Sonora에 1백만 달러를 투자해서 멕시코 현지공장을 세웠는데, 맥시코인 1천4백 명을 고용했다고 했다. 촉토의 세계화임에 틀림없다. 애리조나주의 투손Tucson에서 300마일 남쪽에 있으니 같이 가 보자고 했다.

이틀 간의 방문 중에 우리 집사람은 난생처음 해 본 '슬롯 머신'에서 50불을 땄다. 내가 떠날 때 추장은 자기네 부족을 위해 봉사해 준 것에 보답이라고 하면서 여러 가지 선물을 주었다. 우리 두 사람의 친구였던 존 피터슨의 죽음에 대해 애도의 뜻도 함께 나누었다. 나는 선물에 감사하면서 촉토 인디언들이 경제적으로 윤택해져서 잘 먹고 편안한 집에서 살며 안정된 직업을 가지고 사는 것을 보니, 비록 짧은 기간이었지만 내 시간과 노력을 촉토 인디언들을 위해 바친 보람이 있었다. 촉토는 마틴 같은 훌륭한 추장을 가진 것이 행운인 것 같다.

작별하기에 앞서 그는 촉토가 제2의 도약을 준비 중이니 1974년때처럼 자기를 도와줬으면 좋겠다는 제의를 했다. 그때는 내가 한국으로 돌아갈 계획이 없을 때라 그러자고 약속을 했다. 2000년 12월에 마틴은 2001년이면 내가 학교에서 은퇴를 할 수도 있으니, 그때부터 촉토 프로젝트를 풀 타임full-time으로 해달라는 편지를 보내왔다. 그러나 그때 나는 신설된 한국 최초의 '온라인 대학'인 한국디지털대학교(현 고려사이버대학교) 총장으로 영입되는 바람에 그의 제의를 거절하고 한국으로 오게 되었다. 그리고 그는 내가 한국으로 돌아온 지 9년 만인 2010년 2월 4일, 84세를 일기로 사망했다. 마틴의 간곡한 부탁을 거절하고 온 것이 늘 마음에 걸린다. 그러나 그와 함께 일했던 많은 일들은 내 기억 속에 영원히 살아 있을 것이다. 그의 명복을 빈다.

테네시대학교에 둥지를 틀다

제6장

서울에 이삿짐을 보낼 주소조차 없으면서도, 나는 공부를 끝내고 서울로 돌아가면 함병춘 선생님이 연대에 취직을 시켜 주실 거라고 막연하게 생각했었다. 그렇지만 예일대학에서 연구년을 마치고 연대로 돌아가신 선생님이 1970년에 박정희 대통령의 보좌관으로 임명되셔서 1973년까지 학교를 휴직하시게 되었다는 소식을 듣고 연대로 갈 꿈을 접었다. 그리고 나서 얼마 후 함 선생님으로부터 연대 문과대학 내에 사회학과를 신설하기로 했으니 일단 돌아오라고 말씀하셨다. 그러나 그때 나는 이미 가을학기부터 테네시대학교와 고용계약을 체결한 후였다. 내가 당장 돌아갈 수 없는 이유를 선생님에게 구차하게 편지로 전할 수가 없던 차에 1971년 여름, 마침 선생님이 워싱턴에 오신다고 하셔서 직접 선생님을 뵙고 사정을 말씀드리기 위해 워싱턴에 갔다. 선생님은 내 딱한 처지를 이해는 하셨지만, 새로 설립한 학과는 1972년에 시작해야 하니 한국으로 돌아갈 형편이 되는 전병재 교수가 먼저 가는 것으로 되었다. 나와 함께 법의식 연구도 같이 했던 동료였으니 그가 학과의 책임을 맡으면 후에 내가 형편이 되었을 때 연대로 가는데 문제가 없을 것이라고 선생님은 말씀하셨지만, 전 교수는 나에게 빈말이라도 "연대로 돌아와서 같이 일해 보자"고 한 적이 단 한 번도 없었다.

연대로 갈 수 있는 기회를 놓친 나는 "심어진 곳에서 [그곳이 비록 미국의 대학일지라도] 꽃을 피워야 한다"는 각오를 다졌다. 우선 내가 근무하게 된 테네시대학교를 평생 직장으로 생각하고 내 자리를 확고하게 만들기로 했다. 이를 위해서는 내가 가장 잘할 수 있다고 생각하는 '글쓰기'와 '책 짓기'에 집중하겠다고 생각했다. 그다음으로는 내 집만이라도 미국 내에 있는 '한국 식민지'로 만들고자 '집 짓기'를 목표로 세웠다. 마지막으로, 비록 내가 한국에 있는 대학으로 가지는 못했어도 한국에 관한 연구를 지속적으로 하기 위해 한국 연구에 도움이 될 연결고리 '짓기'에 매진하기로 했다.

마틴Martin 이라는 곳

웬만한 크기의 지도로는 마틴Martin이라는 시市를 찾기가 힘들다. 그러나 『에스콰이어 잡지*Esquire Magazine*』[1]는 1970년에 미국에서 가장 행복한 타운으로 마틴을 선정했다. 7천여 명 미만의 인구 중에 대학생이 5천여 명이나 되니 학생을 뺀 타운의 인구는 2~ 3천여 명에 불과하고 그 사람들도 거의 모두가 대학과 관계를 맺고 사는 사람들이다. 서로 다 알고 지내는 사람들인 데다 학교 청원 경찰에다 시 경찰까지 있어서 타운의 치안도 안전하다. 카운티에서 경영하는 웨스트뷰 하이스쿨Westview High School은 이름도 명문 사립고등학교 같지만, 실제로도 졸업생 여러 명을 매년 동부의 아이비리그를 위시한 전국의 명문대학에 보낸다. 『에스콰이어』가 미국에서 살기 좋은 타운으로 선정한 이유도 터무니없지는 않은 것이다.

내가 취직하던 해에 학교가 역사상 최대 숫자인 32명의 신임 교수를 채용한

1 『에스콰이어 잡지*Esquire Magazine*』는 1933년에 시카고에서 창간된 남성 잡지이며, 격월로 1년에 6회 발행한다. 1986년부터는 20개국에 국제판을 발행하고 있다.

덕에 서로의 처지를 이해하는 나 같은 외국 출신 교수들도 여러 명 있었다. 나는 C-17이라는 C동의 2층 방 3개짜리 학교 아파트를 얻었다. 이사를 온 다음 날, 내 바로 아래층에 재인Jain이라는 성을 가진 인도 출신의 수학 교수가 찾아와서 자신과 집을 바꾸자고 했다. 왜 남의 집을 탐내느냐고 물었더니, 자기는 '재인Jain'이라는 종파에 속해서 종교적인 이유로 벌레를 죽일 수 없지만, 나는 그런 종교를 갖고 있지 않아 벌레를 죽일 수 있을 테니 바꾸자는 것이었다. 그 인도 출신 교수를 보면서 나는 교수로 부임했다기보다는 인류학자로 낯선 곳에서 낯선 사람을 상대로 현지조사를 온 것으로 생각하기로 했다. 장난끼가 심한 두 아들을 둔 나로서는 아래층 사람들이 '층간 소음'문제로 시비를 걸어오지 않은 것만으로 만족했다.

내가 근무할 학과 이름은 사회학 및 인류학과Department of Sociology and Anthropology였지만, 내 친구인 닐 스미스와 내가 그 학과에 부임하기 전까지 인류학을 가르치는 교수는 없었다. 그러다 보니 인류학을 택하는 학생도 거의 없었다. 닐과 내가 부임해서 인류학 개론 과목을 개설했으나 수강생이 거의 없었다. 나는 사회학 개론Sociology 101을 가르쳤지만, 닐은 형질인류학Physical anthropology 중에서도 영장류Primatology를 전공했으니 사회학을 가르칠 수가 없었다. 그나마 교양인류학 과목은 닐이 가르치게 되고, 나는 사회학 교양과목을 가르치는 사회학 교수로 분류되었다. 학과 이름을 사회학 및 인류학으로 유지하기 위해서는 인류학을 전공한 교수가 적어도 한 명 이상 있어야 하는 주정부의 교수 충원 정책 때문에 학교가 닐 스미스와 나를 '장식용'으로 동시에 고용한 것 같았다.

그때만 해도 마틴 캠퍼스 학생들은 집안에서 대학을 처음 가는 세대들이 많았고 인류학을 '괴상한' 학문으로 알고 있는 학생도 많았다. 1981년 서부 테네시에 큰 홍수가 나서 미시시피강이 범람하여 주변 여러 지역이 침수되었을 때였다. 계속 잔비가 내리는 가운데, 어느 농부가 미시시피강이 넘칠 때 건진 것이라면서 큰 '괴물怪物'을 싸 들고 내 연구실로 왔다. 그 농부의 말에 의하면 괴물의 머리는 말같이 생겼고, 몸통은 거북이같이 생겼다는 것이다. 미시시피강에는 별별 기이한 동물들이 다 살고 있다고 듣기는 했지만, 세상 어디에 '말 머리에 거북이 몸통'을 한 동물이 있겠는가? 사실 나는 그 괴물을 왜 하필이면 나한테 가져왔는지가 그 괴물의 정체보다 더 궁금해서 물어보았더니 농부의 대답은 "우리 이웃에 사는 이 학교 학생이 대학에 가면 '김 박사'라는 교수가 있는데, 그 교수가 아주 '이상한 것'을 가르치는 사람이니 그 교수에게 물어보면 될 것"이라고 했다는 것이다. 일부 학생들에게 내가 가르치는 '인류학'은 '이상한 학문'으로 이해된 모양이다. 고생물학 전공 교수paleontologist의 감정에 의하면, 그 괴물은 생물체가 아니고 플라스틱 물체가 강에 떨어지는 벼락을 맞아 공교롭게도 괴상한 형태의 동물 형상으로 된 것이라 했다. 그 물체가 사람은 아니라고 하니, 모든 사람—산 사람, 죽은 사람, 미개인, 현대인, 심지어 화석화된 사람—만을 연구하는 인류학자의 연구대상은 아니므로 내 소관은 아니라고 했다. 인류학에 대한 이해는 미국 남부 어디나 거의 같았다. 조지아주나 서부 테네시주 상관없이 사람들의 생각은 별로 다를 것이 없었다.

내가 학부 학생들한테 사회학 강의를 하는 것은 별 문제가 없었으나, 나의 학문적인 장래가 문제였다. 이런 교양사회학 과목을 2년이나 가르치다 보니 내 전공이 없어진 것 같았다. 더 문제가 되는 것은 학과의 분위기였다. 학과장은 결혼상담이나 하면서 학과의 발전에는 신경을 쓰지 않았고, 나를 고용할 때 관여했던 학과의 선임 교수 두 명, 그리고 학과의 교직원, 이렇게 세 사람이 학과를 좌지우지했다. 신임이었던 나와 닐의 역할은 최소한에 그쳤고, 다른 교수들은 수업만 하고는 제각기 사라졌다. 심지어 부임한 지 1년 만에 닐 스미스는 오하이오주립대학으로 자리를 옮겨가고 나만 남게 됐다. 닐은 그래도 미국 사람이니 옮겨갈 수 있었지만, 나는 그런 처지도 못되었다. 닐이 떠나고 나니 그가 가르치던 인류학 과목이 모두 내 몫이 되었다.

외국인 교수인 나에 대한 차별은 여러 가지로 나타났다. 사회학과 건물에 빈 연구실이 있는데도 굳이 내 연구실을 캠퍼스 서쪽 끝에 있는 공과대학 건물에 배정하고, 심지어 다음 해에는 공대 건물의 한가운데 창문 없는 방으로 배정했다. 전등을 켜지 않고는 아무것도 보이지 않아서 정전이 되면 방문도 찾지 못할 지경의 방이었다. 게다가 수업은 캠퍼스의 동쪽에 위치한 사회학과 건물에서 하는데, 연구실까지 거리가 있다 보니 수업 시간 사이 사이에 드나들기도 불편하고, 비가 오면 꼼짝없이 비를 맞아야 했다. 그뿐만 아니었다. 나는 고용된 첫해부터 정년퇴직금을 적립할 자격이 있었고 당연히 가입된 줄로 알고 있었다. 그러나 후에 알고 보니, 학과장이 학교 본부에다 "김은 우리 학교에 얼마나 오래 있을지 모르니 의료보험 이외에 다른 복지혜택은 가입시키지 말라고 했다"는 것이다. 말하자면 좀 겪어 본 뒤에 내보낼 심산이었던 모양이다. 시민권이 없는 영주권자라고 차별대우를 하는 것으로 이해했으나, 다른 학과의 외국계 교수들은 그렇지 않았으니 이는 학과장의 자의였다는 것을 내가 학과장이 된 후에야 알 수 있었다.

첫해를 마친 후 연봉 사정을 할 때도 그 학교를 떠나겠다는 닐 스미스보다 내 연봉 인상률이 더 낮았다. 학과장의 변명에 의하면, 당초 연봉계약 과정에서 내가 다른 교수보다 더 높은 연봉을 받았으므로 다른 교수들과 형평성을 고려해 조정했다고 했다. 한국과 달리 미국 대학교에서 교수 월급 사정에 관한 1차 권한은 학과장에게 있다. 월급 사정의 기준은 학교마다, 또 학과마다 특성이 있기는 하지만 대체로 첫째로는 수업 성과로 얼마나 학생을 잘 가르치는지의 여부, 둘째로는 학문적인 연구업적, 그리고 세 번째가 전문지식을 바탕으로 얼마나 지역사회에 봉사나 기여를 하는지를 평가기준으로 삼는다. 저명한 사립대학들과는 달리 주립대학의 경우에는 이런 점이 더 강조되었다. 매년 주정부에서 정한 평균 임금 인상률에 따라 각 학과는 그 학과에 배당된 액수를 놓고 각 교수의 평가점수에 준하여 임금을 정한다. 우리 학과는 중심세력인 세 명의 교수가 최대의 인상률로 받았고, 나같이 아직 학문적인 업적이 없는 데다가 전공과목 대신 1학년 학생들의 교양선택 과목을 주로 가르치고, 지역사회에 봉사할 기회가 없는 신참 외국인 교수는 낮은 평가를 받을 수밖에 없었다. 다시 말해 지역의 여러

단체들의 요청에 따라 강연하는 것 등을 사회공헌이라고 하면 나에게 강연을 해 달라는 곳이 없으니 지역사회를 위해 봉사할 기회가 없었다. 그러니 내 연중 평가는 하위일 수밖에 없었다.

그러나 시키는 대로 순순히 따르다 보면 평생 사회학과 인류학 교양과목만 가르치게 될 것 같아서, 가르치는 사람이 없어 방치되어 있던 사회학과 인류학 전공자에게 필수 과목인 '사회학/인류학 490(비교가족제도, Comparative Family System)'을 내가 가르치면 어떻겠느냐고 학과장에게 물어보았다. 그제서야 학과장은 자기도 가르치고 싶다고 했다. 가르치지도 않던 과목을 두고 별안간 두 사람 간에 경쟁이 일어난 것이다. 학과장은 만일 내가 이 분야의 전문 학술지인 『결혼과 가족*Journal of Marriage and the Family*』이나 『비교가족연구*Journal of Comparative Family Studies*』 둘 중 한 학술지에 논문을 게재한다면 두말없이 내게 그 과목을 주겠다고 했다. 그는 이 두 학술지가 사회학, 인류학, 가정학(당시의 학과명) 분야의 학자들이 논문을 제출하기 때문에 채택율이 극히 낮아 "저 작은 코리안(그는 나를 부를 때 언제나 내 이름 대신 '리틀 코리안'이라고 불렀다)이 학술 논문을 게재한다는 것은 불가능하다"고 확신했던 것이다.

나는 그가 학과의 교수회의에서 공식적으로 한 약속이라 그 약속을 파기할 수 없을 것으로 믿고 절호의 기회라고 생각했다. 게재한 논문은 내가 에모리대학교 석사학위 논문 중의 일부에서 발췌한 것으로,[2] 한국의 중매결혼 제도 중에서도 특수한 '연줄혼緣-婚'을 다뤘다. 그 내용은 "자유·연애결혼에서는 사랑이 결혼을 유도하지만, 중매결혼제도 속에서는 결혼이 사랑을 파생시키기도 한다"는 논지로 시詩 형태의 서문으로 시작했다. 서양에도 중매결혼이 있었지만, 이 글은 동양 사람들의 중매결혼의 배경에 깔린 '철학적인 배경'을 설명하고 있다며 『결혼과 가족*Journal of Marriage and the Family*』에서 그 논문을 채택하고 1974년에

2 Choong Soon Kim, *Functional Analysis of Korean Kinship System*, unpublished M.A. thesis, Emory University, 1968.

출판될 거라는 공식 통지가 왔다.[3] 그때만 해도 전형적인 한국 이름을 가진 사람이 미국의 인문·사회분야의 학술지에 논문을 쓴 경우는 드물었다.

이 논문 한 편으로 학과 내에서 내 위상은 많이 달라졌다. 우선 비교가족제도를 내가 가르치게 됐고, 『결혼과 가족』에 실은 논문은 짧은 시詩 형태로 시작했기 때문에, 우리 캠퍼스의 총장인 챈슬러Chancellor 래리 맥기히Larry T. McGehee는 내가 영시英詩도 좀 아는 줄 알고 나를 공관에 초대하더니 미시시피 강변으로 지는 석양을 보면서 시 이야기를 하곤 했다. 그러나 사실 나는 영시에 관해서는 문외한이다. 맥기히는 원래 테네시주의 패리스Paris, Tennessee 출신으로 예일대학교에서 박사학위를 받은 지성인이다. 그는 남부의 100여 신문에 칼럼을 연재했는데, 나에 관한 칼럼도 몇 차례 썼다. 그는 행정가이기보다는 학자였다. 그는 1971년부터 1979년까지 마틴의 챈슬러로 있었는데, 마틴의 학생들은 풋볼보다는 공부에 치중하는 것이 옳다고 풋볼 프로그램을 축소시키려다가 타운 상인들의 반발을 사서 마틴의 챈슬러직에서 물러나 녹스빌 본부에 총장 특별 보좌역으로 갔다. 내가 46년간의 대학교수 생활을 하면서 터득한 대학의 보직자가 법인 이사장을 기쁘게 하는 비결은 재임기간 동안 아무 일도 하지 않고 '무사안일'하는 것이다. 맥기히도 학교의 풋볼 개혁을 서두르지 않았더라면 30년간 그 학교의 챈슬러로 있었을 것임에 틀림없다.

학과장의 미움을 사는 와중에 내 이름이 우리 분야에서 알려지게 되고 연방정부의 연구비까지 받게 되자, 1974년에 학교는 나에게 부교수 승진과 함께 종신Tenure보장을 해 주었다. 보통 6년 근무가 끝나고 종신직 심사를 하기 마련인데 3년 만에 종신직에 부교수 승진을 했으니 초고속 승진을 한 셈이다. 내가 연대에 대한 미련을 버리고 마틴에서 자리를 잡기로 작정한 이후부터, 나는 내가 에센스에서 학생으로 공부하던 때와 같이 1주일에 7일을 아침 8시부터 밤 11시

3 See Choong Soon Kim, "Yonjul-hon or Chain-String Form of Marriage Arrangement in Korea," *Journal of Marriage and the Family* 36(1974): 575-579.

까지 연구실에 머물렀고, 집사람이 운전을 시작하면서부터 차 한 대가 더 필요해져 구입한 붉은색 도요타 픽업트럭은 내 연구실 건물 옆 주차장에 서 있었다. 유학 온 한국 학생들도 나에게 볼 일이 있으면 밖에 세워진 내 트럭을 보고 연구실로 찾아오곤 했다. 캠퍼스를 순찰하는 학교 청원경찰을 통해 '내가 사무실에서 산다'는 소문이 퍼지기도 했다. 학사 부총장이던 엘 애딩턴A. L. Addington은 주말에 내 연구실로 찾아와서 어떻게 글쓰기에 도움을 줄 수 있을까를 궁리하다가 그때 처음으로 소개된 '워드 프로세서word processor'를 사 줬고, 그 덕분에 내 글쓰기는 속도를 낼 수 있었다.

'책 짓기'의 '처녀작'은 미국 남부에 관한 책으로

1974년 9월 촉토 인디언들에 대한 현지조사가 끝났을 무렵, 우리 대학본부가 있는 녹스빌Knoxville 캠퍼스에서 문화인류학 특별강좌에 연사로 초대된 나는 그간 미국 남부에서 흑인, 백인, 그리고 인디언들에 대한 현지조사를 한 경험을 발표했다. 그 자리에는 테네시대학교 출판사 편집장인 스티브 콕스Steve Cox도 참석했다. 강연이 끝난 후 콕스는 나더러 "오늘 발표한 이야기를 바탕으로 책을 한번 써 보지 않겠느냐"고 물었다. 콕스의 제의는 나에게는 충격적이었다. 모국어가 아닌 남의 나라 말을 익힌 지 10년밖에 되지 않은, 말하자면 10살짜리가 학문적인 책을 쓴다는 게 말이 안 되지 않은가? 물론 영어가 모국어라고 모두 영문으로 책을 잘 쓸 수 있는 것도 아니긴 하다. 어느 미국 시인이 말했던 것처럼 "나는 영어를 잘하는 어느 평범한 미국 사람에게 영시를 쓰게 할 수는 없어도, 영어를 할 줄 모르는 외국 시인에게 영어를 가르쳐서 영시를 쓰게 할 수는 있을 것 같다"가 맞는 말이라고 믿고, 영어 공부를 해 가면서 영어로 된 학술 서적을 써 보기로 했다.

나는 미국에서 연구서 출판과정을 잘 몰랐기 때문에, 출판사의 편집장이 원고를 제출하라고 하면 책 출판이 보장되는 줄로 알았다. 그러나 알고 보니 아무리 편집장이 원고청탁을 했더라도 출판사 내의 담당 실무진이 만족하고, 출판할 가치가 있다고 생각할 때 그 방면의 세 전문가에게 심사를 의뢰한다. 세 명의 심사위원들에게 한꺼번에 원고를 보내면 심사기간을 단축할 수 있겠지만, 제1심사위원(first reader)에게 보내서 출판 추천을 받아야 제2심사위원에 보내고, 그의 심사에 합격을 해야 마지막인 제3심사위원에게 보낸다는 것이다. 만일 제1심사위원이 원고에 낙제점을 주면 제2심사위원에게는 가 보지도 못하고 탈락하게 되는데, 보통 심사위원 한 명이 원고 하나를 심사하는 데 서너 달이 걸린다고 했다. 그 후 출판사의 편집위원회를 거쳐 출판 여부를 결정되고, 원고의 퇴고 등의 요구에 맞춰 몇 번씩 원고를 다시 정서하는 고행을 거쳐 운이 좋으면 2년 안에 책이 나오게 된다.

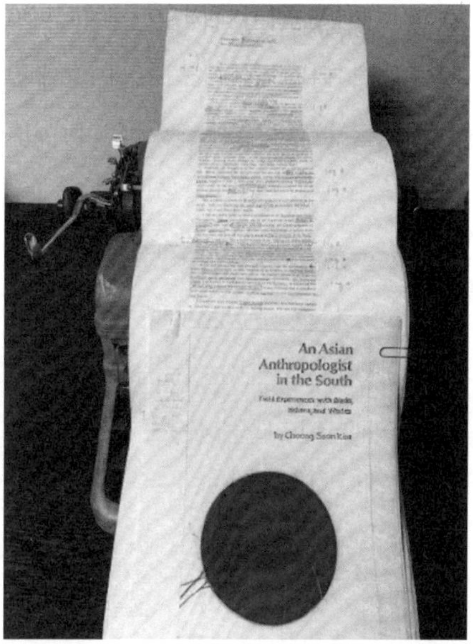

6-1. 첫 책을 쓸 때 사용한 '로열Royal' 타자기와 두루마리 형태의 교정 용지.

이렇게 책을 출판하는 데 시간이 많이 걸리는 것을 꼬집은 헨리 포드Henry Ford(1888~1947)의 유명한 말이 있다. 포드는 자기가 책을 쓰지 않는 이유는 보통 책이 출판되는 데 5년 정도의 긴 시간이 걸리고, 자기 '생각idea'은 남보다 5년은 앞서가니 만약 자기 책이 출판된다 해도 그 책에는 10년 전의 생각이 담겨 있을 것이라 자기는 책을 출판하지 않는다고 했다는 것이다. 그래서 학자들도 급한 것은 논문으로 출판하고, 시간에 특별히 구애받지 않고 오래도록 보관할 가치가 있을 때 책으로 출판하는 것이다. 나는 포드와 같은 위인이 못 되니 책을 써야 했다. 그것이 내가 미국에 남아서 하기로 한 세 가지 '짓기' 중의 하나가 아닌가! 내 첫 책은 이런 복잡한 과정을 거쳐 원고를 제출한 지 2년 만인

1977년에, 그리고 내가 미국에 온 지 12년 만에 대학 출판사에서 출판할 수 있게 됐다.[4] '이메일e-mail'이 없던 시절이라 책 출간 소식은 웨스턴 유니온Western Union의 전보로 왔다.

내 첫 책이 출판된 후 인류학 학술지 중에서 가장 권위가 있는 『미국 인류학자*American Anthropologist*』라는 학술지에 호평이 실렸다.[5] 또 남부 출신인 클린턴이 대통령이 된 후에 대통령을 잘 이해하지 못하겠다는 북부 지성인들 사이에 논의가 분분했을 때, 미국 남부 문제의 전문가이자 남부사회학회의 회장이던 존 쉘톤 리드John Shelton Reed는 『뉴욕 타임즈*The New York Times*(January 24, 1993, p. 3)』에다 "만일 남부 출신인 클린턴의 표현법을 이해하려거든, 김중순의 책 『남부의 한 아시아 인류학자*An Asian Anthropologist in the South*』라는 책을 읽어 보면 왜 남부 사람들이 직설적인 표현법을 피하는지 이해할 수 있을 것"이라고 했다. 또 그는 내가 한국으로 영구 귀국한 지 2년 후인 2003년에 자기의 책 『[미국] 남부의 정신*Minding the South*』에서 「붉은 색, 노란 색, 검은 색, 그리고 흰색*Red and Yellow, Black and White*」이라는 소제목으로 내 책 일부를 자신의 책에 한 장으로 삼았다.[6]

가장 놀라운 일은 내 첫 책이 출판된 지 20년이 지난 1997년, 하버드대학교에서 50년 이상 역사를 가르치면서 80명에게 박사학위 논문을 지도한 노교수이자 퓰리처 상Pulitzer Prize 수상자인 오스카 핸들린Oscar Handlin(1915~2011) 교수가 내 책 일부를 「산간벽지에서*In the Backwoods*」라는 이름으로 자기가 편집한 『외부 세계에서*From the Outer World*』라는 책의 한 장(Chapter 20)으로 삼았다.[7] 핸들린

4 Kim, *An Asian Anthropologist in the South*.

5 Morris Freilich, "Review of: An Asian Anthropologist in the South: Field Experiences with Blacks, Indians, and Whites, by Choong Soon Kim" (Knoxville, TN: The University of Tennessee Press, 1977), *American Anthropologist* 80 (1978): 963-964.

6 Reviewed by John Shelton Reed, under the title of "Red and Yellow, Black and White" in his book, *Minding the South* (Columbia, Missouri: University of Missouri Press, 2003), pp. 101-103.

7 Oscar Handlin and Lilian Handlin, *From the Outer World* (Cambridge, Mass: Harvard University Press, 1997).

교수에 의하면, 유럽 출신의 학자나 지성인들이 미국을 연구한 후 미국에 대해서 쓴 기록들은 널리 알려졌지만, 아시아, 아프리카, 오스트레일리아, 그리고 라틴 아메리카 출신의 지성인들이 본 미국에 대한 기록은 거의 무시된 것을 안타깝게 생각한 끝에 31명의 비非유럽국가 출신의 지성인들이 본 미국에 관한 이야기들을 모아 그들을 공동저자로 하고, 발표된 순서대로 각 장章의 순서를 매겼는데, 첫 장은 1920년대에 미국을 방문했던 인도의 시성詩聖이자 노벨상 수상자인 라빈드라나트 타고르Rabindranath Tagore(1861~1941)의 글로 시작했다. 내 원고는 책의 출판 연대가 1977년이라 제20장에 42페이지 분량으로 축약해서 실렸다.[8] 내 처녀작이 타고르와 같은 세계적인 명사들의 글과 함께 하버드대학교 출판부에서 출판되었다는 사실이 자랑스럽다. 1977년에 출판된 이 처녀작은 그간 8쇄를 거듭했으며, 아직도 유통이 되고 있다. 이 책은 나를 한 사람의 기성 인류학자로 '데뷔début'시켜 주었고 그 후 현지조사의 보폭을 넓히고 지속적이고 일관성 있게 책을 출판하게 되면서 학교에서의 내 입지는 탄탄해졌다.

내 인류학계의 친구들은 내가 남보다 빨리 '테뉴어tenure'도 받고 부교수로 승진이 되었으니, 학과에서 마음 편하게 지낸 것으로 생각했을 것이다. 그러나 내가 실세 4인방(학과장과 실세 선임 교수 2명과 직원)으로부터 받는 스트레스는 입에 담기도 어려울 만큼 심했다. 월급 액수를 정하는 연례 평가에서 아무리 학술 영역에서 높은 점수를 받고 학생들의 평가에서 우수한 평을 받아도, 학과장 중심으로 엮인 교수평가 심사팀이 내가 지역사회에 기여하는 점이 없다고 최하위의 평가를 주니 내 월급은 제자리 걸음이나 다름이 없었다. 내가 지역사회에 기여한 일이 없다고 오죽이나 야단을 했으면 타운 아이들의 리틀 야구팀의 코치를 다 했겠는가! 그런데 이를 어쩌랴? 어쩌다 보니 내 팀이 마틴타운은 물론 그 지역에서 한 번도 지지 않는 1등 팀이 되는 바람에, 지역사회의 다른 코치들의 원

8 Choong Soon Kim, "In the Backwoods," In *From the Outer World*, eds. by Oscar Handlin and Lilian Handlin (Cambridge, Mass: Harvard University Press, 1997), pp. 347–389.

성을 사서 오히려 나의 지역봉사 점수를 깎아먹고 말았다.

학과장에 대한 항명

학과장은 앨라배마의 헌팅던대학으로 가려던 나를 굳이 자기 학과로 유치했으면서도, 그 후로는 무슨 이유에서인지 나를 곱게 보지 않았다. 나는 그가 나만 보기 싫어하는 줄 알았는데 알고 보니 몇몇을 제외한 다른 교수들 대부분이 다 나같이 '찬밥' 신세였다. 누가 불만 지르면 활활 타오를 것만 같은 일촉즉발의 상황이었다. 무엇보다도 졸업해도 취직이 되지 않는 사회학과 인류학 전공자는 매 학기 줄어들어서, 수강 학생 수에 따라 예산을 배정받는 우리 학과의 앞날이 암담해 보였다. 내가 생각해도 다른 학교로 옮길 수 없다면 내가 속한 학과를 살리는 일이 시급하다고 생각했다.

내 인류학적인 안목으로 보는 '참여관찰'에 의하면 우리 학과가 고사해 가는 이유는 다음과 같았다. 학과장은 학과 일을 도외시하고, 자기는 주로 상담업무를 했다. 보통 상담이 시작되면 몇 시간씩 하기 때문에 그간 벌어지는 급한 일들은 공식 직함도 없는 제2인자격인 교수가 대신했다. 학과장의 복잡한 가정사도 업무 수행에 큰 영향을 미쳤다. 그는 한 해에 두 번 이혼하고 두 번 결혼을 했다. 첫 부인과 이혼을 하고 2~3개월 후에 다른 여자와 재혼을 했는데, 재혼한 여자와 2~3개월 후에 또 이혼을 했다. 그런데 몇 달이 지나지 않아 그는 이혼한 첫 부인과 다시 재혼을 해서, 결과적으로 한 해 동안 이혼 두 번, 결혼 두 번을 하게 된 셈이다.

그러는 와중에, 그는 교수들의 다음 해 연봉결정통지서가 들어 있는 봉투를 각 교수의 우편함에 넣고 나가려다가 나와 마주쳤다. 보통 다른 학과의 경우는 학과장이 교수를 불러 어떻게 연봉이 결정되었다는 설명을 하고 통지서를 직접 주는데, 이 학과장은 '간담'이 작아 직접 통지하지 못하고 봉투를 우편함에 넣은 다음 한동안 교수들과의 만남을 기피하곤 했다. 그런데 그날은 연봉통지서를 우편함에 넣고 나가려다가 우연히 나랑 마주친 것이다. 나는 통지서를 들고, 이번에는 어떤 기준으로 내 연봉이 책정되었는지를 물어보았다. 그는 자기 사무실로 들어가서 이야기를 하자고 했다. 그러면서 "지역사회에 공헌할 방법을 연구하지 않는 한" 내 월급 인상은 최소한에 그칠 것이라고 했다. 나도 더 이상은 참을 수 없었고 종신보장을 받았으므로 할 말은 해야겠다고 생각했다. 나는 그의 사무실로 들어서면서 방문을 안에서 걸어 잠갔다. 사회학과 건물이 수리 중이라서 경상대학교 건물 지하실 방을 사무실로 쓰던 중이라 방으로 들어가는 출입문 이외에는 창문도 없는 방이었다. 한마디로 그 안에서 무슨 난리가 나도 밖에서는 아무도 모르고 들리지도 않았다. 그는 내심 겁에 질린 듯이 보였다. 나는 "미국 사람들의 가치관 중에서 제일 중요한 것이 '공평성fairness'인데, 당신이 내게 한 여러 가지 처우는 공평성과는 거리가 멀다"고 하면서, "오늘 여기서 우리가 담판을 짓고 이후부터는 그런 일이 없도록 하자"고 했다. 그런 신사적인 협정을 할 수 없다면, 나는 당신이 그간 내게 한 여러 가지 부당한 처우를 '인종차별'로 학교 윤리위원회와 인종평등위원회에 제소하겠다고 했다. 내가 연방정부로부터 연구비를 받게 되어 거액의 연구비를 학교에 끌어왔음에도 계절학기 수업에서 나를 제외시켜 실질 소득이 25%나 줄어들게 한 이야기도 했다.[9] 그는 내가 자기 방 출입문을 안에서 잠그는 것을 보고 내가 자기에게 신체적으로 위해를 가할 것으로 오해한 것 같았다. 그의 얼굴빛은 진홍색이 되었다. 나는 속으로 "저러다가 저 사람이 심장마비라도 일으키면 어떻게 하나" 싶어 걱정이 됐다. 나도 내 요구가 관철되지 않을 경우 학교를 그만둘 각오를 했다. 그런데 내가 생각한

9 미국 대학, 적어도 내가 속했던 테네시대학교의 규칙은 교수가 외부의 연구비를 수령하게 되면 학교가 직접 당사자가 되어 연구비 지급처와 계약을 맺고, 연구비의 액수에 비례하는 간접비(해마다 그리고 기관에 따라 차이가 있다)를 제하고 학교 계좌에 입금시키면 연구 담당 교수는 나중에 학교의 내규에 따라 연구비를 지출할 수 있다. 학교의 규정에 의하면 외부의 연구비 지원을 받은 교수는 계절 학기를 가르칠 수 없는데, 나의 경우는 연구비에 내가 계절 학기를 가르치면 보상이 되는 액수가 계산되어 있지 않아서 연구를 할 수 있는 기회만 주어졌을 뿐, 소득면에서는 불이익을 당한 것이다. 이는 학과장이 계절 학기를 가르칠 수 있도록 배려를 하는 것이 옳다. 그는 일종의 시기심에서 알면서 모른 척한 것이 후에 판명이 됐다.

것과는 달리 그는 즉석에서 그간 자기가 내게 저지른 모든 일이 잘못됐다며, 바로 시정하겠다고 순순히 시인했다.

미국에 온 이후 누군가와 이 같은 극단의 대치를 한 것은 처음이라 기분이 몹시 나빴다. 나는 그날은 공부도 하기 싫고 집에 있기도 싫어서 집사람과 함께 집에서 50마일 떨어진 잭슨Jackson이라는 곳으로 바람도 쏘일 겸 쇼핑을 갔다. 그간 수년간 부당하게 당해온 학과장에 대한 불평을 한꺼번에 다 '쏟아 낸' 후의 속마음은 후련했지만, 앞으로 어떻게 대처해야 할 것인지에 대한 복안이나 계획은 없었다. 그러나 이미 엎어진 물이니 거두어 들일 방법도 없었다. 나는 그 경우를 다시 당한다고 해도 똑같이 할 것이라는 확신이 섰기에 후회하지 않기로 했다. 기분전환을 위해 쇼핑몰에 왔지만, 내 마음은 온통 그날 학과장과 대치했던 순간에 대한 생각뿐이었다. 이토록 드넓은 미국 땅에 혼자 사는 것 같은 기분이 야릇했다. 술이라도 한잔 같이할 친구도 없는 그야말로 고독한 사람이라고 생각하니 외롭고, 쓸쓸하고, 한편 가여웠다.

그날 저녁 늦게 집에 돌아왔더니 우리 집에 수십 통의 전화가 온 기록이 있었다. 그땐 이미 늦은 밤이라서 전화를 할 수 없었다. 그런데 수학과 전산학과의 학과장인 빌 오스틴Bill Austin이라는 교수가 음성 메시지를 남기기를 "이 메시지를 듣는 즉시 학교에 가서 내 우편함을 '체크'해 보라"는 것이었다. 그의 부인은 사회복지를 가르치는 우리 학과 교수여서 학과 내의 사정을 소상히 알 수 있었다. 내 전화를 받은 빌은 어디를 갔길래 오후 내내 전화를 해도 연락이 안 되었냐며(요즈음 같은 모바일 핸드폰이 있었으면 얼마나 편리했겠는가?), 학과장이 학과장 사임서를 복사하여 학과 내 모든 교수들의 우편함에 배포했다는 것이었다. 우리 집에서 학교까지는 차로 10분도 채 걸리지 않는 거리여서 학과 사무실에 들어가려니 소제를 하던 청소부들이 내 눈치를 슬금슬금 보고 있었다. 그들은 이런 소문gossip에는 눈치가 귀신 같았다. 그들의 표정은 "이 친구 얌전한 줄 알았는데 학과장을 소리 소문 없이 몰아내는 '재주'가 있네?"라고 말하는 것같이 보였다. 내 우편함에는 학과장이 학장 앞으로 낸 사직서 복사본이 들어 있었다. "개인적인 사정에 의하여 학과장의 업무를 수행할 수 없어 오늘부로 학과장 사직서를 제출한다"는 간단한 사임서였다. 그의 사임서를 보는 순간 나는 착잡했다.

새 학과장이 되다

대부분의 한국 대학에서는 학과장이란 위치가 학과의 궂은 일을 도맡아 하는 심부름꾼에 불과한 경우도 적지 않다. 내가 1993년에 풀브라이트 선임 강의 및 연구교수Fulbright Senior Professor for Lecture and Research로 연대 사회학과와 국제학대학원에서 1년간 근무할 때의 경험에 의하면, 최연소 신임 교수를 학과장으로 임명하고 선임 고참 교수들이 그를 조교 비슷하게 대하고 말도 놓는 것이 놀라웠다. 그러나 "미국의 모든 대학들"에서 학과장은 대학 행정의 중심이며, 종신보장tenure을 받지 못한 교수들의 '생사여탈권'을 쥐고 있다. 학교 교수의 임명, 승진, 월급 사정 등을 학과장이 주재한다. 학과장의 윗선인 학장, 학사 부총장, 총장 등이 참여할 수도 있지만, 극히 드문 경우이고 보통은 학과장의 추천으로 모든 것이 결정된다. 그래서 미국 교수 중에서 가장 권위가 있는 직함이 학과장이다. 직함을 쓸 때 늘 "교수 겸 학과장(Professor and Chairman, 혹은 여성일 경우 Chairperson)이라고 쓰고, 어떤 학교는 "학과의 우두머리Head of the Department"라고 자랑스럽게 쓰기도 한다. 그처럼 대학 행정의 꽃인 학과장의 사퇴에 우리 학과는 물론 온 캠퍼스가 떠들썩했다. 내 이름이 구설수에 오를 수밖에 없었다.

학과장이 사임한 후 학과의 대부분의 교수들은 내가 학과장을 했으면 좋겠다는 뜻을 학교 당국에 진정했다. 그러나 나는 그해(1981년) 여름 한국의 외교안보연구원(Institute of Foreign Affairs and National Security)에서 초빙교수로 전임 대사와 공사들에게 미국의 남부 문화에 관한 강의를 하기로 되어 있었다. 그때 한국의 일부 지식인들은 미국 남부가 독특한 문화를 형성하고 있어서 남부 출신들을 이해하려면 미국 남부 문화를 알아야 한다고 생각할 때였다. 어쩌면 그 당시

지미 카터 대통령(1977~1981)이 주한미군을 일부 철군시킨 것이 충격이었는지도 모른다.

학과에는 '학과장 물색위원회Search Committee'가 만들어졌다. 자천自薦과 타천他薦으로 4명의 후보가 나왔는데, 최종적으로 내가 새 학과장으로 선임되었다. 그러나 나는 학과장을 하겠다고 오랜만에 가기로 한 한국행을 취소할 수 없었다. 그래서 인류학계의 대선배인 중국 태생의 프랜시스 슈Francis L. K. Hsu 교수에게 자문을 구했다. 그는 1957년부터 1976년까지 19년간 노스웨스턴대학교 인류학과 학과장을 역임했었다.[10] 백인들이 주류를 이루는 대학사회에서 대학 행정의 가장 '뜨거운 자리hot-seat'라는 학과장을 오래 지낸 슈 교수는 "만일 네가(영어로는 you니까 상관이 없지만, 슈 교수와 나는 29살이나 나이 차가 난다) 학장이나 학사 부총장, 그리고 심지어 총장에게도 큰 소리를 칠 수 있는 자신이 있고, 너를 믿고 따르는 과의 교수들에게는 항상 무릎을 꿇을 각오가 되어있으면 한번 해 보라"고 했다.

나는 문리과대학 학장인 대릴 크라일링Darryl Kreiling을 찾아가서 두 가지 이유에서 내가 학과장직을 맡는 것이 적절치 않다고 설명했다. 첫째로는 아무리 학과의 교수들이 만장일치로 동의를 했다고 하더라도, 외국인 출신인 내가 홈 어드밴티지가 막강한 영향력을 발휘하는 주립대학교에서 학과장직을 수행한다는 것은 무리라고 했다. 둘째로는 나는 며칠 후 방학이 시작되자마자 한국 정

10 프랜시스 슈 교수Francis L. K. Hsu(1909~1999)는 만주 랴오닝성 태생으로, 후장대학(滬江大學, Shanghai College)을 마치고 1937년에 영국의 런던 경제대학London School of Economics으로 유학을 가서 저명한 기능주의 이론의 창시자인 브로니슬라브 말리노프스키Bronislaw Malinowski 교수 밑에서 인류학 박사학위를 받았다. 1941년에 박사학위를 받고 중국으로 귀국했다가, 1943년에 미국 인류학자인 랄프 린튼Ralph Linton의 초청으로 미국으로 간 후, 콜롬비아대학, 코넬대학 등을 거쳐, 1947년 이후에는 줄곧 노스웨스턴대학교Northwestern University에서 인류학 교수로 지내다가 1978년에 은퇴했다. 그 후 샌프란시스코대학교에서 잠시 가르쳤다. 노스웨스턴대학교에서 재직하던 중, 1957년부터 1976년까지 19년 동안 동 대학교 인류학과의 학과장을 역임했고, 1977에서 1978년까지는 미국 인류학회 회장President, American Anthropological Association을 역임한 탁월한 인류학자이다.

부의 초청으로 외교안보연구원에 갔다 와야 하므로, 학과장직 때문에 한국행을 취소할 수 없다고 했다. 게다가 앞으로도 나는 여름방학마다 계획된 연구프로제트를 해야 하는데 방학에도 학교 행정을 해야 하는 학과장직을 어떻게 맡겠느냐고 했다. 학과장이 되면 직원들과 마찬가지로 12달의 월급을 받고 연가나 병가는 쓸 수 있지만, 아무리 연가 일자가 남아 있더라도 한꺼번에 1주일 이상을 연속으로 쉴 수는 없었다.

이야기를 들은 학장은 나의 한국행을 자기가 보장하겠다고 했다. 그리고 여름 방학 중에 하는 연구활동은 사안별로 학사부총장과 상의하여 지장을 받지 않도록 그의 동의를 받아 줄 터이니 학과장직을 맡아달라고 했다. 학장은 내가 학과장을 해야 하는 이유로 학과의 교수들이 원해서이기도 하지만, 그보다는 학과의 이름과 내 교육 배경만큼 잘 어울리는 사람이 드물다는 것이었다. 그때 우리 학과의 이름이 사회학, 인류학, 사회복지, 그리고 형사 행정학Department of Sociology, Anthropology, Social Work, and Criminal Justice이었다. 학장은 내가 인류학 박사이지만 학부에서 법률공부를 했고 석사도 했으며, 사회학으로도 석사를 했으니, 사회복지를 빼고는 다 전공을 했다는 것이었다. 그때 사회복지도 사실은 사회학 선택 2(Sociology Option 2)로 '실천 사회학Practical Sociology'으로 시작을 했으니 생소할 것도 없었다. 학장은 내가 한국을 다녀온 후인 1981년 9월 1일부로 학과장의 업무를 시작하자고 제의하였고, 결국 나는 그렇게 하기로 했다.

그리하여 나는 1981년 가을학기부터 1991년 여름까지 10년간 학과장을 했다. 1991년에 학과장직을 물러난 것은 당시 시다 래피드Cedar Rapid, Iowa에 (주)풍산이 미주현지법인을 설립하면서 풍산의 류찬우 회장이 나를 회장 고문으로 영입했기 때문이었다. 내가 그 회사의 일을 주말에 도와주더라도 학과장이 외부기업의 고문을 할 수 없어 사표를 제출했다. 내가 학과장 사표를 내자 학교는 나를 마틴 캠퍼스 역사상 최초로 석학교수(University Faculty Scholar)로 임명하고 각종 특혜를 주었다. 수업은 1주일에 목요일 하루만 하면 나머지 시간은 내 저술활동에 전념할 수 있게 배려를 해 주었다. 그 덕에 2001년 한국에 오기 전까지 나는 테네시대학교에서 '논문과 책 짓기'라는 목표를 달성할 수 있었다.

집 짓기

동네 사람들 중에는 내가 학교 아파트에 오래 사는 것을 보고 애들은 좋은 학교에 보내면서 학교 재정의 근간이 되는 집세를 내지 않는다며 인색하다고 말하는 사람도 있었다. 미국의 공립학교들은 집세가 주 수입원이기 때문이다. 그들이 뭐라고 하든 사실 나는 내 소유의 집을 갖고 싶었다. 어린 나이에 서울로 가느라 조상님들이 누대에 걸쳐 살아오신 시골 고택을 떠난 이후, 나는 단 하루도 집다운 집에서 살아본 일이 없어서 늘 '내 집'을 갖는 것이 소원이었다. 그러다가 마침 내가 근무하던 대학의 임업시험장을 주거지역으로 형질을 변경하여 씨닉 힐Scenic Hills이라는 이름으로 개발하는 곳의 '1에이커acre'의 땅을 비교적 싼 값에 샀다. 소나무 100여 주가 늘어선 대지가 마음에 들었다.

내가 사는 마틴시의 은행은 내 연봉으로는 원하는 집을 지을 정도의 융자를 받을 수 없다고 거절했다. 대지는 한국의 평수로 치면 1천 200여 평 정도로 넓었지만 이곳에 들어설 집의 규모를 줄이고, 내가 구한 주택 모형을 조금 변경해서 인접 도시인 유니온 시티Union City의 은행에서 겨우 융자를 받았다. 그다음에 애틀랜타에서 건축설계 일을 하던 친척인 조광렬에게 집의 원 모델을 되도록 한국 전통가옥의 특성을 살려 개조해 줄 것을 부탁했다. 광렬이는 우선 향배를 따지지 않는 미국집들과 달리 집의 향배를 남향으로 앉히고, 지붕의 추녀가 거의 없는 서양 집의 '오버행overhang'을 길게 하여 한국의 기와집처럼 만들었다. 겉으로 보기에도 기와집 같았지만, 남향에 오버행을 길게 하니 여름에는 햇빛을 가려주어 다른 집보다 좀 시원하고 겨울에는 넓은 창문으로 햇빛이 잘 들어서 따뜻했다. 주위의 다른 집에 비해 난방비가 많이 절약될 것 같았다.

집을 짓는 일은 쉬운 일이 아니었다. 하도 신경을 쓰고 다닌 탓에 병원 신세까지 졌다. 사람들은 나 보고 "집은 다 지은 집을 사야지, 직접 짓는 짓은 하지 않는 것"이라고 하면서 집을 짓다가 병원 안 가는 사람 없다고들 했다. 한참 고생해서 본채를 짓는 일을 겨우 끝내고 조경작업은 내가 직접하기로 했다. 집 앞 한길에서 집 차고까지 거리가 꽤 되었는데, 이곳은 한때 물길이었기 때문에 이를 콘크리트로 드라이브 웨이drive way를 만들자니 돈이 너무 많이 들었다. 하는 수 없이 길고 폭이 넓은 드라이브 웨이를 자갈gravel 수십 트럭으로 채워 임시로 사용했다. 드라이브 웨이 양옆으로 소나무 수십 그루가 늘어서 있어서 운치는 있었다. 후에 토목·건축 전문가인 내 동서가 우리 집을 방문했을 때 드라이브 웨이를 자갈로 채워 둔 것을 보고 어느 전문가가 이런 조언을 했느냐고 물었다. 그의 말에 따르면, 원래 물이 흐르던 저지대에 드라이브 웨이를 만들 때는 이런 식으로 자갈을 깔고 10여 년은 기다린 후 콘크리트 포장을 해야 금이 가지 않고 오래간다고 했다. 전문가의 조언을 받은 것은 아니고 형편상 오래 방치해 둔 것이 엉뚱하게도 튼튼한 드라이브 웨이의 기초가 된 셈이다. 그 후 혹한이 왔을 때 딴집 드라이브 웨이가 모두 금이 가고 갈라져도 우리 집은 내가 한국으로 오기까지 사반세기 동안 금도 가지 않고 튼튼하게 버텨 주었다. 집을 대충 마무리한 후 바깥일은 내 손으로 직접 했다. 퇴근 후 해가 아직 지지 않아 바깥일을 할 수 있을 때까지 했는데, 얼마나 내가 삽을 혹사시켰는지 삽 한 자루가 다 닳아 없어졌다. 그러고도 밤에는 첫 번째 책을 계속해서 쓰지 않을 수가 없었으니, 그야말로 두 해 동안은 "주경야독晝耕夜讀"을 한 셈이다.

집을 지은 후 어설픈 대로 정원 정리는 내가 맡고, 집사람이 실내 장식을 맡았다. 그런데 100여 그루나 되던 소나무에서 떨어지는 솔잎 때문에 잔디가 자라지 않는다는 것을 나는 몰랐다. 가을에 떨어지는 솔잎(경상도 북부지방 사투리로는 '갈비'라고 함)은 산성酸性이어서 잔디를 죽인다. 대신 갈비는 진달래에 더없이 좋은 비료가 되기 때문에 봄이 되면 미국 남부의 키 큰 소나무southern slash pine 밑에는 진달래가 만발한다. 하는 수 없이 나는 그 많은 소나무 일부는 잘라 버리고, 남은 소나무는 가지치기를 해 주어야 했다. 나는 남부의 시골 농부

6-2. 서양 집과는 다르게 '오버행'을 길게 한 우리 집. 왼쪽부터 집사람, 큰아들 종윤, 그리고 필자.

6-3. 정남향으로 집을 지으니 낮에는 거실 전등을 킬 필요가 없이 밝았다.

6-4. 테네시의 여름 잔디는 1주일에 한 번은 깎아야만 했다(잔디를 깎는 필자).

마냥 내 도요타 '픽업 트럭pick-up'으로 그 가지들을 쓰레기장에 실어다 버렸다. 야구모자를 쓰고 픽업 트럭을 타니, 담배만 씹으면 영락없는 테네시의 '힐빌리 hillbilly(촌뜨기)' 였다. 차이가 있다면 진짜 힐빌리 픽업트럭 운전석 뒤쪽에 걸려 있는 '총' 대신, 내 픽업트럭 운전석 뒤에는 '우산'이 걸려 있었다.

이 기회에 내 집만이라도 '한국의 식민지植民地'로 만들어 보기로 했다. 미시시피 농촌 출신 동료 교수인 오버리 켈러Aubrey Keller에게 부탁을 해서 미국 토종 밤나무 세 그루를 얻어서 우리 집과 옆집 사이의 넓은 공간에 심었는데, 3년이 채 되기도 전에 잘 자라 아람이 떨어졌다. 나무는 놀라울 정도로 빨리 자랐다. 감나무가 필요했다. 미국에도 '고욤 나무lotus-persimmon'는 있지만, 한국에서 보는 것 같은 '감나무'는 보지 못했다. 감에 해당하는 퍼시몬persimmon이라는 단어가 있어도 나는 미국에서 감나무를 본 일이 없다. 멤피스에서 한국 가게를 하는 이에게 부탁을 해서 아칸소Arkansas주에 사는 어느 한국인 농부가 미국의 고욤 나무에 감나무 가지를 접붙인 한국 감나무 한 그루를 샀다. 가느다란 나무였지만 우리 집 뒤뜰에 심은 지 1년 만에 아주 큰 감 한 알이 열렸다.

이제 한국식 대추 나무만 심으면 내가 어릴 때 우리 시골집에서 보던 유실수는 대충 갖춘 것이다. 그런데 미국에서 그들이 '대추'라고 하는 '데이트date'는 우리 나라 대추와 달랐다. 그래서 '주주브jujube'가 한국 대추와 같은 것으로 짐작했으나 사실 나는 그런 한국식 대추 나무를 본 일이 없었다. 그때 마침 집사람이 삼계탕을 해 먹으라고 한국에서 우리 누님이 8년 전에 보내준 마른 대추가 냉동실에 있는데 한번 심어 보자고 했다. 솔직히 그 대추가 시장에서 팔리기 전에 몇 년이나 묵은 것인지도 몰랐지만 그래도 밑져야 본전이라고 심었다. 봄에 세 개를 심었더니 세상에, 세 개 다 싹이 났다. 기적 같았다. 내가 아는 한 적어도 우리 집 냉동실에서만 8년이나 있었던 말라빠진 대추씨에서 싹이 나다니 놀랄 일이었다. 그러고 보면 조선 중기의 고승 사명대사가 짚던 지팡이를 땅에 꽂은 것이 자라 나무가 되었다는 영주 부석사의 설화도 진실일 수도 있을 것 같았다. 대추나무는 무럭무럭 잘 자라서 3년 만에 우리 집 지붕을 넘어섰다. 대추나무에 열린 대추 알의 크기는 아이 주먹보다 컸다. 대추나무 잎은 맥주로 닦은 화초 잎보다 더 윤기가 나서 대추 나무를 본 일이 없는 이웃집 사람들이 구경하러 오기도 했다. 이것만으로 성에 차지 않았던 나는 중국 출신 동료 교수가 샌프란시스코를 가는 길에 부탁하여 차이나타운에서 구한 부추씨(중국 사람들은 '주차이'라고 부른다)를 심고, 들깨도 심고, 상추를 가꾸는 텃밭까지 뒷마당에 만들었다. 그러고 나니 나대로는 완전한 '한국 식민지'를 만들었다고 생각했다. 집 조경을 하느라고 고생스럽기는 했지만, 평생 꿈이던 교외에 단독 주택을 마련하고 집 벽난로에 불을 피워 놓고 타는 장작불을 보고 있노라면 시간 가는 줄 몰랐다. 처음 벽난로에 불을 피우던 날은 불씨가 혹 살아나서 화재가 날까 걱정이 되어 우리 내외는 새벽에 불씨가 완전히 꺼질 때까지 잠도 못 자고 기다렸다. 집을 가지고 난 후부터는 살맛이 나는 것 같았다. 연대를 동경하며 서울에 셋집을 전전할 필요가 어디 있겠는가? 더 부러울 것이 없는 것 같았다.

6-5. 감나무에 첫 감이 달린 것을 보는 집사람(위)과 잘 자라는 대추 나무를 전지하는 필자(아래).

6-6. 벽난로에 불씨가 다 사라지기를 기다리는 필자.

6-7. 스와니의 랑케스터 부총장 댁을 시골의 부모님 댁 가듯이 찾아가던 즐거운 한때.

점차 생활이 안정되면서부터 나는 고마운 사람들에게 감사한 마음을 전하기도 했다. 제일 먼저 나를 미국에 유학하도록 주선해 주었고, 우리 집사람이 미국에 올 수 있게 도움을 준 스와니의 랑케스터 부총장 댁에는 아이들과 함께 자주 놀러갔는데 아예 그 댁에서 자고 오기도 했다. 집사람은 친정에, 나는 큰집에 가는 기분이었다. 랑케스터 부총장은 우리 두 아이들에게 가지고 놀라며 다트머스대학Dartmouth College의 미식축구 헬멧helmet을 주셨는데, 후에 큰아이 종윤이가 에머스트대학을 마친 후 대학원을 다트머스대학 턱Tuck경영대학원을 다녔고, 둘째 손자인 석준(Ryan)이가 다트머스대학을 간 걸 보면 인연이란 정말 무서운 것 같다. 무심결에 랑케스터 부총장은 우리 아이들에게 아이비리그 대학인 다트머스를 소개한 사람이 된 격이다.

한국과의 연결고리 짓기

떠난 지 십수 년이 지나도록 나는 한 번도 한국을 방문한 적이 없었고, 그러다 보니 한국과의 연결고리도 거의 사라져서 이를 복원하기 위한 노력을 해야 했다. 마침 1981년 여름에 외교안보연구원 교수로 초빙되는 것을 기회를 삼아 같은 해 겨울 미국 제81회 전국인류학대회에 한국에 관심이 있는 국내외 인류학자들을 한자리에 모으는 모임을 만들기로 했다.

외교안보연구원의 초빙

1981년 여름 석 달을 한국 외무부 외교안보연구원(현 외교부 국립외교원)의 연구교수로 초빙되어 한국으로 왔다. 무려 16년 만에 처음 돌아온 것이다. 가장 놀라운 것은 내가 탑승한 비행기 밑으로 전개되는 '강남'이라는 새로운 서울이었다. 서울에서 살 때 내가 가 본 서울의 최남단은 뚝섬이었는데, 이제 그보다 남쪽으로 또 다른 서울이 생겼다. 거의 빈손으로 무작정 떠났던 20대 청년이 어느덧 40대 중반이 되어 돌아왔으나 비행장에 마중 나온 가장 가까운 혈친血親인 연만하신 삼촌, 그리고 어린 조카와 질녀들을 보자 내가 떠날 때만 해도 계셨던 아버님과 어머님, 그리고 큰 형을 재회할 수 없다는 통렬한 회한悔恨이 온몸에 엄습했다. 처가의 장인은 아직 정정하셨다. 여비가 없어서 부모님과 형의 장례식에 오지도 못하는 불효를 저지른 것을 알면서도 내 마음속에서는 아직도 그분들이 살아 계셨는지, 김포공항에서 숙소로 정한 잠실 주공 고층아파트로 가는 연도에 펼쳐지는 황홀한 서울 야경이 눈물로 가득 찬 내 눈에는 잘 들어오지 않았다. 이런 큰 변화야말로 나에게는 앨빈 토플러Alvin Toffler'가 말하는 '미래에 대한 쇼크Future Shock'였는지도 모른다.[11]

나는 연구원에서 연구와 토론이 활발하게 진행될 것을 기대했지만, 생각보다 그렇지는 않았다. 내가 미국 문화, 특히 남부 문화가 전문이라고 해서 미국 사람들의 문화와 그들의 기질이 미국 외교에 어떻게 나타나는지에 관한 토론을 할 때, 나는 미국 외교의 본질을 찾으려면 서부영화를 보는 것이 가장 좋을지도 모른다는 이야기를 하면서, 미국 사람과 중국 사람들은 시간의 개념에 대해 큰 차이가 있다고 했다. 미국 사람들은 시간이라는 것이 어느 시점을 지나가면 없어지는 화살 같은 것이라고 생각하는 반면, 중국 사람들의 시간에 관한 관념은 잔잔한 호수에 돌을 던질 때 물의 파장이 오고 가는 것 같이 느슨한 개념이라고 했다. 예를 들면『열자列子』「탕문湯問」편에서 나오는 우공이산寓公離山이라는 사자성어가 있다. 직역하면 우공이 산을 옮긴다는 뜻이지만, 제대로 해석하면 "산을 옮길 정도로 어떤 일이든 끊임없이 노력하면 결국은 성공한다"는 뜻이다. 나

11 미래학자인 앨빈 토플러Alvin Toffler는 그의 저서에서 '미래 쇼크Future Shock'라는 새로운 용어를 소개했는데, 이는 "급격한 사회적 기술적 변화에 대응하지 못하는 데서 오는 심리적·육체적 충격"을 말한다고 한다. 그는 미래 쇼크는 개인과 사회전체의 특정한 심리상태라고 보는데, 단기간에 발생한 너무 많은 변화로 인해 일어나는 현상이라고 설명한다 (Alvin Toffler, *Future Shock*, [NY: Random House, 1970]).

의 개인적인 해석은 산을 옮길 정도로 긴 시간을 보내는 '미련'한 일은 중국 사람들의 시간 개념 속에서나 가능한 일로, 시간을 화살이 지나가는 것처럼 생각하는 미국 사람들에게는 불가능한 이야기일 것이다. 그러니 미국 사람들과의 협상에서는 시간을 끌 수만 있다면 끄는 편이 유리할 수도 있다고 본다고 했다. 영어는 동사의 시제가 그토록 변화 무쌍한 반면, 중국 사람들의 옛글에서는 동사의 원형만 존재하지 않는가? 이런 내 강의에 흥미가 있는 외교관들도 간혹 있었지만, 별로 관심이 없는 외교관들이 대부분이었다.

한국 연구에 대한 동기부여와 기회

부모님과 형님의 묘소에 성묘를 가서 비로소 그분들이 이 세상 사람이 아니라는 사실을 통감한 후, 왜 사람들이 장례절차와 같은 통과의례를 중요시하는지 깨닫게 되었다. 그런 절차를 거치지 않으면 삶과 죽음의 경계가 모호해질 수도 있는 것이다. 세 분의 묘소는 우리 선산의 한곳에 모셔져 있기에 이렇게라도 늦게나마 부모 동기가 돌아가신 것을 확인할 수가 있었다. 그러면서 6·25전쟁을 전후하여 남·북으로 헤어진 수백 만의 이산가족들이 부모 형제의 생사를 알지도 못하고 지내는 참혹한 현실을 세상 사람들에게 알리는 작업이 필요하다는 생각이 들었다. 내가 미국에 살 때 그분들이 그저 생존해 계신 것 같은 착각을 하고 살았던 것처럼, 수백만 명의 이산가족들도 나와 같은 몽상夢想 속에 있을 것으로 짐작했다. 그럼에도 대부분의 세상 사람들은 당사자들을 제외하면 이산의 아픔을 잊고 사는 것 같았다. 특히 외국 사람들은 남북으로 이산한 그 많은 사람들이 헤어진 지 사반세기가 넘도록 만나기는 고사하고 소식조차 모르고 산다는 사실을 아는 사람이 거의 없었다.

6·25전쟁, 즉 한국전쟁에 관해서는 많은 저서들이 국내외에서 출판되었지만, 대부분 전쟁 상황, 전략, 무기, 전쟁물자의 이동 등에 대한 것이었다. 그 전쟁을 전후해서 생긴 이산가족의 아픔에 관한 이야기는 거의 없었으며, '이산

가족'이라는 말은 색인에도 없었다. 나는 내 불효를 속죄하는 뜻에서라도 생사를 모르는 이산가족들에 관한 책을 영문으로 써서 세상 사람들에게 그들의 딱한 사정을 '고발'하겠다는 생각을 했다.

외교안보연구원의 초청으로 여름 3개월의 한국 생활에서 얻은 가장 큰 소득은 내가 미국 남부전공 인류학자로 구분된 것에 그치지 않고 한국 연구도 할 수 있게 된 것이었다. 특히 나는 한국에서 물리적으로나 정신적으로나 16년간을 떨어져 살았기 때문에 한국 문화와 한국 사람들을 이해하는 데 객관적인 성찰력reflexivity을 터득했다고 생각했다.

한국학 연구를 위한 인류학자들의 모임Anthropologists for Korean Studies, AKS.

1981년 한국을 다녀온 이후 한국 연구를 효과적으로 하려면 나 혼자서 하는 연구보다는 한국에 관심이 있는 여러 국가, 특히 미국 출신의 인류학자들이 팀을 이뤄 협조하고, 때로는 공동으로 연구할 수 있는 구심체를 형성하는 것이 효과적이라고 생각했다. 중국과 일본의 경우를 보면, 서양 지성인들이 중국과 일본의 대외 이미지 개선에 도움을 준 사례가 차고도 넘쳤다. 미국 작가로 '퓰리처상Pulitzer-Prize'과 노벨상을 수상한 펄 벅Pearl S. Buck의 소설 『대지*The Good Earth*』[12]가 출판되기 전까지 대부분의 서양 사람들에게 중국은 후진backward적이고 괴상하고 생경한alien 사람들이 사는 기이한 나라라고 생각하고 있었으나, 이 책 한 권으로 비록 중국이 일본에게 침략을 당했지만 중국 농민들은 강인하고 근면하며, 아이들은 노인들을 공경하는 미덕을 갖춘 사람들이라고 소개되었다. 책 한 권이 그간의 편견을 해소하는 데 큰 역할을 한 것이다.[13] 드와이트 퍼킨스Dwight Perkins처럼 책 표제를 『중국은 차기 아시아의 경제적인 거인*China: Asia's*

12 Pearl S. Buck, *The Good Earth* (NY: John Day, 1931).

13 Dorothy Jones, *The Portrayal of China and India on the American Screen, 1896-1955* (Cambridge, MA: MIT Press, 1955), p. 36.

Next Economic Giant』이라고 붙인 친중학자도 있다.[14]

일본도 그렇다. 미국 인류학자인 루스 베네딕트Ruth Benedict는 그의 책 『국화와 칼*The Chrysanthemum and the Sword*』을 통해 일본과 일본 사람들을 서정적으로 미화하고 있다. 특히 제2차 세계대전을 전후하여 일본 사람들이 얼마나 이웃나라 사람들을 괴롭혔는지 상상조차 할 수 없을 정도로 그들을 '미화'시키고 있다. 일본의 침략성이 만천하에 드러났는데도 그 책에 그려진 일본 사람들은 '조화調和를 사랑하는 일벌harmony-loving worker bees'과 같이 부지런하며, 그들의 기질을 '여성스러운 국화(feminized chrysanthemum)'로 비유하기도 했다. 일본에 가본 일조차 없는 그의 일본관日本觀이 놀랍기도 하다. 베네딕트의 책은 제2차 세계대전이 종결된 지 1년 후에 출판된 책이지만, 일본이 전쟁 동안 저지른 만행이나 그들의 '호전성'은 책 어디에서도 찾아볼 수가 없다.[15] 물론 그 후에 출판된 책들 중에도 일본의 놀라운 경제발전을 과대 포장한 책들이 많다. 에즈라 보겔Ezra F. Vogel의 『일본이 제일*Japan as Number One*』이나 로날드 도어Ronald Dore의 『일본을 신중하게 다루라*Taking Japan Seriously*』 등이 눈길을 끈다.[16]

중국에 펄 벅이 있고 일본에 루스 베네딕트가 있었지만, 우리에게는 윌리엄 그리피스William Griffis와 조지 케넌George Kennan[17]과 같은 자칭 '지한파知韓派' 학자들이 있었다. 그리피스는 서양 사람으로 최초의 한국 역사를 쓴 사람이지만, 1882년에 쓴 그의 『조선(코래아): 은둔의 나라*Corea: The Hermit Nation*』에서 한국은 세계 속에 고립된, 미지의 나라로 묘사되었다. 뿐만 아니라 그는 그 책에

---

14 Dwight H. Perkins, *China: Asia's Next Economic Giant?* (Seattle WA: University of Washington Press, 1986).

15 Ruth Benedict, *The Chrysanthemum and the Sword* (NY: Houghton Mifflin, 1946).

16 Ezra Vogel, *Japan as Number One: Lesson for America* (NY: Harper Colophon, 1979); Ronald Dore, *Taking Japan Seriously: A Confucian Perspective on Leading Economic Issues* (Stanford, CA: Stanford University Press, 1987).

17 George Kennan(1845~1924)은 러시아 제정시대에 시베리아 일대를 돌아다닌 탐험가로, 미소 냉전시대에 미 국무성에 근무했던 외교관 George F. Kennan(1904~2005)과는 같은 집안이지만 완전히 다른 인물이다.

서 일본의 한반도 침략을 필연적인 것으로 표현하였다. 비록 1920년대에 와서 그가 한국의 독립을 지지한 것으로 알려지기는 했지만, 그의 책은 한국에 대한 서양 사람들의 부정적인 인식을 심어주는 데 큰 영향을 끼쳤다. 그 역시 한국에 와 본 적은 없고 일본 해협까지 온 것이 전부였다고 한다. 그의 한국관이 '부정적'이게 된 가장 큰 원인은 일본 사람들이 한국에 관해 모은 자료들을 토대로 책을 썼기 때문이라고 한다. 베네딕트나 그리피스 모두 가 본 적도 없는 국가에 관해 책을 썼지만, 결과물의 시각이 그토록 다른 것은 무엇 때문일까?

그리피스보다 한술 더 뜬 사람은 미국 제26대 대통령 시어도어 루스벨트 Theodore Roosevelt(1858~1919)의 친구인 조지 케넌George Kennan이다. 그는 "… 한국인들은 서양인들에게 매력적이지도 않고, 동정심도 유발하지 않는 사람들로서, 게으르고, 불결하며, 부도덕하고, 무원칙적이며, 정직하지 않고, 믿기 어려울 만큼 무지하며, … 한국인들이야말로 부패한 동양 문명의 썩은 산물rotten product"이라고 했다.[18] 케넌의 한국과 한국인들에 대한 평은 친일정책을 추구하던 루스벨트의 한국 정책에 큰 영향을 미쳤다. 케넌은 한국에 대한 일본의 제국적인 지배를 옹호하는 주창자였으며, 후에 일본과 미국 사이에 체결한 태프트-가쓰라Taft-Katsura Secret Agreement비밀 협약을 체결하는 데 중심적인 역할을 했다.[19] 케넌의 자리에 펄 벅이나 루스 베네딕트가 있었다면 한국의 진로도 달라지지 않았을까?

내 나름대로 서구 출신의 인류학자들이 한국에 관해 관심을 갖게 된 동기와 배경, 그리고 그들의 논조 등을 검토해 보았더니 각 서양 출신의 지식인이 어떤

---

18 Indirect quote from: Andrew J. Grajdanzev, *Modern Korea* (NY: Institute of Pacific Relations, 1944), pp. 34-35.

19 '태프트-가쓰라' 밀약은 러일전쟁 직후 미국의 필리핀에 대한 지배권과 일본의 한국에 대한 지배권을 상호 승인하는 문제를 놓고 1905년 7월 5일 미국의 육군 장관 윌리엄 하워드 태프트 William Howard Taft와 일본의 내각총리대신 가츠라 다로가 도쿄에서 합의한 내용을 양해각서memorandum 형식으로 남긴 문서를 말한다(Bong-youn Choy, *Koreans in America* [Chicago, IL: Nelson Hall, 1979], p. 143 참조).

한국인과 처음 조우遭遇했고, 어떤 친분관계를 유지했느냐에 따라 저자의 시각이 결정된다는 점을 알 수 있었다. 인류학적인 학술 용어를 빌린다면 어떤 '정보제공자informant'를 만났느냐에 따라 다른 것이다. 좌경화한 급진주의자와 접촉한 사람은 일제시대 때 문화민족주의자로 큰 틀에서 항일운동을 한 사람까지도 친일파로 규정지었고, 반공주의자는 모두 이승만 대통령이나 군사정권 시절의 독재세력으로 몰았으며, 재벌은 노동자들의 착취세력으로 결론짓는 경향이 있었다.

이런 점을 염두에 두고, 한국에 관심이 있는 내외국인 인류학자들이 대화하고 교류할 수 있는 매개체mechanism를 구상한 것이 "한국 연구를 위한 인류학자들의 모임Anthropologist for Korea Studies, AKS"의 창립이었다. 마침 한국에 파견되었던 평화봉사단 출신의 젊은 미국의 지성인과 주한 미군으로 한국에 주둔한 경험이 있던 사람들, 그리고 몰몬Mormon교 등 특정한 종파에서 한국으로 파견되었던 젊은 선교사들 중에 인류학을 공부하는 한국 전공자들이 1980년 초부터 막 생겨나고 있었다. 그러나 그들이 미국에서 해마다 열리는 연례 인류학회에 참석을 해도 한국학에 관한 세션session도 없고, 한국에 관심이 있는 사람들이 모일 공간도 없어서 그냥 인사나 하고 헤어지는 형편이었다. 나는 이들을 위로하고 한국 출신 인류학자들과 함께 일할 수 있는 여건을 마련하기 위해, 미국 인류학회에 요청하여 '미국 인류학회 내에 한 이익집단An interest Group at the American Anthropological Association'으로 등록을 했다. 특정 지역 모임이 미국 인류학회의 한 이익집단interest group으로 등록한 것은 미국 인류학회 100년 역사상 처음 있는 일이었다.

그리하여 1981년 12월 2일부터 6일까지, LA에서 개최되는 미국 인류학회 제81회 연례회에 첫 번째 모임을 가지기로 했다. 한국학을 해외에 널리 알릴 좋은 기회라고 생각해서 한국정신문화연구원(2005년에 한국학중앙연구원[Academy of Korean Studies]으로 개칭) 고병익 원장을 초청했다. 고 원장은 내가 연대에서 1년간 조교를 하며 모시기도 했고, 한림대학교 재미 교수 '섭외recruiting' 팀에게 나를 추천하기도 했던 분이다. 그러나 1981년 4월 16일자의 답신에서 우리 회의가 개최되는 12월은 연말이라 도저히 시간을 낼 수 없어서 참석할 수 없다고 하셨다. 그렇지만 원장님은 2001년 2월부터 2004년 5월 19일에 별세하시기 전까지 고려사이버대학교 이사직을 맡아 나를 도와주셨다.

마침내 1981년 12월 2일부터 6일까지 로스앤젤레스에서 개최되는 미국 인류학 제81회 연례총회에서 미국 인류학회의 한 이익집단으로서 "한국 연구를 위한 인류학자들의 모임Anthropologist for Korea Studies, AKS" 창립총회를 하는데, 축사 겸 격려사는 프랜시스 슈Francis L. K. Hsu 교수가 해 주셨다. 이 모임을 위해 가장 열성으로 도와준 건 이제 고인이 된 고고학 전공의 세라 넬슨Sarah Nelson과 낸시 에이블만Nancy Ablemann 교수, 그리고 로저 자넬리Roger Janelli 교수와 당시 UCLA에 유학 중이던 왕한석 교수, 그리고 노스웨스턴대학교 대학원 박사과정 중이던 박정선 교수였다. 총회가 있던 날 참가인원은 상상 이외로 많아 큰 강의실을 가득 메울 정도였다. 중국 전공자들과 일본 전공자들도 여러 명 참여했는데, 그들도 우리 모임을 롤 모델로 삼아 모임을 만들어야겠다고 했다. 그날 그 모임에서 내가 대표자Representative로 선출되었고, 한국에 평화봉사단으로 왔다가 한국 무속 연구를 한 로렐 켄달Laurel Kendall이 공동대표를 맡았다. 기구가 소규모이지만, 관료적인 기구가 아니라는 점을 강조하는 뜻에서 회장president이나 의장chairman이라고 부르지 않고 '대표'라고 부르기로 했다.

미국 인류학회에서는 추수감사절을 전후하여 열리는 연례학회모임에서 한국에 관한 연구에 자유로운 토론과 모임을 할 수 있는 시간과 장소를 배정해 주었다. 한국에 관심이 있는 서양 인류학자들이나 한국 출신의 한국 인류학자들과 자유롭게 토론도 하고, 우리끼리 동료애fellowship를 나눌 기회였다. 하지만 자금 지원이 없는 '가난한 조직'인 관계로, 내가 학교에 부탁해서 학과장의 판공비에서 미국 인류학회에 지불하는 비용을 부담하고 구성원에게 소식지를 전달하고 연락하는 업무는 학과 비서진의 도움을 받아도 좋다는 허락을 받았다. 학교로서는 내 활동이 대외적으로 학교와 학과의 이름을 알리는 기회라 생각하고 지원을 해 준 것이다.

나는 AKS의 창립총회를 시작한 1981년 12월부터 내가 한국으로 떠나기 한 해 전인 2000년까지, 장장 19년간 AKS의 '세션'을 열었다. 미국 인류학회 정기 총회 때면 으레 한국 기지촌의 윤락여성에 관한 세션을 준비하곤 하던 미국 출신의 인류학자는 우리 회원들이 그가 발표하는 세션에 모두 참석을 하자 '눈에 보이지 않는 압력'을 받았던지 1981년 이후에는 미국 인류학자들의 모임에서 자취를 감추었다. 내가 이 조직을 위해 공헌한 것이 있다면, 이 조직을 통해 '한국'에 관심이 있는 서양 인류학자와 한국 인류학자들 간의 동료애를 도모한 것이라고 하겠다. 1982년 7월 30일부터는 스위스 출신의 문화인류학자인 마르티나 도이힐러Martina Deuchler 등 유럽에 있는 학자들도 참여했다. 적어도 2000년 미국 인류학회 연례회의 때까지는 한국 세션이 끝난 후에 한국 식당으로 가서 뒤풀이도 했다. 덴버 회의 때는 회의를 하던 호텔에서 한국 식당이 멀어서 택시 여러 대를 나누어 타고 가기로 했는데, 내가 탄 택시에 동승한 미국 출신 인류학자들이 한국말을 너무 잘하자 한국 교포 출신의 택시기사가 너무 '고맙고,' '반갑고,' 그리고 '감동'했다면서 택시요금을 받지 않은 적도 있다.

이처럼 한국에 관한 '세션'은 인기리에 유지되어왔지만, AKA와 유사한 '모델'을 만드는 데 실패한 일본과 중국 학자들이 미국 인류학회 내의 이익집단으로 있던 AKA를 동아시아 인류학회Society for East Asian Anthropology, SEAA라는 이름으로 미국 인류학회 내의 한 부분section status으로 승격시키는 운동을 전개했다. 이 운동에 앞장선 사람은 일본 연구 전문가로, 나에게 수차례 편지를 통해 합병을 종용했었으나 나는 반대했었다. 그러나 내가 한국으로 영구 귀국을 하는 사이에 나 대신 AKA일을 맡았던 사람을 통해 AKS를 해체시키고, 2001~2002년에 '동아시아 인류학회'로 이름을 바꾸었다. 수적으로 절대 다수인 일본과 중국에 관심이 있는 인류학자들의 모임으로 바뀌면서 AKS의 정체성은 사라졌다.

이산가족에 관한 현지조사

내가 17년 만에 다시 시작한 한국 연구의 주제는 이산가족에 관한 '민족지ethnography'를 기술하는 것이었다. 현지조사를 위해 나는 1982년 여름부터 1984년 여름까지 테네시대학교 교수연구비를 받아 여름에 석 달씩 한국을 드나들면서 현지조사를 했다. 나는 이 연구를 진행하면서 내가 이산가족에 관해 잘못 이해하고 있는 점이 있다는 사실을 알게 됐다. '이산가족'이라고 하면 으레 한국의 분단, 그에 따르는 한국전쟁을 전후한 가족끼리의 이산만을 생각했었는데, 일제시대에 징병이나 징용으로 끌려가 사할린Sakhalin 등지로 보내졌다가 돌아오지 못한 경우, 일본에서 북한으로 송환된 재일교포, 휴전 후에 북한에 의한 항공기나 선박의 납치hijacking로 발생한 이산가족, 19세기 구한말 만주 간도 지방과 러시아의 연해주로 이주한 한인들 중에 중앙아시아로 끌려가 한국의 가족들과 연락이 두절된 사람들까지도 이산가족의 범주에 포함시켜야 했던 것이다.

1982년 여름방학과 겨울방학, 그리고 1983년 여름까지 이산 유형을 분류하고, 나에게 이산에 관한 사정을 소상하게 이야기해 줄 사람들을 찾는 일에 시간을 쏟았다. 누구와 헤어졌는지, 몇 살 때 헤어졌는지도 고려의 대상이었고 또 정보제공자들의 사회적 배경이 다양해야 했다. 무엇보다도 정보제공자들과 신뢰 관계가 있어야 해서 내 친척이나 가까운 친구의 아는 사람들 중에서 고르기로 했다. 사례 중에는 연로한 여성으로, 제2차 세계대전 중에 징용 간 아들과 헤어진 경우도 있었다. 이는 아들과 헤어진 어머니의 고통과 1945년 해방 이전에 일어난 이산을 대변하는 경우였다. 또 1948년 이산할 당시에 소년이었던 경우도 있었고, 남편과 헤어진 남한의 부인, 북한에 부인을 남겨두고 온 경우, 그리고 북한에서 월남하면서 가족과 이산한 후 남한에서 재혼하지 않고 독신으로 지내는 남성도 있었다. 이들 모두 재혼하지 않고 독신으로 지낸다는 공통점이 있었다. 이 다섯 사람이 이산한 수백만의 고통을 모두 대변한다고 볼 수는 없겠지만, 내가 기술하는 이산의 아픔을 묘사하는 최소한의 정보제공자는 될 것으로 생각했다.

이산가족 문제는 수백만 명이 관계되기 때문에 이 방면에 대한 연구 성과가 많을 것으로 생각하고 사전조사를 해 보았다. 지금처럼 인터넷을 통해서 검색이 될 때가 아니라서 『동아일보』 명예회장의 주선으로 편집국장에게 문헌정보를 부탁했다. 편집국장의 첫마디는 "아니, 그런 거는 한국 사람치고 모르는 사람이 없는데, 왜 그런 문헌이 필요하냐?"는 것이었다. 나는 이산가족을 다루는 학술적인 논문이 없다면, 그 주제로 쓴 소설은 있지 않겠느냐고 했더니, 국장은 문화부장을 통해 이산가족을 주제로 한 소설과 그 소설가의 명단을 작성해서 알려주겠다고 했다. 신문사의 편집국장치고는 아주 친절한 편이었지만, 솔직히 그의 반응은 "왜 그런 것으로 귀찮게 구느냐? 온 한국 사람들이 다 겪은 일인데 연구하고 자시고 할 게 뭐 있느냐"는 태도였다. 그런데 그런 이야기를 나눈 며칠 후에 "KBS 이산가족 텔레톤(KBS Telethon)"으로 엄청난 반응이 오자 『동아일보』는 나 때문에 준비한 이산가족에 관한 소설 목록을 신문 1면에 소개하는 일이 벌어졌다. 대부분의 한국 사람들은 가까운 친척 중에 누군가는 이산한 가족이 있을 정도이고 보니, 오히려 이산의 아픔에 대해 덤덤하게 여겨졌는지도 모를 일이다. 왜 한국전쟁에 관한 서적에 이산가족이 '색인'으로 안 나와 있는지 이해할 것만 같았다.

KBS의 '텔레톤Telethon'이 보여 준 이산가족의 백태百態

한국의 이산가족에 대한 현지조사는 내가 지금까지 미국 남부에서 해 왔던 조사와는 그 성격이 너무나 달랐다. 물론 내가 태어난 곳을 오랫동안 떠났다가 재진입하면서 겪는 '문화충격'도 없는 것은 아니었지만, 그보다는 현지조사를 하는 현장이 보통 인류학자들이 경험하는 현장과는 너무나 달랐기 때문이다. 보통 인류학적인 현지조사는 한정된 지역에서 한정된 구성원을 포함하는 것이 관례인데 반해, 이 연구는 조사대상이 수백만에 달하고, 지역적으로도 남북한 전체였다. 인류학적인 민족지를 서술하기에는 너무나도 광범위해서 내심 "이산한 사람들만 모여 사는 마을이 있다면 얼마나 연구하기에 편리할까?" 하는 생각을 해 보기도 했다.

그러나 이게 웬일인가? 내가 이 연구에서 선택한 사람들을 대상으로 심층면접을 하고 있던 중인 1983년 6월 30일, 저녁을 먹은 후 호텔방에서 TV를 켰더니 KBS에서 이산가족에 대한 특별프로그램을 한다고 했다. 그간 내가 현지조사를 하는 중에 느꼈던 점은, 그 많은 이산가족들이 헤어진 채로 몇 십 년을 살고 있고, 특히 남북으로 갈라진 가족끼리는 서신조차 교환할 수 없는데도 사회적으로 크게 관심을 보이지 않고 있었다. 당초에는 95분짜리 1회성 프로그램이었지만, 자기가 찾던 가족을 TV화면을 통해 확인하여 재회가 이루어지기 시작하면서 KBS는 이 프로그램을 중단할 수가 없었다. 이산가족들은 피켓에 헤어진 사람의 얼굴, 본적, 성명, 가족 이름, 그리고 헤어진 장소 등을 적어 KBS TV 화면에 계속 등장했고, 그것을 본 헤어졌던 가족들이 방송국에 나타나거나 TV 화면을 통해 직접 마주 보거나 전화통화를 하면서 서로의 신상을 묻고 대답하는 과정을 통해 가족 상봉을 하게 되었다. 그 수가 삽시간에 수십, 수백 명씩 되면서 이 프로그램은 '텔레톤Telethon'으로 변했다. 텔레톤이라는 말은 '텔레비전television'과 '마라톤marathon'의 합성어로 '장시간에 걸친 텔레비전 방송'을 뜻한다. 찾아야 할 가족이 있는 사람들은 만사를 제쳐 놓고 피켓을 준비하여 KBS가 있는 여의도 광장으로 모여들기 시작했다. 순식간에 여의도 광장은 이산가족 '마을'을 이루었다. 모여드는 사람들을 조직적으로 TV에 등장할 수 있도록 하기 위해 '이산가족마을'의 관리는 대한적십자사가 담당하게 됐다.

텔레톤을 통해 TV에 등장하기 위해서는 피켓을 준비해야 하고, 순서에 따라 TV시간을 배정해야 했기 때문에 전국에서 모여든 신청자가 실제로 TV에 방영되기까지는 상당한 시간을 기다리는 수밖에 없었다. 그 시간을 기다리지 못할 만큼 초조한 대기자들은 자기가 찾는 사람들의 신상을 적은 포스터를 여의도 광장 어디에나 붙였다. KBS 방송국으로 들어가는 계단에도 포스터가 빈틈없이 붙었다. 가장 극적인 장면은 헤어진 언니를 찾으려는 한 젊은 여성이 KBS 방송국 계단을 올라가고, 다른 한 여성이 계단을 내려오는데, 두 여성이 너무나 닮은 것을 목격한 다른 사람들이 혹 두 사람이 자매가 아니냐고 해서 둘은 각자의 신상을 이야기하다가 자매간인 것을 확인하는 장면을 『동아일보』 사진기자가 촬영을 했다. 그 장면이 너무나 감격스러워서 내가 동아일보사에 그 귀한 사진을 사용하고 싶다고 부탁했고, 허락을 얻어 내 책 표지로 사용했다. 내 책을 출판한 애리조나대학교 출판사는 책 표지를 그 해 대학교 출판사의 봄 출판 목록 '카탈로그catalogue' 표지로 사용하여 같은 해 대학교 출판사 카탈로그 표지상을 받기도 했다.

이산한 사람들의 사연은 제각각이고 다양하지만, 가장 공통적인 점은 모두가 몇 십 년을 헤어질 것이라고 생각한 사람은 단 한 사람도 없었다는 것이다. 그저 일시적으로 며칠 피해 있다 보면 곧 만날 것이라고 믿은 사람들이 대부분이었다. 며칠이 몇 십 년이 되었고 지금까지는 70여 년이 되었다. 또 가족 전체가 피난하는 도중에 잠시 다른 길로 간 것이 영영 갈림길이 된 경우가 대부분이다. 만일 그때 그들이 오늘날의 우리들처럼 휴대전화를 갖고 있었다면 그렇게 많은 사람들이 헤어지지 않았을 수도 있다. 또 이들의 사연을 살펴보면 부계전통이 강한 한국 가족제도가 강하게 작용한 점을 알 수 있는데, 북한에서 남한으로 피난을 한 경우는 남자들이 더 많다. 곧 돌아갈 것이라는 생각 외에도 한국 가족제도의 기능도 엿볼 수 있는데, 다시 말해 가통家統을 유지하기 위해 장손을 먼저 피난시켜야 한다는 생각으로 장자, 장손들이 남한으로 피난 온 경우가 많다. 이산이 대대적으로 일어난 것은 지금으로부터 70여 년 전의 일이니, 당시만 해도 유교 전통은 우리 가족제도의 근간을 이루고 있었다. 우리와는 반대로 독일의 경우를 본다면, 그들은 부부중심사회였기 때문에 부부가 서독으로 함께 피난을 가던지, 아니면 동독에 함께 남는 것이 원칙이었다. 그런 이유로 인해 독일의 경우는 부부 이산은 거의 없다.

우연히, 그리고 별안간 형성된 이산가족의 마을이 된 KBS여의도 광장에서

6-8. TV에 보이기 위해서 피켓Picket을 들고 순서를 기다리는 대기자들.

6-9. TV에 등장하기 전 찾는 가족의 신상을 적은 포스터를 계단에 붙이는 모습.

참여관찰을 하기 위해서는 출입증이 필요했다. 그때는 아직도 동서냉전에는 화해 기류가 없을 때이고, 누구나 쉽게 '간첩'이나 '수사관,' 아니면 '정보부원'으로 오해 받기 쉬울 때였다. 이산가족 텔레톤이 있기 이전에도 이산가족에 관한 자료를 얻고 도움을 받기 위해 대한적십자사를 자주 방문했었다. 적십자사에는 내가 대학을 다닐 때 여학생 처장을 하셨고, 내 친구의 장모이신 최이순 선생님이 부총재로, 그리고 가까운 대학 선배인 최은범 박사가 대한적십자사의 국제부장으로 근무할 때라 두 분의 주선으로 나는 적십자요원의 명찰을 달고 여의도 광장 이산상봉모임에 자원 봉사요원으로 자유롭게 출입을 할 수 있었다. 내가 필요로 하는 자료도 모으고 TV에 등장하기 위한 준비와 수속을 도와주는 와중에 하마터면 큰 봉변을 당할 뻔하기도 했다. 이산한 부인을 찾고 있는 60대의 노인을 도와주고 있을 때였다. 1950년 12월 유엔군과 한국군이 후퇴를 할 때 부인을 이북에 남겨둔 채 흥남에서 단신으로 월남을 한 분이었다. 그는 후에 재혼을 했고, 재혼한 부인과의 사이에 남매를 두었다고 했다. 내가 그에게 자세한 사연을 묻자, 그는 내 질문이 불쾌했는지 신분증을 내보이면서 "나는 공산주의자가 아니오. 당신이 뭔데 나를 의심하시오?"라면서 큰 소리를 냈다. 프로그램에 등장하기 위해 줄을 서서 기다리던 사람들이 금세라도 나에게 달려들 분위기였다. 다른 적십자사 요원들이 나를 다른 곳으로 급히 대피시키는 바람에 겨우 봉변을 면했다. 그때서야 비로소 왜 사람들이 이런 연구를 기피하는지를 알 수 있었다.

이산가족 텔레톤의 효과

1983년 6월 30일에 시작한 이 텔레톤은 그 해 11월 14일까지 4개월에 걸쳐 장장 450시간이나 계속되었으며, 1만 명 이상의 이산가족이 재회할 수 있었다. 불행하게도 나는 9월 중순에 개학이어서 텔레톤이 끝나는 것을 보지 못하고 학교로 돌아가야만 했다. 그러나 그때쯤에는 텔레톤에 참여하는 인원도 많이 줄어서, 더 이상 현장 관찰은 하지 않아도 될 것 같았다. 이 텔레톤은 직접적인 효과 이외에 남북회담에도 큰 영향을 미쳤다.[20] 실제로 1985년 9월 20일에 남·북 양측 적십자사 총재의 인솔로 151명의 방문단이 4일간의 일정으로 판문점을 경유하여 서울과 평양을 각각 방문했다. 예술단원 외에도 남북에서 각 50명의 이산가족을 선발하여 가족이나 친지, 그리고 친구들을 재회할 수 있었다. 그 이후부터 1999년 9월까지 몇 차례의 남북대화가 있었으나, 이산가족의 만남은 없었다. 1998년 2월에 당선된 김대중 대통령은 대북정책으로 '햇볕정책'을 추진했고 그 정책의 골자는 2000년 3월 9일 베를린선언에 담겨 있다. 이 베를린 선언 이후 김대중 대통령이 평양을 방문하면서 발표된 남북공동성명에 8월 15일경에 일단의 이산가족들이 자기들의 가족과 친지들을 방문한다는 내용이 있었다. 그 후 실무회담에서 남북 양측에서 분단 후 반세기 동안 만나지 못한 이산가족들을 한 번에 100명씩, 서울과 평양을 서로 바꾸어 방문하여 재회할 수 있도록 합의했다. 이 재회 장면은 이산가족의 아픔을 전세계에 널리 알리는 기회가 됐다. 2000년 8월 15일에서 8월 18일까지 시작한 첫 이산가족상봉 이후 2018년 8월 20일에서 26일까지의 상봉까지 도합 21차의 상봉이 있었다.[21]

이북에서 어린 아들만 데리고 월남한 순정파 의사

인류학자들은 연구윤리상 연구 대상이었던 사람들의 실명을 밝히는 것을 지극히 예외로 하고 있기 때문에, 나도 내가 영문으로 출판한 한국 이산가족에 관한 책에서 연구 대상이 된 사람을 실명 대신 '이동희'라는 가명을 썼다. 한국전쟁 중에 평양에서 열 살배기 둘째 아들만 대동하고 월남한 후, 부산에서 무료 의

20 한국전쟁 중에 북한에 납치된 사람들의 송환을 위한 첫 회담은 1951년 7월 10일에 열렸으며, 이는 1953년 7월 27일에 열린 회담에서도 논의되었다. 결국 이 협상은 1960년대, 1970년대, 1980년대, 1990년대, 그리고 2000년 6월 15일까지 지속되었다.

21 상봉 횟수를 역대 대통령 재임 기간별로 분류하면 김대중 6회, 노무현 10회, 이명박 2회, 박근혜 2회, 그리고 문재인 1회 등이다.

료봉사를 하면서 재혼을 하지 않고 독신생활을 하면서 지내는 73세(1983년 당시)의 의사였다. 그러나 그의 '순애보적殉愛譜的'인 이야기를 들으면, 대부분의 한국 사람들은 그가 누구인지를 당장 알 만큼 그는 저명인사이다. 이런 경우 가명을 쓴다는 것이 무슨 의미가 있을지 몰라서 나는 또 다른 가명을 만들어 독자들을 혼동시키는 대신 책에서 쓴 대로 '이 박사'라고 하겠다.

내가 이 박사를 처음 인터뷰를 했던 곳은 부산에 있는 그가 설립한 병원의 사무실이었는데, 이 병원은 그의 집이자 직장이었다. 소문에 의하면, 이 박사는 이런 인터뷰에 좀처럼 응하지 않는 분이라서 나는 부산으로 가기 전에 당시 동아대학교 총장을 역임한 사회학과 한석정 교수에게 무슨 짓을 하던 간에 내가 이 박사를 심층 면접을 할 수 있도록 주선해 달라고 부탁했다. 한 총장은 내가 미국에서 일부러 시간을 내서 이 박사를 만나러 온 것이며, 이 박사와의 인터뷰 내용은 한국의 이산가족의 딱한 처지를 영어권 독자들에게 '고발'하기 위해 쓰는 책에 실릴 것이고 미국에서 출간될 예정이라고 구구절절하게 설명한 끝에 겨우 허락을 받았다고 했다. 나는 한 총장의 연락에 부산에 있는 이 박사의 병원으로 달려갔다. 내 눈에 비친 그의 첫 인상은 영락없는 '성직자'였다. 만면에 미소를 짓고 조용하고 나직한 목소리로 자신을 만나러 먼 길을 온 나에게 감사하다는 인사말을 건넸다. 정작 감사해야 할 사람은 나였는데 말이다. 그는 자신의 이야기를 출판을 하고자 하는 인터뷰에는 응한 일이 없지만, 나에게 자신의 이야기를 숨김없이 해 주기로 한 이유는, 수백만 명의 가족을 갈라놓은 참혹한 한국전쟁의 후유증을 영어권 독자들에게 알리고 고발하기 위해서 이 연구를 한다기에 기꺼이 응한 것이라고 말했다. 한국어로 백 번을 쓴다 한들 영어권 독자들이 읽을 수 없지 않겠느냐는 것이다. 나는 왜 함 선생님이 나에게 이제 너는 영문으로 우리 사정을 표현할 수 있으니 가능하면 영어로 책이나 논문을 쓰라고 하시던 깊은 뜻을 알 것 같았다.

이 박사는 내가 첫 질문을 하기 전에, "나는 닥터 김이 기독교 신자인지 아닌지는 알 수 없지만, 연대를 다녔다고 하니 이해할 것"이라고 운을 떼고 나서

기도부터 하겠다고 했다. 기도의 요지는 "이 젊은 종으로 하여금 우리가 겪은 참혹한 전쟁과 그로 인해 수백 만의 가족이 뿔뿔이 헤어져서 아직까지도 서로의 생사를 모를 뿐만 아니라, 살아 있는 사람들끼리 한 줄의 안부 편지나 한 통의 전화로라도 소식을 전할 수 없는 이 딱한 사연을 영어권 사람들에게 효과적으로, 그리고 성공적으로 '고발'할 수 있도록 용기와 지혜와 건강을 주시기를 주님의 이름으로 기도한다"는 요지였다. 나는 연대 시절, 학부와 대학원을 통해 8년간 수많은 기도에 참여해 왔었지만, 이토록 감명 깊은 기도를 해 보기는 처음이었다. 나는 이 기도를 하면서 속으로는 걱정이 앞섰다. "한국 사람들의 이산의 아픔을 영어권 사람들에게 고발한다"고 말하기는 쉽지만, 우선 현지조사를 성공적으로 마쳐야 하고, 내가 영어권 독자들이 읽고 공감할 수 있도록 원고를 써야 하며, 그렇게 원고를 다 쓴다 해도 과연 까다로운 과정을 거쳐 대학출판사에서 출판할 수 있을까 하는 걱정이었다. 심층면접을 허락한 이 박사의 기도처럼 최선을 다하는 수밖에 없었다.

이 박사가 들려주는 그의 생애사生涯史는 한국의 일간지에 널리 보도된 것과 다르지 않았다. 한국의 일간지에서는 그의 실명을 밝혔기 때문에 여기서는 그 신문의 보도 내용은 인용하지 않겠다. 그는 1911년 평안남도 용정리에서 태어나 그곳에서 초등학교를 졸업하고 뒤이어 개성에 있는 명문고등학교를 졸업한 후, 의사가 되기로 결심하고 서울에 있는 의대를 졸업했다. 졸업 후 친구의 중매로 평양에서 고등학교를 나온 박순임(가명)과 결혼했다. 결혼 후 평양에 있는 의과대학에서 학생들을 가르쳤다. 그가 서울에서 학교를 다닐 때 짝사랑한 같은 고향 출신 여성이 공교롭게도 내 친구의 장모님이어서, 그의 옛 연애에 관해 이야기를 들은 나는 이 박사에게 "제가 선생님을 인터뷰한 후에 서울에 가서 선생님이 결혼 전에 짝사랑을 하셨다는 그분을 만나기로 되어 있는데, 혹 전하실 말씀은 없으시냐"고 물었을 때 이 박사는 웃기만 했다. 서울에 와서 그분에게 내가 일전에 부산에서 이 박사를 만나고 왔는데 혹 궁금하시면 연락해 보시라고 전화번호를 드렸으나, 그분은 아무런 대답도 하지 않으셨다. 그때 그분도 남편을 여

잃고 홀로 사셨다.

6·25전쟁 중에 이 박사는 평양에 있는 한 대학병원에서 부상한 인민군을 치료하고 있었다. 유엔군이 북한으로 진격할 때 북한 당국은 도주했지만, 자신은 그냥 남아 있다가 국군을 만났다. 이 박사는 한때 김일성을 치료한 것 등으로도 국군에 잘 알려진 저명한 의사였다. 그는 국군의 제의로 국군 부상병 치료를 하던 중, 인민해방군(Chinese People's Volunteers, CPV)이 투입되면서 전쟁은 새로운 국면을 맞게 되었고, 평양이 공산당의 수중으로 다시 넘어가게 되었다. 1950년 12월 3일 토요일, 피난하려는 군중들은 대동강을 넘기 위해 운집했다. 이 박사의 부인과 다른 아이들은 대동강 건너에 있는 처가로 가고, 집에는 그와 둘째 아들인 열 살짜리 현규(가명)만 남아 있었다. 중공군이 한국 여자들을 보면 강간한다는 소문이 파다해서 중공군이 오기 전에 대동강 건너편으로 미리 대피시켰던 것이다. 중공군의 평양 점령이 확실시되자, 국군장교들이 이 박사의 가족을 이남으로 태워 가려고 소형 버스를 가지고 왔다. 이 박사는 우선 부모님을 이남으로 보내려고 했으나, 그분들은 한사코 집에 남아 있겠다고 했다. 그 소형버스에는 이미 군인들이 타고 있어서 자리가 별로 없었다. 이 박사의 부모님은 늙은 사람들보다는 젊은 사람들, 그리고 그중에서도 집안의 대를 이을 남자들이 우선적으로 피난을 해야 한다고 주장했다. 그때 이 박사의 17세된 큰아들 현수(가명)는 이미 군대에 징집되었고, 다음으로 대를 이을 사람인 둘째 아들 현규와 함께 그 미니버스를 타고 급히 집을 떠났다. 이런 급박한 전쟁의 상황 속에서도 한국의 대가 끊기면 안 된다는 친족제도가 작동을 한 셈이었다.

이렇게 떠난 소형 버스가 평양의 종로 거리를 지날 때, 현규는 자기 어머니와 동생들이 피난민 대열에 끼어서 아직 대동강을 건너지 못하고 다리를 향해서 남쪽으로 걸어가는 것을 보았다. 그러나 이 박사와 현규는 버스를 세워 달라는 말을 차마 할 수 없었다. 만일 차를 세우면 그 많은 피난민들이 떼를 지어 버스로 달려들게 될 것이고, 그러면 버스는 다시 출발할 수 없을 것을 잘 알았기 때문이었다. 나에게 여기까지 이야기를 하는 도중에 이 박사는 자못 심각한 자세로 만일 자기가 탄 소형 버스가 사람들이 어떻게 달려들지를 걱정하는 대신, 이 박사의 직계가족을 데리러 온 안광이라는 소령에게 말하여 버스를 세우고 자기 가족들을 태우고 가자고 말하지 않았던 것을 두고두고 후회한다고 말했다. 하지만, 그래도 그때는 그들이 강 건너에 있는 이 박사의 처가에 가 있으면 며칠 후에는 다시 집으로 돌아올 것으로 생각했다며, 이 박사만이 아니라 대부분의 피난민들은 며칠 후면 집으로 다 돌아올 것이라고 믿었다고 한다.

한국 사람들의 평균 수명을 생각하면 내가 면접하던 1983년 이 박사의 부모님은 사망했을 것으로 짐작했지만, 부인과 아들들은 이북에 살아 있을 것으로 확신했다. 유교 전통에 젖은 대부분의 동북아 지역에는 '무성asexuality'의 속성이 있다.[22] 무성이라는 말은 설사 자기 부인이라고 하더라도 특히 이성(특히 여성)에게 초연한 태도를 취하는 것인데, 서양 사람들이 이성에 대해서 자유로이 감정을 표현하는 것과는 아주 다른 것이다. 베트남전쟁이 끝나고 베트남에 억류되었던 미국인 포로가 석방되었을 때, 남편을 기다리던 부인이 비행장에서 달려가 남편에게 진한 '키스kiss'를 하는 장면과는 대조적으로, 이산가족 텔레톤 때 TV 화면에 등장한 남편들은 그토록 그리워하던 아내를 만나고서도 남들의 시선 때문에 무심한 듯 쳐다보면서 손만 잡는 것이 고작이었다. 그들의 해후邂逅는 마음속으로 미국 부부의 만남과 다를 것이 없었겠지만, 감정을 표시하는 방법에는 문화적인 차이가 있는 것처럼 이 박사가 자기 부인을 그리워하는 애절한 표현을 자제하려는 것도 한국 문화의 특성인지도 모른다. 그러나 그는 헤어진 자기 부인을 한시도 잊은 적이 없었다. 이 박사는 자기 부인에 대해 말하기를 "그 사람이 미인은 아니었지만, 내적으로 풍기는 매력과 좋은 품성, 그리고 시부모에 대해서 헌신하는 것에 감동했다"고 했다. '사랑한다'는 말을 지극히 한국적으로 표현한 것이다. 그는 살아가면서, 그리고 나이 들면서 더욱더 부인을 '사랑'하게

22 이에 관한 이론적인 배경은 프랜시스 슈Francis L. K. Hsu의 이론에 근거한 학술적인 논문에서 학술적인 설명을 했다(Kim, "Attribute of 'Asexuality' in Korean Kinship and Sundered Koreans during the Korean War," pp. 309-325.

되었다고 말했다.

내가 이 박사와 면접을 한 이후에, 그는 이북에 있는 가족과 재회할 기회가 있었다. 1985년에 남북한예술단을 교류할 때 동행했던 50명 중 대부분이 사회 저명인사들이었다. 이 박사 역시 이산가족 방문단의 일원으로 참가하도록 초청을 받았지만 그는 "이산한 사람이면 누구나, 그리고 소외계층의 사람들도 자유롭게 자기 가족을 만날 수 있는 기회가 주어진다면 나도 참여하겠지만, 나의 사회적인 위치를 이용해 한정된 자리에 끼어서 내 가족을 만날 수는 없다"고 했다. KBS의 텔레톤을 본 사람이라면 그가 이북에 두고 온 가족을 만날 수 있는 천재일우千載一遇의 기회를 다른 사람을 위해 양보한 숨은 뜻을 이해할 수 있을 것이다.

함병춘 선생님에 대한 비보悲報

비록 방학 동안을 주로 이용하기는 했지만, 1982년부터 시작해서 1983년 9월 초까지 모은 자료는 한국 이산가족에 관한 '민족지'를 기술하기에 충분하다고 생각하고 개학하기 전에 테네시 집으로 돌아가기로 했다. 많은 이산가족들이 재회하는 기회를 목격할 수 있는 천재일우의 기회를 얻었고 대한적십자사의 배려와 『동아일보』의 도움으로 귀한 자료와 사진들을 습득할 수 있었다. 나는 기대 이상의 귀중한 자료를 모았고, 이산가족 상황을 이해할 수 있게 되었다. 텔레톤을 진행한 KBS조차 상상하지 못했던 현장을 직접 목격할 수 있었으니 말이다.

당시에 함 선생님은 전두환 대통령의 비서실장으로 계셨다. 나는 선생님에게 KBS 텔레톤 덕분에 상상도 못했던 귀중한 자료들을 모았으니 이젠 한 권의 책을 쓸 정도는 되었고, 개학을 맞아 돌아간다고 전화를 드렸다. 내가 청와대 대통령비서실로 자주 전화를 하는 것을 알았는지, 서울에 오면 묵었던 평창동 옛 '올림피아호텔(지금은 아파트로 바뀜)'에서는 나만 오면 내 방에 꽃바구니를 놓아주는 등 특별 대접을 해 주었다. 그런데 선생님은 전과는 달리, "중순이가 그간 어렵게 공부를 하느라고 선배나 친구들에게 신세도 졌을 터이니, 이번 기회에 명단을 만들어 비서실로 보내 주면 그분들에게 연락을 해서 저녁 만찬을 준비해 주겠다"고 하셨다. 나는 깜짝 놀랐다. 이런 일은 평소 선생님에게는 있을 수도 없는 일이었기 때문이었다. 50여 명의 명단을 전달했더니, 선생님은 당신의 초청인사로 당시 미주리대학교 교수이시던 조순승 교수님(내가 연대에서 그분의 강의를 한 학기 들었고, 내 고등학교 8년 선배이기도 하다)과 뉴욕에 거주하던 연대 1년 선배인 신정하 선배를 초청 명단에 포함시키셨다. 내가 한국을 떠나기 전날 밤 남산에 있던 중국음식점 '희래등'에 모두 모였다. (그 후 내가 귀국해서 희래등을 찾아보았지만 남산 외인아파트가 철거되면서 그 음식점도 없어졌다. 남산의 희래등은 후에 대치동 사거리로 옮겨 갔다고 누군가에게 들었으나 옛날 선생님과의 마지막 만찬이 다시 생각날까 걱정스러워서 찾아가보지 못했다.)

희래등에서의 만찬이 우리 사제지간의 마지막이 될 줄은 선생님은 아마 무슨 영감이나 선험적으로 아셨는지도 모를 일이다. 내가 다음 날 미국으로 돌아가고 나서 겨우 한 달이 조금 지난 그해 10월 9일, 내가 집 텃밭에서 배추를 뽑고 있는데 『동아일보사』 김병관 회장의 부인 안경희 여사가 국제전화로 선생님에 대한 비보를 전해 주었다. 언론사 집이라 미얀마의 수도 양곤(랑군)에서 일어난 테러 소식을 다른 사람보다 빨리 접한 모양이었다. 랑군에 위치한 아웅산 묘역에서 북한 테러단이 미리 설치해 놓은 폭탄을 터트려 한국인 17명과 미얀마인 4명 등 21명이 사망하고 수십 명이 부상한 폭탄테러 사건이 일어났고, 선생님이 현장에서 순직하셨다는 것이다. 그 희생자 중에 김동휘 상공부장관은 함 선생님께서 대사를 지냈던 시절 워싱턴에서 몇 번 같이 만난 인연도 있었다. 너무나 황망遑忙하여 얼마 동안은 일이 손에 잡히지 않았다. 생각할수록 희래등의 마지막 만찬이 너무나 이상했다. 벌써 선생님이 돌아가신 지도 40년이나 됐다.

함 선생님이 52세를 일기로 순국하신 지 30년이 되는 해에 연세대학교 사회과학연구소, 그리고 그 아드님이 연구원장으로 있던 아산정책연구원이 주최가 되어 2013년 11월 22일 연세대학교 법학전문대학원 국제회의실에서 "함병춘의 삶과 학문: 한국의 정치 전통과 법"이라는 주제로 개최한 학술대회에서 나는 선생님을 기리는 기조강연을 했다.[23]

『믿음의 인내*Faithful Endurance*』의 출판

내가 지금까지 여러 번 연구서를 주로 출판하는 대학출판사에서 책을 출판할 수 있었던 것은 운도 따랐지만, 그보다는 내가 탈고한 원고에 기탄없는, 때로는 혹평을 해 주는 몇 사람이 있었기 때문이었다. 누구보다도 가장 아낌없이, 때로는 '섭섭할 정도'로 혹평을 마다하지 않는 집사람, 그리고 인류학자 중에서 누구보다도 다작多作을 낸 프랜시스 슈Francis L.K. Hsu 교수의 도움이 컸다. 그 외에 프린스턴대학교 출판사 원고 섭외 담당 편집장인 게일 얼만Gale Ullman, 그리고 테네시대학교 출판사 출판부장이던 캐롤 오르Carol Orr도 혹평을 마다하지 않는 좋은 친구들이었다. 슈 교수, 게일, 캐롤, 그리고 나 넷은 매년 추수감사절Thanksgiving Day을 전후해서 열리는 미국 인류학회 연례회의 때 꼭 만나서 그해 책 출판 경향을 논하고, 내가 책을 쓴 경우에는 그에 대한 품평을 했다. 이산가족에 관한 내 책의 초고를 인류학회 모임 이전에 그들에게 보내고 학회 모임 때 그들의 조언을 들었다. 세 사람은 다 내 책 제목, *Faithful Endurance*는 '매력적'이라고 했다. 그러나 항상 솔직한 표현을 주저하지 않는 게일은 매력적인 주제와는 달리, 부제인 '한국 이산가족에 대한 민족지*An Ethnography of Korean Family Dispersal*,' 특히 '민족지ethnography'라는 단어는 잠재적인 독자들을 잃을 것이라고 했다. 슈 교수는 아무리 학문적인 중요성을 강조하는 대학출판사라고 하더라도 출판을 주저할지 모른다고 했다. 슈 교수의 경험에 의하면, 미국 독자들은 소위 약자underdog에 대해서 한없이 너그럽고 관대하지만, 심리적으로 부담

23 김중순, "기조강연: 함병춘 선생님의 삶과 학문," 『법학연구*Yonsei Law Review* 24(2014)』: 1–20.

을 주는 책은 피하는 경향이 있다는 것이다. 슈 교수는 내 이산가족에 대한 원고를 읽은 날, 남의 나라 사람들의 일이지만 너무나 참담하여 잠을 이룰 수가 없었다고 했다.

슈 교수의 평은 솔직했다. 사실 나도 여러 차례 현지조사를 했지만, 현지에서는 현지 사람들이 겪고 있는 일들에 공감을 하다가도, 그 연구가 끝나고 학교로 돌아오면 금방 잊었다. 그러나 이번은 달랐다. 현지조사가 끝나고 학교에 돌아온 이후에도 줄곧 그들의 구구절절한 이야기가 생각나고 밤새껏 그들과 함께 울어서 다음 날 눈이 퉁퉁 부었던 것처럼, 내가 책을 쓰는 순간 순간에도 저절로 흘러나오는 눈물을 멈출 수가 없었다. 슈 교수는 어느 노벨문학상 수상자가 자기가 쓴 유태인의 참상을 그린 소설이 출판사에서 거절을 당한 경험을 이야기하면서, 대부분의 미국 지식층들에게 한국전쟁의 잔혹상과 이산가족의 슬픈 사연은 그들에게 심리적으로 큰 부담으로 작용할 것이라고 했다. 테네시대학교 출판부장이던 캐롤도 이 책은 아주 좋은 서평을 받을 수는 있겠지만, 책 판매는 부진할 것이라고 했다. 캐롤은 "솔직히 이 책은 페이퍼백으로 재출간되기는 힘들 것"이라고 했다.

내가 이 책 내용과 출판 계획서를 몇몇 출판사에 보냈더니, 애리조나대학 출판사에서 원고를 보내달라는 연락이 왔다. 완성된 원고를 보냈더니 당장 감수자reader에게 보냈다고 하면서, 만일 세 명의 감수자의 평가가 자기의 평가와 일치한다면 이 책 출판을 서두르겠다고 했다. 그러면서 내가 다른 출판사에 투고하지 않기를 바라는 마음에서, 이 원고를 세 평가자에게 동시에 보내서 원고 심사과정을 단축하는 특혜를 주겠다고 했다. 애리조나주는 미국 원주민 인디언들이 가장 많은 주로, 그곳에 있는 애리조나대학교는 미국의 여러 대학교 중에서 인류학 프로그램이 가장 다양하다. 그리고 내 지도교수였던 베일리 교수가 이 학교에서 학부를 마친 인연도 있다. 나는 언젠가는 애리조나대학 출판사에서 인류학 책을 한 번 출판해 보고 싶은 생각이 있었다. 세 명의 평가자에게서 온 평가는 내가 써도 그렇게 좋게 쓸 수 없을 정도로 좋은 평가가 나왔다. 드디어

1988년에 출판이 결정됐다. 양장본을 씌우는 책 겉표지jacket 뒷면에 인본주의 인류학자humanistic anthropologist인 마일스 리처드슨Miles Richardson이 책 소개와 평blab을 쓰기로 했다고 들었다.[24] 그는 "김 박사가 쓴 한국 이산가족의 비극은 사람들의 고통과 고뇌를 대변해야 하는 인류학자의 입장을 잘 표현한 좋은 예이며, 이 책은 오로지 김 박사만이 쓸 수 있는 책"이라고 호평을 했다. 아마 리처드슨이 내 원고 평가를 했던 세 명 중의 한 사람일 것으로 짐작했다.

내 책에 관한 서평은 여러 전문 학술지에 실렸고, 당시 우리 대학의 챈슬러였던 래리 맥기히Larry T. McGehee가 "인류학자들도 울 수 있다Anthropologists Can Weep"라는 제목의 칼럼으로 내 책을 소개했다. 인류학계의 최고 권위지인 『미국 인류학자*American Anthropologist*』에도 서평이 게재되었으며, 아시아학회 기관지인 『아시아연구지*The Journal of Asian Studies*』에도 서평이 실려 아시아 연구자들과 한국 인류학자들에게도 내 책을 알릴 기회가 생겼다.[25] 특히 서울대학교 김광억 교수가 아시아 연구지에 쓴 서평 덕분에 한국에서 인류학 공부를 하지 않아 인맥이 없던 나를 한국 인류학계에 소개하는 계기가 되었다.

책이 나오고 나니 초고를 읽어 보고 평을 해 준 친구들의 말이 옳았음을 깨달았다. 특히 캐롤 오르의 "서평은 좋게 받겠지만, 책 판매는 저조할 것"이라

---

24 마일스 리처드슨Miles Richardson(1932~2011)은 루이지애나주립대학교의 석좌교수였으며, 57권의 책과 147개의 논문들이 5,133개의 도서관에 소장되어 있다. 그는 인본적인 인류학자로 인본인류학회The Society for Humanistic Anthropology를 창설했고, 그 분야의 전문지 발간도 시작했다(*The Journal of Humanism Quarterly*). 내가 한국으로 온 사이에 지병으로 79세의 일기로 사망했다. 부끄러움을 많이 타는 그는 나와 이야기를 할 때면 늘 땅을 내려다보면서 이야기했는데, 지금도 그의 수줍고 선한 얼굴이 눈에 선하다. 그러나 그가 내 책을 위해 써 준 주옥 같은 글은 영원히 세계 5천개의 도서관과 내 책을 구입한 독자들의 서가에 남아 있을 것이다. 그의 명복을 빈다.

25 See Laurel Kendall, "Review of: Choong Soon Kim, *Faithful Endurance: An Ethnography of Korean Family Dispersal* "(Tucson, AZ: University of Arizona Press, 1988), *American Anthropologist* 91(1989), p. 811; Kwang-ok Kim, *Faithful Endurance: An Ethnography of Korean Family Dispersal* (Tucson, AZ: University of Arizona Press, 1988), *The Journal of Asian Studies* 48(1989), pp. 637-638.

는 말이 맞았다. 미국 출판 관행은 초판은 주로 도서관용으로 양장판hardcover을 5~6천 부를 발행하고 필요하다고 판단되면 일반 독자나 대학, 대학원 학생들을 위해 값이 싼 페이퍼백paperback edition으로 재출간한다. 지금까지 33년 사이에 내가 쓴 책 중에서 이 책이 좋은 서평을 가장 많이 받았지만, 단지 6쇄를 발행하는데 그쳤고, 페이퍼백으로는 출간되지 못했다.

이 책이 출판된 다음 해인 1989년에 풀브라이트 선임연구교수로 한국의 기업문화를 연구하러 한국에 왔을 때, 이 박사에게 책 한 권을 보내드리고 안부도 전했다. 가족과 그토록 오랫동안 떨어져 살면서 재혼을 하지 않은 그 인내에 감명을 받아 책 제목도 『믿음의 인내*Faithful Endurance*』라고 붙였다고도 했다. 이 박사는 만족하는 것 같았다. 그러나 나는 내가 그 책을 출판한 이후에 이 박사 가족에게 일어난 감격스러운 일을 그 책에 포함시키지 못한 것이 아직도 아쉬울 따름이다.

'감격스러운 일'이란 다음과 같다. 1985년 9월 이산가족 고향방문단 이후 2000년 6월 15일 남북정상 간의 합의에 의해 남북에서 각 100명씩 이산가족들이 그해 8월 15일부터 3일간 남북을 서로 방문하는 교환방문이 시작되었다. 10살짜리였던 둘째 아들이 아버지처럼 의사가 되어 이산가족방문단 수행 의사의 자격으로 방문단에 참여하게 되었다. 정식방문단의 일원은 아니었지만, 북한적십자사가 '작은 이 박사'에게 북한에 있는 자기 가족을 만나게 해 주기를 기대했다. 북한적십자사는 다른 이산가족들이 만난 이틀 후인 2000년 8월 17일, 이 박사가 어머니와 형제자매들을 만날 수 있도록 배려를 해주었다. 그가 그의 어머니를 마지막 본 것이 1950년 12월 3일이었다. 그 당시 작은 이 박사의 어머니는 38세의 젊은 나이였지만, 지금(2000년)은 89세의 노인이었다. 그들은 아무 말도 못하고 서로 껴안고 울기만 했다고 한다. 그러다가 아들 이 박사는 어머니에게 "저를 기억하시겠습니까?"라고 물었다. 그 어머니는 대답 대신에, '이게 꿈이냐 생시냐?'고 물었다고 한다. 어머니는 아들에게 존대말을 했다고 하니, 반세기간의 이산이 어머니가 아들에게 흡사 초면의 사람에게 하듯이 존대를 하게 만든 것이었다. 인민군에 징집당했던 큰아들은 몇 년 전에 사망했지만, 그의 어머니는 비교적 건강해 보였고, 두 동생은 과학자가 됐다고 했다. 자기 어머니가 혼자서 4남매(한 명은 사망)를 키우느라고 고생을 했을 것을 생각하니 딱하기 그지없었다. 동시에 오랜 세월 동안 북한에 두고 온 어머니를 사랑하면서 45년간을 독신으로 지내다가 쓸쓸하게 돌아가신 아버지를 잊을 수가 없었다. 그는 어머니에게 아버지의 장례식에서 찍은 90장의 사진이 든 상자를 준비해 간 몇 가지 선물과 함께 전달했다. 그러나 어머니는 "아들의 얼굴만 보기에도 시간이 모자란다"면서 그가 건네준 선물상자를 펴보지도 않았다고 한다. 그들의 상봉은 단지 세 시간으로 한정되어 있었기 때문에 "나는 선물을 풀어보는 데 시간을 소비할 수가 없다"는 애절한 모정을 나타낸 것이었다. 이 짧은 시간의 만남 중에서도 애타는 어머니는 아들에게 '애들이 몇이냐?'는 질문을 다섯 번이나 되풀이했다고 한다.

작은 이 박사가 가족을 만난 다음 날인 2000년 8월 15일, 비행기가 떠나기 전에 가족과 다시 한번 만날 수 있도록 허락을 받았으나 그 시간은 30분으로 제한되었다. 모두가 다시 한번 더 만날 수 있을 것으로 짐작하기는 했지만, 누구도 장담할 수는 없었다. 비행기에 탑승하기 전에 어머니는 떠나는 아들에게 애절한 목소리로 '꼭 돌아가야만 하느냐?'고 묻고 나서, 마지막으로 '우리 다시 만날 수 있을까?' 하고 다시 물었다. 아들은 답을 할 수가 없었다. 89세의 어머니가 장수를 한들 몇 년을 더 살 수 있을까? 작은 이 박사를 위시하여 이산 상봉을 통해 헤어진 가족들과 한 번이라도 상봉을 한 사람들은 가족을 한 번 만나기만 해도 행복할 것으로 생각했으나 막상 만나고 난 후 다시 헤어져야 하는 슬픔을 극복하는 일은 더욱더 고통스럽다고 했다.

그래도 21차례의 상봉을 통해 상봉한 소수를 제외하면, 이런 잠깐의 상봉이라도 기다리는 사람의 수는 허다하다. 대부분은 초고령에 이른 사람들이다. 평안남도의 도민회 회장인 81세(2000년 기준)의 노인은 "만일 이산가족 상봉이 현재의 계획대로 매달 100명씩 교환방문을 한다 해도 등록한 15만 명이 가족

상봉을 하기 위해서는 12년 반이나 걸릴 것"이라고 계산했다. 만일 자신이 마지막 면회그룹에 속한다고 한다면, 그의 나이는 93세가 될 것이라고 했다. 그러나 2018년 8월에 있었던 제21차상봉을 마지막으로 근래에는 상봉 스케줄이 잡혀 있지 않다. 어느 역대정권보다 북한에 호의적인 문재인 정권이 2018년 4월 27일 판문점 평화의 집에서 남북정상이 판문점 선언을 발표하고 "이산가족·친척 상봉을 비롯한 제반 문제를 협의해 나가기"로 했지만, 집권 5년(2017~2022) 사이에 이산가족 상봉은 단 한 차례에 불과했다. 이들의 한은 언제 풀릴 수 있을까?

기업문화에 대한 현지조사

제7장

인류학 중에서도 내 관심분야는 '기업인류학'이다.[1] 나는 눈부신 경제발전을 이룬 한국의 산업문화에 대한 산업민족지를 써 보고 싶었지만, 그럴 기회가 좀처럼 없었다. 그러다가 마침내 한국 산업체에 대한 현지조사를 할 기회가 생겼고, 이어서 내가 살고 있던 테네시주에 진출한 일본 기업에 대한 산업민족지도 써 볼 기회가 생겼다.

1974년에 촉토 인디언들의 인력에 관한 현지조사를 할 때 함병춘 선생님이 내 고향 인접군인 안동군 도산면이 안동 댐과 임하 댐의 건설로 수몰되기 전에 그런 전통적인 마을 문화를 기록으로 남기는 일이 중요하다고 하신 말씀을 기억하고는 있었지만, 내 앞에 닥친 일들 때문에 실행에 옮기지는 못했다. 나는 마음속으로 한국전통문화가 한국의 산업화에 어떤 영향을 미치는지를 알고

1 '기업인류학'은 인류학적 이론과 방법을 써서 기업체, 특히 산업체에서 발생하는 문제를 해결하는 응용인류학의 한 분야다. 산업인류학이라고 굳이 구분할 경우 이러한 연구는 산업체나 생산공장에 존재하는 산업문화를 심층적으로 기술하는 것이다(김중순, 『문화를 알면 경영전략이 선다: 문화맹 CEO 컴맹보다 무섭다』, 서울 일조각, 2001, pp. 101-138; Marietta L. Baba, *Business and Industrial Anthropology: An Overview*. NAPA Bulletin, no 2. [Washington D.C.: American Anthropological Association, 1986]).

싶었다. 한국전통문화와 산업화를 한꺼번에 볼 수 있는 방법을 모색하던 중에 1987년 인류학자인 강신표 교수가 주동이 된 제1회『올림픽과 동·서·남·북 문화교류』라는 국제회의에 나를 초대해 주어서 서울에 올 기회가 생겼다. 그때 안동 하회마을에 사는 큰누님과 자형을 만나 전통 마을의 현황을 들을 수 있었다. 그때 자형이 "하회마을에 사는 류씨보다 서울(부평)에 있는 (주)풍산금속에 근무하는 류씨가 더 많을지 모르니, 하회마을 연구를 하기 위해서는 하회마을에 오는 것보다 풍산금속에서 일하는 류씨들을 만나는 것이 더 효율적일 것"이라고 거의 '농담'조로 이야기를 했다. 그러나 나는 자형의 '농담'을 흘려듣지 않았다. 결과적으로 나는 풍산금속과 하회라는 전통 마을, 한국의 전통 마을과 산업체를 연계하는 현지조사를 1987년부터 1991년까지 했고 그 결과물을 1992년에 출판했다.[2]

한국 기업에 관한 책이 좋은 평을 받게 되자 내가 근무하던 테네시대학교의 지도부와 테네시주 정부 관료들은 내게 테네시주에 진출한 일본 기업에 관한 연구를 하면 좋겠다고 했다. 나 자신도 일본 기업들이 문화가 상이한 테네시에서 어떻게 적응하면서 기업을 경영하고 있는지가 궁금했다. 그러나 테네시주에 진출한 일본 기업들은 나에게 인류학적인 현지조사를 하도록 허가를 해 주는 데에 대단히 '인색'했다. 회사를 연구하게 해 달라는 허가원을 100여 개의 일본 기업에 요청했으나 100번 거절을 당했다. 그러나 일본 기업의 동업자인 테네시대학교 동문들의 도움으로 마침내 동부, 중부, 서부 테네시주에 있는 세 개의 일본 기업으로부터 허가를 얻어 현지조사를 하고 그 결과물은 1995년에 출판하였다.[3]

2 Kim, *The Culture of Korean Industry*.

3 Kim, *Japanese Industry in the American South*.

비철금속회사인 (주)풍산에 관한 현지조사

이 프로젝트는 연구계획서를 작성할 때부터 외부 기관들로부터 많은 관심을 받았고, 재정적인 지원도 많이 받았다. 연구를 시작한 다음 해인 1988년 풀브라이트 선임 연구원Fulbright Senior Scholar for Research으로 선발되어 서울대학교에 적을 두고 1년간 풍산금속에 관한 연구만을 할 수 있었고, 웨너그랜 인류학 연구재단Wenner-Gren Foundation for Anthropological Research과 아시아학회 한국위원회The Committee on Korean Studies of the Association for Asian Studies로부터 연구비를 지원받고, 테네시대학교의 교수 연구비까지 받았다. 그리고 경남대학교 극동문제연구소가 여름 내내 숙식을 제공하기도 했다.

내가 한국 산업체에 대한 현지조사를 하고 있는 도중, 애리조나대학교 출판사의 편집장 그레고리 맥나미Gregory McNamee는 미국 인류학 소식지를 통해 알았다며 내가 웨너그랜 재단의 연구비를 받게 된 것을 축하한다는 말과 함께 며칠 뒤에 애리조나주 피닉스Phoenix에서 개최될 미국 인류학회 연례회의 때 멕시코 음식 대접을 하고 싶다면서 한국산업문화에 관한 책도 출판하고 싶다고 했다. 그는 "김 교수의 펜으로 쓰는 책이라면 어떤 책이든 출판하고 싶다(…we are most interested in considering any book that will grow out of your research, and indeed any book at all that comes from your pen)"며 적극적으로 원고 청탁을 해 왔다. "나는 이젠 원고를 '펜'으로 쓰지 않고 타자기로 치는데, 타자로 친 원고도 검토를 하겠느냐?"고 농담으로 얼버무린 답장을 보냈다. 아무리 편집장이 개인적으로 관심이 있다고 해도 결국은 세 명의 심사위원들의 심사를 거쳐야 되는 일이지만, 그래도 원고를 쓰기도 전에 출판사의 편집장이 관심을 표한다는 것은 기분 좋은 일이었다.

내가 풍산금속을 연구 대상으로 결정한 것은 전통사회에서 일문一門 중심이던 마을 문화가 현대기업에서는 어떻게 변화하는지를 보고자 한 것만이 아니었다. 풍산금속이 생산하는 구리는 한국의 산업화에서 철강 못지않게 중요한 소재였고, 그 당시 풍산은 한국의 30대 기업에 속할 정도로 규모가 크고, 생산공장 4곳에서 일하는 종업원 수도 9,430명이나 되어 블루 칼라blue color 근로자와 화이트 칼라 사무직의 비교가 가능하다는 점, 그리고 회사를 설립한 회장과 중역 및 많은 종업원 중에 류씨 문중 출신들이 많다는 점 등을 고려한 것이다. 내가 전부터 관심이 있었던 한국의 친족관계가 산업현장에서 어떤 역할을 하는지에 대한 연구도 할 수 있다고 생각했다.

풍산금속에 대한 현지조사는 1987년과 1988년 여름마다 각각 3개월씩, 1988년 12월부터 1989년 6월까지 6개월을 합하여 총 12개월에 걸쳐서 이루어졌다. 조사가 끝난 후에도 나는 곧장 집필에 돌입하지 않고 변화를 살펴보기로 했다. 그러던 중 1990년 여름, 미국의 퍼시픽 센추리Pacific Century사가 한국 산업 발전에 관한 필름을 촬영할 때 나와 집사람에게 안내와 통역을 맡아 달라고 부탁하는 바람에 촬영을 도와주면서 현지조사 때 보지 못한 면도 보충할 수 있었다. 또 1991년 여름에, 나는 그 회사가 중견간부들을 대상으로 하회 류씨들이 소유한 서원에서 연수과정을 진행할 때 강사로 초빙되어 명실공히 '참여와 관찰'을 할 수가 있었다.

내 연구는 '유교'가 회사 내의 노사관계 규정이나 인간관계의 설정에 어떤 영향을 미치는가에 초점을 두었다. 유교의 역할이나 잠재적인 기능에 관해 드와이트 퍼킨스Dwight H. Perkins는 "일본, 한국, 홍콩, 타이완, 그리고 싱가포르 사람들은 유교 가치관의 영향하에 있고, 한자를 쓰며, 젓가락으로 식사한다"는 흥미로운 관찰을 하면서 유교의 역할을 강하게 암시했다.[4] 동아시아의 경제발전에 관한 유교의 역할에 대해서 가장 합리적인 설명을 한 사람은 두웨이밍(杜維明)일 것이다. 그는 유교는 정치적인 측면과 윤리적인 측면이 있는데, 정치적인 이데올로기로서의 유교는 비판을 받아야 하지만, 윤리로서의 유교는 자신을 자제하고, 각 개인의 이기심을 떠나 집단의 이익을 추구하며, 교육과 개혁의 참여, 노

4 Perkins, *China*, p. 7.

동 윤리, 그리고 협동 등을 아우르고 있다면서 유교의 이런 측면이 경제적 성공에 기여했다고 보았다.[5] 이는 막스 베버Max Weber의 청교도 윤리가 전통적인 서구자본주의의 출현을 가져왔다고 본 것과 같은 비유였다. 카터 에커트Carter Eckert와 그의 동료들도 비슷하게 설명했는데, 한국을 비롯한 동아시아의 경제성장에 끼친 유교의 역할은 "기대하지 않던 우연한 결과이며, 초기 서구자본주의에서 칼뱅Calvinism의 역할과 유사하다"고 했다.[6] 나는 유교가 한국인들의 가치체계 속에 깊이 배어 있기 때문에 근로자나 사용자 양측이 다 어느 정도까지는 유교적 가치관의 영향을 받았을 것이라고 생각했다.

유교가 한국산업화에 끼친 영향이 '신화'이던 '현실'이던지 간에, 나는 한국의 노사관계에 유교적 가치관이 깊이 깔려 있을 것으로 생각했다. 특히 풍산금속의 류찬우 회장의 배경을 생각하면 적어도 이 회사는 유교적 가치관의 영향이 다른 회사들보다 더 클 것으로 생각했다. 회장은 하회마을의 풍산 류씨 출신으로 조선시대 때 영의정을 지낸 서애 류성룡의 12대손이다. 류 회장의 배경과 현지조사를 시작한 초기에 내가 관찰한 그의 예의 범절로 미루어보아, 그의 경영철학은 대체로 유교적 가치관에 입각해 있을 것으로 짐작했다. 은연 중에 보이는 그의 조상, 특히 서애에 대한 존경심과 하회에 있는 종가와 종손에 대한 각별함, 자기 조상의 유물과 유품을 잘 보존하려는 노력 등에서 그런 측면을 볼 수 있었다. 또 그는 힘이 닿는 대로 자기의 일가 친척을 보살피려고 노력했다. 이런 생각 때문에, 그의 친족관계는 하회마을보다는 회사를 중심으로 형성되어 갔다.

풍산금속은 매년 80여 명의 중간간부에게 서원연수를 실시했다. 이 연수는 토마스 롤렌Thomas Rholen이 묘사한 일본 은행의 정신교육과 유사한데[7] 하회 마

5 Wei-ming Tu, *Confucian Ethics Today: The Singapore Challenge* (Singapore: Federal Publications, 1984), p. 90.

6 Carter Eckert, et al., *Korea Old and New: A History* (Seoul: Ilchokak, 1990), p. 410.

7 Thomas Rohlen, "'Spiritual Education' in a Japanese Bank," *American Anthropologist* 75(1973):

7-1. 서애의 위패를 모신 존덕사를 참배하는 류찬우 회장과 필자(위).
연수생들이 병산서원 마루에서 연수를 받는 모습. 밤에 모기를 방지하기 위해 설치한 천정에 모기장을 걸어 둔 것이 보인다(아래).

을 근처에 있는 병산서원에서 행해졌다. 서원은 원래 주자학의 이념, 예의범절, 그리고 도덕률을 가르치는 곳으로 병산서원은 1572년에 설립되었다. 서원에서 연수를 한다는 것 자체가 유교사상을 주입시키기 위한 것이라고 비판하는 사람도 있지만, 내가 보기에는 병산서원의 심미적審美的인 주변 환경이 연수생들의 정신교육에 기여하는 바가 훨씬 더 큰 것 같았다.[8] 이 프로그램은 내가 이 회사에 현지조사를 하기 2년 전인 1981년에 시작하여 지속되다가, 2012년에 병산서원이 문화재로 지정되면서부터 문화재 보존 차원에서 사용할 수 없게 되어 지금은 중단된 상태이다.

동아시아의 산업경영모델을 유교에 바탕을 두었다고 보는 학자들 중에 타이 훙 차오Hung-chao Tai 는 이에 '온정적 모델'affective model'이라고 이름을 붙이면서, 서구의 '합리적 모델rational model'과는 대조된다고 했다.[9] 물론 풍산금속의 산업문화가 전통적이지만 유교적인 도덕률에만 의존한다고 말할 수는 없다. 류 회장 자신도 자기의 경영철학이 유교적 윤리에 바탕을 두고 있다고 생각하지 않았다. 그러나 회사의 경영원칙에는 유교사상에 입각한 가족개념에서 파생한 남존여비사상, 각종 수당에서 나타난 가부장적 보수체계, 권위주의 등의 요소가 있었다. 그 세대의 한국인의 대부분이 그렇듯이 류 회장의 경영철학은 두웨이밍이 말한 것처럼, 본인의 종교적인 신앙이나 가치를 의식적으로 적용하는 것은 아니지만, 그 신앙과 종교를 통해서 얻은 가치관이 자연스럽게 나타나게 된다는 말이 맞는 듯 하다.[10] 류 회장은 적어도 '잠재적이고 무의식적인 유교 신봉자'임에 틀림없었다.

1542-1562; Thomas Rohlen, *For Harmony and Strength: Japanese White-Collar Organization in Anthropological Perspective* (Berkeley, CA: University of California Press, 1974), pp. 192-211.

8 서원연수에 관한 자세한 내용은 필자의 책에서 상세히 기술하였다(Kim, *The Culture of Korean Industry*, pp. 123-132 참조).

9 Hung-chao Tai, "The Oriental Alternative: A Hypothesis on Culture and Economy," In *Confucianism and Economic Development: An Oriental Alternative?*, Hung-chao, ed.(Washington, D.C.: Washington Institute for Values in Public Policy, 1989), pp. 6-27.

10 Tu, *Confucian Ethics Today*, p. 87.

동료 인류학자인 로저 자넬리는 한국 기업과 산업에서 나타난 유교의 역할에 대해서 많은 서구 학자와 일부 한국 학자들이 한국의 기업문화가 농촌 가족제도의 특성에서 비롯되었다고 주장하는데 이는 옳지 않다고 했다.[11] 내 입장과 자넬리의 입장 차이를 의식한 MIT의 앨리스 엠스덴Alice H. Amsden은 자넬리 책과 내 책을 동시에 비교 소개하면서 "김중순은 한국의 다른 기관과 마찬가지로 한국의 대기업들은 유교의 전통에 젖어 있다"고 했다. 한편 로저 자넬리는 역사적으로 엄밀하게 따져본다고 하더라도 유교와 여타 문화적 유산들이 한국 대기업의 권위주의를 결정지은 것은 아니라고 했다. 그보다는 사용자가 노동인력을 조종하기 위해서 조작한 것이라고 했다. 자넬리는 현재의 기업문화와 유교의 유사성은 에릭 홉스봄Eric Hobsbawm과 테렌스 랜저Terrence Ranger가 편집한 『만들어진 전통*The Invention of Tradition*』에서 말한 것처럼 "만들어낸 전통이라고 했다."[12] 아마 내가 예외적인 회사를 관찰했는지는 모르나, 내가 한국인이기에 외국인들의 견해와는 다른 한국인들의 견해를 수렴할 수 있는 이점이 있었는지도 모른다.

내가 수년간에 걸쳐 관찰한 풍산금속의 산업문화는 타이 홍차오가 말하는 '온정적 모델'과 '합리적 모델' 중 하나에 속하는 이분법dichotomy에 해당되지 않고, 어느 정도 양면적 특성을 가지고 있는 소위 연속체continuum 선상에 있다는 표현이 적절하다. 그러나 나중에 변화하는 방향을 보면 온정적인 모델에서 합리적인 모델로 착실히 이행하고 있다. 이 자연적인 진화 추세를 보면 권위적인 군사정권과 한국 기업인 1세들의 성장배경 때문에 전통적인 모델에 더 치중했을 수도 있다. 내가 이 연구프로젝트를 끝내고 책이 출판된 이후, 풍산의 미주

11 Roger L. Janelli, with Dawnhee Yim, *Making Capitalism: The Social and Cultural Construction of a South Korean Conglomerate* (Stanford, CA: Stanford University Press, 1993).

12 Alice H. Amsden, "Review of: *Making Capitalism: The Social and Cultural Construction of a South Korean Conglomerate*" by Roger L. Janelli with Dawnhee Yim; and "*The Culture of Korean Industry: An Ethnography of Poongsan Corporation* by Choong Soon Kim," *Economic Development and Cultural Change* 43 (1995): 452–455.

현지법인인 PMX, Industries, Inc.의 고문을 하면서 더욱 그 변화를 감지할 수 있었다.

6·29선언과 극심한 노조운동

내가 처음 현지조사를 시작했을 때 풍산금속에는 노동조합조차 없었다. 그러던 중, 1987년 여름 집권여당의 대표인 노태우가 '6·29선언'을 통해 민주화 개혁을 발표했다. 그 선언에는 노동조합에 대한 통제 완화가 포함되었다. 만일 내 연구가 노태우 민주화 개혁 발표 전에 끝났더라면, 나는 한국 현대사에서 그처럼 강렬한 노동운동을 목격할 기회가 없었을 것이다. 1988년 겨울에 연구를 계속하기 위해서 한국에 다시 왔을 때 노동자들의 거리시위는 극에 달했다. 대학 캠퍼스의 소요도 격렬하기는 마찬가지라 최루탄 가스 냄새를 맡지 않고는 아무도 캠퍼스를 지나칠 수가 없었다. 서울과 대도시의 거리는 전쟁터를 방불케 했다. 한국의 노동조합원들이 벌이는 노동쟁의는 한국 어디에서나 일어났지만, 풍산금속의 노동운동이 가장 극렬했다. 방위산업체에 포함되어 있던 풍산금속에 전국 금속노조의 화력이 집중되었기 때문이다. 특히 풍산금속의 안강공장에는 상당량의 화약이 쌓여 있어서, 만일 안강 탄약공장에 화재라도 발생한다면 그 폭파력은 인근의 경주시를 날려버릴 정도였다. 반미 슬로건은 어디에나 널려 있었고, "양키는 돌아가라"는 소리가 하늘을 찔렀다. 풍산금속의 과격한 공장노동자들이 서울에 있는 본사 건물을 8일 동안이나 점령했고 그 시점에 노동자를 면접한다는 것은 무리였다. 나는 어쩔 수 없이 방관자로서 지켜보기만 했다.

1989년 1월 8일에 일어난 사건으로, 나는 미국 대학교 교수라는 신분 때문에 현지조사를 하기가 위험해졌다. 사건의 발단은 현대 중공업에 고용된 39세의 재미교포인 제임스 리라는 사람이 심야에 회사 노조원들의 모임을 습격했다는 기사가 언론에 보도되면서부터였다. 이로 인해 미국과 관련이 있는 사람들,

특히 재미동포는 노동운동 지도자들과 노동조합원들에게는 의심의 대상이 되었다. 회사의 간부진도 미국에서 온 사람과 접촉하는 것을 원치 않았다. 나의 정보제공자들이나 친구들은 내 목적이나 의도를 이해하지 못하는 사람들이 오해하고 의심할 여지가 있으므로, 노동운동과 관계되는 일에는 관여하지 말라고 충고했다. 결국 노동운동이 진정 기미를 보이고 제임스 리 사건이 잊히기까지 나는 기다리는 수밖에 없었다. 군사정권하에서 노동운동이 거의 용납되지 않았던 시기에 어떤 외국인이 한국 노동자들은 온순meek해서 노동쟁의가 없다고 한 말은 노동자들의 내면을 직시하지 못한 표현이었다.

책 출판 이후 풍산금속과의 인연

『한국의 산업문화: 풍산금속에 관한 민족지*The Culture of Korean Industry: An Ethnography of Poongsan Corporation*』는 애리조나대학 출판사에서 1992년에 출판되었다.[13] 예전에 나온 다른 인류학적인 책보다는 기업이나 산업인류학 분야의 것이라 대중의 관심도 많은 것 같았다. 그때만 해도 일본의 기업이나 산업에 관한 책은 많아도 한국 기업이나 산업에 관해서는 영어로 된 책이 많지 않았을 때라서 주목을 받았는지도 모른다. 서평은 케이 엠 와이스K. M. Weist가 미국 도서관들이 책 구매에 참고자료로 사용하는 『초이스*Choice*』에 실어 주었고, POSCO를 연구한 전적이 있는 MIT의 앨리스 엠스덴Alice H. Amsden, 제임스 로버슨James E. Roberson, 서든캘리포니아대학의 김은미(현재 이화여자대학교 총장) 교수가 *Korean Studies*에, 그리고 일리노이대학University of Illinois-Urbana-Champaign의 존 리John Lie가 *Journal of Asian Studies*에, 그리고 다른 사람들도 여러 학술지에 좋은 서평을 써 준 덕에 널리 보급되었다.[14] 이 책은 내가 출판한 책 중에서 처음으로

---

13 Kim, *The Culture of Korean Industry*.

14 K.M. Weist, "Review of: Choong Soon Kim", *The Culture of Korean Industry: An Ethnography of Poongsan Corporation*, Tucson, AZ: University of Arizona Press, 1992, Choice (American

페이퍼백이 나오기 전에 양장본hard-copy으로도 2쇄를 발행했다.

이 책을 출판하면서 류 회장과 나는 아주 가까운 사이가 되었고, 이를 계기로 풍산이 1989년에 아이오와Iowa주의 시다 레피즈Cedar Rapids에 설립한 미주법인(PMX, Industry, Inc.)의 회장 고문역을 맡게 되었다. 학과장직을 그만 둔 나는 금요일 오후에는 비행기로 시다 레피즈로 갔다가 일요일 저녁에 집으로 돌아오는 일을 1991년부터 2001년 한국으로 귀국하기 한 달 전까지 했다. 그곳에 주말 동안 머물면서 한국에서 온 풍산 직원들과 한국문화에 생소한 시다 레피즈의 아이오와 사람들이 서로의 문화를 이해하도록 하는 '문화 브로커cultural broker' 역할을 한 것이다.

그때 나는 미국 남부, 특히 테네시주에 진출한 일본 기업을 연구할 때라 일본 기업들이 테네시에 진출한 여러 공장에서 겪는 경험들이 풍산의 아이오와 공장에 도움이 될 것으로 생각했다. 지금도 잊을 수 없는 일은 내가 아이오와 공장에 가면 그곳 미국 근로자들은 나를 기다렸다는 듯이 몰려와서, "문화의 차이와 식습관의 차이는 이해하지만, 제발 한국의 기술자들이 '김치'를 점심에는 먹지 말고 저녁에만 먹으면 안 되겠느냐고 말해 줄 수 없느냐?"고 사정하던 기억이다. 한국에서 파견된 풍산 기술자들을 타깃으로 그곳에 거주하던 한국 교포들이 회사 근처에 차린 한국 음식점에서 김치가 나오는데, 점심에 김치를 먹고 오면 그 입냄새가 너무 심해서 견디기 힘들다는 하소연이었다. 특히 공장 안에서는 기계의 소음이 커서 기술자들은 현지 근로자들에게 가까이 다가서서 설명을

Library Association) March, 1993; Amsden, "Review of: Choong Soon Kim", *An Ethnography of Poongsan Corporation*; James E. Roberson, "Review of: Choong Soon Kim", *The Culture of Korean Industry: An Ethnography of Poongsan Corporation*, Tucson, AZ: University of Arizona Press, 1992), *Anthropology of Work Review* 19(1999):30-31; Eun Mee Kim, "Review of: Choong Soon Kim", *The Culture of Korean Industry: An Ethnography of Poongsan Corporation*, Tucson, AZ: University of Arizona Press, 1992), *Korean Studies* 18(1994): 1-3; John Lie, "Review of: Choong Soon Kim", *The Culture of Korean Industry: An Ethnography of Poongsan Corporation*, Tucson, AZ: University of Arizona Press, 1992), *Journal of Asian Studies* 52(1993); and etc.

해야 하는데, 현실적으로 '김치 냄새'를 참기가 힘들다는 것이다. 내가 처음 미국에 갔을 때 '치즈' 냄새가 별로 탐탁지 않았던 것과 다름이 없으리라! 한국 기술자들의 반응은 '우리 회사에 일하려면 우리 식을 따라야 한다'는 태도였다. 젊은 한국 사람들은 미국 사람들에게 '주눅이 들어 살던' 우리 세대와는 기백이 달랐다. 그러나 아무리 우리 자본으로 운영하는 우리 기업이라고 하더라도, 고용한 사람들에 대한 '배려'도 생각해야 선진 기업이 되는 것이 아닐까?

1998년 내가 연대 초빙교수로 한국에 왔을 때 회사를 다시 둘러볼 기회가 생겼다. 그때 한국은 1997년 말부터 별안간 불어 닥친 아시아 금융위기 때문에 IMF로부터 구제금융을 받아 국가부도위기를 모면했던 시련의 시기였다. 모든 한국의 기업이 당면한 일이었으며 외국 은행으로부터 차입한 융자금의 장기 연장이 어려웠다. 풍산은 미국에 설립한 현지공장을 운영하는데도 어려움이 많았다. 내가 가르치고 있던 테네시대학교에서 차로 한 시간 거리에 있는 잭슨Jackson시에 설립한 동관copper rod공장을 매각하지 않을 수가 없었다.

마침내 회사는 긴급대처방안으로 경비를 절감하고 산업설비의 확대를 자제했다. 회장의 '무의식적 유교사상'에 입각한 경영정책의 수정이 불가피하게 됐다. 모든 부서를 재점검, 재평가했고, 모든 지위는 친족이나 개인적 연고관계를 떠나 자질과 능력에 따라 임명했다. 회사의 종업원 중에서 회장과 연고 관계가 있는 사람의 수를 파악하기는 어려운 일이다. 그 수는 '연줄 관계'라는 것을 정의하기에 따라 달라진다. 내가 현지조사를 할 때 회장의 직계가족으로 중역 자리에 있던 두 사람은 아들과 동생이었다. 매부 두 명과 사촌 매부 한 사람도 중역이었다. 만일 류씨 가문에 속하는 일가를 다 친척이라고 한다면 선임 부사장, 네 개의 공장 중 두 공장의 공장장, 그리고 몇 명의 전무 등을 포함해서 상당수에 달했다. 연고 관계에 따른 고용은 그 친척이 다시 자기의 친척을 채용하는 것이다. 친척이라는 것도 본인이 일가나 결혼으로 맺어진 인척 관계이거나, 이 두 관계로 맺어진 경우를 합한 경우이다. 그러다 보면 이런 연고 관계로 고용된 사람들은 회장과는 인척 관계가 아닌 경우가 많다. 그래서 회장 자신은 종업원 중에서 몇 명이 이런 연줄로 취직되어 있는지, 또 누가 누구와 어떤 친척관계인지를 모른다. IMF의 구제금융 이후의 급박한 경제상황은 한 번 고용한 사람을 야박하게 자르지 않는 인정에 바탕을 둔 전통을 포기하지 않을 수가 없게 되었다. 연고 관계로 자리잡았던 사람들이 대부분 물러나면서 내가 현지조사를 하던 1980년대 후반에 9,430명이었던 종업원 총수가 1998년 이후에는 4,364명으로 줄어들었다. 그러나 회사의 실적은 거의 갑절로 늘었다.

이런 예를 본다면, 어떻게 유교사상에 입각한 동아시아의 가치가 동아시아의 경제 부흥과 산업화에 중요한 요인이 되었다고 설명할 수 있겠는가? 아마 앞서 말한 로저 자넬리가 현재 동아시아의 기업문화가 유교에 근거를 둔 문화와 유사성이 있다면 그것은 "만들어낸 전통"이라고 한 말이 맞는지도 모른다. 그러나 유교에 관한 논의는 '화전민 농법slash-and-burn agriculture'에 비유할 수 있을 것 같다. 한동안은 일본의 산업문화가 세계의 모범사례라고 생각하고 한국의 산업들은 물론 심지어 미국 기업들도 일본식 산업문화를 답습하려는 노력을 한 때도 있었다. "남의 잔디가 늘 더 푸르게 보인다"고 한다던가?

물론 서구적인 합리적 특성에서 다시 전통적이고 온정적인 모델로 돌아가는 측면도 없지 않다. 1989년의 노사분규 때 한국에서 가장 극렬하게 노사 대립과 투쟁이 일어났던 풍산금속은 근래에는 한국 노사 협력의 대표적인 모델로 등장했다. 1989년 그 분규에 참여했던 근로자들이나 회사가 엄청난 '수업료'를 지불하면서 분규의 해악에 대해 공부했고, 그 덕분에 노사의 극한적인 대립은 양측에 도움이 되지 않는다는 사실을 터득했다. 이리하여 노사 양측의 꾸준한 노력과 협력으로 1997년에는 풍산이 '노사관계 우량기업'으로 선정되었고, 2000년 2월 창업자의 아들인 류진 회장이 회장으로 선임된 후, 노조원들과 회사의 합의에 따라 '무쟁의,' '무파업' 선언을 하게 된 것이다. 이런 결과는 1980년대의 뼈아픈 경험에서 얻은 결과라고 할 수 있다. 풍산의 노동조합이 사측의 뜻만을 수용하는 소위 '어용노조御用勞組'라는 말이 아니라 한 단계 승화된 노사관계의 적립이라는 뜻이다. 이처럼 풍산은 산업 전선에 경험이 없는 농어촌 출신의 비숙

련공들을 모아 첨단산업에 종사하는 '전사'로 탈바꿈시키는 데 성공한 회사이며, 전쟁 때 구리 탄피를 모아 가재도구를 만들던 비전문적인 가내공업으로 시작하여 반세기 만에 세계적인 비철금속 소재산업체가 되었고, 소전素錢(하얀 동전)에 관한 한 세계 최대의 소전 생산업체가 되어 전 세계 동전과 소전의 60%를 만들고 있다. 지금까지 풍산이 생산한 소전을 한 줄로 세우면 지구 50바퀴를 도는 거리라고 하니 믿기 어려울 정도이다.

테네시에 진출한 일본 기업에 관한 현지조사

내가 한국 기업에 관한 책을 쓰고 있을 때 테네시주에 진출한 일본 기업들에 대한 남부 사람들의 관심이 커졌다. 남부 사람들의 관심을 집중시킨 가장 큰 계기는 테네시 인접 주인 켄터키Kentucky 조지타운Georgetown에 도요타가 공장을 준공하면서 4,100명의 종업원을 뽑는데 무려 130,000명이나 몰린 일이었다. 그리고 1980년 2월에 테네시주의 소읍인 스마르나Smyrna에 진출하여 트럭 생산만 하던 닛산이 1989년에 승용차 라인을 확장하면서 150명의 종업원을 추가로 모집할 때 20,000명의 지원자가 몰린 것이 큰 뉴스가 되었다. 왜 일본 기업은 그 넓은 미국의 다른 지역들을 제쳐놓고 하필 '깊숙한 남부Deep South'로 대거 진출하는 것일까? 문화가 상이한 미국 남부에 진출한 일본 기업들이 문화의 차이를 어떻게 극복하면서 기업 경영을 하고 있을까? 또 한때 '이상하게 생긴 사람(odd-looking)'들이라고 조롱하던 동양 사람을 '상사'로 섬기는 데 문제는 없는걸까? 손님에게는 늘 환대를 베푸는 것으로 알려진 '미국 남부 사람들의 특별한 환대Southern Hospitality'가 일본 기업인들에게는 어떻게 베풀어지는지 등이 궁금했다.

일본 기업에 대한 궁금증은 우리 캠퍼스의 챈슬러인 마가렛 페리Margaret Perry도 마찬가지였는지 나더러 이런 연구를 해 보라며 '선동'했다. 챈슬러는 내가 일본 출신도 아니고 미국 남부 태생도 아닌 한국 출신이니 편견에서 자유로운 이점이 있을 것이라며, 내가 이 연구를 한다면 우리 대학교의 총장인 라마 알렉산더Lamar Alexander의 도움을 받을 수 있도록 해 보겠다고 했다. 알렉산더는 우리 대학교의 총장으로 취임하기 전에 테네시주 주지사로 재직하면서(1979~1987) 닛산 자동차를 비롯해서 32개 일본 회사들을 테네시주로 유치했으며, 그 투자 액수만도 수억 달러에 달했다. 일본 기업을 유치하기 위해 알렉산더가 일본을 여러 차례 방문하고, 주지사 관저에 일본 기업인들을 자주 초대했기 때문에 지사의 어린 자녀들은 일본 기업인들이 '먼 친척'인 줄 알았다'는 농담을 할 정도였다. 그는 일본과 테네시는 공통점이 많다는 점을 열거하기를, 일본의 수도 도쿄와 테네시의 주도州都인 내슈빌Nashville은 같은 위도 선상에 있고, 테네시주의 꽃인 '아이리스'는 일본에서 흔하며 사랑받는 꽃이라고 했다. 어른을 공경하고, 조상을 잘 섬기며, 쌀밥을 먹는 문화까지도 일본 사람들과 테네시 사람들이 비슷하다는 점 등을 흥미로운 사진집으로 출판하기도 했다.[15] 그는 지사 직을 그만둔 후 우리 학교 총장으로 취임했다.

미국 테네시주에 진출한 일본 기업에 관한 연구계획서를 준비하던 1990년 가을 학기에 나는 일본 문부성의 초청으로 일본 북부 아오모리현에 있는 히로사키(弘前)대학교에 초빙교수로 갔다. 환영 만찬석상에서 어느 선생이 나에게, "테네시에 진출한 일본 기업을 어떻게 생각하느냐?"는 질문을 했다. 그는 테네시주에서 일어나고 있는 일을 나보다 더 소상히 알고 있는 것 같았다. 그의 설명에 의하면, "1989년에 테네시 스마르나에 건설한 닛산 공장에 미국 자동차노동조합이 지부를 결성하려고 했다가 종업원들의 반대로 노동조합을 결성하지 않게 된 것이 1990년의 일본 노동조합운동에 결정적인 영향을 미쳐, 올해 일본 노동조합의 '춘투春闘'는 김빠진 맥주처럼 되었다"고 했다. 머나먼 미국 테네시주에서 일어난 노사관계가 바다 건너 일본의 노사관계에까지 영향을 미쳤다는 것은

15 Lamar Alexander, Friends: *Japanese and Tennesseans* (NY: Kodansha International, 1986).

놀랄 일이었다.

나는 이 연구프로젝트의 범위를 미국 남부 전체로 확대하지 않고 테네시주로 한정시켜, 테네시에 진출한 한 두 개의 일본 기업을 선정한 후, 그 기업들을 중심으로 산업민족지industrial ethnography를 쓰기로 했다. 그렇게 연구 범위를 한정시키고 보니 내가 다른 여러 곳으로 다닐 필요도 없고, 따로 연구년을 신청할 필요도 없이 정상수업을 하면서도 연구를 진행할 수가 있었다. 물론 테네시주는 동서로 길어서 시차도 한 시간이 나지만, 동서남북으로 도로망이 잘 되어 있어 테네시주 서쪽의 우리 학교 캠퍼스에서 동쪽 끝인 노스캐롤라이나주 경계까지 7시간 이내에 당도할 수 있었다.

미국 남부는 언제부터 '세일sale'이었나?

남부 연구의 대가인 존 쉘톤 리드John Shelton Reed에 의하면 남부는 세 가지 유형으로 구분할 수 있는데, 그 영역은 서로 중복되거나 혹은 같은 이름으로 불리기도 한다고 했다.[16] 첫 번째 유형은 '딕시Dixie'라고 불리는 '옛날 남부the Old South'를 가리키는데, 이 옛 남부는 1800년대 초부터 목화 재배와 노예제도가 함께 확산되었다. 이곳의 특징은 빈곤, 시골, 그리고 농업이 주업이었으며, 남부 특유의 인종 및 경제 문제를 안고 있었다. 남부에 대한 부정적인 인상이나 선입견은 이러한 옛 남부에서 파생된 것이다. 두 번째 유형의 남부는 종교, 음식, 가족, 음악, 운동과 오락 등을 포함한 모든 생활 습성이 다른 지역과 구분되는 독특한 문화를 유지하는 남부를 말한다고 한다. 세 번째 유형의 남부는 발전상이 뚜렷한 '새로운 남부'를 말한다. '동남부'로 지칭되는 이 새로운 남부는 역동적이며, 다른 지역에서 오는 이주자도 증가하고 있으며 국내외에서 투자가 지속되고 있다. 이 지역은 이제는 대도시화하고 있고, 정치적인 면을 제외하고는 전

---

16 John Shelton Reed, "The Three Souths," *Southern Anthropologist* 25(1988): 14–23.

국적인 수준에 도달했다고 한다.

남부 전문가들은 '동남부'로 지칭되는 이 '새로운 남부'가 경제적으로는 1940년대 후반에 외부의 제조업manufacturing을 유치하면서 형성되기 시작했다고 한다. 이곳에서는 1960년대를 시작으로 1970년대를 거치면서 전통적으로 남부에 만연하던 백인우월주의와 인종차별의 벽을 허물고, 교육과 직업훈련 등을 장려하며, 정치적으로도 대립을 일삼는 급진적인 정치지도자들 대신 온건한 지도자들을 뽑는 운동이 이루어졌다고 한다. 인종차별에 대한 항거와 시위는 내가 남부로 온 이후에도 줄곧 이어져 왔다. 그러나 가장 놀라운 목소리는 남부의 기업인들 사이에서 일어났다. 1960년대 테네시주 녹스빌에서 열린 녹스빌 상공회의소의 모임에서 "도덕적으로 옳아야 경제적으로도 타당성이 있다"는 성명이 나왔다. 이 성명발표 이후 남부의 기업들은 인종차별 장벽을 허무는 데 큰 역할을 했다. 이런 남부의 변화는 남부의 수도격인 애틀랜타에서 두드러졌다. 일례로 애틀랜타 공항은 세계에서 가장 이착륙이 빈번한 비행장이 되었고, 1996년에는 올림픽을 유치할 수준이 되었다. 내가 남부에 대한 호의적인 책을 쓴다고 비판하는 사람도 가끔 있었지만, 그럴 수밖에 없는 것이 1965년부터 남부에서 살아온 나로서는 좋은 방향으로 역동적으로 변하는 남부를 직접 보았기 때문이다.

이런 세 가지 형태의 남부 외에도 '선벨트Sunbelt'라는 말이 '새로운 남부'를 말하는 동남부와 겹쳐서 쓰인다. 원래 '선벨트'는 애리조나, 캘리포니아, 플로리다, 그리고 텍사스와 가끔은 조지아, 뉴멕시코, 그리고 테네시주 등의 일부 도시들이 포함된다.[17] 커크패트릭 새일Kirkpatrick Sale은 '선벨트'라는 말 대신에 위도상으로 37도 이남의 3분의 1에 해당하고 연평균 온도는 화씨 60도를 상회하며, 일조량이 연중 250에서 350일인 지역을 '남부의 테(Southern Rim)'라고 이

17 Kevin P. Phillips, *The Emerging Republican Majority* (New Rochelle, NY: Arlington Home, 1969), p. 437; See also Carl Abbott, "The American Sunbelt: Idea and Region," *Journal of the West* 18(1979):5-8.

름 붙여 구분했다. 이 남부의 테는 그 지역이 광대해서 버지니아주는 제외하고, 캘리포니아주 전체를 포함한다.[18] 어떻게 부르고 이름을 붙이던지 간에, 내가 산업민족지를 쓰려고 하는 일본 기업은 테네시주에 위치한 기업을 선정하기로 했으니 내 조사지는 '딕시'이기도 하고, '동남부'이기도 하며, '선벨트'에도 속하고, '서든 림'에도 속한다.

남부 주들이 외부에 땅을 팔거나 임대한 역사는 길다. 이는 남북전쟁에 패한 후 북부와의 경제적인 격차 때문에 시작된 것으로 농업에 치중하던 남부는 공업화와 상업화를 이룩한 북부에 비해 오랜 기간 상대적인 빈곤에서 헤어나지 못했다. 많은 남부 사람들은 북부가 남부를 '식민지 경제Colonial Economy'화했기 때문이라고도 한다.

남부 주지사들이 북쪽의 산업체를 얼마나 간절하게 유치하고자 했는지를 잘 표현한 일화 하나를 소개하겠다. 어느 남부 주지사가 북부의 어느 회사 사무실을 방문했다. 그가 기다리는 동안, 그 회사 중역의 비서가 보스boss에게 주지사의 방문을 알리는 대화가 익살스럽다.

비서: 여기 세일즈맨Salesman이 만나자고 기다리고 있는데요.
중역: 사전 약속은 했나?
비서: 아니요.
중역: 무엇을 파는 세일즈맨인데?
비서: 주州를 판대요.
중역: 뭐? 그가 누구인데?
비서: 자기 말로는 '주지사知事'라는데요.[19]

18 Kirkland Sale, *Power Shift: The Rise of the Southern Rim and Its Challenges to the Eastern Establishment* (NY : Random House, 1975), pp. 9-14.

19 James C. Cobb, *Industrialization and Southern Society, 1877-1984* (Lexington, KY: University Press of Kentucky, 1984), p. 35

북부 산업을 유치하기 위한 테네시주의 노력

테네시주가 북부의 산업을 유치하기 위한 많은 노력은 1995년에 출판한 내 책에서 상세하게 설명했기에 여기서는 반복하지 않기로 하겠다.[20] 특기할 만한 사실은 1933년에 뉴딜정책의 일환으로 연방정부가 설립한 '테네시강 유역 개발공사Tennessee Valley Authority, TVA'의 설립 목적은 테네시강 유역에 26개의 대형댐을 설치하여 수자원을 비롯한 모든 자원을 유용하게 활용할 수 있도록 해서 일대의 4만 1천 평방마일에 걸친 광대한 지역에 만연한 빈곤을 퇴치하고, 그곳 주민들에게 경제발전을 할 기회를 보장하려는 것이었다. 포함된 지역은 테네시주의 대부분, 앨라배마주와 미시시피주, 켄터키주의 일부 지역, 조지아주와 노스캐롤라이나주, 그리고 버지니아주의 일부 지역이었다. TVA는 이 지역 수자원의 효율적인 이용으로 최저 비용의 전력을 생산하기 때문에 타 지역에 비해 전기요금이 저렴하다는(평균 14.98%) 이점이 있었다. 특히 이 지역은 저임금, 양질의 노동력, 낮은 세율, 저렴한 생활비용, 여유로운 생활태도, 급하게 서두르지 않는 생활습관, 무엇보다도 '일할 자유가 보장된 주(right-to-work law)'라는 점이 외부 산업체에게 큰 매력적인 요소였다.[21]

랄프 맥길Ralp McGill은 제2차세계대전이 시작되기 전까지는 절대적으로나 상대적이거나 할 것 없이 남부 사람들의 수입은 북쪽 사람들과 비교가 되지 않았다고 했다.[22] 제2차 세계대전이 시작하자 전쟁물자 조달의 필요성으로 인해 몇몇 산업시설이 테네시주로 옮겨왔다. 특히 미국 과학과 기술의 정수인 오

---

20 Kim, *Japanese Industry in the American South*, pp. 19–40.

21 '일할 자유가 보장된 주(right-to-work law)'라는 것은 노동 조합을 구분할 때 'open-shop system'을 보장하는 법으로, 노조원이 아니라고 해서 고용에서 배제되지 않은 것을 법으로 보장하는 제도이다. 현재 미국의 50개 주 중에서 주 헌법이나 주의 다른 법령에 의해서 이런 제도가 보장되는 주는 24개주이며, 켄터키를 제외한 미국 남부의 주들은 다 이 'right-to-work law'가 있다.

22 Ralph McGill, *The South and Southerner* (Boston, MA; Little, Brown, 1964), p. 206.

크리지국립연구소Oak Ridge National Laboratory와 아놀드항공우주센터Arnold Air Engineering Center at Tullahoma가 테네시주로 옮겨와서 지금까지도 큰 역할을 하고 있다. 1940년대 후반부터 테네시주는 지역개발전문가 등을 고용하여 다른 주들과 경쟁을 했다. 1953년에는 주정부에 산업 및 농업개발청Tennessee Industrial and Agricultural Development Commission, TIADC을 두고 외부기업 유치에 열을 올렸다. 뉴욕 타임스*The New York Times*를 위시한 북쪽 신문들에 '과학적인 테네시'라는 광고를 크게 싣기도 했다.[23] 그러나 조지 틴달George B. Tindall은 테네시주가 과학을 강조하는 것은 모순이라고 지적했다. 왜냐하면 1925년에 테네시주는 존 스콥스John Scopes의 재판을 통해 테네시에서 진화론을 가르치는 것을 불법화했으니,[24] 만일 진화론이 과학적인 이론이라면 과학적인 이론을 가르치는 것을 불법으로 정한 주가 '과학'이라는 말을 주를 선전하는 데 사용하는 것은 모순이 아닐 수가 없다는 뜻이다.

그럼에도 불구하고 테네시주는 북부의 산업유치를 위한 예산도 대폭 증액하고, 산업개발청의 직원수도 5배 이상 증원했다. 테네시주는 북부의 산업유치 인력에 당대의 저명한 컨트리 음악 가수인 에디 아놀드Eddy Arnold를 테네시주 농업 및 산업개발청의 구성원으로 포함시키기까지 했다.[25] 사실 테네시주의 내슈빌은 '컨트리 음악의 메카Mecca'로 널리 알려져 있다. 그런 노력의 대가로 테네시주는 산업 분야의 취업률이 플로리다주, 노스캐롤라이나주, 사우스캐롤라이나주보다는 25%, 그리고 텍사스주보다는 21%나 높았다.[26] 테네시주는 이런 전력

23 George B. Tindall, *The Ethnic Southerners* (Baton Rouge, LA: Louisiana State University Press, 1976), p.209.

24 존 스콥스John Scopes(1901~1970)는 테네시주 데이턴Dayton의 고등학교 교사였다. 당시 테네시주는 주법Butler Act으로 공립학교에서는 진화론을 가르치는 것이 금지되어 있었는데, 스콥스는 이를 어기고 진화론을 가르치다가 1925년 7월 21일 재판에 넘겨져서 벌금형을 선고받았다. 이 재판은 미국은 물론 온 세상에 널리 알려지게 됐고, 사람들은 이 사건을 '원숭이 재판Monkey Trial'이라고 부르기도 한다.

25 Cobb, *The Selling of the South*, p. 79.

26 Robert E. Corlew, *Tennessee: A Short History* (Knoxville, TN: University of Tennessee Press,

을 앞세워 1970년대 후반부터 일본 산업 유치에도 선두 주자로 등장한 것이다.

라마 알렉산더는 1979년 1월에 테네시주의 주지사로 당선되고 지미 카터 대통령(1977~1981)이 소집한 주지사회의에 참석했을 때, 대통령은 "지사님들! 일본으로 가십시오. 일본인들에게 그들이 미국에서 팔고 있는 일본제 상품을 미국에서 제조하고 판매하도록 설득하십시오. 그들의 생산공장을 당신들의 주로 가져오도록 하십시오. 일본에 체류하는 동안, 일본인들이 우리의 제품을 더 많이 구매하도록 권유하십시오"라고 호소했다고 회상했다. 그 후 알렉산더는 일본 기업을 테네시주로 유치하기 위해 온갖 노력을 다했다. 그런 노력의 결과로, 그가 주지사직 두 번째 임기를 마치기 2년 전쯤인 1985년에 일본이 미국 50개 주에 투자한 액수의 10%에 해당하는 1.2억 달러를 테네시주에 투자하게 됐다. 닛산 자동차회사의 투자가 가장 큰 비중을 차지했다.

1990년 초에 테네시주에 있는 일본 기업은 113개사에 달했으며, 투자액수는 약 5억 달러, 17,500여 명의 테네시 주민들이 고용되어 일하고 있었다. 그런데 최근까지도 일본의 테네시주에 대한 투자는 지속되어 일본 소유의 기업이 192개에 달하며, 누적 투자액수는 거의 20억 달러에 육박하고, 테네시 주민 5만4천 명이 고용되어 있다(2021년 현재). 미국의 50개 중에서도 면적으로 따진다면 테네시주는 36위로 중간 크기에 속하는 주이지만, 외국인들의 직접투자Foreign Direct Investment, FDI로 가장 많은 고용을 창출한 주로 알려져 있다. 2006년에 로스앤젤레스에 있던 닛산의 북미 본사 사무실이 테네시주의 내슈빌로 옮겼는데, 주세금이 없는 내슈빌로 이전하면서 닛산은 사무실 유지비용을 44%나 절감했다고 한다. 내슈빌은 미국에서 인구가 가장 급증하는 10대 도시 중의 하나로, 2021년에는 2020년에 비해 연 30,000만 명이나 증가하여 내슈빌시와 데이빗슨 카운티Davidson County의 인구는 1백30여 만 명을 넘었다고 한다. 일본 기업이 테네시주에 미친 경제적, 사회적, 그리고 문화적인 영향이 크다고 할 수 있다.

1981), p. 521.

미국 사람들이 일본 차를 선호하게 된 이유

한때는 "메이드-인 유에스에이Made-in USA"가 품질보장의 대명사로 쓰인 때가 있었다. 6·25전쟁 직후 한국사람들은 이 물건이 미국 제품이라는 영어표현은 몰라도 "이게 메이드-인인데요"라는 말로 품질을 보장한다는 의미가 되었다. 그러던 미국제 공산품, 특히 '자동차'가 어쩌다가 일본에 추월을 당하게 되었을까?

개인적인 일화를 소개하기로 하겠다. 내가 고학생일 때는 크라이슬러 자동차회사 다지Dodge에서 만든 다트Dodge Dart 중고차를 사서 온갖 고생을 했다. 그 후 대학교수가 되어 중고차를 타느라고 고생했던 지난 날의 '한풀이'로 1972년 가을, 1973년형 크라이슬러 '다지 코르넷Dodge Cornet Custom Sedan'을 구입했다. 그런데 이게 웬일인가? 새 차에 아이들을 태우고 마틴시 외곽의 자갈길gravel road을 달리고 있는데, 차의 계기들이 문제를 일으키기 시작했다. 우선 차의 속도를 표시하는 속도계 바늘이 떨어졌고, 휘발유의 재고량을 표시하는 계기가 작동을 하지 않았다. 5년간 무상수리가 가능했지만, 문제가 있을 때마다 딜러를 찾아가야 하는 일은 무척 성가신 일이었다. 그럭저럭 2년 내내 딜러에게 드나들다 보니, 그 차의 대부분의 부품들을 바꾸어 넣은 셈이 됐다. 내 차를 수리해 주던 수리공도 "이 차는 생산공장의 직공들이 일하기 싫은 월요일 아침이나 아니면 금요일 퇴근 전에 조립한 모양"이라고 농담을 했다.

그러는 중에 아이들이 농구와 야구 등 각종 운동을 하게 되면서 인근 타운에 시합을 하러 다니게 되자 집사람에게 차가 필요해졌다. 이번에는 GM사의 폰티악Pontiac이 만든 보네빌Bonneville을 샀다. 그런데 이 '새 차'의 문제는 휘발유를 넣을 때마다 냉각수coolant도 넣어야 하는 것이었다. 번거롭기가 이루 말할 수 없었다. 그리고 몇 년 후에 큰 아들 종윤이가 커서 대학 졸업반이 되었을 때이다. 졸업학년이 되니 직장 때문에 인터뷰도 잦고 해서 경제적인 소형차를 하나 사기로 했다. 이번에는 포드자동차의 소형차인 에스코트Escort를 샀다. 그런데 학교에서 집까지 1,876km를 달려온 그 차의 바퀴를 보았더니 바퀴가 한 쪽으로 이상하게 닳아 있었다. 겁이 나서 시내에 있는 딜러에게 갔더니, 이 차는 조립한 후 네 바퀴를 잡고 있는 바퀴연결장치(universal-joint)를 제대로 조절하지 않아서 바퀴가 제멋대로 돌아갔다는 것이다. 집까지 무사히 와서 망정이지 하마터면 큰일 날 뻔했다.

나는 그간 착실하게 미국산 자동차를 애용해 왔고 미국의 3대 자동차회사 제품을 다 사용해 봤지만, 만족할 만한 자동차를 만나지 못했다. '미국산 구매Buy American Policy정책'을 포기한 나는 일본 도요타의 중형차인 캠리Toyota Camry를 구입했다. 차의 시동을 걸었는데 엔진소리가 들리지 않을 정도로 조용했다. 더할 나위 없이 만족스러운 차였다. 일본 차에 매혹된 나는 1997년에는 닛산의 '인피니티Infinity'를 구입했다. 그 차 역시 나무랄 것이 없었다. 더욱 놀라운 것은 이 일본 차를 한참 타다가 중고차로 팔 때의 시세가 미국 차와는 비교가 안될 정도로 높다는 점이었다. 미국 자동차가 팔리지 않는 이유는 의외로 간단했다.

'일본 때리기Japan-bashing' 현상

일본 차의 미국시장 점유로 인해 미국 자동차회사들은 종업원들을 해고시키거나 강제로 휴직lay off시키는 일이 벌어졌다. 일본과의 무역에서 미국이 막대한 적자를 기록하고, 소형 자동차 판매를 필두로 일본이 미국의 자동차 시장을 거의 석권하다시피 하는 상황에서 엎친 데 덮친 격으로, 일부 일본 정치인들이 미국 생산직 노동자를 게으르고 탐욕스러우며 자제력이 없다는 식의 비하발언을 했다.

전 일본 수상 나카소네 야스히로Yasuhiro Nakasone는 1983년에, 미국 사람들의 '아이 큐IQ'가 낮아서 그렇다는 인종차별적인 발언을 해서 미국인들을 놀라게 했다. 내가 1990년 가을 히로사키대학교에서 강연을 하는 도중에, 갑자기 '나카

소네' 전 수상의 이름이 통 생각이 나지 않아서 청중에게 "일본 수상 중에 인종차별적 발언을 한 수상의 이름이 생각이 안 나서 그러는데, 그의 이름이 무엇이냐?"고 묻자, 한 학생이 '일본 수상들은 모두 다 그 정도의 수준이니 아무 이름을 대도 틀리지 않는다'고 대답하여 온 청중이 박장대소했다. 그날 강연을 일본의 『마이니치 신문』이 사진과 함께 크게 보도를 했는데, 내 강연을 미국 출신의 제리 카펜터 교수가 통역했었다. 사진 설명에 강연자가 김중순 교수이고, 카펜터 교수가 통역이라고 쓴 것을 본 사람들이 오보가 아니냐고 했다는 뒷말을 들었다.

일본 정치인들의 비하 발언은 일본의 도전에 직면한 미국 근로자들의 마음에 상처를 주었고, 그 결과 미국 생산직 노동자blue-color workers들과 그들의 동조자들은 '일본 때리기 혹은 일본 타도Japan-bashing'운동을 벌이게 된다. 1992년 2월에는 한 일본 기업인이 캘리포니아주 벤투라 카운티Ventura County에서 살해되었고, 어느 일본 대학의 총장이 보스턴의 호텔방에서 살해되었는데, 이 역시 증오범죄hate crime로 여겨졌다.[27] 미시간주의 웨인 카운티 판사가 중국계 미국인을 일본인으로 오인하여 살해한 크라이슬러 자동차 현장감독에게 3,790달러의 벌금만 부과하고 집행유예를 선고한 것 역시 일본 때리기의 일부라고 보는 사람들이 많았다.[28]

대부분의 남부 사람들도 미국 다른 지역 사람들과 별로 다르지 않았다. 미국에 무조건 항복을 했던 일본이 미국의 심장부에 와서 미국 사람들에게 직장을 제공한다는 것은 특히 고등교육을 받지 않는 남부 시골사람들로서는 믿기 어려웠다. 백인 우월주의 단체인 KKK의 발원지인 테네시주의 이곳저곳에서 KKK의 시위가 있었다. 1992년 가을, 내가 테네시에 진출한 일본 기업에 대한 현지조사를 하러 다닐 때 내 자동차 바퀴에 바람이 빠진 것 같아서 주유소에 가서 타

---

27 *The Korea Times Chicago Edition*, 27 February, 1992, p. 1.

28 그러나 이 사건의 범인은 나중에 25년 징역형을 선고받았다(See David Gelsanliter, *Jump Start: Japanese Came to the Heartland* [NY: Farrar, Strauss & Giroux, 1990], p. 143).

이어의 공기압을 측정해 달라고 했다. 그때만 해도 대부분의 주유소는 고객이 직접 주유를 하는 '셀프 주유소'는 드물었고 종업원이 서비스를 할 때였다. 그러나 그 주유소 종업원은 공기압 측정기를 나에게 던졌다. "당신이 직접 해라!"는 것이었는데 처음 당하는 일이었다. 벌목꾼들을 연구할 때나 촉토 인디언 연구를 하면서 그 많은 남부 시골 주유소를 다녀보았지만, 이런 푸대접은 처음이었다. '남부의 환대(Southern hospitality)'는 어디로 갔단 말인가! 푸대접을 당한 뒤 생각해 보니 내가 '도요타 캠리'를 운전하고 있었고, 겉모양이 일본 사람과 다름없이 보였어서 일본 사람인 줄 알았던 모양이었다. 알고 보니 그 타운에도 몇 개의 일본 기업이 들어와 있었다.

그럼에도 불구하고 테네시주는 주지사를 비롯한 주의 지도부가 일본 기업 유치에 어느 다른 주보다 적극적이었다. 닛산은 노동조합에 대해 비교적 열린 자세이기는 했지만, 노동운동이 최소화된 곳을 선택하고 싶은 것도 사실이었다. 그런 의미에서 노동운동이 극렬하지 않는 테네시주는 바른 선택지였음에 틀림없었다. 그러나 닛산은 자동차공장이 가동하기 이전부터 미국 노동조합운동을 경험하게 되었다. 닛산이 공장 건축설계를 노동조합이 없는 건축 회사와 계약을 체결하자, 건축노동조합원들이 스마르나에 있는 닛산공장 신축기공식을 방해하는 데모를 벌인 것이다. 노동조합원들의 데모는 TV를 통해 전국적으로 널리 보도되면서 사람들이 큰 충격을 받았고, 노동조합에 대해서 비판적으로 돌변했다. 다음 날 주 의회는 건축노동조합을 질타하는 결의안을 통과시켰으며, 노동조합은 "미안하다. 우리가 그러려고 한 것은 아닌데, 어쩌다 보니 일이 그렇게 커지고 말았다"라는 사과광고를 신문에 실었다.[29]

극단적인 데모와 인종차별적인 언사들은 일반 시민들은 물론 심지어 노동조합에 대해 동정적인 사람들로부터도 지지를 얻지 못했다. 스마르나에 있었던 노동조합의 난동은 닛산에 미국자동차노동조합UAW 설립을 하려던 계획을 무산

29 Gelsanliter, *Jump Start*, p. 190.

시켰고, 노조의 위신만 추락시켰다. 1989년 8월에 있었던 직원들의 노조설립에 관한 투표에서 2대1의 비율로 거부당한 것이다. 이 패배는 테네시주에 진출한 일본 기업의 노동운동에도 큰 영향을 미쳤을 뿐 아니라 일본 국내 노조의 춘투春闘에도 영향을 주었다고 한다. 이런 반 노조 정서는 일본 기업들이 테네시주를 선호하는 충분한 이유가 됐으며, 그 덕에 테네시주는 닛산을 비롯한 많은 일본 기업을 유치하는 데 성공했다. 그 배경에는 주 정부의 친일본 기업 유치정책이 주효했다.

테네시주에 진출한 일본 기업을 연구하기 위한 배경조사는 마쳤지만, 문제는 조사하고 싶은 일본 기업으로부터 허락을 받는 것이었다. 내가 주지사의 초대로 제주도에서 열린 14차 한국과 미국 동남부 11개주의 경제협력회의에 미국 동남부팀 일원으로 참가하고,[30] 플로리다주 올랜도Orlando에서 열린 제15차 한국과 미국 동남부 11개주와의 경제협력회의에서 "미국 동남부주들은 한국이 직접투자하기에 매력적인 곳"이라는 기조강연도 하고, 테네시주의 '명예 칭호Colonel Aide de Camp'를 받고 주 홍보대사Goodwill Ambassador로 임명되기도 했지만 이는 내가 테네시에 있는 일본 기업 연구를 마치고 책을 출판한 후에 일어난 일들이다.[31] 내가 일본 기업에 관한 연구를 시작할 때는 주 정부에 아는 사람이 별로 없었다. 우리 학교 챈슬러로 있다가 주 정부 교육부장관이 된 찰스 스미스Charles Smith와 전에 내 강의를 듣던 학생 중에 주 상원의원이 된 로이 헤론Roy E. Herron 정도만 아는 사이였다.

나는 스미스와 헤론에게 일본 회사와 연결이 되는 주 정부 인사를 소개해 달라고 부탁을 했다. 그들은 일본 기업 유치를 관장하는 부서인 주 정부의 경제 및 지역개발장관Commissioner, Tennessee Economic and Community Development or ECD이던 칼 존슨Carl Johnson을 소개해 주었다. 그의 직책은 일본 회사를 유치하고,

30 돈 선드퀴스트Don Sundquist 테네시주 지사의 1999년 8월 14일자 초빙 편지 참조.

31 'Colonel Aide de Camp'라는 칭호는 주가 수여하는 주의 최고의 명예 호칭이며 테네시주 지사가 주 의회의 승인을 얻어 임명한다. 홍보대사도 이에 준하는 주 정부가 수여하는 명예 호칭이다.

그들과 상담을 하며, 그들을 지원하는 책임을 맡고 있는 사람이었지만, 내가 연구를 할 수 있도록 어느 일본 기업을 소개해 줄 처지는 아닌 듯이 보였다. 그 당시 주 경제도 침체되어 있었기 때문에 주 정부의 관리들은 직급의 고하를 막론하고 어떻게든 많은 일본 기업을 유치하고, 그들이 만족하도록 돕는 것이 가장 큰 임무였다. 따라서 어느 일본 기업에게 "테네시대학교의 어느 교수가 당신네 회사를 연구하고 싶어하니 편의를 좀 봐 줄 수 있느냐?"는 부탁을 할 처지가 아니었다. 나는 ECD를 접촉해서 테네시에 진출한 일본 기업의 명단과 주소, 그리고 연락처 등의 정보를 얻은 것에 만족해야만 했다.

테네시주에 진출한 113개 회사 명단을 놓고, 인류학적인 현지 방법을 동원하여 세밀한 산업민족지를 쓸 수 있는 규모의 4개의 회사를 골라 연구를 허락해 달라는 간곡한 요청의 편지를 보냈더니, 4곳 모두 바로 답장이 왔다. 어떤 친구의 말에 의하면 일본 기관에 어떤 요구를 했을 때, 당장 답이 오면 그것은 '거절'로 생각하면 된다고 했다. 왜냐하면 허락을 하려면 긴 과정을 거쳐야 하지만, 거절은 담당자 선에서 거절하기 때문에 신속히 처리된다는 설명이었다. 당시만 해도 '이메일e-mail'이 대중화되지 않은 때여서 보통우편을 사용했는데, 내 편지가 회사로 가는 시간, 그리고 회사가 답을 쓴 후 우편으로 오는 시간을 계산해 보았더니 그 회사들이 내 요구를 바로 거절한 모양이었다. 그들의 입장에서는 "귀찮고 성가신 요구"로 생각하는 것 같았다. 다시 25개의 회사에 같은 편지를 보냈으나 모두 거절당했고, 다시 100번째까지 시도해 보았으나 다 거절당했다. 백 번이나 시도를 한 것은 로버트 잭칼Robert Jackhall이 1980년대 말에 현지조사fieldwork를 통해 미국 기업의 경영자manager들에 관한 연구를 하기 위해 미국의 기업들의 허락을 요청하는 편지를 발송했을 때, 거절당한 회사의 수가 36개나 되었다고 들었기 때문이었다.[32]

32 Robert Jackhall, *Moral Mazes: The World of Corporate Managers* (NY: Oxford University Press, 1988), p. 13 참조.

할 수 없이 테네시주의 지사를 지냈고, 재임 중에 닛산을 테네시로 유치한 우리 학교 알렉산더 총장을 통해 닛산에 부탁해보기로 했다. 우리 캠퍼스의 챈슬러인 마가렛 페리는 내가 알렉산더 총장을 개인적으로 모르니, 자기가 총장에게 나를 추천하고 연구프로젝트의 내용을 브리핑한 후, 총장이 닛산 사장에게 내 프로젝트를 설명하면서 협조를 요청하는 편지를 쓰도록 해 보자고 했다. 그리하여 알렉산더 총장은 닛산 자동차 미주 법인의 사장인 제리 베네필드Jerry Benefield에게 나에 관한 자세한 소개서와 연구계획서, 그리고 내가 닛산 사장에게 쓴 편지 초안을 동봉한 추선서를 보냈다. 총장은 나에게도 자신의 추천서와 협조 요청의 편지 사본을 보내주었다. 편지 시작에 '제리'라고 이름을 부르는 것을 보니 두 사람 사이는 막역한 사이로 보였고, 내용도 찬사가 가득 담긴 훌륭한 추천서였다. 그러나 이번에도 답장은 바로 왔다. 총장이 닛산 사장에게 편지를 보낸 날짜가 1990년 4월 3일인데, 총장이 그의 답신을 받은 날짜가 4월 19일이니 가는 데 1주일, 그리고 답신이 오는 데 1주일을 계산한다면, 닛산 사장이 총장의 추천서를 검토한 기간은 줄잡아 이틀도 걸리지 않았다. 거절하는 회신임에 틀림없었다.

거절의 가장 큰 이유는 내가 쓴 연구계획서에 그 사람의 자존심을 건드리는 표현 때문이었다. 닛산 사장은 회신에서 소제목에 '외국인 보스Boss 밑에서 일하는'이라는 용어를 지적했다. 당시 일부 미국 사람들 사이에서는 미국에 직접 투자한 일본 회사의 미국인 중역들을 마치 '매국노'처럼 취급하는 시각이 없지 않았기 때문에, 일본계 회사의 중역인 미국 사람들은 마음이 불편한 점이 좀 있었다. 어쩌면 내가 그 자존심을 건드렸는지도 모른다. 연구계획서에 그런 사려 깊지 못한 용어를 쓴 것은 순전히 내 잘못이다. 원래 이 연구계획서는 총장에게 내가 무슨 연구를 하려는지 솔직하게 알리려고 쓴 것인데, 총장이 이 연구계획서 사본을 그대로 닛산 사장에게 보낼 줄은 몰랐기 때문에 일어난 '사고'였다. 닛산을 연구할 수 있었던 좋은 기회를 놓친 셈이다. 이처럼 문화가 다른 나라 사람들을 연구할 때 용어나 표현의 선택이 큰 실수로 이어지는 경우가 있다. 총장에게 미안하다는 인사도 제대로 하지 못했는데 1년 후인 1991년 3월에 그는 미국 연방정부의 교육부 장관이 되어 워싱턴으로 떠났다. 그는 워싱턴으로 가고, 나는 한국으로 돌아오는 바람에 나는 아직도 그에게 진 마음의 빚을 갚지 못했다. 알렉산더는 2002년부터 2021년 1월 3일까지 테네시주 상원의원직을 역임했다.

동문들의 연결고리를 찾아서

거절당한 것이 아쉽기는 했지만, 닛산이 테네시주에 진출한 유일한 일본 기업도 아니고, 일본의 대표적인 기업도 아니라고 스스로 위로하면서 나는 다시 우리 캠퍼스의 페리 챈슬러와 학교 개발담당부 챈슬러Vice-Chancellor for the Development인 닉 더나간Nick Dunagan에게 우리 학교 동문기업인 중에서 내게 도움을 줄 수 있는 기업인을 소개해 달라고 부탁했다. 닉은 나와 나이도 비슷했을 뿐만 아니라, 아이들끼리 매우 가까운 서로 막역한 사이였다. 페리와 닉은 우리 대학교 졸업생이자 학교발전협의회 회장인 마이크 풀럼리Mike Plumley라는 사업가를 소개해 주었다. 풀럼리는 우리 학교에서 멀지 않는 패리스Paris(그곳 사람들은 '패리스'라고 발음한다)라는 타운에서 자동차 부품회사를 경영하는 회사의 회장이자 일본 회사와 합작한 웨스텍(Westech, 가명)이라는 회사의 회장이기도 했다. 자동차 엔진에 들어가는 고무호스 생산이 주 업종으로 한국의 현대자동차에도 납품을 했는데, 1988년에 8백만 달러를 투자해서 80여 명의 종업원을 고용한 회사였다. 비록 소규모의 회사이기는 했지만, 한 지붕 밑에 전형적인 미국 회사와 일본과 미국의 합작회사가 있다는 점에서 비교할 중요한 자료를 모을 수 있었다. 풀럼리의 말에 의하면, 일본은 회사 하나가 그런 연구를 허락했다는 소문이 나면 다른 회사도 쉽게 허락을 해 주는 경향이 있다고 했다. 그는 우선 자기 회사인 웨스텍의 허락을 받았다고 소문을 내고, 다른 회사와 교섭을 해 보면 쉬울 것이라는 '요령tip'을 일러 주었다.

나는 테네시주 정부 ECD의 국제담당국장인 존 그레고리John Gregory에게 그간 내가 서부 테네시에 있는 한 일본 회사의 허락을 받았으니, 기왕이면 중부 테네시에 있는 회사를 하나 추가하면 비교하기가 좋겠다며 부탁을 했다. 그레고리는 내슈빌에서 55km 거리에 있는 인구 10여만 명의 소도시로 일본의 중소기업들이 집중적으로 위치한 머프리즈버러Murfreesboro에 있는 자동차부품 생산 업체인 미드텍(Midtech, 가명)이라는 일본 회사의 허락을 받아 주었다. 1천2백만 달러를 투자하여 184명의 종업원을 고용한 회사였다. 풀럼리의 말이 맞았다. 미드텍은 이미 웨스텍이 내 연구를 허락했다는 말을 듣고 허가를 해 주어도 별 탈이 없으리라고 믿은 것이다. 원래 산업민족지는 단일 회사에 대한 심층적인 묘사로도 충분하지만, 두서너 개의 회사를 같이 조사한다고 해서 안 될 일은 없다. 그 연구 자체가 '비교산업지(Comparative industrial ethnology)'가 되는 셈이니 회사간 비교도 가능해서 더 좋을 수도 있다.

서부 테네시에 회사 하나, 그리고 중부 테네시에 회사 하나의 허락을 받고 보니, 욕심이 생겨 동부 테네시에 있는 회사 하나의 허락도 받고 싶어졌다. 테네시주는 동서로 길다 보니 지역에 따라 자연환경도 다르고 인구 구성도 달랐다. 미시시피강에 면한 서부는 평원이어서 농사를 주로 했고 인구 구성면에서도 흑인의 비율이 높은데 비해 동부는 산악지대로 애팔래치아 문화를 지니고 있다. 중부 테네시는 산악과 평야의 중간에 위치하여 산도 평야도 아닌 구릉이 많다. 그리고 주도州都인 내슈빌도 자리잡고 있으니 교육과 문화의 중심이고, 특히 컨트리 앤드 웨스턴 뮤직Country and Western Music의 중심지이기도 하다. 동부 테네시에 투자한 세계정상급의 일본 회사를 포함시킬 수만 있다면 지역적으로 안배도 되고, 소규모, 중규모의 기업에다 대규모 기업까지 포함시킬 수 있으니 금상첨화였다.

내가 동부 테네시에 있는 세계 정상급의 일본 회사를 물색하고 있다는 것을 알고, 테네시주정부 ECD에 근무하던 수잔 루이스Susan Leigh Lewis가 그때 동부 테네시에 공장을 건립하고 있던 세계 정상급의 전자회사인 이스트텍(Eastech, 가명)이라는 회사에서 신규 채용한 근로자들의 교육을 맡고 있는 책임자를 소개

7-2. 동부 테네시 산악지대에 위치한 일본의 세계적인 전자회사인 이스트텍(가명)의 전경.

해 주었다. 그 책임자와 루이스는 일본에서 공부할 때부터 친구 사이였다고 했다. 그때 이스트텍은 공장 준공이 거의 마무리 단계였고 8천만 달러를 투자해서 1991년에 가동하기 시작할 예정으로 320여 명의 종업원을 고용했다. 이스트텍의 모母회사는 세계적으로 20만 명의 종업원을 고용하고 있으며, 연간 매출액은 378억 달러에 달했다. 연구를 하기에 이상적인 기업이었지만 허락을 받기가 까다로울 것 같았다. 그러나 루이스의 말로는 그의 친구가 나를 도와줄 수 있을 것이라고 했다. 루이스는 내가 그곳을 자주 방문하다 보면, 일본인 중역들을 포함한 그곳 사람들이 내 방문을 저지하거나 요구를 거절하기 힘들 것이라고 했다. 그의 경험에 의하면 "나중에 구실을 찾아 관용을 바라는 것이 먼저 허락을 받는 것보다 훨씬 쉽다"는 것이었다. 바꾸어 말하면, 그곳 사람들에게 내 연구가 기정 사실인 것처럼 하라는 암시였다. 루이스의 코치와 이스트텍에 근무하는 친구의 협조를 얻어 나는 이스트텍을 수시로 방문했다.

보통 이스트텍의 방문자들은 정문에서 방문 목적, 방문자 이름, 예약 시간 등을 기입하고, 정문 수위실을 통과한 뒤 본관에서 나온 담당직원의 안내에 따라 들어갔다. 그러나 나는 그런 요구를 받은 적이 한 번도 없었다. 일단 내가 이스트텍을 방문할 때마다 그곳에 근무하는 연수책임자인 루이스의 친구가 항상 마중을 나오고 주로 공장 구내 식당에서 이야기를 나누는 등 함께 다녔으므로 내 얼굴이 그곳 정문 경비원들에게 잘 알려져 있었다. 그들은 내 생김새가 일본 사람 같아 보여서 일본 본사에서 온 간부로 아는 것 같기도 했다. 그리고 루이스의 친구가 정문 경비원들에게 내가 누구인지, 무엇을 하러 오는 사람인지에 관해 이미 설명을 해 놓았는지는 알 수 없지만, 아무리 정문 수위의 교대가 바뀌어도 누구 하나 내게 누구와 약속이 되어 있는지를 묻는 법이 없었다. 하기야 그 산중에 있는 이스트텍에 관계자가 아니고서야 어느 동양인이 그렇게 뻔질나게 드나들겠는가? 나중에 들은 이야기지만, 초기에는 몇몇 일본 기술자들까지도 내가 일본인인 줄 알았다고 했다. 어찌됐든 나는 이 큰 회사의 연수를 담당하던 미국 사람을 통해 연구를 상당히 진척시킨 이후에 그 회사의 허락을 얻어 연구를 끝낼 수 있었다.

내가 처음 이 연구를 시작할 때는 닛산을 포함한 100개의 일본 회사에서 거절당했지만, 이제 나는 세 개의 일본 회사와 비교할 수 있는 한 개의 미국 회사를 내 연구에 포함시킬 수가 있었다. 지역적으로도 테네시주 전체를 아우르게 되었다. 다만 인류학적인 현지조사방법이 사회조사방법과 달라 심층적인 면접과 장시간의 참여관찰 등이 필요해서 나는 당초의 연구계획보다 훨씬 더 많은 시간을 써야 했다. 그러나 1993년에는 연대에 인류학과를 설립하는 일을 도와주라는 국제 학자교류자문회의Council for International Exchange of Scholars의 권유로, 나는 1년간 연대에서 강의 및 연구교수로 지내야 했기 때문에 이 연구를 늦어도 1992년까지는 마쳐야 했다.

내 연구를 허락해 준 일본 회사의 책임자도 인류학적인 현지조사가 상당한 시간이 필요하다는 것을 몰랐던 것 같았다. 내 연구를 허락해 주었을 당시에는 일반적인 사회여론조사와 같이 미리 준비한 질의서를 들고 와서 응답을 받는 것으로 알았다가 내가 지속적으로 거의 매일 찾아오다시피 하는 것을 본 회사의 경영진은 난감해했다. 미드텍의 사장이 "김 박사! 언제까지 우리 회사를 드나들어야 하느냐?"고 물어서, 나는 농담으로 "사장님이 나를 좋아할 때까지 다닐 작정"이라고 했더니, "나 벌써 김 박사를 많이 좋아하고 있다"고 해서 우리 둘은 서로 웃고 말았다. 내가 연구하는 대상이 된 사람의 어떤 동작을 보고 그가 늘 그렇게 하는 것처럼 쓰면 재미있는 이야기는 될 수 있을지는 몰라도, 그런 행동이 반복적으로 일어나지 않는 한 그런 동작은 "제도화된 행위institutionalized behavior"가 아니고 "우연히 어쩌다 한 번 일어날 수도 있는 돌발적인 행동random behavior"일 수도 있기 때문에, 나는 관심이 있는 행동이나 일들은 상당한 기간을 두고 주의 깊게 지속적으로 보지 않을 수가 없었다. 내가 네 개의 회사에 대한 참여관찰을 하면서 본 내용은 내가 쓴『미국 남부에 있는 일본 기업*Japanese Industry in American South*』에 맡기고,[33] 여기서는 내가 본 몇 가지 스토리만 소개하기로 하겠다.

미국의 오만arrogance과 일본의 축소지향적 손재주miniaturizing dexterity

일본의 소형 자동차 생산기술이 미국을 앞지르게 된 이유는 미국의 오만과 일본 특유의 축소지향적인 손재주가 결합한 결과이다. 1970년대 초반까지만 해도 미국은 자타가 공인하는 세상에서 가장 우수한 자동차를 생산하는 나라였다. 미국의 공산품이 전 세계를 석권하는 데 가장 큰 역할을 한 것이 소위 '대량생산체제mass production'인 것도 사실이다. 일괄 작업assembly line이라고도 부르는 이 방식은 미국 '자동차 왕'으로 알려진 포드 자동차 회사Ford Motor Company의 창립자 헨리 포드가 시작했다고 해서 '포드주의Fordism'이라고 불리기도 한다.[34] 대

33 Kim, *Japanese Industry in the American South* 참조. Kindle e-Book으로도 접할 수 있다.

34 헨리 포드Henry Ford(1888~1947)는 미국의 기술자이자 기업인으로 포드 모터 컴퍼니Ford Motor Company의 창립자이다. 미국 미시간주 디트로이트Detroit 서쪽의 농촌에서 농부의 아들로 태어난 그의 경영 이념은 동일한 공정을 반복하는 표준화, 자기 자신이 맡은 부분만 담당하는 분업화, 그리고 자신의 일을 완벽하게 해내는 전문화 등이었다. 특히 그는 그의 포드주의Fordism을 통해 미국에 '마이 카My Car' 시대를 열었다.

량생산방식이 가져온 결과는 가히 혁명적이었다. 제2차 세계대전 이후에 미국의 공산품은 전 세계 시장을 지배했고 미국에 '마이 카My Car' 시대가 열렸다. 그러나 단시간에 대량 생산을 하다 보니 오만해진 미국이 소위 장인정신匠人精神(craftsmanship)이 결여될 수도 있다는 점을 흘려 보내는 사이, 일본은 대량생산에서 오는 단점을 놓치지 않고 장인 정신을 더하여 흡사 주문생산한 차를 받는 기분이 들도록 미국의 고객들에게 다가간 것이다.

"대량생산" 방식이 포드의 일괄 작업의 결과로 시작되었다는 이론에 대해서 프랜시스 슈 교수는 이 방식은 포드에 앞서 16세기에 중국에서 도자기를 양산할 때 이미 고안해서 운영한 것이라고 했다. "도자기 가마에서는 도자기의 기본틀만 만드는 사람, 계속 유약만 개발하고 시유하는 사람, 또 도자기에 문양을 그려 넣는 사람, 채색을 담당하는 사람 등으로 전문화한 분업을 거쳐서 찻잔이나 접시가 완성되었다"고 했다.[35]

앞에서 장인정신이 결여된 미국 차 때문에 내가 겪은 이야기를 했다. 그때 미국 자동차회사들은 자동차에 관해서는 생산업자(car-maker)인 우리가 전문가이니 고객에게 다른 선택의 여지는 없다는 식이었다. 그러다가 자동차의 크기를 '다이어트'를 한 듯이 맵시도 좋고 흡사 주문생산을 한 것 같은 일본제 소형차가 공급되니 미국의 수요자들이 매력을 느끼지 않을 수가 없었다.

미국에 '부메랑boomerang'으로 돌아온 미국의 발명품과 지적 재산?[36]

일본의 공산품, 특히 소형 자동차가 미국의 자동차 시장을 석권하면서부터

35 Francis L. K. Hsu, *Americans and Chinese: Two Ways of Life* (NY: Henry Schuman, 1953), p. 280.

36 '부메랑boomerang'이라는 말은 자신이 사용한 무기가 되돌아와서 자기를 해친다는 뜻이다. 그 말의 근원은 오스트레일리아 원주민이 새를 사냥하기 위해 개발한 무기로 새를 잡기 위해 던진 이 무기가 표적인 새를 명중시키지 못하면 던진 사람에게 되돌아와서 해친다는 것이다. 여기서는 미국의 발명이 일본을 거쳐 미국에 되돌아와서 미국을 해치는 것이나 다름이 없다는 말로 쓰인다.

미국 사람들 중에는 일본의 산업기술을 배워야 한다는 말을 공공연히 하는 사람이 있었다. 심지어 "일본이 제일이며, 일본 사람들에게서 배워야 한다"는 책을 쓴 학자도 있었다.[37] 그러나 오히려 일본인들 중에는 일본의 산업발전이 별것이 아니고 미국의 발명이나 발견을 잘 이용하여 미국에 도전하는 '부메랑 효과'일 뿐이라고 지적하는 사람도 있었다. 테네시주 르번La Vergne에 본부를 둔 브리지스톤 미주 회사Bridgestone Tire U.S.의 이시쿠레 카즈오Kazuo Ishkure 사장은 "우리가 알고 있는 지식은 전쟁[제2차 세계대전] 후 미국 학자들과 기업인들에게서 배운 것이며, 미국에서 미국인들이 하는 것을 주의 깊게 관찰하여 배운 것이다. 동양의 '신비'라는 것은 없다"고 했다.[38] 이시쿠레 사장의 말은 동양 사람들이 겸손하기 때문만은 아니고 그만한 근거가 있다.

일본 도요타 자동차가 세계를 석권한 가장 큰 성공적인 요인으로 알려진 것은 일본어로 '가이젠kaizen(改善)'이라고 불리는 품질관리제도인데,[39] 그 개념은 미국의 전기기술자이자 닛산의 전신인 닷산Datsun의 창립자인 윌리엄 고함William R. Gorham이 만든 것이다.[40] 그리고 미국인 엔지니어인 도날드 스톤Donald Stone의 기술적인 도움이 없었더라면 일본이 서구 자동차시장에서 그렇게 크게 성공할 수 없었을지도 모른다. 또 도요타의 성공에 큰 기여를 한 '적기공급just-in-time'이라는 이론도 도요타가 이 방법을 적용하기 전에 이미 디트로이트에 있는 포드자동차 콤플렉스Complex에서 사용했었다고 한다.[41]

이처럼 미국의 원천기술을 일본이 잘 조합하여 미국과의 경쟁에 사용한 셈이니, 미국의 입장에서는 부메랑을 맞은 격이다. 여기에 일본의 국민성이기도

---

37 Vogel, *Japan as Number One*; Dore, *Taking Japan Seriously*.

38 Alexander. *Friends*, p. 150.

39 Masaaki Imai, *Kaizen* [ky'zen]: *The Key to Japan's Competitive Success* (NY: McGraw Hill, 1986).

40 Michael A. Cosumano, *The Japanese Automobile Industry: Technology and Management at Nissan and Toyota* (Cambridge, MA: The Council on East Asian Studies, Harvard University, 1985), pp. 268–270.

41 David Halberstram, *The Reckoning* (NY: William Morrow, 1986), p. 88.

한 축소지향의 섬세한 손재주가 가미되어 흡사 '주문 생산품' 같은 자동차를 생산하여 미국 시장에 도전한 것이다. 일본의 대미 수출작전은 그들의 국기國技인 유도柔道와 비슷했다. 유도의 원리 중에 하나는 상대방의 약점을 파악한 후에는 상대방의 힘을 역이용하여 제압하는 것이다. 그렇기 때문에 상대가 더 크고, 더 강할수록 그 상대방의 힘을 이용하는 파급효과는 더 클 수밖에 없다. 미국이 약체이고 약소국가였다면 1970년대 이후 1990년대 초반에 이르기까지 그렇게 큰 무역불균형이 발생하지 않았을 것이다.

일본에 대한 미국의 과대평가

미국 사람들은 일반적으로 상대 국가들을 있는 그대로 평가하기보다는 약간 과대평가하든지, 아니면 아예 과소평가하는 경향이 있다. 일본의 자동차산업에 관해서도 마찬가지였다. 1970년부터 1990년대 초반까지, 대부분의 미국 사람들은 일본이 미국 남부에 진출할 때 사전에 충분한 연구를 통해 투자하려는 지역의 사정, 지리적인 요건, 그리고 문화적인 요인들까지도 잘 파악하고 진출했다고 믿고 있었다. 사실은 그렇지 못하다는 여러 사례가 있지만, 여기서 단 한 가지만 들기로 하자.

일본은 1989년 동부 테네시의 그레이트스모키The Great Smoky Mountain의 산중 마을인 스위트워터Sweetwater에 미국 주재원들의 자녀들을 교육시키기 위하여 메이지 가쿠인Meiji Gakuin이라는 고등학교를 세웠다. 이때 이를 반대하며 '십자가를 불태우는' 극우 집단의 시위가 있었다.[42] 일본인 교장은 처음에는 그 시위의 심각성을 모르고 있었다. 내가 그 교장을 면담했을 때, 교장은 그 시위가 그곳 사람들이 학교의 개교를 축하해 준 것으로 착각했다고 했다. 그런 사실

42 Sarah Avery, "'Fine' Pioneers: Japanese School Graduates Its First Students," *Knoxville News Sentinel*, March 8, 1992), p. 1 &11.

을 뉴욕의 한 신문이 보도했고, 일본의 유수한 신문들이 기사를 전재하면서 일본에 있는 학생들의 부모와 친척들로부터 학생들의 신변 안전을 걱정하는 전화가 빗발치듯이 왔다는 것이다. 사실 테네시에 파견된 일본 기업인들 중에는 극우단체인 'KKK'가 내슈빌에서 112km 떨어진 풀라스키Pulaski라는 조그마한 타운에서 시작되었다는 역사적인 사실을 아는 사람이 단 한 사람도 없었다. 그리고 남북전쟁 당시의 남부연합 깃발Confederate flag의 상징적인 의미가 무엇인지, 왜 흑인들이 미시시피대학교의 미식축구경기 때 남부연합 깃발을 흔들어대는 것을 그토록 싫어하는지를 아는 사람도 없었다.[43]

현지조사를 통해서 본 일본 사람들은 미국 사람들의 근본 가치인 '공평성fairness'을 나름대로 혼동하고 있었다. 카우보이가 악한에게 총질을 하더라도 "Hi!" 하고 불러서 돌아볼 때 정면으로 정정당당하게 총을 쏘아야 하고, 격투를 할 때도 넘어지면 일으켜 세워서 스스로를 방어하게 한 후 다시 일격을 가하는 서부영화로 공평성을 이해하다 보니, 일본 회사에 근무하는 모든 미국인 종업원들을 직급에 상관없이 '기술자engineer'나 '동료associate'로 부르게 하고, 식당도 간부나 말단 사원이 같이 사용하며, 주차장도 임직원 구별 없이 먼저 온 사람이 편리한 곳에 주차하도록 '배려'를 했다. 그러다 보니 그 사람의 능력이나, 자격, 그리고 직급에 따라 대우를 다르게 하는 것이 미국식 공평성과 정의라는 것을 이해하는 데 상당한 시간이 걸렸다. 대학을 졸업하고 대학원을 마친 전문인력이 고등학교만 마친 일반 노동자와 같은 취급을 당하는 것이 싫어서 일본 기업의 입사를 피한다는 말이 나왔다. "내가 엔지니어가 되기 위해 얼마나 노력을 했는데, 그럴 자격이 없는 사람과 동급으로 취급 당해야만 하느냐"라는 것이다. 남부의 사투리로 '잇 에인트 페어It ain't fair'라는 것이다. 대부분의 미국 사람들은 교육 정도와, 경험, 그리고 능력에 따라 달리 취급하는 것이 '공평하다fair'고 믿는다.

43 Kim, *Japanese Industry in the American South*.

미국 기업이 일본 기업에 입은 혜택

미국 산업이 일본 기업의 진출로 인해 받은 최대의 혜택은 그간 '무사안일한 태도'로 버티던 미국 기업과 노동자들이 경각심을 갖고 본연의 자세로 돌아가는 계기를 마련한 것이다. 제임스 팔로스James Fallows가 구체적으로 "미국의 성공은 [미국이] 일본 기업을 닮아가는 것이 아니고, 미국 기업 고유의 원칙을 지켜나갈 때 가능하다"고 강조한 말이 1990년도부터 미국 산업의 부활에서 증명되었다고 하겠다.[44]

일본 기업이 테네시를 위시한 미국 남부와 미국의 산업에 기여한 바를 든다면, 일본의 자본이 남부의 고용증대를 위시한 전반적인 경제회복에 기여한 것 외에도 다른 여러 분야에 영향을 미쳤다는 것이다. 구체적인 예를 들어본다면 첫째, 만일 닛산이 테네시에 진출하지 않았더라면, 제너럴 모터스GM가 1985년에 새턴Saturn공장을 테네시주 스프링 필드Spring Filed에 건설하지 않았을 것이다. GM이 테네시에서 닛산과 한판승부를 벌이게 되면서 테네시와 남부 여러 주들이 새로운 자동차산업의 기지로 탈바꿈하게 된 것이다. 둘째로, 테네시주에 대한 일본의 투자는 미국 기업들의 테네시 투자를 유도했을 뿐만 아니라 '모방 효과'도 가져왔다. 요시하라 히데키Hideki Yoshihara는 미국의 "지방의 공장들이 일본 제도의 장점을 도입하려고 노력하였으며, 그 결과로 생산성이 향상되었다"고 했다.[45] 일본 공장들이 남부의 공장들을 자극시켰고, 분발하게 했으며, 미국 산업시설에 좋은 선례를 보여준 것이다. 인류학적인 학술용어로는 '자극적 전파stimulus diffusion'라고 하는데, 다른 나라의 문화요소나 좋은 생각을 차용借

---

44 James Fallows, *More Like US: Making America Great Again* (Boston: Houghton Mifflin, 1989, p. 64.

45 Hideki Yoshihara, "The Bright and the Dark Sides of Japanese Management Overseas," In *Japanese and European Management: Their International Adaptability*, ed., Kazuo Shibagaki, Malcolm Trevor, and Tetsuo Abo (Tokyo, Japan: University of Tokyo Press, 1989), p. 23.

用한다는 뜻이다. 이런 자극적인 전파는 일본 기업문화와 남부에 있는 미국 기업들 간에 빈번히, 그리고 활발하게 이루어졌고 현재에도 이루어지고 있다. 서부 테네시에 소재한 일본 회사의 자매회사인 풀럼리사는 어떤 의미에서는 일본 회사 이상으로 일본 회사의 장점을 도입하고 있다. 일본 회사의 공장 내부를 깨끗하게 정돈하는 소위 '5s' 시스템을 풀럼리사에서는 '5s'라는 말을 쓰는 대신 "당신의 어머니는 여기서 일하지 않는다Your mom doesn't work here!"고 쉽게 풀이하여 공장 내부를 깨끗하게 만들었다.[46]

테네시는 물론 미국 남부 전체에 일본 문화가 기여한 자극적 전파의 사례는 GM의 새턴공장에서도 찾아볼 수 있다. GM의 새턴 공장은 공장운영에서 '팀웍'을 최대한 활용했는데, 이는 일본 공장이 하는 것 이상의 팀웍을 강조한 수준이었다. 새턴의 집행부와 노동조합 간의 협조와 우호적인 관계는 예외적인 수준일 정도로 종전의 대치와 충돌관계에서 상호협력과 협동으로 발전하는 근본적인 변화를 가져왔다. 노동자와 사용자가 자신의 진영을 재정비해서 일본과 선의의 경쟁을 해야 한다는 다짐으로 출발한 것이다.

또 일본 기업의 테네시 진출은 테네시의 지방 문화를 더욱더 윤택하고 다양하게 만들었다. 비근한 예로, 일본의 기업 진출 이전에 테네시에는 외국 음식점이라고는 고작 중국 음식점과 멕시코 음식점밖에 없었지만, 이제 일본 공장이 있는 모든 테네시 타운마다 적어도 한두 곳, 큰 도시에는 수십 개의 일본 음식점이 있다. 큰 도시에는 일본 문화센터까지 있어서 문화교류도 활발하다. 두 나라 사람들은 문화의 이해가 기업의 성패를 좌우한다는 것을 이해하는 수준에 도달한 것 같다. 일본 사람들이 테네시에 진출하면서 테네시 사람들은 가만히 앉은 채로 문화적인 안목을 넓히게 된 것이다.

46 '*5s*' 운동이란 작업공간을 깨끗하게 하는 운동으로 일본어로 첫 단어를 '*s*'로 시작하는 다섯(5)가지 운동을 말하는데, '*seri*'는 정리, '*seiton*'은 정돈을 말하고, '*seiso*'는 청소를 뜻하며, '*seiketsu*'는 청결, '*shitsuke*'는 좋은 버릇과 습관을 말한다.

일본 기업에 관한 원고의 마무리

나는 내 연구 결과물인『미국 남부의 일본 기업*Japanese Industry in the American South*』이 두 나라 기업인들 상호간을 이해하는 데 기여하기를 바라면서 3년여간을 작업에 매진했다. 종전의 현지조사는 미국정부기금과 외부연구재단의 지원을 받았기 때문에 책을 쓰는 데 제한이 꽤 있었다. 우선 자료수집단계에서 연구비를 지원한 기관이 알고 싶어하는 문제에 집중을 해야 했고, 출판도 기관의 허락이나 양해를 얻어야 했다. 그러나 이 연구는 내가 살고 있는 주 안에서 이뤄져서 수업이 없는 날이나 주말을 이용할 수 있었으므로 연구비가 크게 필요하지 않았다. 일본 기업을 출입할 때는 학교 차를 이용했고, 연구 목적을 위해서는 자유롭게 쓸 수 있는 테네시대학교 마틴 캠퍼스가 지급하는 소액의 교수연구기금Faculty Mini-Grant이면 충분했다. 그리고 학교가 수업을 목요일 하루로 몰아 주었기 때문에, 별도의 강사를 채용할 필요가 없어서 대체 교수비도 필요하지 않았다. 소위 학교의 석학 교수University Faculty Scholar로 임명된 덕을 톡톡히 본 셈이다.

이 책이 내가 이전에 출판한 다른 책들과 달랐던 점은, 이전에 내가 쓴 책은 현지조사를 마치고 나서 그때 모은 자료들을 토대로 연역적演繹的으로 썼기 때문에 원래 쓰려던 책과는 거리가 멀어서 사용하지도 못하고 버린 아까운 자료가 많았고, 어떤 면에서는 비경제적이었다. 그러나 이 책은 현지조사 이전에 내가 먼저 책의 틀frame을 정하고 현지조사를 했기 때문에 다소의 첨삭과 가필은 해야 했지만, 연구프로젝트가 끝나는 것과 동시에 원고의 초고가 완성된 셈이었다.

캐롤과 게일은 지금까지 내가 대학출판사에서만 세 권의 책을 출판했으니 이번에는 학문적인 책을 출판하는 큰 상업출판사에서 출판하는 것도 좋을 것이라는 조언을 했다. 그들의 견해에 의하면 이 책은 다양한 독자층에게 흥미를 줄 수 있다는 것이었다. 게일은 대학출판사는 소위 베스트셀러best-seller를 출판하는 데 큰 관심이 없다고 했다. 1년에 일정한 수의 학문서를 출판하는 대학출판

7-3. 미국 인류학회 연례총회에서는 슈 교수, 게일, 그리고 캐롤이 필자와 함께 저녁 식사를 하면서 필자의 책 출판에 관한 조언을 하던 모습. (왼편이 슈 교수, 가운데 필자, 다음이 슈 교수 사모님, 얼굴 일부만 나온 게일). 캐롤은 이 사진을 찍느라 얼굴이 나오지 않았다.

사는 어쩌다가 베스트셀러가 나와도 그 한 권의 책을 위해 출판사의 인력을 집중할 수 없다는 것이다. 그리고 그는 '베스트셀러는 우연히 나오는 것이 아니고 만들어진다(Best-seller is being made).'는 말이 맞는지도 모른다고 했다. 그러면서 대학출판사 중에는 책이 베스트셀러가 되자 그 책에 인원을 더 투입할 수가 없어서 상업출판사에 판권을 팔아버린 경우도 있다고 했다.

내 책의 초고를 본 존스 홉킨스 대학교Johns Hopkins University출판사 출판부장이 미국 남부에 관한 유머humor가 많아서 내용이 재미가 있으니 경제관계 서적에 넣어서 출판해 보자면서, 이 원고를 제대로 평가할 전문가 한 사람을 내가 추천해도 된다는 배려를 해 주었다. 그러나 나는 내 책 출판에 관해서 늘 올바른 조언을 해준 캐롤과 게일의 조언을 따르기로 했다. 내가 1993년 가을부터는 다시 풀브라이트 선임 학자로 연대에서 강의를 해야 했기 때문에 출판사를 속히 결정하고 원고를 되도록이면 빨리 보내야 했다.

존스 홉킨스 대학교출판사의 제안을 거절한 나는 친구들의 추천에 따라 학문적인 책을 출판하는 대형 상업출판사인 러틀리지Routledge라는 출판사를 택했다.[47] 내가 러틀리지에서 출판하기를 원한다는 소문을 들은 러틀리지의 수석 편집자인 마리 웨써만Marie Wasserman이 나에게 원고를 보내 달라고 했다. 물론 이 원고도 출판사 내의 편집자들의 심사와 3명의 전문가들의 평가를 통과해야만 했다. 그렇게 출판사와 교섭이 진행 중일 때, 우연히 내게 원고를 좀 더 세심하게 검토하고, 분야가 다른 세계적인 석학들과 내 원고에 대해서 더 논의하고 그들의 의견을 수렴하여 반영할 수 있는 절호의 기회가 찾아왔다. 어떻게 그런 일이 나에게 생겼는지 모를 일이었다. 록펠러재단Rockefeller Foundation에서 운영하는 북부 이탈리아 코모 호반Como Lake에 있는 벨라지오Bellagio의 연구소에서 초대장이 왔는데, 한 달간 원고를 최종적으로 검토하고 결론을 내리는 일을 돕는 프로그램에 관심이 있으면 지원을 해 보라는 것이었다. 물론 재단이 설정한 기준에 부합하고 심사에 통과해야 선발되는 절차였다. 나는 지금까지도 누가 나를 추천했는지를 모른다. 추천자가 있으니 재단이 내가 마지막 원고 정리 단계에 있는 것을 알았을 텐데 말이다. 어떻든 간에 나에게는 '천재일우千載一遇'의 좋은 기회였다.

나는 운 좋게도 벨라지오 연구소에서 원고정리에 전념할 수 있게 되었다. 이 연구소에서는 우리 부부에게 왕복 여비와 체재비를 제공해 주었다. 내 의무는 책 서문에 록펠러재단 벨라지오 연구소의 지원을 받았다는 것을 명시하고, 출판된 책 한 부를 연구소 도서관에 기증하기만 하면 되었다. 지원 자격요건은 지난 수 년 사이에 학문적인 책을 출판하는 출판사에서 세 권 이상의 책을 출

47 러틀리지Routledge 출판사는 1836년에 영국 런던에서 책 판매를 하던 조지 러틀리지George Routledge라는 사람이 세운 출판사로 인문과학과 사회과학분야의 학자들과 지성인의 책을 출판하는 다국적 출판사이다. 이 출판사는 우리에게도 그 이름이 익숙한 이론 물리학자로 상대성 이론가인 알버트 아인슈타인Albert Einstein(1879~1995), 사회평론가와 활동가로 노벨문학상을 수상한 버트런드 러셀Bertrand Russell(1872~1970), 그리고 오스트리아 태생의 영국의 철학자 칼 포퍼Karl Popper(1902~1994) 등의 저명한 수많은 학자들의 저서를 출판했다.

판해야 했고, 그 책들이 자신의 학문분야의 학술지에 3번 이상 긍정적인 서평이 실려야 하며, 지금 집필 중인 책의 출판가능성이 입증되어야만 했다. 그간의 연구성과로 기회를 얻게 된 것이다. 이제까지 학교는 대학 역사상 처음으로 1991년에 나를 '석학 교수'로 임명하고, 그에 상응하는 예우를 해 주었으며, 풀브라이트에서는 1988~1989년, 그리고 1993~1994년에 두 번에 걸쳐서 연구와 강의를 할 수 있는 지원을 해 주었지만, 록펠러재단의 '주재학자Scholar-in-Residence'로 선발된 것은 나에게는 또 다른 의미로 명예로운 것이었다.

그렇게 나는 북부 이태리의 코모 호반에 위치한 벨라지오 연구소에서 이때까지 못 누려본 호강을 해 보았다. 그때가 2월 초여서 숙소의 창문으로는 멀리 병풍처럼 둘러진 하얀 알프스가 보이고 연구소의 앞뜰의 오렌지 나무에는 잘 익은 오렌지가 열려 있었다. 이태리의 독재자 베니토 무솔리니Benito Mussolini의 애첩愛妾 클라라Clara Petaccio도 그 근처에 살았다고 한다.[48] 벨라지오는 원래 이태리 왕실에 속했던 것이었지만, 재정상의 어려움으로 1959년에 록펠러재단이 인수하여 학자들의 연구소로 사용하기 시작했다고 한다. 이 연구소는 옛 왕실 규범대로 우리가 거처하는 방의 청소나 심지어 간단한 물건들을 운반하는 것도 '하녀'들이 하도록 하고 연구원들은 손도 대지 못하게 했다. 나는 난생처음 귀족 아닌 귀족 행세를 해 보았다. 방 청소를 하던 그곳의 소위 '하녀'들은 영국의 옥스포드 대학교 부설 영어교육원에 가서 영어교육을 받았다고 했다.

우리 부부에게 지정된 방은 독채였는데, 내가 오기 바로 전에는 하버드대학교 25대 총장(2006~2007, 1971~1991)으로 20년간 총장을 역임한 데릭 복Derek Bok(1930~)이 썼다고 했다. 복 총장은 법률가이자 교육자이면서 스웨덴의 저명한 사회학자이자 노벨상 수상자로, 『아메리칸 딜레마*An American Dilemma* [1944]』

48 베니토 무솔리니Benito Mussolini(1883~1945)는 이태리 정치인으로 '파시즘당'을 창당하였고, 이후 이태리의 총리로 최고 통치자였다. 1945년 4월 25일 연합군이 북부 이태리를 진격하자 그는 첩 클라라Clara Petacci와 함께 스위스로 도망치려다 실패하고 벨리지오 인근에 위치한 코모 호숫가 마을인 동고Dongo에서 최후를 마쳤다.

7-4. 벨라지오 연구소의 정문 앞에 새겨진 록펠러재단의 '로고logo'.

7-5. 밑에 보이는
필자가 기거하던 숙소.

7-6. 벨라지오 연구소의 베이지색의 주 건물(후면).

를 쓴 군나르 뮈르달Gunnar Myrdal의 사위이기도 하다. 복 총장이 쓰던 컴퓨터를 내가 물려받아 쓰게 되었는데, 그 컴퓨터에는 그가 썼던 원고의 일부가 지워지지 않은 채 그대로 남아 있었다. 컴퓨터에 남아 있던 그의 원고는 그가 1996년에 출판한 *The State of the Nation*의 초고인 것 같았다. 그가 쓰던 컴퓨터, 그리고 그가 두드렸을 자판을 내가 다시 받아쓰는 것이 영광스러웠다.

이 프로그램은 한 번에 12~13명의 사회, 인문, 그리고 예술 분야의 학자들을 선발하여 각자 출판하려는 원고나 추진하던 작품들의 마지막 손질을 하도록 독려했다. 저녁이면 식사 후 함께 모여 자기의 주제들을 다른 분야의 학자들과 소통하고 의견을 교환하였는데 모두가 '꼬냑cognac'이나 차 한 잔씩을 들고 각자가 그날 이룩한 업적들에 대한 소小 발표회를 했다. 나는 그날 내가 다시 살펴본 내 원고에 대한 이야기를 하고, 작곡가는 그날 작곡한 부분을 연주하며, 미술가는 그날 그린 만큼 진척사항을 보여주면서 설명을 했다. 연구원이 연구를 하는 동안, 배우자들은 연구소가 주선한 안내원을 따라 인근인 스위스의 루가노Lugano나 옛날 비단생산으로 유명했던 코모 시장 등의 관광으로 소일했다.

집사람은 모처럼 이런 '선경'에 왔는데 책 작업이 늦어지는 한이 있더라도 그 좋은 코모 호반의 경관을 즐기라고 했지만, 나는 평생 처음으로 다른 일이 없이 책 쓰는 일에만 열중하는 시간이 주어진 것이 너무 좋아서 시간을 황금처럼 아껴 썼다. 밥을 먹고, 저녁 후의 토론 이외의 시간에는 주야장천으로 온 정력을 쏟아 부었다. 그 덕에 나는 벨라지오에서 내 원고의 최종 퇴고를 마치고 러틀리지 출판사에 보낼 수 있었다. 『미국 남부에서의 일본 기업*Japanese Industry in the American South*』은 그곳에서 마감되었다.[49]

---

49 Kim, *Japanese Industry in the American South*.

대학 총장이 되다

제8장

고려사이버대학교 총장으로 영입

내가 김병관 동아일보 명예회장이자 학교법인 고려중앙학원 이사장으로부터 신설 준비중인 한국디지털대학(고려사이버대학교의 전신)의 총장으로 영입 제안을 받은 것은 2000년 7월 초, 김 이사장의 둘째 아드님의 결혼식에 참석차 한국에 왔을 때였다. 김 이사장은 동아일보사의 김승환 기자를 통해 자신이 한국 최초의 비대면 '온라인on-line 대학' 설립을 준비 중인데, 나더러 그 대학교의 총장직을 맡아 달라는 부탁을 전했다. 김 이사장이 내가 한국에 와서 일하도록 주선한 것은 이번이 처음은 아니었다. 1994년 여름에도 김 이사장과 당시 중앙중고등학교 총동창회장이고 다음 해에 고려중앙학원 이사장으로 취임할 채문식 전 국회의장, 그리고 중앙중고등학교 운영위원을 맡으신 한만년 일조각 사장님 세 분이 나에게 중앙고등학교 교장직을 맡아달라며 한국으로 초대한 일도 있었다(채문식 의장님과 한만년 사장님은 우리 형님과 중앙고등보통학교 동기동창이시다). 학교도 돌아보고 사람들도 만났지만, 평생 대학에만 있던 내가 중고등학교의 교장직을 맡을 자신이 없어서 고사하고 돌아갔다. 그러니 이번에 또 거절하면 두 번이나 호의를 무시하는 것 같아서 김 기자에게는 대답을 얼버무렸다.

김 회장은 내가 정보화 분야에 무슨 식견이라도 있는 줄 오해하고 새로 시작하는 디지털대학교의 총장으로 나를 생각했을 지도 모른다. 나는 1996년 여름 방학을 이용하여 한국에서 새롭게 대두하는 '사이버문화cyber culture'가 한국의 전통문화에 어떤 영향을 미치는지에 대한 인류학적인 현지조사를 위해 한국에 왔었다. 그때 인류학자가 무슨 '사이버'에 관한 연구를 한다고 하느냐고 힐난詰難하는 사람도 있었다. 사실 '사이버cyber'라는 말을 보통 사람들은 북쪽의 얼어붙은 동토 '사이베리아Siberia'와 구별도 못하던 1943년에 인류학자인 마가렛 미드Margaret Mead는 이미 '사이버'라는 말을 쓰고 사이버학회도 만들었으며, '사이버 보그cyber bog'를 이야기하고 「사이버네틱 오브 사이버네틱Cybernetics of Cybernetics」이라는 논문을 발표하지 않았던가!

김 회장은 정보화 기술을 이용한 디지털신문에 대해 내 개인적인 견해를 물었다. 김 회장은 어느 다른 신문사 사주보다 앞선 생각을 하고 있었다. 나는 그 당시만 해도 겨우 워드프로세서word processor를 사용할 정도의 컴퓨터 지식밖에 없었지만, 정보화 기술을 이용한 온라인신문의 형태를 생각할 수는 있었으므로, 테네시대학 컴퓨터학과에 있는 한국계인 김 교수에게 실무적인 도움을 받는다면 국내 어느 신문들보다 빨리 온라인 신문의 초기 형태proto type of on-line newspaper를 시작해 볼 수 있을 것이라고 했다. 실제로 김 교수가 실리콘 그래픽 컴퓨터Silicon Graphics Computer까지 준비하여 동아일보사의 온라인신문의 시제품prototype 개발을 시작했지만 작업 속도나 진전 상황이 회사 사람들의 마음에 들지 않았고, 현실적으로 한국과의 거리도 너무 멀어서 김재호 사장(당시 직함)이 직접 테네시에 와서 모든 장비를 수거해 갔다. 어찌됐든 『마이다스동아』, 『동아닷컴』이라는 이름이 붙여지기 이전의 시제품 제작은 테네시에서 시작되었다.[1]

1 이렇게 시작한 동아일보사의 인터넷 신문은 1996년 6월 18일 인터넷 신문서비스를 개시했고, 같은 해 10월 1일 정식으로 온라인신문인 『마이다스동아일보』를 설립해서 미디어 전략 전초기지로서 독립된 회사가 됐다. 그 후 2000년 1월 1일 내가 한국으로 영구 귀국하기 1년 전에 동아미

총장 자리를 수락하게 되기까지

아무리 학교를 설립한 이사장이 학교운영에 관한 전권을 준다고 하더라도, 처음 시도해 보는 100% 온라인대학을 경영한다는 것은 쉬운 일이 아닐 것으로 생각했다. 학교 행정은 교육인적자원부(현 교육부)를 위시한 행정부 공무원들과 유기적인 관계도 필요한데, 36년간을 바깥세상에서 살다가 온 나에게는 '인맥人脈'이랄 게 없었고, 그나마 아는 내 동년배들은 이미 다 현직에서 물러나 있었다. 아들 또래의 젊은 사람과 부대껴야 하는 일도 쉽지 않을 것으로 생각했다. 또 경상도 북부 지역 사람들이 흔히 쓰는 표현대로라면 '터도 망도 없는' 신생 온라인대학교를 하나부터 열까지를 모두 새로 만들어야 하는 일은 내 능력 밖의 일로 생각했다. 큰 살림이든 작은 살림이든 살림을 하자면 있을 것은 다 있어야 하지 않는가?

게다가 현실적인 문제도 있었다. 당시 나는 만 63세가 안 되었으나, 2년만 더 근무를 하면 테네시대학교에서 최고액의 퇴직연금을 수령할 수 있는데 그 기회를 놓치고 싶지 않았다. 더욱이 촉토 인디언 부족 정부의 추장 마틴이 내게 1974년에 수행했던 프로젝트를 대규모로 다시 해 보자는 제안도 포기하고 싶지 않았다. 돈 걱정 없이 대형 프로젝트를 할 수 있는 기회는 인류학자에게는 꿈 같은 일이었다. 그런 규모의 연구를 끝내고 나면 나는 동양 출신 인류학자로서는 미국 원주민 인디언 부족문화연구에 가장 깊숙이 간여한, 그 분야에 일가를 이룬 인류학자가 될 것 같았다.

그러는 중에 김병관 이사장의 강권으로 한국에 와서 학교설립 진행과정에 대한 설명을 들었다. 그러나 설명을 들으면 들을수록 나처럼 오랫동안 한국을 떠나 있던 사람이 할 수 있는 일이 아니었다. 특히 디유넷이라는 회사가 학교를 대신해서 일체의 준비를 하고 있었는데, 그렇다면 "디유넷이 학교를 소유하고

디어센터로 사옥을 옮겼다.

있는 것인지, 아니면 학교가 디유넷을 부속기관으로 소유하고 있는지"가 애매했다. 학교설립 기초안을 보니 대학교의 공식 이름이 '디지털대학교'이고, 디유넷은 디지털대학과 관계를 가진 '네트워크network'라는 뜻에서 '디지털유니버시티네트워크'를 줄여 『디유넷』이라고 작명한 것이라고 했다. 나는 학교 설립준비 실무진에게 학교 이름은 고유명사인데 '디지털대학'이라고 하면 보통명사가 되니 교명으로는 부적절한 것 같다고 했다. 결국 학교의 이름은 '한국디지털대학'이 되었다.

내가 한국을 방문하고 떠난 지 5일 후인 2000년 11월 30일자로 한국디지털대학교는 교육부의 인가를 받아 4년제 원격대학으로 탄생했다. 대학교의 학칙도 교육부의 승인을 받았다. 설립인가 조건 중 하나인 교원의 확보와 인사발령을 위하여 재단법인 한국디지털교육재단은 제1차 이사회를 2000년 12월 26일에 고려대학교 인촌기념관 2층 사무실에서 개최했다. 동아일보사 사장이던 오명 박사가 초대 이사장으로 추대되었다. 그러나 첫 이사회에서 총장 내정자는 의결하지 못했다. 나는 아무리 생각해 보아도 자신이 없었다. 그래서 집사람과 상의한 후, 내가 알고 있는 모든 형용사를 다 동원해서 김병관 회장에게 전에 중앙고등학교 교장 자리를 사양한 일까지 합쳐 한국으로 돌아갈 수 있는 좋은 기회를 사양한다는 '거절'의 편지를 썼다. 집사람도 그 편지 내용을 읽어보고, 다음 날 '페더럴 익스프레스Federal Express'로 보내기로 했다.어렵게 결정을 내리고 나니 잠이 잘 오지 않았다. 미국 유학을 떠날 때보다 돌아가는 결정이 더 어려울 줄은 몰랐다. 그래도 잠을 청해 보려는데 전화벨이 요란하게 울렸다. 자정이 가까운 시간에 울리는 전화벨 소리는 급한 일이 아니면 뭔가 좋지 않은 일인 경우가 많아서 전화를 받기가 두려웠다. 확인하니 서울에서 걸려온 큰아들 종윤이의 국제전화였다. 황급하게 전화를 받았더니, 종윤이는 자못 진지한 목소리로 저의 어릴 때 이야기를 시작했다. "비록 마틴이 조그마한 학교 타운이긴 했지만, 거의 대부분의 친구들 부모님이 대학 교수라 아이들끼리 서로 잘 아는 사이여서 좋았고, 자신이 학창 시절에 운동도 마음껏 하도록 지원해 주고, 미국 동부의 명문대학을 갈 수 있도록 해 준 것을 고맙게 생각한다"고 했다. 그러나 자신이 미국에서 자라면서 가장 부러웠던 것은, 다른 제 또래 아이들은 다 할아버지와 할머니가 있었는데, 저는 할아버지와 할머니에 관한 '단어'는 알았어도 미국에 사느라 한 번도 만나지 못해 그 점이 가장 아쉽다고(영어로 miss라는 단어를 썼다) 했다. "아버지와 어머니가 한국으로 돌아오시지 않고 테네시에 그대로 사신다면, 저는 한국과 홍콩 등지에서 아시아 전문가 행세를 하며 오래 살 것 같은데, 그렇다면 제 아이들이 저처럼 할아버지 할머니와의 정을 모르는 채 살지 않겠느냐"고 했다. 나는 종윤이가 그렇게 말할 때 목이 메었다. 그 애가 할아버지 할머니를 그리워했다는데, 정작 돌아가신 할아버지 할머니는 당신들의 손자가 얼마나 보고 싶으셨을까? 우리 어머님은 종윤이가 태어나자마자 돌아가셨고, 아버님은 둘째 호윤이가 태어나자마자 돌아가셨다.

종윤이가 할아버지 할머니에 대한 그리움을 안고 산 것을 제 자식에게는 '대물림'하지 않았으면 좋겠다는 얘기에 할 말이 없었다. 한술 더 떠 종윤이는 한국에 왔다가 언제든 다시 미국으로 돌아갈 수도 있고, 어쩌면 이번이 내가 한국으로 귀국할 수 있는 마지막 기회일지도 모른다며, 이 기회를 놓치면 나는 평생을 두고 후회를 할 것이라고 '반 협박'까지 했다. 이렇게 되자 더 이상 개인적인 이유로 미국에 남아 있겠다고 할 수가 없었다. 그러나 현실적인 문제가 있었다. 내가 한국으로 가도, 그리고 나를 총장으로 교섭하던 김승환 기자의 말처럼 귀국하면 총장에 상응하는 대접으로 고급 승용차와 미국회사의 중역 대우에 준하는 대우, 그리고 집까지 마련해 준다는 학교의 말을 그대로 믿을 수는 없었다. 종윤이에게 내가 망설이는 가장 큰 이유가 서울에 '거처居處'를 마련하는 문제라며 솔직하게 토로했다. 그랬더니 종윤이는 집은 자기가 마련할 터이니 아버지는 오시기만 하면 된다고 했다.

사실 내가 한국에 온 이후에 테네시의 집을 팔았지만, 그 돈으로는 서울 시내에 전세집도 얻을 수가 없었다. 일산 주상복합건물에 전세를 살다가 한국에 온 지 7년이 되던 2008년, 그 전세금에 종윤이가 보태 준 돈으로 마침내 사직동에 새로 지은 아파트를 구입했다. 종윤이는 제 말대로 한국과 홍콩을 오가며 살고 있었다. 내가 아파트를 사면서 종윤이가 보태 준 돈의 출처를 밝히는 서류를 작성할 때, 변호사가 하는 말이 자기가 변호사업을 한 지 오래되었지만 아버지가 아들에게 집 살 돈을 빌리는 차용증을 만들어 보는 것은 처음이라고 했다. 대부분의 경우는 그 반대라고 해서 웃었다.

내가 김병관 회장의 총장영입 제안을 받아들이기로 한 날짜가 2001년 2월 10일이었으니, 총장 취임식 열흘 전에 불과했다. 2001년 2월 15일 오후 서대문구 충정로 동아일보 사옥의 새 재단사무실에서 개최한 제2차 재단 이사회에서 초대 한국디지털대학교 총장으로 선임된 것이 총장 임명을 위한 절차의 시작이었고, 이어서 교직원의 임명도 의결했다고 했다. 디유넷이 물색해서 채용한 모양이었다. 내가 올지 안 올지 모르는 상황에서 마냥 기다릴 수만은 없었을 것이니 당연한 일이었다. 이사는 천천히 하기로 하고 2월 18일 우선 몸만 서울로 와서 취임식을 준비하기로 했다.

미국에서 갓 돌아온 세상 물정 모르는 총장

총장직을 수락한 지 10일 만에, 시차적응도 못한 상태에서 아들 집 식탁에 앉아 취임연설을 쓴다는 것 자체가 도전이었다. 그러나 이제 주사위는 던져졌고, 지금부터 이 학교의 운명은 내가 구상하고 추진하는 데 따라 결정된다는 엄숙한 사명감에 잠도 오지 않았다. 그럭저럭 쓴 취임사를 주머니에 넣고 취임식 2시간 전에 김 회장과 점심 식사를 하러 갔다. 인사가 끝나자 회장은 나보고 "테네시의 집은 어떻게 했소?" 하고 물었다. 김 회장은 테네시의 우리 집에 온 일이 있어 우리 집을 잘 알고 있었다. 김 회장의 질문은 벌써 집을 팔고 온 것은 아닌지 걱정스러운 '뉘앙스nuance'였다. 그래서 "시간이 촉박해서 둘째 호윤이에게 팔라고 하고 왔다"고 했다. 그때 둘째 아들인 호윤이(Drew)는 테네시주 주지사Governor의 정책 담당 수석보좌관Policy Chief이었다. 김 회장은 더 이상 묻지 않

8-1. 오명 이사장으로부터 총장임명장을 수여받는 필자.

8-2. 총장 취임식 후에 리셉션 참석.
왼쪽부터 김근태 의원, 필자, 오명 이사장, 김병관 설립자, 손학규 의원.

았지만, 학교의 장래가 걱정이 되는 모양이었다. 나는 그때까지도 동아일보사가 탈세사건으로 조사를 받고 있는 줄 몰랐다.

20층의 취임식장으로 가는 입구에서 만난 김재호 사장도 나에게 "마틴 집은 어떻게 하셨어요?"라고 물었다. 그 역시 자기 아버지처럼 학교의 전도가 불투명한 것이 걱정이었는지, 아니면 국세청의 수사를 우려했던지 내가 테네시의 집을 팔고 왔으면 어떻게 하나 하고 걱정스러운 모양이었다. 더구나 내가 취임식을 하러 20층으로 가는 바로 그 순간에, 국세청 직원 수십 명이 동아일보사 1층에 들이닥쳤다고 사람들이 수근거렸다. 나는 내 취임식에 정신이 없었지만, 김병관 회장은 착잡한 심정일 것임에도 불구하고 늘 그러하듯이 그 순간에도 일체 다른 내색을 하지 않고 묵묵히 행사를 지켜보았다.

취임식에서는 웃지 못할 '에피소드'도 있었다. 우리 학교 재단이사장인 오명 『동아일보』 사장이 손학규 의원과 김근태 의원을 소개해 주었는데, 내가 정계의 거물인 두 사람이 누구인지 몰랐던 것이다. 당황한 이사장이 "김 총장은 이분들을 모르시느냐"고 묻는데, '잘 모르겠다'고 대답을 했으니 오명 이사장으로서는 '김병관 회장도 현역에서 물러나고, 회사는 세무조사를 당하고 있는 판국에 이 신생 대학을 세상 물정이라곤 하나도 모르는 사람이 어떻게 이끌어 갈지' 걱정이 태산 같았을 것이다. 그러나 자기 감정을 절제하는 데 '도사급'인 오명 이사장은 아무런 내색을 하지 않았다.

나는 속으로 국회의원들이 바쁠 터인데 왜 조그마한 대학 총장 취임식까지 참석했는지 궁금했다. 나중에 디유넷 실무진에게 왜 그들이 내 취임식에 왔느냐고 물었더니, 그들은 디지털대학교 설립 준비 실무를 담당한 디유넷 사장 신준용 교수와 고등학교 동기동창들이어서 축하하러 온 것이라 했다. 그리고 그 직원은 언론사가 주최하는 행사에는 정치인들이 오기 마련이라고 일러 주었다.

취임식이 끝난 후 학교 설립 실무담당자이던 디유넷의 정종욱 기획실장으로부터 학교의 현 재정실태에 관한 보고를 받고 보니 총장자리를 사양했어야 된다는 생각이 엄습했다. 학교에는 학생으로부터 등록금을 받기 전까지 돈이 없을 뿐만 아니라, 앞으로 학생들을 가르칠 교재인 '콘텐츠contents' 제작은 디유넷에 외상으로 해야 하고, 학교가 시스템system을 소유하고 있지 않으므로 그 역시 디유넷 소유의 시스템을 사용하고 임대료와 운영비를 지불해야 하니 앞으로 디유넷에 대한 부채가 기하급수적으로 늘어날 것이라 했다. 일반 오프라인대학에서는 등록 후에 등록금으로 강사료를 지불할 수 있지만, 온라인대학은 개강 전에 콘텐츠를 미리 제작하여 수업 시작 전에 적어도 1주일치 이상의 강의내용을 온라인상에 올려 놓아야만 하고, 모든 학사 행정도 온라인상으로 처리되기 때문에 시스템이 작동하지 않으면 학교는 오프라인대학이 교문을 닫는 것과 마찬가지라고 설명했다.

외상으로 콘텐츠를 개발해야 하는 학교로서는 디유넷이 고마운 존재지만, 우리와 경쟁관계에 있던 다른 온라인대학교들은 우리와 디유넷을 내부거래로 몰아갈 위험이 컸다. 우리 학교가 발전하면 할수록 그런 위험은 더 커질 것이고 또 디유넷이 온라인대학의 심장인 '시스템 서버'를 소유하고 있다는 뜻은 디유넷이 학교의 내부 상황을 상세하게 파악하고 있다는 의미였다. 학교 설립의 초석을 마련해 준 공로는 인정해야 하나 응당 학교는 자립해야만 했다. 더구나 나와 이사장은 '찬조'라는 의미로 액면가 2천만 원에 해당하는 디유넷의 주식을 보유하고 있었고, 몇몇 교수들도 비록 소액이기는 해도 디유넷 주식을 보유하고 있었다. 양 기관 간에 이미 특수관계가 성립되어 있다고 해도 할 말이 없었다. 온라인 대학 재정의 가장 큰 부분을 차지하는 콘텐츠 개발을 초기단계에는 어느 특정 기업에 의존하는 것이 다소 용인이 되지만, 이런 특수관계를 지속할 수 없는 노릇이었다. 한편 학교의 수입원源이라고는 학생들의 등록금뿐인데, 학생정원은 900명이었지만 마지막 입시사정 과정을 거치고 보니 실제로 등록한 학생 수는 796명이었다. 학생 1인당 등록금은 일반 오프라인대학의 5분의 1 수준으로 각 학생들이 수강하는 과목 수에 다소 차이는 있었지만, 학생 평균 등록금은 120만 원에서 130만 원 정도였다. 학생정원 900명이 다 등록한다 해도 학교의 한 학기 수입은 10억 미만이었다. 당시 콘텐츠 개발비는 과목에 따라 차이가 있었지만, 한 강의당 평균 2,000만 원 정도가 들었다. 내가 총장으로 취임하기 전 디유넷을 통해 7개 학과에 58개의 과목을 미리 개발했으니, 이미 상당한 액수의 부채가 있었다.

그렇다면 학교법인(재단) 한국디지털대학의 재정상태는 어땠는가? 2000년 10월 30일에 구성되었고, 이사장을 위시하여 7명의 이사와 2명의 감사가 임명되었지만 사무실도 없고 직원도 따로 없었으며, 법인의 기금은 김병관 명예회장과 김재호 사장 두 부자분이 개인적으로 기부한 금액에 중앙고등학교 교우회장을 거쳐 고려중앙학원의 신임 이사로 영입된 정몽준 회장이 고려중앙학원과 한국디지털교육재단에 기부한 금액을 합친 수 억원이 전부였다. 지금 생각하면, 설립자는 학교가 개교해서 정상적으로 기능을 하면 유력 재력가들로부터 찬조금이라도 받을 수 있을 거라고 생각했던 것 같다. 그러나 학교가 개교하던 날, 국세청이 『동아일보』에 대한 강도 높은 세무조사를 시작하면서부터 김 회장의 당초에 계획했던 복안을 실행할 수가 없었던 것으로 짐작된다.

학교의 재정 상태가 궁하다 보니 몇 명 되지 않는 교직원들과 충정로 골목길의 저렴한 음식점에서 회식 한 번 할 돈조차 없었다. 학교의 영업실적이 없다고 법인카드 발급도 해 주지 않았다. 내 연봉은 6천만 원이었는데, 그중 2천만 원은 디유넷의 주식을 구매해야만 한다고 해서 바로 쓰고 나니, 내 첫해 연봉은 세전 4천만 원이었다. 그 와중에 2월달은 내가 2월 20일에 취임을 했다고 8일치의 월급만 받았다. 그런 월급으로 서울에서 산다는 것은 쉽지 않았다. 미국의 집도 팔리기 전이라서 처음 몇 달은 서울에 살던 아들과 며느리 신세를 졌다. 말이 '총장'이지 나는 그야말로 '빛 좋은 개살구'였다. 친구들이 '돼지털 대학 총장'이니 '사이비 대학 총장'이라고 농담하는 것이 무리가 아니라고 느껴졌다. 내가 말도 안 되는 최소한의 월급을 받았다는 이야기는 학교가 재정적으로 안정된 개교 10주년 기념식을 마치고 저녁 만찬 후, 김재호 『동아일보』 사장이 참석한 내빈들에게 10년 전 학교가 어려웠던 때를 기억하면서 "김 총장님의 월급이 지금은 어떤지 몰라도 초기에는 월급이라고 말하기도 부끄러운 수준"이었다고 실토했다. 당시의 나는 신문, 잡지 등에 기고하는 원고료, 그리고 틈틈이 등장한 방송사 출연료로 용돈을 썼다. 교직원의 월급은 총장이 책정한 후 이사회의 허락을 얻었지만 총장 월급은 내가 결정할 수가 없고, 또 아직은 학교의 재정 상태가 허약해서 그냥 두었더니 수년이 지나도록 내 월급은 제자리 걸음이었다. 그러다가 이현락 이사장이 2006년 2월에 제4대 이사장으로 부임하면서 처음으로 내 월급을 개선하려는 노력을 했다.

불안정한 학교 시스템과 미성숙한 '사이버 문화'

학교를 경영하는 데 재정적인 어려움도 견디기 힘겨웠지만, 테네시대학교 동료였던 짐 알레와인Jim Alewine이 "돈이 없어 생기는 걱정은 걱정이 아니다"라고 했던 것처럼 돈이 있어도 해결할 수 없는 걱정이 진짜 '걱정'이었다.

나의 가장 큰 걱정은 온라인 대학운영에 근간이 되는 IT기술의 미숙, 그리고 온라인대학을 경영하는데 필수적인 사이버cyber문화의 미숙에서 비롯되는 댓글의 정화 문제였다. 종종 에러가 나고 다운되는 시스템 때문에 이용에 불편을 겪은 학생들로부터 학교 사무실 유선 전화로 불이 날 만큼 불평이 쇄도했다. 시스템에 관해 무식한 나는 시스템이 멈출 때마다 초대 교무처장이었던 이기태 교수와 함께 하늘을 쳐다보며 한숨만 쉬었다. 지금도 가끔 나를 위로하느라 애쓰던 이 처장이 그리워진다. 초기단계라서 배우는 중이고 점차 개선될 것이니 양해를 부탁한다는 사죄의 말을 거의 매일 하는 수밖에 없었다.

그나마 시스템의 서버 불안정에 관해 대부분의 학생들은 처음 해 보는 시도라는 점을 감안하고 이해를 했지만, 댓글은 또 다른 차원의 문제였다. 지금도 악성 댓글 문제는 사회적인 문제이지만, 아직 온라인 글쓰기의 문화가 정착되기 전이었던 그 당시 초기 온라인대학의 운영자들에게는 이루 말할 수 없는 근심거리였다. 일부 학생들 중에 학교 게시판에 학교와 총장, 설립자를 비판하고 비하하는 글쓰기를 취미로 하는 경우도 있었는데 그 내용은 차마 글로 옮길 수 없을 만큼 심각했다. 비록 소수이기는 했지만, 이들의 글이 게시판에 올라오면 나는 흡사 우리 학교 신입생 796여 명 모두가 그렇게 생각하는 것 같이 느껴졌다. 항상 일부 과격한 학생들의 목소리(이 경우에는 '글 소리')가 크게, 그리고 멀리 울려 퍼지기 마련이다.

김씨 가문의 불행

내가 디지털대학교의 총장이 된 후 첫 번째로 맞은 비극적인 일은 김병관 회장의 부인이 2001년 7월 14일 저녁, 여동생 아파트에서 투신하여 사망했다는 부고였다. 내가 한국에 온 지 약 5개월 만에 일어난 일이었다. 갑자기 그런 비보를 접하고 황급히 영안실로 가면서 인생의 무상함을 다시 한번 느꼈다. 삶과 죽음이 이렇게나 가깝다는 말인가? 어릴 때부터 알고 지내던 친구이자 인척이었고, 며칠 전에도 종윤이 집에 내 손자를 보러 오지 않았던가?

김씨 가문의 불운은 안 여사의 사망으로 그치지 않았다. 국세청 조사로 시작된 김 회장에 대한 법원의 판결은 1, 2심에서 불리한 판결이 났고, 2005년 6월 10일에 있을 대법원의 판결에서도 큰 변화가 없을 것이라는 것을 짐작한 김 회장은 학교법인 고려중앙학원(이하 고려중앙학원이라 칭함)과 한국디지털교육재단 이사장직에서 물러날 준비를 하고 있었다. 이사장직을 공식 사임한 일자는 2005년 6월 15일로 되어 있지만, 사실은 판결이 나기 전인 6월 9일에 이미 사임서를 준비했다. 6월 10일 오전 11시 김 회장은 나에게 인촌재단 현승종 이사장을 찾아가서 고려중앙학원 이사장직도 함께 맡아 주도록 부탁해 보라고 했다. 김 회장은 "나는 지금 마음도 편치 않고 워낙 말주변이 없으니, 김 총장이 나 대신 현 이사장의 허락을 받아보라"고 했다. 현 이사장님이 수락하면 점심 대접도 하라고 했다. 나는 그때까지만 해도 현 이사장이 국무총리도 거쳤고, 대학 경영 경험도 풍부하며, 인촌가家에 관계되는 사업을 맡아온 어른으로 알고는 있었지만, 개인적으로 인사를 한 일은 없었기에 여간 부담스럽지 않았다. 평소 조용하고 진중하신 분 앞에서 급히 서둘러 이야기를 할 수가 없어 뜸을 들이다가, 내가 현 이사장을 방문하게 된 경위를 설명했다. 이사장은 대답 대신 계속 내 이야기를 듣기만 했다. 한 10여 분을 생각하시던 현 이사장은 마침내 "내가 그런 큰 기관의 막중한 소임을 맡을 자격은 없습니다. 하지만 나는 김씨 가문에 큰 혜택을 입은 사람인데, 이런 어려운 상황에서 어떻게 부탁을 거절할 수가 있겠습니까?"라고 하시며 이사장직을 수락하셨다. 현 이사장은 나보고 "김 총장은 왜 그렇게 작은 학교 총장을 하게 되었느냐"고 물었다. 무슨 뜻인지는 물어보지 않았다. 그 이후 현 이사장은 나나 우리 학교가 주관하는 행사에는 '단 한 번'도 빠지는 일이 없이 참석해서 나와 우리 학교를 격려해 주셨다.

한국디지털대학교 교사를 짓기까지

나를 가장 성가시게 했던 또 하나의 문제는 공간 문제였다. 교육부는 지속적으로 학교가 독립된 공간을 확보해야 한다는 공문을 보내왔다. 심지어 우리가 사용하는 동아일보사 충정로 사옥 일부에 대한 임차료를 교비가 아니라 재단 법인이 내야 한다는 지적도 받았다. 사실 온라인대학이 오프라인대학교와 같은 넓은 공간이 필요치 않다는 것은 교육부도 알고 있다. 녹화시설과 시스템을 잘 갖추기만 하면 서버server를 통해 강의를 사이버공간에 방출하는 것이니, 강의와 수업을 동시에 해야 하는 '방송통신대학교'와 달리 넓은 공간이 필요치 않다. 그래도 교육부는 오프라인대학의 개념에서 벗어나지 못하고 일정한 공간을 확보하도록 규정하고 있었다. 학교의 인가를 신청할 때는 주소지를 고려대학교 내에 있는 인촌기념관으로 했지만, 개교할 때는 서대문구 충정로에 있는 동아일보사 충정로 사옥 맨 위층 강당의 공간을 나누어, 총장실, 교직원 사무실, 교수 연구실을 꾸몄다. 디유넷 사무실도 그 빌딩에 있어서 편리한 점도 있었다. 그러나 교육부의 지침이 점점 엄격해지기 시작했다. 학교 설립안에 의하면 교사는 고려대학교 내의 인촌기념관으로 되어 있으니 고려대학교로 들어가야 한다는 것이었다. 그러나 고려대학교와 당시의 한국디지털대학교와는 아무런 관계가 없었다.

2004년 3월 28일 하동관에서 곰탕으로 점심을 먹고 나오다가 김 회장이 갑자기 "학교 건물을 지을 터를 보러 가자"고 했다. 나는 그 말이 너무 황당해서 무슨 말이냐고 되풀이해서 물었다. 회장의 말에 의하면 중앙고등학교 뒤편에 디지털대학교를 지을 정도의 자투리 땅이 있으니 보러 가자는 것이었다. 회장은 그 부지에 고려중앙학원이 수익용 건물을 지어 임대를 할 생각이라고 했다. 그러나 그 위치가 상업용 건물을 짓기보다는 한국디지털대학교 같은 소규모의 대학이나 연구소로 적합한 곳이라고 했다. 그 건물을 한국디지털대학교 교사로 매입하면 좋을 것 같다고 했다. 학교 건물은 법인이 마련하는 것이 원칙이지만, 온라인대학교의 경우에는 그 특수성 때문에 큰 교사가 필요하지 않아 법인이 최소한의 면적만 확보하면 가능했다. 어떤 온라인대학교는 아직도 시내의 건물 일부를 임대하여 쓰기도 한다. 법인이 온라인교육에 필요한 최소한의 면적만 확보하면 교비로 교사의 증축, 개축, 확장 등을 자유롭게 할 수 있다는 것이었다. 그 당시 법인이 소유한 현금을 모두 사용하면 학교시설의 최소 요건은 충족시킬 수 있었다. 그러고 나면 신축할 나머지 건물은 교비를 사용하여 몇 년에 걸쳐서 분할해서 매입할 수 있다고 했다. 그간의 이자를 부담하는 한이 있더라도 단독 건물을 확보하는 담대한 계획을 구상했다.

그 부지의 정확한 위치는 서울특별시 종로구 계동 1-21번지인데 고려중앙학원 소유의 대지였다. 50여 년 전 내가 중앙고등학교 학생 시절, 다른 아이들이 교실에서 도시락으로 점심을 먹을 때 몰래 혼자 나와서 시간을 보냈던 바로 그 '비밀 은신처'였다. 무슨 인연으로 세상 이곳저곳을 돌아다니다가 50여 년 만에 돌아와서 내가 총장을 하고 있는 대학교의 교사를 여기다 짓는단 말인가? 꿈 같은 이야기였다. 내가 이런 이야기를 소설로 쓴다고 해도 사람들은 너무 허황한 이야기라고 할 것이다. 설레는 마음을 감출 수가 없었다. 나는 다음 날 학교 교무위원들에게 그 장소를 보여 주었다. 그 장소가 나에게는 익숙했지만,

우리 교무위원들은 그곳에서 북촌 너머로 펼쳐지는 서울의 장관을 보고 탄성을 발했다.

원래 이 부근은 중앙학원(후에 고려대학교가 이 재단에 편입되기 전의 이름)의 소유였으나, 1973년 정부가 공원부지였던 이 땅에 중앙학원의 토지사용허가도 없이 남북대화사무국 건물을 지었다.[2] 말하자면 정부가 무허가 건물을 급조한 것으로, 남북대화의 물꼬가 막 트이기 시작한 때였다. 그 후 세월이 흘러 군사정권이 물러난 후, 학교법인 고려중앙학원(재단이 고려대학교를 포함시킨 후 재단 명칭 변경)은 그 산과 공원 부지의 원상회복을 위해 정부를 상대로 소송했다. 그 과정에서 2003년 11월 26일, 서울고등법원은 강제 조정안을 제출했고 원고인 고려중앙학원이 더 이상 이의를 제기하지 않아서 최종 판결로 확정되었다. 판결에 의해 공원부지에다 이미 남북대화사무국 건물까지 건축되어 있는 문제의 땅을 2003년 12월에 정부에 매각했는데, 그때 제외시킨 계동 1-21번지 대지 일부와 원서동 1-4번지 대지가 바로 3,994.1제곱미터의 대지였다. 그 매각에서 제외시킨 잔여 공지에 디지털대학교의 교사를 짓게 될 줄은 생각지도 못했던 일이었기에 내심 놀라지 않을 수 없었다.

나는 재정적인 어려움을 걱정하는 이사장에게 학교의 5개년계획이 차질 없이 성공적으로 진행되고 있으니, 늦어도 2010년까지는 신축한 교사를 시장가격대로 매입할 수 있을 것이라고 설명했다. 다만 이 3층 건물을 일시에 매입할 수는 없고, 매년 한 층씩 사면 2010년 12월 전까지 완납할 수 있을 것이라고 했다. 이 설명을 들은 이사장은 “그 약속을 완수할 때까지 김 총장은 총장 자리를 꼭 지키겠다는 약속을 하시오. 그리고 김 총장에게 이 학교를 맡긴 이상, 적어도 이 신축건물에 대한 모든 계획이 지금 김 총장이 말한 대로 집행되어야 나나 김 총장이 재단에 체면이 서고, 내가 당신을 한국으로 오게 한 보람도 있지 않겠

2 조성된 대지를 보면 흔히 계산이라고 부르는 고려중앙학원 산인데, 세부적으로 보면 36,677제곱미터의 임야와 대지로, 행정구역상으로는 계동 산 1-1의 17,155제곱미터, 계동 산 1-33의 315제곱미터, 원서동 산 1-3의 19,101제곱미터, 삼청동 산 2-28의 106제곱미터로 되어 있다.

소?"라고 했다.

우리 학교 기획예산처의 계획에 따르면, 2005년도부터는 학교가 흑자기조로 전환할 것이 확실시되었고, 설립자이자 학교법인 고려중앙학원의 이사장인 김병관 명예회장이 재단법인 한국디지털교육재단 제3대 이사장으로 취임하기로 했기 때문에 걱정할 일이 없었다.[3] 제3대 이사장 취임은 교사 신축 기공식 날(2005년 6월 1일로 예정)에 거행하기로 했다. 건축 부지만 정해지면 언제고 건물 신축이 가능한 것으로만 생각했던 나는 이미 새 교사를 다 지은 것 같은 기분에 들떠 있었다. 그러나 이게 웬일인가? 나는 우리 학교의 설계도면을 그리던 설계사로부터 청천벽력 같은 소식을 들었다. 신축교사 부지가 문화재인 창덕궁 후원 담장과 맞닿아 있기 때문에 우선 문화재청의 허가를 받은 후, 관할 구청인 종로구 건축과의 건축허가를 받아야 한다는 것이었다.

비록 건축허가가 나지는 않았지만, 늦어도 2004년 5월 11일에 있을 고려중앙학원 이사회에서 건물 신축에 관한 의결은 거쳐야만 했다. 이사회의 의결이 나고 1개월이 조금 지난 2004년 6월 14일에 종로구청에 건축허가 신청을 했다. 구청 담당부서의 의견은 대상 부지의 절반가량이 산지이며, 각종 수목이 자생하고 있어 '국토의 이용계획 및 이용에 관한 법률'에 의거하여 '개발행위 허가'절차를 밟아야 한다고 했다. 이에 대한 대비책을 종로 구청의 담당부서와 지속적으로 협의를 했다.

우리 학교 건물 건축을 담당했던 건축사는 문화재청 문화재심의는 별 문제없이 통과될 것이라고 했지만, 2004년 7월 16일에 열렸던 문화재심의위원회의 제1차 심사위원회는 심의위원들의 현장방문이 필요한 사안이라며 결론을 짓지 못했다는 답변을 보내왔다. 이어서 8월 20일에 열렸던 제2차 심의에서는 창덕궁 인근에 적합하지 않는 공사라고 부결되었다. 2004년 11월 19일에 열린 제3

3 초대 이사장은 오명(2000.10.30~2004)이고 제2대 이사장은 김학준(2004.2.20~2005.5.10)이었다.

차 심의에서는 설계안을 수정하여 제출하라는 것으로 재심의 기회를 주었으며, 2004년 12월 17일에 열린 제4차 심의에서는 기와지붕, 경사 지붕, 규모 축소 등을 반영한 수정안 제출을 요구했다. 2005년 1월 21일에 열린 제5차 심의에서는 건물의 규모가 너무 크고 창덕궁과 어울리지 않는 외관을 이유로 부결되었다. 그러나 현장에 실사를 나온 세 위원 중의 한 명이 자기의 경험에 의하면 "아주 안 될 일은 안 되지만, 위원들이 좀 더 고민하고 생각하게 하는 방법은 아무리 여러 번 거절을 당하더라도 지속적으로 조금씩 계획서를 변경하여 위원들이 원하는 방향으로 접근하면, 신청인의 요청이 심각하다고 생각하여 후에 통과가 되는 것을 보았으니 단념하지 말라"고 일러 주었다.

그 위원의 조언대로 마지막 허가 신청서에는 학교 건물의 규모를 조금 축소하고, 당초 남향의 일(一)자형 건물을 'ㄴ'자로 굽혀서 대궐 담에서 한 치라도 떨어뜨리는 노력을 했다. 그리고 연건평이 줄어드는 한이 있더라도 지하는 1층만 파겠다는 새 건축설계도를 마련했다. 그곳의 지형이 산이라서 지하 2~3층을 파도 무리가 없었지만, 위원들이 지적한 대로 혹시 있을지 모르는 창덕궁으로 들어가는 지하수맥을 건드리지 않겠다는 점을 부각시켰다. 그리고 건물의 높이도 3층으로 제한해서 학교 건물이 대궐 후원에 있는 나무들의 키를 넘지 않게 하고, 조경은 전통 조경사들의 자문을 받겠다고 한 여섯 번째 심의안으로 마침내 허가를 받았다. 그리고 2005년 3월 21일에 제2차로 종로구청에 건축허가를 신청했고, 2005년 5월 11일에 종로구청 기반심의회의에서 마침내 우리 건물 건축이 심의 가결되었다. 종로구청으로부터 대지사용 검사필증을 받은 것은 1년 전에 결정한 기공식과 제3대 김병관 재단 이사장 취임식이 있기 전날 4시 반이었다. 기적 같았다. 이 건물의 건축허가를 받기까지의 어려움을 겪어보지 않은 사람들은 그저 아담한 온라인대학 건물이 세워졌구나 하고 생각할지 모르지만, 나에게는 피를 말리는 길고 긴 1년이었다. 그래도 나중에 다른 사람들한테는 이곳이 1950년대에 내가 중앙고등학교를 다닐 때부터 봐 두었던 땅이라고 농담도 했다.

나는 이 학교 신축공사가 진행되는 2005년 6월 1일부터 건물이 완공되어 준공식을 하는 2006년 5월 30일까지 특별한 저녁 약속이 없는 날이면 퇴근 전에 꼭 공사현장에 와서 그날의 진척상황을 점검하곤 했다. 내가 30여 년 전 1977년에 난생 처음으로 테네시주 마틴시 교외에 집을 짓고 입주한 첫날 밤, 벽난로에 불을 피워 놓고 새벽까지 잠을 청하지 못했던 기억이 새록새록 났다. 나는 모든 것이 다 갖추어진 대학교에서 그 많은 역대 총장 중의 한 사람으로 거쳐가기보다는 힘은 들었어도 벽돌 한 장 한 장, 그리고 기왓장 한 장 한 장까지도 쌓아 올리는 일을 시작한 초대 총장으로 봉사한 것에 대한 보람도 있고, 그래서 감회도 남다르다. 떠난 지가 수년이 지났고, 후임 총장의 입주 편의를 위해 황망하게 떠난 후에는 다시 가 볼 기회가 없었지만, 설립자 김병관 회장의 호를 따서 붙인 '화정관'의 구석구석까지 보지 않고도 그림을 그릴 수가 있을 만큼 그곳의 광경은 내 마음속에 깊게 새겨져 있다.[4]

우여곡절 끝에 공사는 예정대로 마무리가 되어 2006년 5월 30일에 설립자의 참석하에 준공식을 하기로 되어있었다. 그러나 그 해 4월 초순 김병관 회장이 건강검진을 받던 도중에 후두에 이상이 있다는 진단을 받았다. 주치의의 말로는 비교적 간단한 수술이니 수술 후 한 10여일 요양을 하면 화정관 준공식 참석에는 아무런 문제가 없다고 했다. 그래서 나도 준공식 준비를 예정대로 진행했다. 그러나 1차 수술 후유증으로 김 회장은 말을 할 수가 없게 되었다. 몇 일이나 몇 달을 연기한다고 해서 큰 차도가 있을 것 같지도 않았고, 본인이 참석할 수 없더라도 준공식을 하라는 김 회장의 완강한 뜻에 따라 김 회장의 참석 없이 준공식을 했다. 식에는 설립자 김 회장의 가족, 친지, 동아일보사의 임원들, 고려중앙학원 현승종 이사장을 비롯한 여러 이사, 그리고 고려대학교의 보직 교수들도 참석해서 성황을 이루었다. 그러나 정작 주빈이 참석할 수 없는 점이 못내

4 건물을 짓고 있는 동안은 잠정적으로 그 건물을 중앙중고등학교 인근에 위치했다고 '중앙빌딩'이라고 부르다가, 준공식을 기하여 김병관 설립자의 호인 '화정化汀'을 따라 '화정관化汀館'이라고 명명하는 것이 좋겠다는 내 제안에 고려중앙학원의 현승종 이사장의 재가를 받고 붙인 이름이다.

8-3.
화정관 근경과 원경(하단 오른쪽).

8-4. 2006년 5월 30일 한국디지털대학교(화정관) 준공식에 참석한 인사들.
앞줄 왼쪽부터 박영식 이사, 이현락 이사, 현승종(고려중앙학원 이사장), 필자, 그리고 어윤대 이사.

아쉬웠다.

비록 교사 준공식에 참석은 못했지만, 화정 선생은 장기간 무료한 병원생활 중에 틈만 나면 승용차로 삼청동 뒷길로 와서 먼 발치에서 학교를 둘러보는 것으로 소일을 했다. 어떤 때는 우연히 내가 창 밖을 보다가 그 모습을 보고 달려 내려가면 황급히 피해 돌아가기도 했다. 김창섭 수행 과장의 말에 의하면, 화정 선생은 되도록이면 나에게 알리지 말라고 했다고 한다. 바쁜 사람 일하는데 지장을 주어서는 안 되니 자기에게는 신경을 쓰지 말라 했다는 것이다.

학교의 주소지가 고려대학교 인촌기념관에서 계동 1-21번지의 화정관으로 옮겨졌고, 와병 중인 화정 선생이 걱정하지 않도록 당초 약속한 매입 일정을 지키는 노력을 했다. 2006년 9월 13일자(등기 일자는 2006년 9월 1일)로 한국디지털교육재단은 교육부의 지침에 맞춰 고려중앙학원으로부터 최소한의 건물 면적을 매입하고 그후부터는 학교가 매년 화정관의 일부(약 1/6)를 매입하여 화정 선생이 유명을 달리한 지 2년 8개월이 되던 2010년 12월 7일에서야 비로소 건물 대금을 완납하였다(등기 완료 2011년 2월 28일).[5]

화정化汀 김병관 회장에 대한 추모

김병관 회장은 요즈음 시쳇말로 '금수저'를 물고 태어난 사람이다. 호남 거부이자 부통령을 지냈으며, 중앙중고등학교, 경성방직주식회사, 고려대학교, 그리고『동아일보』를 설립한 인촌 김성수 선생의 장손으로 태어났다. 1968년에 동아일보사에 입사한 후 33년간 일했고, 그의 조부가 인수, 발전시킨 고려중앙학원 이사장도 지냈다. 그러다가 2001년 김대중 정부에 의한 세무조사가 시작되었고, 그로 인해 부인이 자살까지 했으며 그 후 후두암으로 투병하다가 2008

5 2011년 2월 28일 학교법인 한국디지털대학교(구 재단 명인 재단법인 한국디지털교육재단)은 학교법인 고려중앙학원과 합병되었다.

년 2월 25일 사망했다. 부인을 잃은 지 7년 만에 생을 마친 것이다. 김 회장의 상중에는 나 자신도 황망하여 그에 관한 글 한 줄도 쓸 수가 없었다. 그때 내 머릿속에 제일 먼저 떠오른 생각은 즉시 총장직을 사임하는 것이었다. 그러나 화정 선생이 사망하던 순간에도 학교는 아직 100억 원 상당의 부채를 지고 있었고, 계동에 건축한 신축교사 매입도 매듭짓지 못했었다. 내가 약속한 완납 기간을 2년이나 남겨 놓은 2008년에 "이제 나는 모르겠다"고 하고 훌훌히 떠나는 것은 현실도피라는 생각이 들었다. 그러나 지금은 아무리 내가 떠난 이후 문제가 복잡해졌더라도 그때 학교를 떠나지 못한 것이 후회스럽다. 나와 어릴 때부터 막역한 친구였던 (주)부방의 이동건 회장이 "야 중순아, 김 회장이 사망하고 새 이사장이 취임하기 전에 니가(억센 경상도 억양으로) 먼저 사표를 냈어야 했는데…."라고 말했던 것이 잠이 오지 않는 밤이면 가끔 떠오른다. 내가 (주)풍산의 사회이사를 할 때는 류찬우 선대회장이 1999년 11월 24일 사망하자마자 젊은 새회장에게 부담을 주지 않으려고 즉시 사임을 했는데 왜 사이버대학 총장직은 그렇게 하지 못했는가?

어쨌든 내가 고려사이버대학교의 총장으로 마지막 근무를 하던 날(2017년 2월 19일)의 대차대조표를 보면, 개교하던 날 35억 원의 부채로 시작했던 학교는 250억 원의 현금 잉여금을 남겼고, 재학생 수는 796명에서 1만 명으로 늘었으며, 그간의 졸업생 수는 2만6백39명이나 됐고, 신입생들의 75%는 전문대학 이상의 학력 소지자들이었으며, 학사 편입생들의 입시 경쟁율은 10대 1이나 되었다. 부끄럽지 않은 성적표이다. 화정 선생 3주기에 가족과 가까운 친지, 그리고 『동아일보』에서 오랫동안 김 회장을 도와 일해 온 간부들이 모여 간소한 추도식을 그의 묘소에서 가졌다. 그날 추도식은 화정 선생이 설립한 화정평화재단이 설립된 지 10년이 되는 해이고, 한국디지털대학교도 설립된 지 10년이 되는 해라 두 기관이 함께 주도하는 추도식이었다. 그 추도식에서 나는 다음과 같은 추도사를 했다.

(전략) … 세월이 빨라 선생님께서 저희들의 곁을 떠나신 지가 벌써 3년이 되었지만, 선생님의 그 후덕하신 인품과 이룩하신 업적들은 저희들과 늘 함께하고 있습니다.

제가 전생에 선생님과 무슨 인연이 있었던지, 3대에 걸친 인촌가仁村家의 상고喪故에 참여를 하게 되었는데, 공교롭게도 인촌가의 상고는 다 겨울에 일어났습니다. 1955년 1월 18일 인촌仁村(金性洙) 선생께서 서거하셨을 때, 저는 중앙고등학교 1학년생으로 만장을 들고 국민장에 참여하였고, 일민 선생님이 돌아가셨던 1994년 1월 26일은 제가 연세대학교 초빙교수로 와 있던 때라 상사에 참여하였습니다. 적어도 화정 선생님은 장수를 하셔서 제 생전에 다시는 인촌가의 상사에 참여하지 않기를 바랐지만, 또 참여하게 되었습니다. 인촌 선생님이 가시던 날에는 궂은 비가 내렸지만, 화정 선생님이 가시는 날에는 새하얀 눈이 천지를 뒤덮었습니다. 하늘도 무심하지 않았던 모양입니다.

… 저는 화정 선생님이 설립하신 고려사이버대학교의 전신인 한국디지털대학교의 설립과 육성에 대해서만 말씀드리기로 하겠습니다. 한국디지털대학교는 2001년 화정 선생님이 우리나라의 IT기술의 발달과 초고속 인터넷망의 보급을 이용한 e-러닝의 필요성을 느끼시고, 고등학교는 졸업했지만 고등교육의 혜택을 받지 못한 사람들에게 고등교육의 기회를 부여하고, 조기퇴직이 유행인 우리 풍토에서 제2의 인생을 설계하는 사람들에게 평생교육의 기회를 마련하며, '온라인'의 특성을 살려 사회에 봉사할 수 있도록 설립하신 것입니다.

화정 선생님께서 고려사이버대학교에 대한 향념向念은 남다르셔서, 근 2년간 투병생활을 하시면서도 거의 매일같이 학교를 둘러보시는 일을 일과로 삼으셨습니다. 학교 주변의 소나무 한 그루에서부터 풀 한 포기까지도 정성을 쏟으셨습니다. 제가 중앙고등학교 학생일 때, 인촌 선생님께서 몸이 불편하시면서도 중앙학교 잔디밭에서 잡초를 뽑으시던 것과 너무나 흡사한 모습이셨습니다. 당신이 설립한 학교이기에 학교에 대한 자긍심도 대단했지만, 학교를 위한 앞날의 걱정도 누구보다도 많으셨습니다. 화정 선생님의 장례식에 참석한 고려중앙학원의 어느 이사 한 분이 저에게 전하기를 화정 선생께서 "고려대학교야 이제 스스로 웅비를 할 것이니 내가 할 일이 별로 없고, 『동아일보』야 오랜 세월, 세속에 살아남는 내공을 쌓았으니 그대로 잘 되어갈 것이며, 중앙이 강남 소재 다른 고등학교에 비해 경쟁력이 떨어지지만, 올해로 100주년을 맞는 전통 있는 학교라서 곧 재기할 것이니 걱정이 없지만, 내가 어렵던 시기에 설립한 7살짜리 한국디지털대학교가 제일 마음에 걸린다"고 말씀하셨다고 했습니다. 늦둥이 막내아들을 두고 운명殞命하는 노부모의 심경과 같음을 알 수 있었습니다. 그토록 아끼고 걱정스러워하시는 학교를 뒤로하시고 어찌 그리 홀연히 떠나실 수가 있었습니까? … 그러나 오후 5시가 지나면서부터 몰려오는 조문객들을 보면서, 그분들이 다 우리 학교의 후원자일 것이라 믿고, 학교나 저는 결코 외롭지 않다고 생각했습니다. 선생님은 저에게 세 가지 부탁을 하셨습니다. 그 첫째는, 인촌 선생님의 생애를 학술적으로 정리하여 영어권 사람들에게 소개해 달라는 부탁이셨습니다. 1998년, 제가 '문화민족주의자'라는 개념으로 인촌을 소개하는 책을 출간했을 때, 인촌에 대해 관심이 있던 학자들조차 이 용어에 대해 반신반의했습니다. 그러나, 이제는 널리 쓰이고 있는 것 같고 객관적인 사실을 통해, 만일 인촌 선생님이 한국에 계시지 않았었다면 한국은 어떻게 되었을까를 생각할 기회는 마련했으니, 첫 번째의 부탁은 이행한 셈입니다. 두 번째의 부탁은 개인적인 부탁으로 두 아드님에 관한 것인데, 선생님 생전에 이미 만족하실 만한 성과를 거두었으니, 두 번째의 부탁도 지킨 셈입니다. 그러나 세 번째의 부탁은, 한국디지털대학교를 세계 명문 온라인대학으로 육성해 달라는 부탁이셨습니다. 이 사업은 현재 진행 중이니, 이에 대한 평가는 저도 화정 선생님처럼 이 세상을 등진 이후에 평가가 내려질 것입니다. 그러나 학교법인 한국디지털대학교가 학교법인 고려중앙학원으로 편입되었으니, 이제 재단 걱정은 하지 않으셔도 되게 되었습니다.[6]

---

6 이 추도사를 발표하기 1년 조금 전인 2010년 3월 3일 고려중앙학원 제560차 총회 때 두 법인의

… 평소에 화정 선생님은 믿지 않는 사람에게는 일을 맡기지 않으셨지만, 맡긴 후에는 그 사람을 믿으셨습니다. 인촌 선생님이 그러하셨듯이, 그런 성품은 인촌 가문의 가풍인 모양입니다. 고려사이버대학교가[7] 이토록 발전할 수 있었던 것은 화정 선생님이 저를 믿고 일을 맡겨 주신 때문이라고 생각합니다. 제가 학교 경영의 책임을 맡은 이후, 화정 선생님은 학사에 관한 한 저에게 "이렇게 하면 어떨지, 저렇게 하면 좋지 않겠느냐"라고 하신 적이 단 한 번도 없으십니다. 지시한 사항이라고는 "1층 화장실의 수건이 더러운 것 같으니 갈아야 하지 않겠나?" "저 소나무가 죽은 것 같으니 사람을 부르라"고 하신 것이 제게 지시한 사항의 전부였습니다.

사람들은 선생님이 과묵하시기 때문에 '무뚝뚝'하신 것으로 알고 있지만, 저는 선생님처럼 자상하신 분을 만나 본 일이 없습니다. 선생님처럼 기억력이 좋은 분을 본 적도 없습니다. 저와 한 달 후의 약속을 메모하지 않으시고도 날짜와 시간을 기억하지 못해서 약속을 어기신 일이 단 한 번도 없습니다. 또 선생님은 '숫자의 달인'이십니다. 그래서 저는 아예 선생님에게는 숫자에 관한 보고는 하지 않았습니다. 영원히 기억하시기 때문입니다. 일류호텔에서 식사를 하실 형편이 못 되시는 것도 아니지만, 선생님과 저는 늘 '하동관' 곰탕이 아니면 '무교동 낙지집'이나, 이름 없는 여염집 같은 음식집을 출입했습니다. 허름한 옷차림에 '두꺼비' 같은 두툼한 손으로 악수를 하면, 손에서는 인간미가 묻어나고 훈기가 납니다. 인촌 선생께서 서거하신 후, 육당 최남선 선생이 '애哀 김인촌金仁村'이라 쓴 조사의 끝맺는 말처럼 "40년하고 해도 끝을 보지 못하는 말, 어디서 다시 이으리 그대 훌쩍 가도다!"가 적절한 표현인 것 같습니다.

통합이 의결 승인되었다.

7 교명이 '고려사이버대학교'로 변경된 것은 2010년 2월 12일에 열렸던 학교법인 한국디지털대학교 이사회에서 차후 학교법인고려중앙학원과 학교법인 한국디지털대학교가 통합을 한다는 전제로 우선 교명을 고려사이버대학교(영문으로는 The Cyber University of Korea, CUK)로 변경하기로 의결하였다. 교명 변경은 학교법인 한국디지털대학교의 고유 권한에 속하며, 두 재단의 합병이 전제가 되는 것은 아니기 때문이다.

올해가 학교의 10주년이고, 선생님의 3주기이기 때문에 오는 7월 선생님의 생신을 기하여, 화정관 3층에 '화정관'을 꾸며 평소에 쓰시던 물건들을 진열하고, 작은 돌에라도 선생님이 고려사이버대학교를 설립하신 뜻을 표석標石에 담아서 후학들이 영원히 기억하도록 하겠습니다. 이제는 모든 시름을 접으시고 평안히 잠드시옵소서.

2011년 2월 25일, 화정 선생 3주기에 즈음하여
고려사이버대학교 총장
김중순 드림

이건희 명예박사 학위 수여식 때 김병관 회장의 축사 대필을 길바닥에서 쓴 이야기

내가 인촌에 관한 책을 썼기 때문에 인촌이 관여한 여러 사업에 관해서 비교적 상세하게 알고 있다고 생각한 김 회장은 내가 귀국한 후부터 고려중앙학원에 관계되는 행사의 글들을 대신 써 달라고 했다. 어떤 때는 내가 학교법인 고려중앙학원의 이사이다 보니 법인에 속한 학교들의 행사에 내가 직접 대독하는 일도 있었다. 그중 고려대학교 개교 100주년 기념사(2005년 5월 5일)와 기념일 3일 전에 거행되었던 삼성 이건희 회장의 명예철학박사 학위 수여식에서 이사장이 했던 축사가 가장 기억에 남는다.

5월 5일 행사의 축사를 4월 22일에 부탁을 받았으니 시간적인 여유는 충분히 있었지만, 두 연설 다 너무 중요했기 때문에 중압감을 느꼈다. 그러나 이건희 회장의 명예박사 학위 수여식에서 예기치 못했던 '돌발사태'가 발생했다. 일부 고려대학교 학생들이 학위 수여를 반대하는 기습 데모를 벌이면서 이건희 회장의 학위 수여식 입장을 문간에서 저지했다. 강당에서 그대로 식을 진행할 수 없어 학위 수여식은 이사장의 집무실에서 약식으로 했고, 식이 끝난 후에도 한

동안 나를 포함한 하객들은 강당 안에서 대기할 수밖에 없었다. 학교간부들과 데모를 주동한 학생들 간의 협의를 통해 학생들이 철수하고 철책 셔터가 열린 것은 저녁때가 다 되어서였다. 김병관 이사장의 축사는 원래 새로 건축한 100주년 기념관에서 만찬 때 할 예정이었지만, 이건희 회장은 만찬에 참석하지 않고 떠나버렸다. 이건희 회장 대신 부인인 홍라희 여사가 만찬의 주빈이 되었다.

그 현장에서 가장 다급해진 건 나였다. 애당초 이사장의 축사는 이건희 회장의 학위 수여를 축하한다는 내용이었는데, 이건희 회장은 불참하고 부인이 주빈인 만찬으로 변했으니 어구가 바뀌어야 했다. 게다가 이사장은 시력이 좋지 않아서 변경 내용도 큰 활자로 써야 했는데 나에게는 적당한 필기 도구도 없었다. 나는 인촌기념관에서 100주년 기념관으로 가는 도중에 겨우 인사말을 고치고, 변화한 상황에 맞추느라 문자 그대로 '진땀'을 뺐다.

그러나 십수 년 후에 이건희 회장에 대한 학위 수여식이 잘 되었더라면 고려대학교에 큰 변화가 있을 수도 있었다는 어윤대 전 고대총장의 인터뷰 기사를 보고 놀랐다. "이건희, 일 한 번 벌여보자"라는 제목의 기사였는데 그걸 읽고 나는 새로운 사실을 알게 됐다. 그 인터뷰에서 어윤대 총장은 "25일 [2020년] 작고한 이건희 삼성회장이 생전에 고대와 성균관대 재단 합병을 추진했다"는 말이었다. 어 총장은 28일 한국경제신문과의 전화인터뷰에서 "총장 재직 시절 이 회장의 '이왕 일을 벌일 것이라면 세계 일류 대학을 만들어야 하지 않겠냐'면서 재단통합을 제안했고, 2003년부터 고대와 성대 재단 합병 프로젝트를 2년간 준비했었다"고 했다. 어 전 총장은 이 회장의 스케일이 남다르다는 것을 그때 체감했다며 "한국 내에서 경쟁하는 대학이 아니라 세계적인 수준의 사학을 만들어야 한다는 생각을 가지고 있었다"고 했다.

실패한 기업인 행각行脚

한국디지털대학교가 당면했던 문제는 학교재단이 수익용 기본재산을 확보하지 못한 것이었다. 초기의 이사장들은 설립자인 김 회장이 맡을 때까지 임시로 이사장을 한다고 생각했고 실제로 김 회장이 2005년 5월 10일 제3대 이사장으로 취임하였으나, 법원 판결로 인해 그해 6월 15일에 사임을 했으니 이사장 재임기간은 불과 한 달하고도 5일에 불과했다. 그 후에 시간이 좀 지나면 김 회장이 학교로 복귀할 것이라는 희망이 있었지만, 안타깝게도 김 회장이 투병하게 되었다. 내가 재단 일로 그를 성가시게 할 수도 없고 이 딱한 처지를 교수들이나 직원 선생들이 이해할 수도 없는 상황이 전개되면서 재단이 학교를 지원하는 것이 아니라, 오히려 학교가 재단을 걱정하는 처지가 되었다.

2006년 2월부터 오프라인대학에 부설된 온라인대학들이 중심이 되어, 온라인대학의 설립 근거가 되는 평생교육법에서 벗어나 고등교육법에 의거하여 대학과 대학원까지 운영할 수 있어야 한다고 목소리를 높였다. 그해 12월에는 온라인대학연합체인 (사)한국원격대학협의회가 고등교육법으로의 이관을 결의하기에 이르렀다. 고등교육법으로 이관이 되면 학교는 종래의 '시설'이라는 이름에서 '대학교'로 격상되고, 교수의 신분이나 지위도 향상되기 때문에 이에 반대할 사람은 거의 없었다. 그러나 고등교육법 이전 신청 요건 중에 최소한 1년간의 학교운영비의 절반에 해당하는 '수익용 기본재산'을 재단이 가지고 있어야 하는 점이 문제였다. 오프라인대학에 부설된 온라인대학들은 그 대학이 속한 법인 이사회에서 이에 관한 의결만 하면 됐고, 수익용 기본재산의 확보도 기존의 오프라인대학들은 제외 대상이라 용이했지만, 우리는 우리가 속한 오프라인대학이 없고, 또 수익용 기본재산 확보를 법으로 정한 이후에 생긴 대학이므로, 우리 디지털대학교의 재단법인은 수익용 기본재산을 실제로 확보해야만 했다. 그런데 우리 재단은 그런 재산이 없지 않은가? 문제는 고등교육법으로 격상되지 않더라도 학교 운영은 가능하지만, 다른 온라인대학들이 대학교로 그 혜택을 누릴 때 우리만 평생교육 '시설'로 남는다면 학생 유치나 교원확보에 어려움이 생길 것은 불을 보듯이 뻔했다.

나는 '서생' 출신이라 남이 하는 일을 비판하는 데는 일가견이 있다. 하지만, 아무리 기업인류학을 전공했어도 스스로 사업을 주도하는 것은 상상도 할 수 없었다. 그러나 학교가 계속 발전하면서 학교의 연간 운영비가 매년 증가하다 보니 우리 학교 재단은 적어도 100억 정도의 수익용 기본재산을 확보해야만 했다. 학교의 발전이 수익용 기본재산 확보에는 역작용dysfunction이 된 셈이었다.

재단의 기본재산이 절실하던 와중에 내가 관여하고 있는 일 중에는 DMC 기획위원회 일이 있었다. 2002년에 고건 서울시장에 의해 처음 임명된 후에 이명박 시장을 거쳐 오세훈 시장이 첫 임기를 맞은 2007년에 스스로 사임하기까지, 나는 무려 2년 임기를 3번이나 연임하여 총 6년이나 일했다.

아무리 부동산에 대해서는 '부'자도 모르는 나였지만 수년 안에 DMC 내에 있는 택지가 천정부지로 오를 것은 알 수 있었다. 이 지역은 내가 1988~1989년 풀브라이트 선임연구원Senior Fulbright Scholar for Research으로 한국에 왔을 때 미국의 달러가 한창 가치가 없을 때라 풀브라이트 서울 사무소가 집세가 싼 이곳에 숙소를 얻어 주었다. 문만 열면 악취가 날 뿐만 아니라, 창 밖에는 거짓말 조금 보태서 '주먹만 한' 크기의 파리떼가 날아다녔고, 인근의 연탄 공장에서 날아오는 분진으로 살기가 힘들었다. 그러나 서울시가 DMC개획안을 수립하여 이 지역의 개발을 선도했고, 2002년 월드컵FIFA World Cup을 위해 1997년부터 매립한 쓰레기장 옆 300미터 떨어진 시유지에 주경기장을 건설하였으며, 6년에 걸쳐 상암동 일대에 월드컵공원을 조성했다.[8] 2002년 내가 DMC의 기획위원으로 상암동 일대를 방문했을 때는 다른 세상 같았다. 상전벽해桑田碧海란 이를 두

8 '월드컵공원World Cup Park'은 2002년 5월 31일부터 서울에서 월드컵을 개최하게 된 것을 기념으로 조성된 공원이다. 이 공원은 서울특별시 마포구 상암동과 성산동 일원의 쓰레기 매립장이었던 곳에 조성하였으며, 평화의 공원, 하늘공원, 노을공원, 난지천공원, 그리고 난지 한강공원 등을 포함한다.

고 하는 말인 듯했다. 서울 시민들의 쓰레기 하치장이 생태공원으로 바뀐 의미 있는 역사役事임에 틀림없었다. 십수 년 전에 산같이 쌓인 쓰레기더미에서 나는 악취를 맡으면서 살았던 나는 놀라지 않을 수 없었다.

나는 기획위원으로서 이런저런 의견을 발표하기도 했지만 처음부터, 그리고 사임할 때까지 한결같이 주장한 것은 DMC와 그 인근에 있는 연세대학교, 이화여자대학교, 홍익대학교, 서강대학교, 그리고 명지대학교 등을 연결하는 셔틀 버스를 운영하자는 안이었다. 셔틀버스가 운행되면 산·학이 자연스럽게 연결되어 미국 노스캐롤라이나주에 듀크대학교Duke University가 있는 더럼Durham, 노스캐롤라이나대학이 있는 채플 힐Chapel Hill, 그리고 노스캐롤라이나주립대학이 있는 롤리Raleigh를 연결하는 '리서치 트라이앵글 파크Research Triangle Park'와 같은 효과를 낼 것 같았다. 노스캐롤라이나주에 있는 이 리서치 트라이앵글 파크는 미국에서 가장 저명한 '하이 텍heigh tech'을 비롯하여 많은 연구기관과 기업들이 유치되어 있다.[9] 이 파크가 미국 최고의 인문연구소를 운영하듯이 DMC도 그렇게 하면 좋겠다고 했다. 만약 대학교들과 연계되지 않으면 DMC는 그와 발음도 비슷한 DMZ(Demilitarized Zone)가 되어 버릴 수도 있다는 생각에 실제로 몇몇 분양 택지는 '교육관련 업체'에 우선권을 주는 배려도 했다. 나는 속으로 장차 우리 대학의 일부를 이곳으로 옮겨온다면 한국에 있는 어느 온라인대학교도 우리와는 경쟁이 되지 않을 것이라는 생각도 했다.

나와 이재열 총무처장은 우리 단독으로는 택지 분양을 받을 수 없으니 다른 몇몇 기업들과 컨소시엄을 형성하면 차후 '공로주와 같은 개념'으로 우리 학교의

9 '리서치 트라이앵글파크Research Tringle Park'는 1959년에 노스캐롤라이나주와 지방정부, 그리고 대학들이 공동으로 개발한 연구단지로, 7,000에이커(2,833 헥타르)에 이르는 이 광대한 연구단지는 소나무 숲속에 위치해 있으며, 건물은 22,500,000평방피트(2,090,318평방미터)이고, 300여 개의 회사가 55,000명의 종월원을 고용하고 있으며, 미국 국립보건원National Institute of Health과 미국 국립환경보건원National Institute of Environment Health Science도 더럼Durham에 있다. 이 파크에는 캘리포니아 실리콘밸리Silicon Valley 다음으로 많은 기업이 유치되어 있다.

수익용 기본재산을 확보하는 데 '기부금 정도'는 될 것으로 생각했다. 다만 내가 DMC의 기획위원으로 있으면서 우리가 부지분양신청 컨소시엄 일원으로 참여할 수는 없기 때문에 즉각 사임했다. 그러나 서울시 담당자들은 내 사표를 극구 반대했다. 그 이유 중의 하나가 이 DMC에 독일과 합작으로 한독산업협동단지를 조성하여 설립하려는 서울미디어대학원대학교 설립자문위원회에 서울시가 추천하는 이사로 나를 선임해 놓았기 때문이었다.[10] 그러나 나로서는 그 대학원대학을 관리하는 일도 중요했지만, DMC기획위원직을 사임하지 않을 경우 DMC에 택지분양신청을 할 때 생길 수 있는 '이해충돌문제conflict of interest'를 막는 것이 우선이었다.

이 처장은 결국 몇 기업체와 공동으로 컨소시엄을 형성하는 데 성공했고 우리가 구성한 컨소시엄의 참여자들은 만일『동아일보』가 참여한다면 규모가 큰 개발 지구를 분양받을 가능성이 있다고 보았다. 그러는 사이 학교는 고등교육법에 의한 학교로 조건부 승인을 받았다. 3년 이내에 수익용 기본재산을 확보해야만 한다는 조건이 있었다. 당시 학교의 1년 예산은 140억 정도였으니, 최소한 재단은 70억 이상의 수익용 기본재산을 확보해야만 했다. 한 교육관계업체인 T기업(가명)은 우리가 다급한 것을 알고, 70억을 당장 현금으로 내놓을 터이니 학교운영권을 팔라는 제안을 했다.

하지만 그렇게 할 수는 없었다. 나는 이미 DMC의 기획위원까지 사임하면서 작정한 것이기에, 상암동에 투자할 컨소시엄을 통해 재단의 수익용 기본재산을 확보하는 노력에 박차를 가하기로 했다. 당시 이현락 이사장과 어경택 재단 감사가 김재호『동아일보』 사장에게 함께 컨소시엄을 만들어 공동분양신청을 하자고 제의했다. 그러나 김 사장은『동아일보』는 새 윤전기 도입이 급선무여서

---

10 서울특별시는 나를 한독미디어대학원대학교의 재단법인인 진명정진학교법인에 서울시 파견이사로 임명했다. 재단 설립 후 우여곡절 끝에 학교는 2009년 3월에 한독미디어대학원대학교로 개교했으며, 여러 가지 어려운 고비를 넘긴 이 대학원대학교는 2015년 이후 서울미디어대학원대학교로 교명을 변경했다.

DMC에 투자할 능력이 없다고 했다. 하는 수 없이 이미 컨소시엄에 참여하기로 한 회사들과 함께 참여하기로 했다. 우리 컨소시엄의 상대는 포스텍(포항공과대학교)과 연합한 미국의 카네기멜론대학교Carnegie Mellon University가 포함된 컨소시엄이었고,[11] 결과적으로 우리는 탈락했다. 그러나 입찰에는 실패했을지언정, 우리는 그 택지를 유찰시키는 데는 성공했다. 동아미디어 그룹과 합세하여 새로운 컨소시엄을 형성하고, 우리가 참여하여 교육 분야의 한 축을 충족시킬 수 있다면 다음 입찰에 기대를 해 볼 수 있게 되었다.

그다음 번에는『동아일보』와 긴밀히 협조하여 새로운 컨소시엄인 동아디지털미디어센터DDMC 컨소시엄을 구성하는 데 우리 재단이 '교육' 분야의 파트너로 지분의 3%를 배당받고 참여했다. 동아미디어 그룹이 50%에다 우리가 3%를 더하여 이 컨소시엄에서 동아일보사와 그 유관기관이 53%의 지분을 확보하게 되면서, 그 컨소시엄의 최대주주 역할을 하게 되었다. 마침내 우리가 우선협상대상자로 선정되었다는 통보를 받고 반가운 마음에 교무위원들과 함께 DMC의 현장을 돌아보았다. 언젠가는 우리도 그곳에 3%의 지분에 해당하는 공간을 확보할 기대에 부풀어 있었다. 그러나 학교의 교비로는 부지 대금을 지불할 수 없다는 통고를 받았다. 교비로 재단의 재산을 확보하는 것은 부당 지출이 된다는 것이었다. 부득이 고려중앙학원이 우리 재단 몫인 3%의 불입금을 대신 납부해주었다. 나는 후에 우리가 재단에 변상하면 되는 것으로 이해했지만, 결과적으로 우리 몫인 3%는 고려중앙학원이 가지게 됐다. 고려중앙학원은 불입금을 대납했으니 자기네 것으로 생각할 수도 있겠지만 디지털대학교재단으로서는 고려중앙학원이 우리의 공로를 알아주기를 바랄 수밖에 없었다.

2009년 9월 28일 동아미디어센터가 중심이 되어 상암동에 건물 신축을 위한 DDMC 컨소시엄을 발족했다는 보도자료에 따르면 "… 동아디지털미디어센

11 카네기멜론대학교Carnegie Mellon University는 1900년에 미국 펜실베니아주 피츠버그시에 설립된 미국의 저명한 연구 중심 대학이다.

터DDMC 컨소시엄이 업무 협약식을 체결하고 28일[2009년] 서울 서대문구 동아일보 충정로 사옥에서 DDMC 건설단 사무실 개소식을 열었다.『동아일보』가 준비 중인 새 방송사의 터전이 될 마포구 상암동 DDMC는 연면적 9만 9242제곱미터(3만여 평)에 지하 6층, 지상 19층 규모의 첨단 방송통신 융합형 인텔리전트 빌딩으로 건설된다. DDMC 컨소시엄에는『동아일보』,『스포츠동아』,『동아닷컴』,『동아사이언스』,『디유넷』 등 동아미디어그룹 계열사와 LG CNS, 한국디지털위성방송 등이 참여하고 있다"고 보도하였다. 그러나 이 상암동 부지 유치에 처음부터 노력을 했고, 그 부지의 입찰 요건 중에 가장 중요한 '교육' 요건을 충족케 한 한국디지털대학교는 컨소시엄 명단에도 빠져 있었다.

우리 재단과 내가 이 프로젝트에서 얻은 것이라고는 2012년 12월 6일에 거행한 DDMC 건물 기공식 때 나와 이재열 총무처장이 초대된 것과, 기공식 개회사를 하던 김재호 동아일보사 사장이 "우리가 이 상암동 부지에 대지 분양신청을 한 것은 김중순 총장의 권유로 시작했다"는 인사말이 전부였다. 결국 나는 '실패한 기업인' 또는 안이한 서생임에 틀림없었다. 장만張晩의 옛 시조를 다시 한번 읊조리게 됐다.

'특검'에 참고인으로 소환당한 이야기

비록 우리 학교는 소외되었더라도 동아미디어 그룹이 DMC에서 가장 중심지역에 큰 터를 잡고 대규모의 빌딩을 건설하는 데 조금이라도 기여를 했다면 나로서도 보람 있는 일을 했다고 생각한다. 그러다가 2008년 1월, 대통령 당선인의 신분이었던 이명박 전 대통령이 상암동 DMC의 대지를 (주)한독산학협력단지에 특혜 분양을 해 주었다는 혐의로 1월 17일부터 특검을 받는다는 뉴스를 들었다. 그런데 이게 웬일인가? 내가 이 특검에 참고인으로 출두하라는 통지를 받았으니 말이다.

난생처음 검사 앞에, 그것도 특별검사 앞에 가는 것은 유쾌한 일은 아니었다. 우선 출두하는 것부터 복잡했다. 신문기자들을 따돌리기 위해 다른 건물로 들어가고, 안내를 따라 몇 번이나 엘리베이터를 갈아탄 다음 어떤 사무실로 들어갔다. 변호사도 없이 학교의 이재열 총무처장과 비서만이 동행했다. 나에게 질문을 하는 검사는 젊은 사람이었는데, 아주 친절했다. 내 이력서를 훑어본 후에 그 검사가 하는 말이, 자기가 미국에 연수를 갔을 때 여러 대학교들을 둘러볼 기회가 있었는데, 자기는 한국 출신의 대학 교수들이 영어로 강의를 하는 것을 보고 존경하게 되었다고 운을 떼었다. 그는 나보고 "어쩌자고 거기서 36년이나 가르치며 지냈느냐"고 물었다.

심문 대목에서 검사는 내게 "이명박 대통령 당선자가 한독산학협력단지에 특혜를 주는 인상을 받았느냐?"고 물어서 전혀 그런 기억이 없다고 했다. 실은 나는 기획위원회의에서 나이가 좀 많다는 이유로 이명박 시장 왼편에 앉고, 나보다 몇 살 위인 김기환 대사는 이명박 시장 오른쪽에 앉았었는데, 이야기를 장황하게 하는 위원이 있으면 우리 셋은 억센 경상도 사투리로 흉을 볼 정도로 가깝게 지냈고 사실 이명박 시장이 나에게 귓속말로 "외국 사람들이 사기를 치면 어떻게 하지?"하면서 물어본 일도 있었다며 이 시장이 그들을 의심하는 말은 들었지만, 외국 사람에게 특혜를 주도록 배려를 했다는 것은 나로서는 상상조차 하기 어렵다고 했다.

이런저런 질문을 하던 검사는, 내가 부동산에 대해서는 아무것도 모르는 진짜 외국인 같다는 사실을 알았다. 그 검사는 "미국에서 36년간이나 사시다가 한국에 오셔서 한국의 부동산에 대해서는 잘 모르시지요?"라고 물어서 그렇다고 사실대로 대답했다. 그는 내가 어디 사느냐고 해서 서울 시내는 전세 값이 비싸서 테네시에서 살던 집을 판 돈으로 일산의 주상복합에 세를 얻어 산다고 하니, 그 검사는 나를 한없이 측은하게 보았다. 마치 "당신 같은 숙맥이 서울에서 어찌 살겠다고 왔느냐"고 생각하는 것 같았다. 그다음부터는 자신이 한 질문에 자기가 답을 궁리해서 나에게 가르쳐 주었다.

오전 심문이 끝나고 쉬는 참인데, 다른 사람들은 곰탕이나 설렁탕으로 점심을 주는 것 같은데 내게는 줄 생각을 하지 않는 것 같았다. 이재열 총무처장에게 "왜 나에게는 점심을 주지 않느냐"고 물었더니, 이 처장의 답은 "좋은 징조이다. 점심을 주면 오후에도 조사가 있다"는 것이라며 "점심을 주지 않은 것을 보니 총장님의 심문은 곧 끝나는 것 같다"고 했다. 아니나 다를까, 쉬는 시간이 끝나고 다시 가니 "총장님께는 더 여쭈어 볼 말씀이 없으니, 돌아가셔도 됩니다. 수고 많으셨습니다"라고 공손하게 인사를 하고 엘리베이터까지 배웅해 주었다. 그때 그 검사의 이름이라도 알아 놓을 것을 그만 잊어버렸다. 지금 생각해도 그의 친절이 참으로 고마웠다.

그때 내가 특검에 간 것은 쥐도 새도 모를 만큼 비밀이 유지되었다고 생각했지만, 2008년 1월 26일자『한겨레 신문』온라인판 사회면에 " … 서울 상암동 디지털미디어시티DMC 특검은 24~25일 DMC 특혜 분양 의혹과 관련해 사업을 심의·의결한 기획위원회 위원이었던 박호근 전 과학기술부 장관과 김중순 한국디지털대학 총장을 잇따라 불러 분양받는 과정에서 특혜가 있었는지를 따졌다"라고 보도가 됐다. 세상에는 비밀이 없는 모양이다.

이명박 DMC특검을 보면서 나는 그간에 우리 학교와 디유넷이라는 회사와의 관계에 특별히 신경을 쓴 것이 다행이라고 생각했다. 특히 초기에 학교가 돈이 없어 외상으로 컨텐츠를 제작할 때는 디유넷에 의지할 수밖에 없었고, 시스템도 디유넷 것을 사용해서 외부 기관의 감사 때 경고를 받은 일도 있었다. 학교 설립을 주도한 디유넷의 노력에 감사하면서도 의식적으로는 외부기관과 다름없는 취급을 했고, 두 기관의 관계를 칼로 자르듯이 분명한 경계를 지으려는 나를 두고 이런저런 말들이 있었다. 심지어 김병관 명예회장도 그분에게는 처 이종사촌 형이 되고, 나에게는 이종사촌 형이 되는 동아인쇄 이동영 사장에게 "김 총장은 생각하는 것이나 일을 처리하는 것을 보면 꼭 미국 사람 같아. 일할 때마다 변호사와 상의를 하는 것 등등이 그래"라고 말했다고 들었다. 그때 이 사장은 김 회장에게 "미국에 36년이나 살았으니 미국 사람 같지 않겠어? 그런 점 때문에 그 사람을 데려 온 것 아니야?"라고 했다는 이야기도 들었다.

고려중앙학원과 통합

나는 DMC사업에 성공하지 못한 것을 오히려 다행인지도 모른다고 마음을 다스리며 다른 진로를 모색하기로 했다. 그리고 내가 기업인류학에 관한 책을 쓰면서 생각했던 '파리'에 관한 비유를 생각했다.[12] "파리는 혼자의 힘으로는 하루 종일 날아 봤자 얼마 날지 못하지만, 보잉747 같은 비행기를 얻어 타기만 하면 하루에 수천 킬로 미터를 날 수 있다"는 발상을 실제로 활용해 보기로 했다. 우리 재단이 탈 수 있는 '747비행기'가 바로 눈앞에 있지 않은가? 고려중앙학원이 내 눈에는 747비행기로 보였다.

애초에 김병관 명예회장이 한국디지털대학교의 재단과 학교를 고려중앙학원과 별개로 만든 것은, 오랜 전통을 지닌 오프라인 대학교인 고려대학교와는 달리 IT기술을 이용한 신생 온라인대학의 특수성을 살리려면 빠른 의사결정과 급변하는 환경에 신속한 대처가 필요하다고 생각했기 때문이라고 들었다. 고려중앙학원은 거대 조직이라 의사결정의 신속성이 없다고 본 것이다. 한국디지털대학교는 설립 당시만 하더라도 한국에서는 처음 시도하는 '실험적인 온라인 대학'이었으므로 장래의 전망이 불투명한데 고려대학교의 일부로 설립한다고 했을 때 예상되는 반발이 두려워서 딴 살림을 차렸다는 이야기도 있었다.

그러나 적자로 시작한 학교가 2006년부터는 적자기조에서 벗어나고, 2008년에는 독립 교사도 마련했으며, 재정적으로 매년 호조를 보이는 가운데 온라인 대학 중에서는 최고의 지명도를 유지하게 되니, 이제는 오히려 고려중앙학원이 가만히 앉아서 성공한 온라인 고등교육기관을 얻는 것으로 생각할 만한 단계가 된 것이다. 나는 이제는 두 재단 통합에 반대가 없을 것이라고 판단했다. 당시에는 법률적으로 재단법인 한국디지털대학교육재단을 흡수하기 위해서는 학교 운영비의 절반에 해당하는 100억 원 정도의 수익용 기본재산을 확보해야 했지

12 김중순, 『문화를 알면 경영전략이 선다』.

만, 다른 오프라인대학에 속한 법인들이 그러하듯이 고려중앙학원은 실제로 법인 이사회의 의결로 족했다. 그리고 한국디지털대학교가 평생교육법상의 교육 '시설'이 아니고 고려대학교와 대등한 고등교육법상의 4년제대학이고 석사과정까지도 인가가 난 상태였으므로, 한 법인 내에 두 고등교육기관이 존재하는 셈이며, 특성상 '오프라인' 대학교와 '온라인' 대학교가 상호 보완적인 관계가 된다는 이점도 있다고 생각했다.

내가 재단의 통합에 용기를 냈던 것은, 첫째로 당시 내 자신이 고려중앙학원의 이사였고, 둘째로 2011년 2월 28일자로 통합할 당시의 고려중앙학원의 이사장인 김정배 이사장이 한국디지털대학교 설립부터 한국디지털대학교의 이사로 학교의 발전과정을 누구보다 잘 알고 있었고, 셋째로 고려중앙학원 김재호 이사와 감사이던 이상혁 변호사 모두 두 재단의 통합을 적극 지지했기 때문이었다. 두 재단이 합병한다면 우선 재단의 수익용 기본재산문제로 고심할 필요가 없고, 더 대국적인 견지에서 본다면 고려중앙학원이 온라인 고등교육기관을 갖는 것이 고려대학교에 도움이 될 것이라는 점에 의견이 모아졌다. 또 한국디지털대학교의 온라인대학교로서의 위상이 고려중앙학원 산하의 고등교육기관으로 편입시키는 데 손색이 없다는 평가가 도움이 됐다. 고려중앙학원의 이사와 감사 전원이 찬성하는 분위기였다. 나나 우리 총무처는 재단의 수익용 기본재산 확보를 위한 일에서 벗어나 자유롭게 학교의 발전에만 매진할 수 있게 됐다.

세계 제일의 온라인대학교가 될 기회를 놓친 것에 대한 회한悔恨

먼 장래를 내다보고 온라인 대학을 설립한 김병관 명예회장의 비전은 무엇이었을까? 너무나 인상 깊은 말이어서 내 수첩에 김 회장이 말한 그날을 적어두었다. 그것은 2003년 10월 17일이다. 시청 앞 플라자호텔에서 점심을 마치고 커피숍에서 커피를 마시면서 재단과 학교의 자금난에 대한 이야기를 하다가, 김 회장이 "나가서 신문사까지 걷자"고 해서 둘이서 시청 앞 길을 걸었다. 김 회장은 나더러 "법인에 어려움이 생겨서 골치가 아플 때면, 나는 재호에게는 이런 걱정을 대물림하고 싶지 않아"라고 했다. 그러고 나서 회장은 뜬금없이 "김 총장, 지금까지 우리 고려대학교와 당신의 모교인 연대가 경쟁만 하고 지냈는데, 지금부터는 두 대학교가 협력하는 큰 일을 한번 해 보면 어떻겠소? 내가 당신을 부른 이유 중의 하나도 이런 점을 생각했던 것인데, 이 두 대학이 같이 할 수 있는 사업에 당신이 역할을 할 수 있지 않겠소?"라고 했다. 김 회장은 "오프라인인 두 대학교가 서로 긴밀한 협조를 하기에는 사실상 물리적으로 어려운 점이 많지만, 온라인 대학교는 두 대학의 최고지성인들이 콘텐츠를 같이 개발한 후 사이버공간을 통해 콘텐츠만 공유하면 될 것이고, 우리는 디지털대학교가 있지만 연대는 따로 없으니, 두 대학교가 협동하여 공동으로 온라인대학을 육성한다면 하룻밤 사이에 한국에서는 물론 전 세계에서 최고, 최대, 최상의 온라인대학이 될 것이 아니겠소?"라고 했다. 회장은 "언제 그런 기회가 있으면 연대에 한번 구체적으로 논의해 보라"고 했다. 나는 그의 원대한 복안에 감동했다.

그런 '언젠가'의 논의는 김 회장의 생전에는 없었다. 그러나 김 회장이 돌아가신 지 5년 후에 그런 논의를 한 적이 있다. 2013년 11월 22일 연세대학교 법학연구원, 사회과학연구소, 그리고 아산정책연구원이 주최가 되어 "함병춘의 삶과 학문, 한국의 정치 전통과 법"이라는 주제로 연대 법학전문대학원 국제회의실에서 학술대회가 있었다. 내가 그 대회에서 기조연설을 한 후, 연대 정갑영 총장의 주최로 총장공관 옆 영빈관에서 저녁 만찬이 있었다. 만찬이 끝난 후 여담을 하는 자리에서 "김 총장이 연대 출신으로 고대 이사도 오래했고, 고대가 주도하는 고려사이버대학교의 총장을 하고 있으니, 이제는 연대와 고대가 합동해서 사이버대학을 세계적인 규모로 발전시키면 좋지 않겠느냐"는 이야기가 나왔다. 그 자리에 있던 모든 사람들이 "그런 일을 하는 데는 김 총장이 적격"이라고 하니 연대의 정 총장도 좋은 의견이라고 하면서 마침 연세대학교법인 김석수

이사장이 나의 3년 선배이고 가까운 사이이니 이런 논의를 하기도 편리할 것이라고 했다. 나도 수년 전에 고 김병관 명예회장이 하던 말이 생각나서 "한번 연구하고 검토해 볼 만하다"고 긍정적인 반응을 보였다.

1년 남짓 후인 2015년 3월 3일 점심시간에 김재호 이사장과 염재호 고대 총장과 나 셋이서 삼청동 입구에 있는 '두가헌'이라는 음식점에서 오찬을 했다. 특별한 의제가 없는 탓에 이야깃거리로 2013년 11월 22일 연세대학교 관계자들이 두 학교가 온라인대학을 공동으로 운영해 보는 방안에 대한 관심을 보였다는 것과 김병관 회장이 2003년 10월 17일 연대와 고대가 온라인대학을 협동해서 하게 되면 좋겠다고 하던 이야기를 했다. 나는 열띤 반응이 있을 것으로 기대했었으나, 의외로 두 사람은 아무런 반응을 보이지 않았다. 그 후 우리 학교 교무회의에서도 온라인 대학을 통한 연대와 고대의 협력방안에 관한 논의를 했지만 교무위원들도 특별한 반응을 보이지 않았다. 관심이 없는 것으로 이해하고 잊어버렸다. 그런데 나중에 들리는 소문으로는 "총장이 고려사이버대학교를 연세대학교로 넘기려는 계획을 하고 있다"는 것이었다. 그런 이야기가 나온 배경에 관한 설명을 했지만, "고려대학교가 밥상을 다 차려 놓으니 연세대학교가 수저를 들고 온다"는 식의 말을 하는 교무위원도 있다는 뒷소문도 들렸다. 나는 세계 최대, 최고의 온라인 대학교를 만드는 일보다는 '우리 것'을 챙기는 것이 더 중요한 우리 사회에서는 이런 류의 '협업'은 불가능한 일이라는 사실을 터득하게 됐다.

그러나 그때 만일 고대와 연대가 함께 온라인 대학을 구축했더라면, 한국에서는 물론 전세계에서 가장 규모가 크고 내실을 갖춘 온라인대학교가 되었을 것이고, 그러면 2020년 이래 '코로나 19' 팬데믹pandemic으로 온 세상의 대학들이 아무런 사전 준비 없이 비대면 온라인 교육을 시도하느라고 고생할 때, 당연히 세계적으로 우위를 점할 수 있었을 것이다. 2020년 이래 3년간 전세계의 모든 대학들이 '비대면 강의'라는 이름으로 사실상 온라인 수업을 하다 보니, 이제는 온라인대학교의 교수법이 더 이상 특수한 교육방법이 아니라 초등학교, 중등학교, 고등학교까지 일상화되어 버렸다. 오히려 기존의 온라인대학은 새로운 패러다임을 제공하거나 특수한 교수법 같은 대안도 제시하지 못한 채로 제자리에 그대로 머물고 있다.

'야전인류학자野戰人類學者'가 참여관찰한 온라인 대학의 잠재력

제9장

나는 인류학자이지만 연구실에서 문헌들을 섭렵하고 인류학의 거대 담론들을 논하는 "양반스러운 연구(arm-chair anthropology)"를 하는 인류학자가 되지 않고, 늘 현지조사 중심의 인류학을 해 왔다. 이렇게 현장에 집착하는 나를 보고 주변의 가까운 동료들은 "야전인류학자野戰人類學者"라고 불렀다. 총장을 하면서도 '야전인류학자의 근성'을 버리지 못한 나는 '우리 안의 낯선 사람들'인 다문화가정의 외국 신부들이 한국 남성과 결혼하게 된 경위를 이해하고자 했고, 덕분에 내 현지조사는 그들의 친정 나라인 일본, 베트남, 그리고 중국을 넘나들게 되었다.

「다문화가정 e-배움 캠페인」

나는 한국에 외국 출신의 여성이 많다는 것을 귀국하고 2년 후인 2003년 7월 15일자 『동아일보』에 보도된 한국 농촌 풍경에 대한 사진을 보고서야 알게 되었다. 처음에는 그 사진이 동남아시아의 농촌을 찍은 것으로 착각했었다.

1970년대 이후, 급속한 경제발전과 산업화로 결혼적령기의 농어촌 여성들이 도시와 공단으로 대거 이주했고 농어촌 총각들이 결혼할 상대를 찾기 어려운 현상이 발생하면서, 1980년대 후반부터 1990년대 초반까지 농촌진흥청과 각 지방자치단체들은 국제결혼 중매업체들을 통해 외국 출신 신부들을 영입하기 시작했다. 그 결과 국제결혼이 늘어나기 시작하면서 우리 학교가 시작한「다문화가정 e-배움 캠페인」이 절정에 이르렀을 때인 2010년에는 한국에 체류하는 결혼 이민자가 67개국에서 온 181,671명이나 됐다. 농·임·어업에 종사하는 사람들 중에서 혼인하는 10명 중 4명이 국제결혼을 하는 정도이고[1] 2018년 기준으로 다문화 가구수는 33만5천 가구이며, 이 가구에 포함되는 가구원은 100만9천 명으로 전체 우리 인구 5천1백36만 명의 2%에 해당했다.

국제결혼한 가정의 신부들이 남편과 시부모들, 그리고 이웃들과는 어떻게 지내는지를 살펴보기 위해, 나는 2007년 2월 초에 경상북도 구미시와 전라남도 담양군, 그리고 심지어 울릉도까지 현지조사를 했다.[2] 그때 알게 된 사실은 1) 외국 신부들은 어느 특정 지역에 집중적으로 거주하는 것이 아니고, 전국에 흩어져 살고 있다는 점; 2) 이들은 대부분이 농어촌에 살고 있기 때문에 차편을 제공하기 전에는 학교나 공공시설에 와서 면대면 집체 교육을 받을 수는 없다는 점[3]; 3) 대부분의 외국 신부들은 '풀 타임full-time'으로 일을 해야 해서 낮 시간에 교육을 받기가 어렵다는 점, 특히 농번기에는 시간적인 여유가 없다는 점; 4) 대부분의 다문화가정에는 아이들이 2~3명씩 딸려 있어서 집체 교육을 받기가 어렵다는 점; 5) 정부나 지방자치단체가 제공하던 기존의 교육은 지속성과

1 인구통계측면에 관한 자세한 정보는 한국디지털대학교(고려사이버대학교의 전신)의「다문화가정 e-배움 캠페인」을 주제로 필자가 쓴 영문 저서와 한국판 번역서가 참고가 될 것이다(Kim, *Voices of Foreign Brides*).

2 2007년 12월 5~6일까지는 도서지방島嶼地方의 사정을 알아보기 위해 울릉도에 대한 현지조사도 했는데, 그때 울릉도에도 12세대의 다문화가정이 있었다.

3 지극히 한정된 일부 지역에서는 사회사업분야에서 종사하는 한글 교사가 다문화가정을 방문하여 개별적인 한글 교육을 하는 곳도 있었으나, 전국에 흩어져 사는 20여만 명을 상대로 하기에는 역부족이었다.

연속성이 없어 한글 교사의 방문이 있는 곳도 있었지만, 그들의 방문도 한 사람당 80시간을 초과할 수 없도록 법으로 제한되는데, 80시간의 교육으로 외국어를 습득한다는 것은 무리라는 점; 6) 대부분의 다문화가정 시부모들은 외국 출신 며느리가 한글 교육을 받기 위해 외출하거나 다른 사람들과 어울리는 것을 탐탁지 않게 여기는 경향이 있다는 점 등을 알게 되었다.

이런 점을 고려할 때, 전통적인 교육 '패러다임paradigm'을 '온라인 교육방식'으로 바꾸어 1) 콘텐츠를 제작하기만 하면 이를 전국적으로 사용할 수 있으므로, 최소한의 경비로 많은 결혼이민자를 위한 교육이 가능할 것이고; 2) 완성된 콘텐츠를 인터넷에 띄우면 학습자는 언제나 어디서나 필요할 때 시공을 초월하여 교육을 받을 수 있고; 3) 복습과 예습을 몇 번이든지 반복할 수 있으며; 4) '콘텐츠'를 여러 개의 언어로 만들면 모국어로 설명을 들을 수 있고; 5) 농번기에도 밤에 스스로 공부할 수 있고, 공부를 하기 위해 남편이나 시부모에게 외출 허락을 받아야 하는 부담이 없으며; 6) 자신의 한국어 숙달 수준에 따라 그에 맞는 강의를 택할 수 있고; 7) 아이들을 돌볼 사람이 따로 필요치 않고; 8) 이 교육프로그램을 위해 학교가 인터넷 기초교육을 동시에 제공하므로, 이 교육과정을 통해 다문화가정의 신부들이 모국의 신문이나 이메일을 통해 본국의 부모, 친지, 그리고 친구들과의 자유로운 교신을 할 수 있는 이점도 있을 것으로 생각했다. 이런 점들을 고려할 때, 우리 학교가 온라인 한글과 한국문화 교재를 개발하여 사이버공간에 올려놓기만 하면, 수강을 원하는 사람은 자기가 필요한 시간에 언제나 학습을 할 수 있을 것으로 생각했다.

집에 컴퓨터가 있는지 없는지의 여부가 문제라는 사람도 있었지만, 두 지방을 둘러보았더니, 우리나라의 농어촌에는 웬만한 가정에는 거의 다 컴퓨터가 있었고, 그렇지 못한 집이라도 마을회관이나 동사무소 등에는 컴퓨터가 있었다. 그리고 정말로 컴퓨터가 없는 집을 위해서는 한국의 대기업들이 업무용 컴퓨터를 교체할 때 생기는 사양이 낮은 컴퓨터를 다문화가정 교육용으로 기부하는 사회운동을 전개하면 그 문제가 해결될 것으로 생각했다. 또 한 가지, 전국에 골고루 흩어져 살고 있는 우리 대학 학생들이 자기 지역사회에 살고 있는 다문화가정 신부들에게 기초 컴퓨터교육을 시켜 줄 수가 있을 것이라는 점도 검토했다. 우리가 경상북도 구미시를 대상으로 해서 이런 교육의 타당성을 타진해 보았을 때, 구미 지역에 사는 우리 학교 학생들이 자진하여 교육시간 동안 교육대상자들의 어린아이들을 돌보아주는 '베이비 시터baby sitter' 역할도 해 주었다. 이런 것을 보고, 나는 이 사업이야 말로 한국의 어느 오프라인 대학교도 할 수 없는, 우리만이 할 수 있는 사업이라고 생각했다.

POSCO와 골드만 삭스Goldman Sachs의 지원

그러나 문제는 이 캠페인을 추진하는 데 필요한 재원의 염출이었다. 이 사업을 하려면 5개 과정의 한국어 콘텐츠(한국어 1, 2, 3, 4, 5)를 개발해야만 했다. 외부의 재정적인 지원을 받기 위해 백방으로 노력하던 중에 재단의 이현락 이사장이 POSCO(포항제철)의 윤석만 사장에게 우리 프로젝트를 소개하면서 3년에 걸쳐 POSCO의 재정적인 지원을 받게 되었다. 우리는 온라인으로 수강을 하기 전에 온라인 경험이 없는 다문화가정 한글 수강생들에게 수강 방법을 설명하는 일을 해야 했다. 당시 우리 학교의 제한된 교직원으로는 우리의 캠페인을 전국적으로 확대한다는 것은 불가능해서, 우선 우리가 이 캠페인을 전개할 수 있도록 재정적인 지원을 해 준 POSCO에 감사를 표하는 뜻에서 POSCO의 공장이 있는 경상북도와 전라남도에서부터 시작하기로 했다. 그리고 캠페인의 행정적인 지원을 받기 위해 협정식에는 POSCO의 윤석만 사장 이외에 김관용 경상북도 도지사와 박준영 전라남도 도지사도 당사자로 참여하도록 했다. 마침내 「다문화가정 e-배움 캠페인」의 협약식MOU을 2007년 4월 20일 오후 5시에 한국디지털대학교 대강당에서 성대하게 거행했다.

협약식에서 약속한 것처럼, 우리는 계획한 캠페인을 실행에 옮겨야만 했다. 교재개발을 위한 인적자원을 확보하기 위해 고려대학교 국제어학원과 협의

9-1. 「다문화가정 e-배움 캠페인」 MOU.
왼쪽부터 김관용 경북도지사, 필자, 윤석만 POSCO 사장, 박준영 전남도지사.

를 진행했지만, 일정이 잘 조율되지 않았다. 연대에서 정년 퇴임한 남기심 선배에게 도움을 청했다. 우리의 취지를 이해한 남 선배는 제자인 강현화, 원미진, 그리고 김유미 교수 등과 함께 '지식을 기부'한다는 뜻에서 참여해 주었다. 우선 「바른 한국어」라는 이름으로 한국어 입문과 한국어 1, 2, 3, 4, 5를 개발했다.

개발한 교과목의 타당성을 시험해 보는 '테스트'는 POSCO의 제철 공장이 있는 두 도에서 각각 한 지역을 택했다. 두 지역에서 우리가 개발한 한글 콘텐츠를 시연해 보니 기대 이상으로 반응이 좋았고, 우리가 계획한 온라인수업 설명회도 조직적으로 움직였다. 지난 6년간 온라인 교육을 해 오면서 터득한 방법 덕을 톡톡히 보았다. 참가자들도 아주 진지하게 수강 방법을 익혔고, 시범

9-2. 다문화가정 부인들에게 '온라인'으로 한글을 스스로 수강하는 방법을 이야기하는 설명회에 모인 다문화가정 사람들과 사용법을 설명하는 필자.

훈련지역 주위에 사는 우리 학교 학생들이 일부 다문화가정 부인들의 어린아이들을 돌보는 베이비 시터 역할까지도 해 주었다. 그때만 해도 나는 이 캠페인을 전국적인 규모로 확대할 생각은 감히 하지 못했다. 그러나 이 소문이 널리 퍼지자 경상북도와 전라남도에 인접 도道부터 시작하여 전국적으로 요청이 쇄도했다. 나는 '호랑이 등에 올라탔다'는 말의 참뜻을 알 것만 같았다. 캠페인이 전국적인 규모로 확대되면서 각 지역에서 설명회에 대한 요구가 폭주함에 따라 우리 학교 교직원들의 자원봉사만으로는 일손이 턱없이 부족했다. 마침내 우리는 캠페인의 조직을 확대하고 재단의 어경택 감사를 캠페인의 총괄대표로 임명하고, 교무위원들을 각 도별 책임자로 임명하면서 4명의 전담 요원을 채용하였다.

다만 우리의 의도와는 달리 어떤 지역에서는 우리 학교가 자신들의 지역에

'침투'한다고 불만을 표하기도 했고, 자기네들이 다 알아서 잘 하고 있는데 왜 학교가 끼어드느냐면서 문제를 삼기도 했다.

9-3. 어느 다문화가정부인이 아기를 안은 채 열심히 컴퓨터를 익히고 있다.

이런 일도 있었다. 우리 캠페인을 이행하는 데 기본이자 필수적인 도구는 컴퓨터인데, 컴퓨터가 없는 다문화가정을 위해 내가 POSCO의 윤 사장에게 POSCO에서 쓰던 사양이 좀 낮은 컴퓨터를 컴퓨터가 없는 다문화가정에 기부해 줄 것을 요청했었다. POSCO는 흔쾌히 회사가 전에 쓰던 컴퓨터를 수리까지 해서 경상북도와 전라남도 도청에 배달해 주었다. 그런데 이게 웬일인가. 경상북도 도청 담당부서에서는 우리 학교는 그런 사회사업을 할 면허license가 없는 기관이므로 기증을 받을 수 없다는 것이었다. 그때 POSCO의 컴퓨터를 담당했던 직원이 내게 이메일로 "총장님, 한국에서 좋은 일하기가 이렇게 힘이 드는 줄 몰랐습니다"고 하소연을 했다. 하는 수 없이 경상북도에 배정했던 분량을 전라남도로 보내면서 박준영 도지사에게 알아서 처리해 달라고 부탁을 했다. 이런 관료사회의 벽을 넘기 위해 2008년 1월 10일에 여성가족부(후에 보건복지부에서 다시 여성가족부)를 비롯한 여러 기관들과 「다문화가정 e-배움 캠페인」을 위한 MOU를 확대해 나갔다.

2007년에 이 캠페인을 시작할 때는 나는 속으로 경상북도와 전라남도에서 각 1천 명씩만 등록을 해도 성공이라고 생각했는데, 2008년 1월 20일 기준으로 경상북도에서만 1,814명이나 등록했고, 전라남도에도 2,154명이나 등록을 마쳐서 도합 4,722명이나 됐다. 첫 수료식은 2008년 1월 17일에 전남 순천에서 거행했고, 그 해 1월 24일에는 경북 영천에서 수료식을 했다. 외국 출신 신부들을 출신 국가별로 보면 한국(귀화한 외국인),[4] 베트남, 중국(중국계 중국인), 필리핀, 일본, 태국, 몽골, 캄보디아, 우즈베키스탄, 그리고 기타 여러 나라들이 포함되어 있었다. 2007년 4월 20일부터 시작한 이 캠페인이 거의 끝이 날 즈음인 2013년 7월 말까지 10만 명 이상이 수강했으며, 매주 50~100명씩 등록을 하는 성과를 올렸다. 한국말에 지장이 없는 조선족을 제외한 대부분의 외국 신부들은 특별한 경우를 제외하고는 거의 모두가 참여했다고 할 정도로 성공적이었다.

그리고 이 캠페인에 참여한 학교의 교직원들이나 재학생들, 그리고 졸업생들은 이 캠페인을 통해 '온라인 방식'으로 전통적인 오프라인 대학들이 할 수 없는 사회봉사를 할 수 있다는 사실을 깨닫게 되었다. 2007년 이래 3년간에 POSCO가 거액을 지원해 준 덕택으로 이 캠페인은 큰 업적을 이룩했으며, POSCO의 재정적인 지원이 끝난 2011년 4월의 통계를 보면, 그 당시 이 캠페인에 등록한 외국 신부의 수는 81,312명이고, 수료자는 9,230여명이나 됐다. 2011년 정부의 공식집계에 의하면, 당시 한국에 거주하는 결혼 이민자 수는 161,999명이었는데, 그중 한국어 구사에 지장이 없는 59,346명의 한국계 중국인(조선족)을 제외하면 외국 출신 결혼 이민자의 78%가 우리 학교가 진행한 「다문화가정 e-배움 캠페인」에 접속하여 공부했다. 그 결과, 2017년 1월 24일, 우리 학교의 '다문화사회 전문가과정'은 법무부장관이 주관하는 위탁교육기관으로 선정되었다.

기초 한글을 마친 많은 다문화가정 주부들로부터 더 수준 높은 공부를 하고

4 행정 편의상 외국 신부들 중에서 한국에 귀화한 사람의 국적은 '한국'으로 구분하기 때문에, 이 통계에는 여러 나라에서 온 사람들이 포함되어 있지만, 귀화한 경우에는 출신 국가별 구분이 불가능하다.

싶다는 요구가 들어왔다. 한국에 10년 이상 살고 있는 사람들이나 한국어 능력 시험이나 귀화를 위한 한국어 시험에도 고급 한글 지식이 필요하며, 대학을 진학하고 싶어도 고급 한국어 교육이 필요하다는 것이다. 외부의 재정적인 지원이 더 필요했다. 그러나 이미 3년간 15억에 달하는 거액의 지원을 받은 POSCO 한테 더 이상의 지원을 요구할 면목이 없었다. 그러나 요행히 내 딱한 사정을 안 당시 골드만 삭스의 파트너partner이자 한국 대표로 있던 아들 종윤이의 주선으로 골드만 삭스의 지원을 받았다. 결국 고려사이버대학교는 2010년 4월 16일에 골드만 삭스와 협약을 체결하고, 고급 한국어 6급과 7급을 7개국어로 설명하는 다문화가정용 한글 프로그램 개발을 완성했다.

한글의 세계화를 위한 노력

그러는 사이, 2010년 이후 한글과 한국문화에 대한 세계인의 관심은 "한류Korean Wave"를 타고 더욱더 고조되었다. 우리가 세계 사람들을 위해 개발한 것이 아닌데도 불구하고 그 교재가 온라인상에 무료로 제공되고 있었으므로, 이미 상당수의 외국인들이 세계 곳곳에서 우리의 다문화가정용 교재로 한글을 공부하고 있다는 사실을 알게 되었다. 우리의 교육 범위를 한반도에 국한하지 말고 전 세계적으로 확대해야 하겠다는 '욕심'이 생겼다. 이미 국내 다문화가정 부인들을 위한 보급은 거의 끝나가고 있을 때였으니, 한글 교육의 세계화를 왜 마다할 것인가? 한글의 세계화를 위해 그 이름을 「바른 한글」이라고 우리말로 하고, 영어로는 아주 엉뚱한 의역意譯으로 '퀵 코리언Quick Korean'이라고 붙였다. 사람들은 「바른 한국어」를 내가 잘못 번역한 것으로 '오해'할지 모르지만, 세계인들의 시선을 끌기 위해 의도적으로 바꾼 것이다.

「바른 한글」 시리즈가 완성이 된 후에 세계 사람들 누구든, 언제 어디서나 '무료'로 우리 한글을 배울 수 있도록 2013년 12월 4일에 「바른 한글(Quick Korean)」 론칭 행사를 거행했다. 다음 해인 2014년 11월 25일 오후 2시 페럼타워 페럼홀 3

9-4. 「바른 한글(Quick Korean)」 론칭 행사에서 인사말을 하는 필자.

층에서 「한국어와 한국문화 세계화 포럼」을 개최하면서 공식화했다.

우리가 한글 고급 교재를 개발하고 한글의 세계화를 준비하는 중, 구글Google의 에릭 슈미트Eric Schmidt 회장이 우리 한글의 우수성에 매료되어 한글을 배우기 시작했을 뿐만 아니라, 사람들 간의 정보 소통에 가장 좋은 문자라고 극찬했다는 신문기사를 보았다. 이미 2011년에 구글과 한국의 문화체육부는 문화 및 콘텐츠 서버 육성에 협력하기로 합의하고, 한글 박물관 건립에 협력하기로 하는 등 구글이 한글의 세계화에 적극적이라는 소문을 들었다. 나는 이런 신문보도를 보고 우리 학교가 이미 한글교육 온라인 콘텐츠를 개발했으니, 구글은 중복을 피해 다른 분야에서 한글세계화에 도움을 주면 더 효과적일 것이라고 생각했다. 나는 우선 슈미트 회장에게 전달할 수 있는 통로를 찾아보았다. 그러던 중, 한국 출신으로 구글 하드웨어 부분 아시아 태평양 전무로 있는 김현우(미국

명 Mickey Kim)가 생각났다. 아버지가 나처럼 테네시대학교 마틴 캠퍼스에서 교수생활을 하던 때에 마틴에서 태어난 그는 우리 아이들을 동생처럼 따라다니던, 인정 많고 사교적인 청년이었다. 나는 김 전무를 통해 이메일로 슈미트 사장에게 한글 콘텐츠는 우리 학교가 이미 개발해 놓았으니, 구글은 한글의 세계화를 위해 다른 도움을 주었으면 좋겠다는 부탁을 했다. 결국 구글은 우리 한글의 보존과 세계적인 소개에 전력을 다하면서도 우리와 경쟁관계가 될 소지가 있는 '바른 한글'과 같은 온라인 한글 교재는 개발하지 않았다.[5] 그래도 2014년 4월 23일에 우리 학교와 구글은 상호 간 협약을 체결했고, 같은 형태의 협약을 네이버NAVER와도 맺었다.

한국문화의 세계화를 위한 노력

언어는 문화의 가장 핵심적인 요소이기 때문에 한글의 세계화를 효과적으로 하기 위해서는 한국문화 소개도 필요하다고 생각하고 '온라인'용 「한국문화 시리즈」를 개발하기로 했다. 이 프로젝트 개발에 필요한 영문으로 된 한국문화 소개서가 필요했는데, 내가 2007년에 쓴 책은 이미 출판된 지가 6~7년이 지났고, 그 사이에 한국은 너무나 많이 변해서 수정이 불가피했다.[6] 그러나 수정을

5 구글Google의 슈미트 회장이 우리가 개발하고 있던 '바른 한글(Quick Korean)'과 같은 온라인 한글 교재를 개발하지는 않았지만, 한글의 보존과 세계적인 보급에 많은 공헌을 했다. 이미 2011년 10월 30일에 문화체육부와 구글이 세계 한국문화의 융성을 위한 협력방안에 합의했고, 2014년 10월 30일에는 국립한글박물관에서 문체부와 구글은 상호협약식을 체결하면서 국립한글박물관의 한글 체험 및 교육 콘텐츠의 제작 지원, 구글문화연구원Google Cultural Institute을 통한 한국문화홍보 강화, 그리고 콘텐츠 창작자 지원을 통한 창작 겸 조성 등의 상호협력방안을 내용으로 하는 협약을 체결했다. 여기서 말하는 국립한글박물관National Hangeul Museum은 한글 및 한글 문화 관련 유물과 자료를 수집·보존·조사·연구·전시·교육 및 교류 등 한글 문화의 보존, 확산 및 진흥에 관한 사무를 관장하는 문화체육관광부의 소속기관이다. 2014년 2월 17일 발족하였으며, 그해 10월 3일에 개관하였다.

6 Kim, *Kimchi and IT*.

하는 번거로움보다는 새 책을 쓰는 것이 낫다고 생각하고 2014년에 국제교류재단으로부터 두 번째로 재정적인 지원을 받아 *Way Back into Korea* (한국어로 된 번역본 표제는『한국, 한국인, 한국문화: 돌아온 인류학자의 한국살이』)를 출판했다.[7] 최종판이 나오기 전에 초고를 토대로 15편의「한국문화시리즈」를 제작했다. 각 편마다 내가 간단한 소개말을 하고 시리즈 전체의 해설narration은 한인 교포 여성이 맡았다.

한국문화시리즈의 영문판 비디오 시리즈를 전 세계 사람들에게 공식적으로 소개하는 행사도 한글세계화 론칭을 한 지 1년 후에 하게 되었다. 이 행사에는 오세훈 시장이 30여 분에 걸쳐 유려流麗한 축사로 우리를 격려해 주었다. 오 시장 축사의 요지는 "국가가 해야 할 사업을 한 작은 대학이 대신하고 있다"는 격찬이었다. 오 시장의 축사에 이어, 우리 학교와 '돌봄이' 프로그램을 공동운영하기로 한 미국 조지아주 조지아서남부주립대학교Georgia Southwestern State University, GSW 켄달 블렌차드Kendall Blanchard 총장의 "한국문화시리즈의 소개," 김진곤 주중 한국문화원장의 "중국에서의 한국문화," 베트남 하노이국립대학교 외국어대학 구엔 화 총장의 "현재 베트남에서 한국문화의 지위와 장래의 전망," 오충석 주필리핀 한국문화원장의 "필리핀에서의 한국문화의 현황," 국제교류재단 미래전략팀장의 "세계 각지에서의 한국문화 홍보 현황과 계획," 그리고 서울대학교 자유전공학부 한경구 교수가 "한국문화 세계화를 위한 온라인 교육의 역할"에 관해 발표했다. 그 구성에서부터 발제에 이르기까지 국제적이었고, 한국문화의 세계화에 도움을 주는 학술 포럼이기도 했다.

론칭 행사에서 시연을 한「한국문화시리즈」는 외국인들을 위해 영문으로 제작했고, 서론을 포함해서 모두 15편인데, 각 편은 35~45분 정도의 분량이었다. 한국의 지정학적 위치, 한국의 크기, 그리고 반만년의 선사시대와 2천여 년의 역사시대에 대한 설명으로 시작하여 제1편에서는 '한류', 제2편에서는 한국

7 Kim, *Way Back into Korea*.

인의 정체성에 관한 설명을 하고 있다. 한국 사람들은 '순혈'의 '단일민족'이 아니고 외국인에 대한 혐오감도 없으며, 현재 한국 인구의 26%가 외국에서 이민와서 귀화한 사람들의 후손이라는 점을 이야기하고 있다. 제3편에서는 한국의 역사를 개관했고, 제4편에서는 한글에 관한 이야기, 제5편에서는 한국의 결혼, 가족, 그리고 친족에 관한 설명을 했다. 제6편은 국제결혼에 관한 이야기로 그 시작은 가야시대의 김수로 왕의 결혼이라는 역사를 소개했다. 제7편에서는 여러 종교가 큰 충돌 없이 공존하는 나라인 한국을 소개하고, 제8편에서는 한국의 교육제도와 교육열에 대해 설명을 했다. 제9편은 일본의 36년간에 걸친 한국에 대한 식민지 정책이 끼친 영향을 살펴보았고, 제10편에서는 근래 이룩한 한국의 기적적인 경제발전의 배경과 결과를 설명했으며, 제11편에서는 민주주의국가 건설을 위한 한국의 긴 여정을 설명했다. 제12편에서는 한국인들의 기질을 설명하는 것과 아울러, 제13편에서는 그런 한국 사람들의 기질이 이룩한 한국 문화의 역설적인 면을 살펴보고, 제14편에서는 한국의 일상생활에서 일어나고 접할 수 있는 대중문화인 음식문화와 의복문화, 이를테면 김치와 한복 등에 관한 이야기를 했다.

2014년 11월 25일에 바른 한국어 세계화 그리고 2015년 12월 3일에 론칭을 한 한국문화의 세계화를 위한 온라인 캠페인은 '사이버 스페이스'를 통해 급속도로 전 세계적으로 전파되기 시작했다. 그간에 일어난 한류 열풍도 우리 한글과 한국문화 콘텐츠의 세계화에 커다란 기여를 했다. 내가 16년간의 임기를 끝내고 학교를 떠나던 2017년 2월 19일자로 우리의 온라인 프로그램에 186개국이 참여했고, 그날까지 이 두 프로그램의 조회수는 7백만 명(7,339,239)이 넘었으며, 유튜브 동영상 구독자 수도 7만 명(70,583)을 넘었다.

이 프로그램은 내 개인적인 노력 이외에 주위의 여러 기관과 개인들이 성심껏 도와주었기 때문에 가능했다. 그 콘텐츠의 개발을 위해 바탕이 되는 책을 쓸 때에는 한국 국제교류재단Korea Foundation의 지원을 받았고, 책을 출판한 일조각도 한국을 세상에 알리겠다는 노력에 힘을 보탠다는 의미에서 출판을 했다.

나도 이 원고를 쓰느라 혼신의 노력을 다했다. 내가 16년간 고려사이버대학교 총장직을 맡고 있는 동안 상당히 많은 논문, 수필, 칼럼, 기고문, 잡문, 그리고 몇 권의 책을 썼는데, 이런 작업은 대부분 내 업무시간이 지난 늦은 밤 시간이나 학교 행사가 없는 주말, 또는 공휴일에 진행되었다. 창덕궁 후원의 산속에서 우짖는 소쩍새 소리를 가장 많이 들은 사람은 나라고 믿는다.

학교를 떠난 후 벌써 수년이 지났기에, 이 책을 여기까지 쓴 날과 옛 기억들이 새로워서 유튜브와 네이버에 바른 한글과 한국문화시리즈가 어떻게 되었나를 보려고 사이트에 들어가 보니 바른 한글은 접속이 가능하기는 했지만 한국문화시리즈는 제목만 있을 뿐, 콘텐츠에 접속할 수 없었다. 차단을 한 것 같았다. 바쁜 틈바구니 속에서 간신히 마련한 한국문화시리즈가 유튜브나 네이버 창에서 '내리거나,' 아니면 '닫거나' 한 것을 보니 좀 서운했다.

'돌봄이RCI' 연구소와의 협약

나는 학교의 외연을 세계로 넓히는 방법에도 온라인의 특수성을 '전략'으로 삼았다. 우리 학교의 아동영어학과나 실용영어학과 학생들이 내국인 교수들의 '한국식 발음'에 대한 불평과 함께 '원어민 영어 학습' 시간을 늘려 주기를 원했다. 나는 학생들에게 원어민이라고 다 표준 영어를 하는 것은 아니라고 얼버무리면서도 실력 있는 원어민 교사를 구하는 방법을 생각했다. 그래서 우리 교포 중에서 대학을 마치고 대학원이나 법학, 경영, 그리고 의학전문대학원 진학을 준비하는 사람들이 한국에 와서 원어민 교사로 학생들을 1~2년 가르치면, 정부가 그들에게 해외봉사 경험을 입증하는 수료증을 주는 제도를 만드는 건 어떨까 하고 생각했다. 우리 아이들은 '원어민이 하는 영어' 공부를 할 수 있고, 그들은 그 경력을 진학이나 취업에도 활용할 수 있을 뿐만 아니라 부모의 나라에서 말과 역사, 그리고 문화도 배우는 계기가 될 것이니 그야말로 일석이조一石二鳥가 될 것이라고 생각했다. 이현락 이사장은 내 제안을 듣자마자 바로 당시 대통령 인수위원회에 참여하고 있던 친구에게 이 구상을 이야기했다고 한다. 그러나 나는 얼마 지나지 않아 다른 프로젝트에 신경을 쏟게 되면서 이 제안을 접어 두었다. 바로 '돌봄이 연구소'(Rosalynn Carter Care-giving Institute, RCI. 이후 RCI로 표기)의 한국 유치였다.

사실 영어 원어민 교사를 활용한 온라인 콘텐츠 개발을 위해 미국 조지아주 아메리커스Americus에 있는 GSW 캔달 블랜차드 총장을 초청했었다. 블랜차드 총장과 나는 1971년 같은 해에 테네시에 있는 두 대학교에 각각 인류학 교수로 부임했었고, 나중에 우리 두 사람은 비슷한 시기에 각 대학의 학과장을 했다. 블랜차드 총장은 내가 근무하던 학교의 부총장으로 한동안 일하다가 내가 한국으로 돌아왔을 즈음부터 조지아서남부주립대학교의 총장으로 재직하고 있었다.[8] GSW에는 영어가 모국어가 아닌 학생들에게 영어를 가르치는 프로그램ESL도 있어서 내게 도움을 줄 수 있을 것으로 기대했다. 그러면서 그가 2009년 4월 6일에 우리 학교를 방문했을 때 얘기하길, 자기네 학교부설기관 중에는 지미 카터 전 미국 대통령의 영부인인 로잘린 카터Rosalynn Carter가 주관하는 RCI도 있다고 했다.

RCI 프로그램은 "혼자 힘으로 일상생활을 할 수 없는 사람들을 돌보는 사람, 즉 가족, 간병인과 요양 보호사를 포함한 전문직업인들이 환자에게 모든 관

8 블랜차드 총장이 내가 근무하던 테네시대학교 마틴 캠퍼스의 부총장 자리를 지원했을 때 내가 마침 부총장 선발위원회 위원장직을 맡았었다. 내가 그와 가까운 친구라는 사실을 위원들이 다 알고는 있었고, 마지막 심사 과정에서 위원 중의 한 사람이 내게 블랜차드가 다 좋으나 너무 급진적인 면이 보이는데 그가 그렇지 않다는 증명을 할 수 있느냐고 물었다. 나는 그가 이력서에 쓰지는 않았지만, 그의 아버지는 보수 중의 보수인 남부 침례교 목사였고, 어머니는 벤더빌트대학 영어영문학과 교수였으며 무엇보다도 블랜차드 자신이 인류학을 공부하기 전에 밴더빌트대학교Vanderbilt University에서 신학으로 석사학위를 한 사람인데 급진적일 수 있겠느냐고 말했다. 그 발언은 그가 부총장으로 선발되는 데 도움이 됐다. 그 후 나는 한국으로 돌아왔고, 그는 조지아주 아메리커스Americus에 있는 조지아서남부주립대학교Georgia Southwestern State University, GSW 총장으로 자리를 옮겼다.

심을 집중하다가 정작 자기 자신의 신체적, 정신적, 심리적 건강을 해치는 경우를 돕기 위한 프로그램"이라고 했다. 다시 말해 케어기빙care giving은 로잘린 카터가 케어기버care giver로서의 자신의 경험과 그가 만난 수많은 사람들의 경험을 바탕으로 시작한 케어기버들의 애로사항을 이해하고 도와주는 프로그램으로, 자신이 가진 모든 것을 내어 주면서도 아주 작은 것조차 받지 못하는 사람이 바로 케어기버라는 것에 착안한 프로그램이었다.

블랜차드 총장의 RCI에 관한 설명을 듣는 순간, 나는 두 눈이 번쩍 뜨이는 것 같았다. 내가 미국으로 가기 전에 당뇨합병증으로 우리 어머니가 병상생활을 하실 때, 아버님은 물론 온 집안 사람들이 겪던 고충은 환자인 어머님의 고통이나 별로 다르지 않았기에 그 프로그램이 얼마나 중요한지를 당장이라도 알 것만 같았다. 블랜차드 총장에게 영어교사 초빙 문제는 뒤로 미루고 RCI에 우리가 참여할 수 있는 방법을 찾아보자고 했다. 블랜차드는 그 프로그램은 미국에서 유일한 것으로, '존슨 앤드 존슨Johnson & Johnson'이라는 글로벌 제약회사가 재정적인 지원을 해 주고 있으며, RCI가 GSW에 부설된 이유는 그곳이 카터 부부의 모교이고, 카터 대통령의 생가에서 단지 16킬로미터밖에 떨어져 있지 않아서라고 했다.

나는 이 프로그램이야말로 지금 당장, 그리고 앞으로도 우리나라에 꼭 필요한 프로그램이라고 생각했다. 경제발전과 그에 따른 의료진과 의료시설의 현대화, 그리고 국민건강보험제도의 도움으로 우리 국민의 평균 수명과 기대 수명이 매년 늘어나서 이제는 고령사회를 지나 초고령사회로 진입하고 있기 때문에 초고령 인구의 간호를 위한 돌봄이의 역할은 점점 더 커져만 갈 것이 뻔했다.[9] 이

9 고령 사회와 초고령시회의 기준은, 65세 인구가 전체인구의 14%가 되면 고령사회라고 하고, 65세 인구가 전체인구의 20%를 넘으면 초고령사회라고 하는데, 얼마 전까지만 해도 우리가 2025년이 되면 초고령사회로 진입할 것으로 예측했었지만, 2021년에 이미 전국 시·군·구 42%가 초고령사회로 진입했다고 한다. 미국은 초고령사회로 가는 데 100년이 걸렸고, 일본도 26년이나 걸렸는데, 우리는 일본보다도 더 빠른 속도로 초고령사회로 가고 있다.

런 상황을 염두에 두고, 나는 블랜차드 총장에게 로잘린 카터에게 잘 이야기해서 GSW에 부설된 RCI와 우리가 상호 협약을 통해 RCI-Korea를 만들어 보자고 제의를 했다.

RCI-Korea의 설립과 카터 대통령 부부의 학교 방문

블랜차드 총장은 우리 학교를 방문했을 때 온라인을 통한「다문화가정 e-배움 캠페인」이 성공을 거두고 있는 것을 목격했기 때문에 RCI-Korea 프로그램도 성공할 수 있다고 확신했다. 우리가 RCI-Korea 프로그램을 온라인용으로 개발하면 그 프로그램은 온라인을 통해 급속도로 널리 파급될 것이라고 생각한 블랜차드 총장이 카터 대통령 부부에게 우리 온라인프로그램을 소개했고, 카터 대통령 부부는 RCI-Korea가 '사랑의 집 짓기Habitat for Humanity' 이상으로 세계에 파급효과가 있을 것으로 기대했다. 우리 학교로서는 GSW의 RCI가 그간 축적한 지식과 경험을 벤치마킹bench-marking해야 했고, GSW는 우리의 온라인 매커니즘mechanism을 이용하여 RCI 세계화를 해 보겠다는 생각이 있었으므로, 두 기관의 이해관계가 맞아 떨어진 셈이었다.

나는 이 프로그램은 학생들을 위해서는 교과목으로 개발할 수도 있고, 우리 사회를 위해서는 좋은 봉사 사업이 될 것으로 믿었다. 블랜차드 총장은 2009년 4월 24일 이메일로 카터 대통령 내외와 RCI의 이사들이 내가 제안한 RCI-Korea의 설립과 우리 학교와 공동으로 운영하자는 제안에 동의했다고 연락해 왔다. 카터 여사는 RCI를 재정적으로 지원하는 존슨 앤드 존슨Johnson & Johnson 제약회사에도 이 사실을 통보했다고 했다. 또한 RCI의 교재 중에서 실무적인 것은 그곳에서 이미 개발한 것이니 그대로 사용하지만, 이 프로그램이 문화적으로 상이한 나라에 접목을 하기 위한 통문화적인 이해cross-cultural understanding는 한국디지털대학교가 개발하는 것이 좋겠다는 의견을 보내왔다. 그야말로 블랜차드와 나의 40여 년에 걸친 우정의 결과였다.

나는 블랜차드 총장에게 기왕 두 기관과 대대적인 교류를 할 바에야 이 기회에 블랜차드 총장 내외와 카터 대통령 내외가 우리 학교를 방문하고 협약식에도 참석하면 좋지 않겠느냐고 물었다. 2010년 3월이 어떠냐고 해서 그러기로 했다. 그러는 사이에, 두 학교의 교과과정을 마무리 짓기 위해 GSW의 소장이 2009년 10월 26일부터 30일까지 우리 학교에 와서 우리 실무진들과 함께 모든 과정을 점검해 나갔다. 정식협정식은 2010년에 하더라도 그간 교재 개발에 박차를 가해서 '케어기빙의 기초'라는 과목을 2010년 1학기에 개설했는데, 수강신청 학생수가 434명이나 되어서 고무적이었다. 2학기의 '케어기빙의 도전과 보상'이라는 과목에도 360여 명의 학생이 수강신청을 하여 분반을 하지 않을 수가 없을 정도로 학생들의 관심이 컸다. 카터 대통령 부부와 블랜차드 총장은 이 프로그램이 중국과 일본에도 널리 소개될 수 있을 것이라는 기대를 했다.

비록 퇴임한 대통령이지만, 미국 전직 대통령의 방문에 관한 동선은 철저히 보안을 유지해야 되고 사전답사도 해야 하는 등의 절차가 복잡했다. 카터 대통령 내외의 방문일자는 2010년 3월 21일에 애틀랜타를 떠나 한국으로 왔다가 3월 24일에 귀국하는 일정이었으나 대외비였다. 또한 이 협약식은 카터 대통령의 영부인이 주빈이었어도 3박 4일간을 부인 일정만 따라다니기도 애매하기에 나는 카터 대통령이 할 일을 따로 만들어야 했다. 이걸로 끝이 아니었다. 카터 대통령 내외가 한국에 머무는 동안에 사용할 자동차와 그가 머물 호텔에 관해서는 미국대사관이 알아서 준비를 한다고 했다. 경호는 애틀랜타에 소재하는 대통령경호실 소속 경호원 선발대가 와서 사전에 학교시설을 위시해서 모든 대통령 내외의 동선을 미리 점검하고, 주한 미국 대사관과 종로경찰서와도 긴밀히 협조를 할 것이라고 했다. 나는 속으로 내가 엄청난 일을 벌려 놓았구나 하는 생각이 들었다.

카터 대통령에 관한 여담

나는 김재호『동아일보』사장에게 부탁하여 카터 대통령을 인촌강좌에 강연을 하도록 주선했다. 지금까지 세계 유수한 인사들이 인촌 강좌에 연사로 초빙되었지만, 전직이라도 미국 대통령은 처음이었다. 그런데 강사료를 몰랐다. 카터 대통령의 비서에게 강사료를 문의하였더니 보통은 3~4만 달러를 받는다고 했다. 내 반응이 '너무 비싸다'는 표현으로 들렸던지, 비서실은 카터 대통령에게 직접 물어보고 다시 연락을 해 주겠다고 했다. 다음 날 연락이 왔는데, 카터 대통령은 마음 같아서는 단 한 푼도 받고 싶지 않지만, 그것이 선례가 되는 것이 걱정이 되니 보통 받는 강사료honorarium의 삼분의 일만 주면 되겠다고 했다는 것이다. 그러면서 카터 대통령은 그가 받은 강사료는 후에 RCI-Korea에 기부금 형태로 돌려주겠다고 했다. 결과적으로는 내가 카터 대통령의 강의료를 깎은 것 같아서 마음이 편치 않았다. 지불할 강사료의 반은 인촌재단에서 보조를 받기로 하고, 나머지 반은 고려대학교 이기수 총장에게 고려대학교에서 일정을 소화하는 것으로 하고 그 금액을 지원해 달라고 부탁해서 즉석에서 허락을 받았다. 이 이야기를 들은 블랜차드 총장은 자기가 카터 대통령을 안 지도 오래되었지만, 카터 대통령의 강연료를 할인 받은 사람은 이 세상에서 내가 처음이자 마지막일 것이라고 했다.

그런데 카터 대통령은 나와 블랜차드 총장을 한 번 더 놀라게 했다. 이번에는 비행기표를 예약을 할 때인데, 나는 응당 비행기표는 미국 대통령의 위상을 생각해서 애틀랜타공항에서 인천까지 1등석으로 모셔야 할 것으로 생각했다. 그런데 직접 비서를 통해 나에게 전하라고 한 카터 대통령의 지시는, 학교가 비행기표를 예약할 때 1등석으로 예약하지 말고 비지니스 클래스business class로 예약을 해 달라는 것이었다. 그러면 자기들에게 적립된 마일리지를 이용하여 1등석으로 격상upgrade시키겠다는 것이었다. 나는 그때서야 카터 대통령이 많은 사람들로부터 존경을 받는 이유를 알 것만 같았다.

카터 대통령 부부가 도착하기 전에 미국에서 온 보안담당직원들과 한국 경찰 외사과 직원들의 활동이 본격적으로 시작되었다. 내 사무실은 말할 것도 없고 화장실을 포함한 모든 시설을 철저하게 검색을 하고 보안 딱지들을 여기저기 붙여 놓았다. 나는 미국 전직 대통령의 경호가 이렇게 철저한 줄은 몰랐다. 그러나 한국 경찰이 내게 알려준 바에 의하면, 미국의 전직 대통령은 다른 나라의 현직 대통령과 꼭 같은 예우를 해야 한다는 것이었다. 팔십 평생 이렇게 보안검사를 받아 보기는 1987년 이후로 두 번째였다.

첫 번째는 1988년 하계 올림픽을 하기 일 년 전인 1987년이었다. 그때는 아직 동구공산권이 붕괴되기 전이어서 냉전 기류가 팽배할 때였는데 한국일보사와 백상재단이 주관하고 인류학자인 강신표 교수가 주축이 되어 「올림픽과 동·서·남·북 문화교류: 제1회 국제올림픽 문화학술대회」를 개최했다. 이 국제회의 개최의 이면에는, 이 회의에 동구 유럽 여러 나라의 인류학자들의 참여 정도를 보면 곧 다음 해 올림픽에 참여할 동구 공산국의 범위를 가늠할 수 있기 때문에 그걸 파악하고자 하는 뜻도 있었다.[10, 11] 사실 그 당시 동구 공산권 국가에서 인류학자들을 파견한 나라들은 모두 다음 해 올림픽에 자국의 선수들을 파견했다.

인류학–특히 고고학–을 국제회의의 주제로 택한 이유는 인류학이 현대 올

10 이 학회는 국제올림픽 문화학술대회 조직위원회가 주관하고 백상재단과 한국일보가 주최가 되어 1987년 8월 17일부터 19일까지 서울 타워호텔에서 거행되었는데, 참가자는 한국 학자 17명 외에도 세계의 동·서·남·북에서 온 32명의 석학들이 37편의 논문을 발표하는, 올림픽 관련으로는 최대의 국제적인 학술대회였다. 나는 이 학회에서 영문으로 된 「문화교류와 변동 요인으로 서의 올림픽 경기」라는 논문을 발표했으며, 후에 한양대학교가 이 논문들을 정리하여 영문과 국문으로 된 단행본으로 출판했다(Choong Soon Kim, "The Olympic Games as a Force of Cultural Exchange and Change," In *The Olympics and East/West and South/North Cultural Exchange*, edited by Shin–pyo Kang, John MacAloon, Robert DMatta [Seoul: The Institute for Ethnological Studies, Hanyang University, 1988]), pp. 191–206.

11 인류학과 올림픽의 관계는 긴밀하다. 만일 고고학자(인류학자)들이 올림피아 유적지를 발굴하지 못했더라면 현대 올림픽의 창시자인 피에르 드 쿠베르탱(Pierre de Frédy, Baron de Coubertin, 1863~1937)은 올림픽을 아예 조직하지 못했을 것이다. 그리고 초창기의 올림픽 행사는 인종적인 축제이기도 했다. 1904년 미국 세인트 루이스Saint Louis 올림픽은 각국 문화의 경연장이 되기도 해서, "인류학의 날"로 알려져 있기도 하다.

림픽 시작에 공헌을 했다는 점 이외에도, 가장 정치색이 없는 학문이기 때문일 것이다. 그때까지는 아직 학자들도 공산권 출신의 학자들과의 상대를 꺼릴 때라, 오히려 주최측에서 공산권 출신의 인류학자들이 머무는 호텔 층에 내 방을 지정해 주고, 내게 그들과 접촉해 줄 것을 부탁했다. 그때 내 방과 화장실까지 중앙정보부(당시 이름) 직원들이 철저하게 조사하고, 붉은 딱지를 여기저기 붙이던 것을 본 게 삼엄한 보안에 관한 첫 경험이었다.

이번에는 우리 집에서 시작하여 학교의 총장실은 물론, 카터 부부가 사용할 것으로 생각되는 학교 화장실까지도 철저한 보안검사를 했다. 그때까지만 해도 나는 주미 한국대사로 있던 캐슬린 스티븐스Kathleen Stephens가 1975년부터 1977년까지 평화봉사단의 일원으로 한국에서 봉사를 했으며, '심은경'이라는 한국 이름까지 있는 것도 몰랐고, 개인적으로 인사도 한 적도 없었다. 그러나 카터 대통령 방한 준비를 위해 자주 만나다 보니 친구가 됐고, 그 이후부터 나는 주한 미국 대사관 행사에 '붙박이' 초청대상이 되었다.

대부분의 사람들은 별로 알려지지도 않은 신생 온라인 대학교가 미국의 전직 대통령 내외를 초청하여 행사를 벌이는 것을 보고, 내가 카터 대통령의 고향 조지아주에서 학교를 다녔기 때문에 개인적으로 친분이 있는 것으로 생각하는 사람들이 많았다. 그러나 내가 '카터'라는 사람의 이름을 알게 된 것은 그가 조지아주 주지사(1971~1975)로 당선되었을 때이다. 그때 나는 이미 조지아주를 떠난 후였다. 내가 카터라는 이름과 관계된 일이라고는 1990년 5월 5일, 조지아주 아시아연구기구Asian Studies Consortium of Georgia의 초청으로 에모리대학교에 부설된 '카터 센터The Carter Presidential Center of Emory University'에서 '한국 산업과 산업 종사자'에 대한 강연을 한 것이 전부였다.

블랜차드 총장이 내가 쓴 조지아에 대한 책과 논문들을 카터 대통령에게 읽어 보라고 전하면서 카터 대통령은 나를 알게 되었다. 다독가多讀家이자 속독가速讀家로 알려진 카터 대통령은, 미국 남부에 관한 내 책을 모두 읽고 난 후 2009년 8월 5일자로 내게 "… 벌채꾼들과 인디언들에 대한 이야기는 참으로 흥미롭다.… 나는 김 교수의 책을 통해 내 이웃들에 대해서 많은 것을 배웠다"는 내용의 손 편지를 보내주었다.

조지아주는 나에게는 제2의 고향이다. 나는 조지아주 사람들과 조지아에 있는 학교의 도움으로 박사학위도 받았고, 결혼 후 첫 살림도 그곳에서 시작했으며, 내 두 아이가 태어나서 자란 곳도 그곳이다. 그렇게 고맙고 후덕한 사람들과 함께 다시 좋은 프로그램을 같이 한다는 사실은 기쁘지 않을 수가 없었다.

카터 대통령의 경호담당으로, 대통령 내외에 앞서 선발대로 온 경호팀장이 내가 조지아에서 공부를 한 것을 알고 나를 찾아오더니 같은 조지아주 출신이라며 인사했다. 내가 살던 옛날 조지아와 애틀랜타에 관한 이야기를 나누는 중에, 나는 그에게 미국의 풍속을 몰라서 추수감사절에 학교가 문을 닫는 것을 모르고 있는 나를 자기 본가인 남쪽 조지아의 알바니Albany 집으로 데려가서 명절을 지내게 해 준 흑인 친구를 잊을 수 없다는 이야기를 했다. 흑인인 그는 그 말이 무척 기꺼웠던지 내게 무슨 선물을 주고 싶은데 줄 것이 없다면서 자기 셔츠의 '커프 버튼cuff button'을 풀러 나에게 선물로 주었다. 그러나 내가 왜 미국 대통령은 한국에 오면 늘 X호텔에 투숙하느냐고 물었더니, 그건 '일급 비밀'이라 말해 줄 수 없다고 했다.

2010년 3월 22일, 마침내 카터 대통령 내외가 '로잘린 카터 돌봄이연구소' 공동 설립을 위한 협정식을 체결하기 위해 우리 학교를 방문했다. 편지와 책을 통해 그를 익히 알고 있었지만, 실제로 대면을 하기는 처음이었다. 늘 TV와 신문을 통해보던 인자한 모습 그대로였다. 소문에 듣던 대로, 비행기에서 내릴 때도 그는 손가방 하나를 손수 들고 내렸다. 보좌하는 비서가 있었지만, 자기의 손가방은 자신이 들고 다닌다는 신조를 신앙처럼 지키는 그를 내 눈으로 직접 보았다. 아주 편한 복장에 허름한 신발을 신고 인자한 표정을 한 그의 독특한 미소가 주위 사람들의 시선을 끌었다.

같은 날 2010년 3월 22일 오전 10시 30분에 RCI-Korea 협약식이 열렸다. 이를 위해 한국디지털대학교 교사는 철저한 보안 검사와 보안 조치를 했고, 대

9-5. 총장실에서 카터 대통령 내외와 환담하는 필자 내외.

사관에서는 참석인원을 가능하면 최소화해 주기를 원했다. 학교는 당일에 간단한 보도자료만을 배포했으며, 신문의 사전 보도도 엄격히 제한했다. 『동아일보』와 『동아닷컴』에 보도하는 조건으로 『동아일보』의 정미경 차장이 로잘린 카터와 단독인터뷰를 하도록 사전 조율이 됐다. 카터 여사는 협정식 축사에서 다음과 같이 말했다.

(인사말 생략)… 저는 케어기빙의 필요성을 생생한 경험을 통해 잘 알고 있습니다. 제가 12살이었을 때, 저희 아버지는 백혈병 말기 선고를 받으셨습니다. 저는 4남매 중 장녀이자 유일한 딸로서 34세의 어머니를 도와야 했습니다. 아버지가 돌아가신 직후, 저희는 할머니, 할아버지와 함께 살게 되었습니다. 당시 일흔이셨던 할아버지께서는 94세에 돌아가셨습니다. 할아버지는 마지막 몇

9-6. RCI-Korea 협약식.
왼쪽부터 김정배 이사장, 켄달 블랜차드 GSW 총장, 카터 대통령, 로잘린 카터 여사, 그리고 필자.

해를 병상에서 보내시다 돌아가셨습니다. 최근에는 시어머니, 아주버님, 그리고 시누이들이 모두 말기암으로 고생하시는 것을 옆에서 지켜보면서 케어기빙의 중요성을 더욱 뼈저리게 느꼈습니다. 우리가 백악관을 떠나 고향으로 돌아온 후, 그분들은 한 분씩 세상을 떠나셨습니다. 저는 이처럼 케어기빙의 다양한 차원을 소중하게 생각할 기회가 많았습니다. 케어와 기빙의 다양한 경험들이 아무도 이런 일을 하지 않고 있을 때 저로 하여금 로잘린 카터 연구소를 설립하게 한 밑거름이 된 것입니다. … 사랑하는 사람을 돌보는 많은 분들은 이렇게 소외감, 외로움, 부족함, 절망감, 그리고 기댈 곳이 없는 불안감 때문에 고통받고 계십니다. 케어기버들은 이렇게 감당하기 힘든 스트레스를 호소하는 경우가 많습니다. 만성질환을 앓고 있는 아내를 둔 한 남자분은 "저는 자주 울지만, 아내에게 그런 모습을 보여주지 않습니다"라고 하셨고, 다른 젊은 여성분은 "친구들이 이제 제게 전화를 하면 항상 아픈 제 남편이 어떤지 물어봐요. 제가 어떤지는 한 번도 물어본 적이 없어요"라고 하셨습니다.

… 우리가 직면한 것은 기대수명의 연장이라는 축복과 함께 지병, 장애, 그리고 돌봄에 대한 필요가 높은 비율로 증가하고 있다는 것입니다. 조사에 의하면 80세 이상 노인 중 30%는 기본적인 생활을 하기 위해 매일 도움을 필요로 한다고 합니다. 그리고 이렇게 돌봄을 필요로 하는 80세 이상의 노인 집단은 전 세계적으로 가장 빠르게 성장하고 있습니다. 한국이나 미국에서 돌봄을 제공하는 비율이 가장 높은 집단이 가족입니다. 노인이나 장애를 가진 사람들의 경우 80%가 가족들의 돌봄을 받고 있습니다.

… 오늘 우리는 매우 중요한 협력관계를 축하하기 위해 모였습니다. 그 협력관계는 케어기빙에 대한 정보가 한국에 더 퍼질 수 있게 하는 관계입니다. 로잘린 카터 연구소와 고려사이버대학 간의 협력관계는 가족 케어기버, 사회복지 및 의료전문가들, 그리고 정부와 기관의 대표들에게 가치 있는 정보를 제공할 것입니다. 그리고 발전된 기술 덕분에 케어기버들은 집에서도 교육을 받을 수 있게 되었습니다… (생략) 로잘린 카터 연구소에서는 가족과 전문 케어기버들의 업무를 더욱 잘 이해하고 지원해 주기 위해 20여 년 동안 이 분야를 연구했습니다. 이번 프로젝트에서는 로잘린 카터연구소와 고려사이버대학교가 미국과 한국 두 곳에서 모두 제공되는 새로운 교과과정을 만들기 위해 함께 애쓸 것입니다. 그 교육과정은 우리가 미국에서 가르친 경험을 토대로 만들어질 것입니다. 각 수업은 비교문화적 관점을 통합시켜 전체 교육과정이 케어기빙을 글로벌 문제로 접근할 수 있도록 구성될 것입니다. 이것이 최초의 케어기빙 국제교육과정이 될 것이라 생각합니다….

2010년 3월 22일 로잘린 카터[12]

12 로잘린 카터의 연설문 전문은 『고려사이버대학교 10년사』(서울: 고려사이버대학교 출판부, 2011) 부록(pp. 487-489)에 첨부되어 있으며, 한국말 번역은 필자가 한 것이다.

9-7. RCI-Korea 협약식에서 축사를 하는 로잘린 카터 여사.

협약식을 끝내고 내빈들과 함께 학교에서 가까운 삼청각에서 오찬을 하고 손님들과 인사를 하는 등 정신이 없었는데, 로잘린 카터가 기념사를 하는 틈에 한국의 영자신문인 『코리아 타임스*The Korea Times*』 사장이 카터 대통령한테 직접 연락해서 인터뷰를 했다고 들었다. 협정식이 끝난 저녁 호텔에서 카터 여사는 남편에게 "오늘은 내가 주빈인 날인데 왜 당신이 어느 신문과 인터뷰를 해서 내 행사가 김이 새게 하느냐?"고 항의하는 것을 보았다. 남편이 부인들에게 쩔쩔매는 것은 세계 공통인지도 모르겠다. 그날은 유별나게 3월 22일인데도 함박눈이 발목이 묻힐 정도로 쌓여서 학교에서 행사를 마치고 호텔로 가는 서울 풍경은 낭만적이었다. 그러나 그렇게 쌓인 눈이 금세 녹아버리는 것을 보면서 "봄눈 녹듯 한다"는 말의 뜻을 이해할 수가 있었다. 저녁은 호텔 레스토랑 별실에서 카터 대통령 부부, 블랜차드 총장 부부, 그리고 우리 내외 등 세 가족이 오붓한 저녁 만찬을 즐겼다.

그날 저녁 만찬을 끝내고 우리 내외는 집으로 돌아왔는데, 로잘린 카터와 블랜차드 총장의 부인 코니Connie Blanchard는 우리와 헤어진 후, 경호원들을 따돌리고 둘이서 몰래 이태원 밤거리 구경을 나갔다는 얘기를 다음 날 듣고 놀랐다. 어떻게 한미 경호원들의 그 삼엄한 경호를 뚫고 이태원까지 걸어가서 야경을 즐기고 개인적인 쇼핑을 할 수 있었단 말인가? 세상에 '물샐틈없이' 완벽한 경호를 한다는 것은 불가능한 모양이다.

다음 날은 인촌 기념강좌에서 카터 대통령이 연설을 하기로 되어 있어서 내가 “오늘은 카터 대통령 날”이라고 농담을 했고, 그날 로잘린 카터는 아무런 일정을 잡지 않았다. 강연 후에는 이기수 총장과 카터 대통령의 대담도 있었다. 인촌에 관해 잘 모르는 카터 대통령을 위해 김재호 『동아일보』 사장(인촌의 증손자)은 내가 쓴 영문으로 된 인촌에 관한 책 한 권을 카터 대통령에게 증정했다. 나중에 카터 대통령이 말하길, 이 책을 강연 전에 미리 읽었기에 인촌에 관한 배경을 이해할 수가 있어서 큰 도움이 됐다고 했다.[13] 그러나 일부 고려대학교 교우 중에는, 재임기간 중인 1978년 4월에 3,000명의 주한 미군을 철수시킨 사람을 ‘인촌 강좌’에 불렀다면서 나를 질책했다는 이야기를 나중에 들었다.

누가 뭐라고 해도 나는 인촌 기념강좌 연사 명단 중에 지미 카터 대통령이 포함된 것을 자랑스럽게 생각한다. 미국 대통령으로서의 그의 위상보다는 그가 세상 사람들에게 보여주는 인본사상을 존경하기 때문이다. 내가 카터 대통령을 개인적으로 존경하는 것은 그의 인성 때문이다. 그는 현직 대통령 재임 시절 여러 가지로 어려움을 겪었고, 특히 미국의 외교관들이 이란에서 수모를 당하는 사건을 겪기도 했으며, 동부의 지성인들 사이에서 그 역량이 이전의 38명의 전직 대통령들에 미치지 못하는 대통령으로 평가되었던 것도 사실이다. 그러나 그의 무한한 인간애와 박애정신, 그리고 약자를 위하는 인간성은 미국의 역대 대통령 중에서 어느 누구에게도 뒤지지 않는다고 생각한다.

‘통일부장관Minister of Unification’을 ‘통일교 교주’로 착각

고려대학교에서의 일정이 모두 끝나고 이기수 고려대학교 총장 주최의 만찬에서 나는 블랜차드 총장으로부터 아주 흥미로운 질문을 받았다. 그는 나에게 우리 옆 ‘테이블’에 앉은 현인택 통일부 장관을 가리키면서 “저 사람이 바로 통일

13 Kim, *A Korean Nationalist Entrepreneur*.

교의 교주 문선명이냐?"고 물었다. 현 장관이 영문으로 '통일부 장관Minister of Unification'이라고 쓴 명찰을 달고 있었기 때문에 블랜차드 총장이 '통일교 목사'로 오해한 것이다. 현 장관은 고려대학교 정치외교학과 교수를 하다가 이명박 대통령에 의해 통일부 장관으로 발탁된 분인데, 미국 정부에는 우리 '통일부'에 해당하는 부서가 없어서 그런 부처 이름이 미국 사람들에게는 생소했다. 또 우리는 장관을 '미니스터Minister'라고 영역을 하지만, 미국에서는 장관을 '시크리터리Secretary'라고 부르기 때문에 장관이라고 생각하지 못한 것이다. 그 사람이 장관이라는 사실을 알고 우리 둘이 배꼽을 잡고 웃었다.

어찌됐든 RCI-Korea가 설립되고, 그 프로그램이 정해진 후에도 케어기빙 전공이라는 독립된 학과를 개설하기보다는 이에 관계되는 사회사업 및 사회복지학과의 학생들 중에서 이 방면에 관심이 있는 학생들이 전공 과목 외에(더하여) 케어기빙에서 정한 과목을 택하면 그 학생의 전공과는 관계없이 전문 케어기버의 자격을 부여하는 수료증을 받게 되어 있었다. 그 수료증은 한·미 두 나라에서 통용될 수 있도록 영어와 한글로 되어있고, 나와 미국 파트너인 GSW 총장이 공동으로 서명하는 수료증을 수여하기로 했다. 졸업 때가 되면 한·미 두 대학이 공동으로 수여하는 자격증 신청자가 수백 명에 달할 정도로 인기가 있었다. 이 두 프로그램을 보강하기 위해서 우리 학교 교수들도 미국의 GSW가 있는 아메리커스를 방문했고, GSW의 RCI 간부들도 우리 학교에 와서 며칠씩 교과과정을 지속적으로 조율하는 작업들을 공동으로 했다. GSW, 고려사이버대학교, 그리고 로잘린 카터의 궁극적인 목표는 우리가 개발한 한국식 모델을 중국과 일본에 소개하여 RCI를 아시아화하는 것이었다. 그러나 이 프로그램이 한창 번영일로에 있던 즈음에 내가 고려사이버대학을 떠나게 됐고, 블랜차드 총장도 은퇴를 했다. 그 후 이 프로그램의 진행에 관해서 나는 자세히 알지 못한다.

다민족사회로 가고 있는 한국

내가 다문화 가정에 특별히 관심을 갖게 된 여러 가지 이유 중에 내 둘째 며느리가 미국 남부 출신 백인이라는 점도 작용했을 것이다. 또한 한국에 외국 출신 신부들의 수가 늘어남에 따라, '단일 민족'을 표방하는 한국 사람들이 외국인들을 차별 대우하고, 서구식 다문화주의를 거부하고 있다고 오해를 하는 외국 기관들의 시선을 바로잡고 싶은 생각도 있었다.

"순수혈통을 지닌 단일민족"이라는 말

'다문화주의multiculturalism'의 권위자로 알려진 윌 킴리카Will Kymlica에 의하면, 지구상에서 단지 아이슬란드Iceland와 한국 두 나라만이 인종적으로나 문화적으로 동질성을 유지하고 있는 나라라고 했다.[14] 한국인 중에서도 우리가 단일민족으로 순수한 혈통을 지녔다는 인종적 민족주의ethnic nationalism를 주장하는 사람이 적지 않다. 그런 점 때문인지 2007년 UN의 '인종차별철폐위원회UN Commission on the Elimination of Racial Discrimination, CERD'는 한국 사람들이 '혼혈mixed blood'이나 '순혈pure blood'이라는 용어를 사용하는 것 자체가 인종차별을 조장하는 것처럼 보일 수 있으니, 이런 단어를 사용하지 말 것을 권고했다. 그러나 사실 한국은 14~15세기에 조선의 태조 이성계가 이미 여진족 차별을 금했을 정도로 열린 마음을 갖고 있었다. 그럼에도 우리가 인종적 민족주의라는 말과 그런 사상을 갖게 된 것은 비교적 근래에 외세의 침탈과 압력에 대한 반작용으로 형성된 것이다. 인종적 민족주의 역사관은 거의 1세기가 넘도록 한국 역

---

14 Will Kymlica, *Multicultural Citizenship* (NY: Oxford University Press, 1995), p. 196, n 1. 그러나 그가 2007년에 출판한 책에서는 포르투갈Portugal을 추가하였다(See Will Kymlica, *Multicultural Odysseys: Navigating the New International Politics of Diversity* [NY: Oxford University Press, 2007], p. 62).

9-8. 신정 암벽에 음각으로
새겨진 설명 중에 허황옥의 이름을 찾은
김병모 교수(오른쪽)가 필자(왼쪽)에게
암벽 음각을 설명하는 장면.

허씨 마을 입구에 보주태후 허황옥의
고향이라는 표지석.
그 뒤로 허씨들이 사는 집이 20~30여 채
띄엄띄엄 서 있다.

사의 담론을 주도해 왔다. 특히 1910년부터 시작된 일제의 식민정치 속에서 '국가'를 잃은 백성에게 남은 것은 '민족'밖에 없었기 때문이리라.

내가 한국의 이민의 역사와 국제결혼의 유래를 역사적으로 공부하다 보니 알게 된 이야기가 있었다. 『삼국유사』에 의하면, 옛 가야국(42~532, AD)의 김수로 왕의 왕비 허황옥이 인도 아요디아Ayodia에서 가야로 시집을 왔다. 한국 역사상 문헌으로 남은 첫 번째 국제결혼이었다. 그런데 그 자신이 김수로왕과 허황옥 사이에서 태어난 먼 후손이라고 믿는 고고학자인 김병모 교수가 허황옥의 혼인 길을 고고학적으로 고증 작업을 하는 중 허왕옥은 인도의 아요디아에서 직접 가야로 온 것이 아니라, 중국의 쓰촨성(四川省)의 안웨현(安岳縣)의 푸저우(普州)에 있는 허씨 마을에서 한국으로 왔다는 사실을 알아냈다. 나는 김병모 교수의 자신의 먼 조상의 뿌리를 찾으려는 30여 년간의 학문적인 여정이 너무나 흥미로웠고, 또 역사적으로도 『삼국유사』에 단편적으로 적힌 한국 역사상 첫 국제결혼, 그것도 가야왕국에서 일어난 사실이 너무나 신기해서 나는 이 이야기를 우리가 제작하는 「한국문화시리즈」에 포함시키고 싶었다.

김 교수와 나는 동년배의 인류학자라는 것 이외에, 나를 공부하는 사람으로 인도해 주신 함병춘 선생님의 동서同壻이기에 더욱 친분이 두터웠다. 김 교수가 흔쾌히 허락을 해 준 덕택에, 2015년 10월 11일부터 15일까지 4박 5일간 중국 쓰촨성 안웨현의 허씨 마을을 방문하여, 그곳에서 허황옥의 흔적을 찾는 김 교수의 고고학적 여행을 재현하는 장면을 촬영하게 되었다. 촬영한 콘텐츠는 한국문화시리즈 제6편 "한국 국제결혼의 뿌리*The Roots of International Marriage in Korea*"에 45분짜리 비디오로 푸저우 허씨 마을의 전경과 함께 허황옥의 혼인 길에 대한 김병모 교수의 자세한 설명이 담겨 있다. 김 교수가 연구할 당시에 개별적인 사진 촬영은 해 두었으나, 전 과정을 비디오로 녹화한 일은 없던 터라 우리의 프로젝트는 우리 역사상 최초라고 생각되는 국제결혼에 대한 귀중한 자료로 남게 되었다.

고려왕조 때의 국제결혼

고려(918~1392) 초기에는 부족한 인적자원을 채우기 위하여 개방적인 이민 정책을 펼쳤다. 송나라(960~1279)로부터 문사, 진사, 의인醫人, 악인樂人, 상인, 승려, 역관譯官, 가기歌妓, 점술인까지도 이민자로 받아들였고[15] 북방 방어를 위해 여진족, 거란족, 그리고 발해 유민까지도 받아들였다. 결과적으로 고려시대에 한국에 이주해서 귀화한 사람은 87개의 성씨와 143본을 가지게 된다. 대부분의 이민자들은 중국 왕조의 부침에 따라 일어난 정쟁政爭을 피해서 한국으로 들어와 귀화한 사람이거나, 아니면 만리장성 축조 같은 대역사의 강제노역을 피해 온 사람들이 주류를 이루었다고 한다. 그러나 고려시대의 이민과 귀화는 대부분 고려 초기에 이루어졌으며, 무신의 난이 일어나는 1170년 이후에는 급감했고[16] 게다가 1206년부터 시작된 몽골의 침략과 원나라(몽골제국이 1279년에 세운 국가로 1368년까지 계속)의 지배가 시작되면서 이민과 국제결혼의 양상이 바뀐다.[17]

사실 그 시기에는 고려로 이주해 온 몽골인보다는 몽골로 간 고려인 수가 더 많다. 심지어 1254년에 몽골로 잡혀간 고려인의 수는 206,000명이나 됐는데, 당시 고려 전체 인구의 거의 10%에 해당하는 막대한 숫자라고 한다. 나는 다문화가정 캠페인을 하면서 몽골 출신의 신부를 만날 때마다 놀랐다. 우선 그들의 생김새가 우리와 너무나 비슷하고, 그들이 한국말을 할 때면 거의 외국 억양accent이 없는 것이 신기했다. 750여 년 전에 몽골로 끌려갔던 고려인의 후예가 아닌가 하고 혹시 그들 중에서 한국 성씨를 가진 사람이 있는지를 지속적으로 찾아보았으나 만나지는 못했다. 어떤 몽골인은 내몽고 지역에서 온 사람 중에는

15 박옥걸, 『고려시대의 귀화연구』, pp. 77-79.
16 김정호, 『한국의 귀화성씨: 성씨로 본 우리 민족의 구성』(서울: 지식산업사, 2003), pp. 111-112.
17 김정호, 위의 책, p. 225.

있을지 모른다고 했으나, 아직까지 나는 750여 년 전에 몽골로 잡혀간 한국인의 후예를 만나지 못했다.

일반인을 제외하고, 고려 왕실이 원나라 황제의 사위가 되는 소위 부마駙馬국으로 전락하면서부터 원나라 공주를 왕비로 맞아들여야 했다. 그들에게서 태어난 소생이 고려의 왕이 되는[18] 그런 '정략결혼'은 한 세기 동안 지속되었다. 그리고 충선왕은 우리 역사상에서 가야국의 김수로 왕과 허황옥의 자손 다음으로 '혼혈 태생'인 왕이었다. 한 세기에 걸쳐 원나라 공주가 시집올 때 동행한 사람 중에 고려에 귀화한 사람도 20개의 성씨와 40개의 본을 형성했다고 한다. 고려 때 베트남의 왕손이 귀화한 일도 있었다. 베트남의 이(Lý) 왕가는 1009~1225년까지 9대에 걸쳐 217년간 지속된 베트남의 최초의 장기집권 왕조였으나, 그 왕조의 몰락과 함께 제6대 왕인 리 티엔 토Lý Thiên Tô의 왕자인 이용상李龍祥(원래 이름은 리 롱 뜨엉Lý Long Tường)이 숙청을 피해 몇몇 시종을 대동하고 도망쳤다. 그는 1226년 황해를 거쳐 옹진반도로 접근하던 중, 도적질을 벌이는 왜구를 소탕하는 공로를 세우고 고려인으로 귀화했다고 한다. 1226년에 고려 조정은 그에게 이李씨 성을 사성賜姓하고 본은 그가 정착한 화산으로 하여 화산 이씨의 시조가 되었다. 그는 1253년 몽골이 고려를 침략할 때도 전공을 세웠고 그의 아들 중에 정선 이씨의 시조도 있어 현재 한국 인구 중에서 화산 이씨는 1,775명, 정선 이씨는 3,657명이나 된다. 그 후손들은 서울, 인천, 경북, 충북 등에 살고 있는데, 봉화군 봉성면 창평리에는 이용상의 13세손으로 임진왜란 때 전사한 이장발의 충효 정신을 기리기 위한 충효당이 아직까지도 남아 있다. 도道 문화재로 지정되어 있는 충효당에 주한 베트남 대사가 다녀가기도 했다고 한다.

---

18 이기백에 의하면 고려는 이런 식으로 원나라의 부마국이 되었으며, 고려의 왕자가 왕의 승계자가 되어 고향으로 돌아오기 전까지는 몽고에서 몽고의 이름을 쓰고, 몽골식 머리와 복장을 하며, 몽골 말을 썼다고 한다(Ki-baik Lee, *A New History of Korea*, translated by Edward W. Wagner with Edward J. Schultz [Cambridge, MA: Harvard-Yenching Institute, 1984]), pp. 155-156.

1995년 화산 이씨 종친회 간부들이 처음 베트남을 방문했을 때 그들은 왕족의 후예로서 대우를 받았으며, 그 후에도 이들은 매년 음력 3월 15일에 베트남을 방문하고 있다고 한다.

조선왕조 때의 국제결혼

조선조의 이민자들은 주로 여진과 일본 민간인들로 한정되었고 결과적으로 518년 동안 겨우 31개의 성씨와 60개의 본이 귀화했을 뿐이다. 그중 눈에 띄는 경우는 김충선 같은 경우이다. 본래 사야카(沙也可)라는 이름을 가졌던 김충선은 도요토미 히데요시의 조선 침공 때(1592~1598) 무장 가토 기요마사(加藤淸正)의 선봉장으로 활약한 일본 장군이었으나 조선에 투항했다. 일본의 조총을 조선에 소개해 주었으며, 화약제조법도 가르쳐 주었고 히데요시의 2차 침공 때는 조선군으로 전공을 세웠다. 선조(1567~1608)는 그에게 김金씨 성을 사성하고, 본은 김해로 했다. 정부의 요직에 임명되어 품계는 정2품에 이르렀다. 김충선은 진주 현감의 딸과 결혼했으며, 관직에서 물러난 후에는 대구 근교인 현재 경상북도 달성군 가창면 우록리에 정착했다. 우록리에는 아직도 50여 세대의 김충선 자손들이 살고 있는 집성촌이 있다. 2000년 인구조사통계에 따르면 현재 김충선의 자손은 4,000명 정도라고 한다. 그는 자서전 격인 『모하당문집暮夏堂文集』을 남겼다. 매년 약 1,000명의 일본 관광객들이 우록리를 방문한다고 한다.[19]

일본의 침략이 시작된 19세기 말부터는 일본에서 건너온 거류민이 외국 이민의 주류였지만, 해방 후에 거의 일본으로 돌아간 것으로 보인다. 왕실에서는 고종(1864~1907)의 아들로 순종(1907~1910)의 후계자였던 영친왕 이은이 1920년

19 박기현, 『우리 역사를 바꾼 귀화 성씨: 우리 땅을 선택한 귀화인들의 발자취』(서울: 역사의 아침, 2007), pp. 114-116.

에 일본 황족인 나시모토노미야의 딸 마사코(方子)와 정략결혼을 해야만 했고, 그의 여동생인 덕혜옹주 역시 일본 귀족인 소 다케유키(宗武志) 백작과 정략결혼을 했다. 영친왕과 마사코비의 아들인 이구는 일본에서 태어나서 미국 MIT에서 교육을 받고, 우크라이나Ukrainian계 미국인과 결혼했다가 후에 이혼했다. 이구가 잠시 한국에 와 있는 동안 그는 연대에 시간강사로 출강을 했는데, 나도 연대 통근버스를 탈 때라서 여러 번 함께 퇴근버스를 탄 일이 있다. 얌전하고 조용했으며, 말을 거의 하지 않았고, 한국말을 모르는 것 같기도 했다. 나도 영어를 못할 때라서 대화를 하지 못하고 서로 눈인사가 고작이었다. 긴 대화를 못해 본 것이 못내 아쉬움으로 남는다.

한국의 다문화에 관한 이해와 오해

한국인은 20세기 이전까지는 여러 곳에서 온 이민자들과 평화롭게 공존한 전통과 역사를 가지고 있었음에도 불구하고, 한국 사람들이 외국인들을 싫어하고 혐오한다는 오해가 있었다. 그 이유는 외국인들이 참고할 수 있는 문헌이 드문 것이 가장 큰 원인이라고 생각한다. 근래에 증가한 국제결혼 등으로 인해 국내외에서 건전한 담론을 통해 많은 이해가 이루어지고 있지만, 아직도 몇 가지의 오해는 남아 있다. 그중 세 가지 예만 들어보겠다.

첫째, 한국의 '순혈pure-blooded주의'와 인종적 민족주의ethnic nationalism에 대한 오해이다. 그런 이론을 입증할 직접적인 근거가 없으면서도, 한국인의 인종적인 기원을 선사시대 때 한국인들의 조상이 바이칼호 지역에서 대거 이주한 것이라는 이론을 믿는 경향이 없지 않았다.[20] 그러나 한반도에 거주한 선사시대

20 최정필, "인류학상으로 본 한민족 기원에 대한 비판적 검토,"『한국 상고사 학보』8(1991): 7-43; Nelson, *The Archaeology of Korea*, p. 265.

의 거주자들이 단일민족으로 순수한 혈통을 유지했다는 단서는 전혀 없다. 세라 넬슨도 "[선사시대 때] 단일 민족이 한반도 전역을 휩쓴 일이 없으며 … 2,000여 년 동안에 걸쳐 여러 인간 집단이 한반도에 정착하면서 '모자이크mosaic' 형태의 복합적인 사회를 형성하게 되었다는 가정에 수긍하게 됐다"고 말했다.[21] 근래에 한국 사회는 멀리는 기원전 4~5세기부터 인종적으로 다양했다는 주장이 나오고 있고[22] 현재(2021년 12월 기준)의 남한 인구 51,638,809명 중에서 그 10분의 1에 해당하는 약 5,079,708명이 외국 이민자들의 후예로 분류된다.[23] 특히 지난 수년 사이에 수십 만의 외국 신부들이 한국 남성과 결혼하면서 한국의 인구 구성은 전통적으로 다문화사회였던 나라들 못지않게 다양하고 복잡해졌다.

2003년 통계청의 성씨 및 본관 집계에 의하면, 기존에 있던 성씨 수가 286개였던 것이 2003년 기준으로 증가한 귀화인으로 인해 새로 생긴 성씨가 442개나 된다고 한다.[24] 또 오늘날 131,702(남 120,146; 여 11,556)명의 한국 사람이 외국에서 출생한 배우자를 맞아 살고 있다. 이 사회를 누가 어떻게 순수 혈통의 단일 종족이라고 할 수 있겠는가?

둘째, 결혼이민자들은 본국에서 저소득층에 속하고, 소개소를 통한 매매혼을 했으며, 최소한의 교육만 받았을 것이라는 편견에서 자유롭지 못하다. 다문화가정 출신 자녀들이 가끔 학교나 자신들이 살고 있는 지역사회에서 차별대우를 받는 것도 주원인은 그들의 어머니가 경제적으로 우리나라보다 못사는 나라

21 Nelson, 위의 책, p. 163.

22 몇몇 연구를 시대적으로 열거한다면, 이종명, "고려에 내투한 발해인 고,"『백산학보』4(19680: 199–225; 정병완, "우리나라의 외래 성씨의 구보서 비교: 시조 고,"『방송통신대학노문집』, 13(1991): 91–122; 황운룡, "귀화 성씨 시조 동래 설,"『부산여자대학사학』, 10, 11(1993); 297–320; 이종일, "중국에서 동내 귀화한 사람의 성씨와 그 자손의 신분 지위,"『소헌 남도영 박사 고희기념 역사논총』, (서울: 민족문화사, 1993), pp. 321–348).

23 이민자의 후예에 관한 통계와 남한 인구 통계는 각기 다른 해의 통계이기는 하지만 대충 비교하는 것은 가능한 숫자라고 하겠다 (김정호,『한국의 귀화성씨』, pp. 219–222 참조).

24 2003년 통계청의 발표에 따르면, 대표적인 귀하 성씨는 필리핀계 145개, 일본계 139개, 중국계 83개, 기타 75개 등이라고 한다. 귀화 성씨 중 가장 많은 수는 필리핀계라고 알려져 있다.

출신이고 그중에서도 저소득층에 속할 것이라는 편견 때문이다. 그러나 그런 일반화는 위험하다.

셋째, 현재 한국에서 서구식 다문화주의는 대세로 받아들여지고 있다. 서구식 다문화주의가 사회정의에 맞고 세계의 거의 모든 국가들이 받아들이기 때문이라기보다는 한국의 인구통계학적인 현실이 서구식 다문화주의를 부정할 수 없기 때문일 것이다. 내가 2011년에 한국 소개서를 쓸 때만 해도, 1990년 말부터 세계 180여 국가에서 온 이주자들은 55만 7천여 명이었고, 외국 노동자 수는 67개국에서 온 18만 1천 671명이었다. 그러나 2020년의 통계를 보면 외국인 총수는 215만 명으로 총 인구대비 4.1%였다. 2020년 이후 '코로나 19'의 영향으로 외국인의 수가 다소 감소되었다고는 하지만, 외국 출신의 인구 구성비가 우리 인구의 5%를 넘는 것은 시간문제인 것 같다.

인구통계학적으로 볼 때, 우리나라는 세계 193개국 중에서 합계출산율[25]이 2021년에 0.82%로 안 그래도 OECD 35개국 중에 최저였는데, 2022년 2분기출산율은 0.75%로 줄어들었으니 세계 최저가 될 가능성도 없지 않다.[26] 이 상태가 지속된다면 2050년에는 한국은 매년 1백만 명에서 3백만 명 정도의 외국인 이민자들이 필요할 것이며, 수천 내지 수만의 외국 신부들이 한국 남성과 결혼하여 살게 될 것이라고 한다.[27] 이것이 현실이라면, 서구식 다문화주의에 역행하는 어떤 이론이나 담론도 생겨날 여지가 없다. 또 매사를 '빨리빨리'하려는 우리 국민의 성격이 한국의 다문화주의의 실천도 빨리할 것이라고 생각한다.

---

25 합계출산율이란 가임기(15~49세) 여성이 평생 동안 낳을 것으로 예상되는 평균 출생아 수를 나타내는 지표다. 2020년 한국의 합계출산율은 0.84명으로 OECD국가 중에서 최저이다.

26 『조선일보』 2022년 2월 24일, p. A-2 참조.

27 『매일경제신문』 2009년 5월 22일, pp. A-6, 29.

온라인 교육방식을 통한 사회 기여의 가능성

내가 만 16년간 온라인대학교의 총장을 하면서 우리나라에서 온라인대학이 단순히 오프라인대학의 교육방식에 대한 대안으로 그치는 것이 아니라, 우리 사회를 위해 오프라인대학이 할 수 없는 영역에서 큰 역할을 할 수 있다는 가능성을 보았다.

내가 처음 온라인대학교 총장직을 시작할 때는 온라인대학이 일반 가정에도 기여할 것이라는 것은 상상도 하지 못했다. 학교에서 학생들을 수시로 만날 수 없는 것이 온라인대학의 특성이었기 때문에 나는 틈만 나면 지역 순회를 갔다. 한번은 부산 지역 모임이었는데 그날 모인 우리 학생들의 부인들이 내가 감히 상상도 못한 부탁을 했다.

그 부탁은 자기 남편들을 졸업시키지 말아 달라는 것이었는데, 처음에는 농담인 줄 알았으나 그들의 요구는 자못 진지했다. 그 이유는 두 가지인데, 하나는 남편들이 저녁에 공부를 하느라고 술잔을 기울이는 빈도가 줄어 절주節酒 단계에서 마침내 금주禁酒까지 하게 되어 가계에 큰 도움이 된다는 것이었고, 둘째로는 아버지가 공부하는 모습을 본 아이들도 자연스레 아버지를 따라 공부를 하다 보니 아이들 성적이 올랐다는 것이다. 한 부인은 처음에는 저렇게 공부하는 것이 며칠이나 갈까 했었지만, 그런 면학 분위기가 온 식구에게 지속적으로 영향을 끼치니 그렇게 좋을 수가 없다면서 등록금도 오프라인대학에 비교도 안 될 정도로 저렴하니 제발 자기네 남편들을 졸업을 시키지 말고 유급을 시켜달라는 이야기를 했다.

무엇보다도, 나는 우리가 온라인 대학의 교육방식을 잘 활용하여 사회봉사 사업도 할 수 있다는 가능성을 보았다. 케어기빙 프로그램을 온라인상으로 교환할 수 있었고, 「다문화가정 e-배움 캠페인」을 통해 한국 남성과 결혼하여 한국으로 이주한 외국 신부들에게 가르치던 한글 콘텐츠를 전 세계차원으로 확대시켜 한글 세계화에 기여할 수 있는 여지도 보았다. 동시에 한류의 붐을 타고 세계적인 관심을 모은 한국문화에 대한 갈증을 조금이라도 해소시켜 준다는 의미에서 만든 「한국문화시리즈」 같은 프로그램을 통해 온라인 교육의 진가를 발휘할 수 있다고 생각한다.

특히 2020년 초부터 시작한 COVID 19로 인한 펜데믹 때 비대면 온라인 교육방식이 없었다면, 교육 공백을 어떻게 해소했겠는가? 46년간의 긴 세월을 미국과 한국의 대학교에서 교수 생활을 했지만, 2001년 2월 20일부터 2017년 2월 20일까지 16년간 열심히 고려사이버대학교의 총장으로 학교의 발전을 위해 봉직할 수 있었던 것이 내 생애에서 가장 보람 있는 일이었다고 생각한다.

책을 맺으며 —선택적인 기억들

제10장

나는 교직생활을 오래한 덕분에 결혼식 주례 부탁을 자주 받는다. 그 이유를 물어보았더니, 의외로 내가 '복노인福老人'이기 때문이라는 대답이 돌아왔다. 그들 눈에는 내가 복노인으로 보이는 모양이다. 남이 보기에는 미국 유학을 가서 박사를 하고, 미국에서 교수생활을 30년이 넘도록 한 다음, 은퇴할 시점에 한국에 돌아와서는 온라인대학교의 총장직을 장장 16년간이나 했고, 우리 집사람과 50년이 넘도록 잘 살고 있는 데다가 두 아들, 며느리와 손자 손녀 모두 11명의 가족 구성원들이 건강한 가운데 각자가 제자리에서 열심히 살고 있기 때문에 그렇게 생각하는 모양이다.

그러나 속속들이 알고 보면 나는 태어날 때부터 약골弱骨이자 병골病骨로 태어나서 지금까지 목숨을 부지해 온 것도 기적이다. 어려서는 여름이면 '말라리아malaria'를 달고 살았고, 겨울이면 감기를 끼고 살았다. 나이 들면서 관상동맥 우회술도 했고, 암癌과의 투병도 10년이나 했다. 팔십 중반에 들어선 지금에서야 겨우 병에서 자유롭게 된 셈이다.

조정민 목사가 말했듯이 "멀리서 보는 나무들은 다 싱싱하게 보이지만, 가까이 가서 보면 성한 나뭇잎이 없고, 샅샅이 파고 보면 옳은 사람이 없다"고 한다던가? 상처 없는 인생이 어디 있겠느냐고 하겠지만, 나는 쉽게 잊고 지워버릴 수 없는 아픈 상처들이 너무나 많다. 방안의 온도가 자동으로 조절되는 지금도 나는 전에 냉골에 자던 버릇이 남아서 잘 때는 이불로 몸을 돌돌 감고 잔다. 다른 사람의 눈에는 이상하게 보일지 모르지만, 내가 왜 그런 버릇이 생겼는지를 알고 있는 집사람은 내 잠버릇을 '묵인'해 주고 있다.

사람들은 이 나이가 되도록 살다 보면, 하루는 지루하게 느껴지는 날도 많지만, 세월은 너무나 빨리 가는 것 같다고 한다. 그리고 지난날들을 아름답게 생각하게 된다고 한다. 여행할 당시보다 회상할 때 더 즐겁다고 하는 말이 나오는 것은 미지의 여행지는 기대와 더불어 불안감도 있는데, 시간이 지나 돌이켜보면 불안은 사라지고 즐거운 기억만 회상되기 때문이라고 한다. 그렇다면 내 '선택적인 기억력random memory'은 어떨까?

불효하고, 후회스럽고, 원망스러운 기억들

병약한 아이로 태어나서 끝내 불효不孝 자식이 된 것에 대한 후회

미국으로 간 지 2년 사이에 나는 어머니와 형을 잃었다. 어머니는 65세, 형은 43세였다. 그로부터 3년 후인 1970년 1월 13일 아버님이 67세를 일기로 파란만장한 일생을 마감하셨다. 내가 오지 못할 처지임을 알고 있는 가족들은 상을 다 치른 후에야 나에게 소식을 전해 주었다.

돌이켜보면 가장 아쉬운 것 중 하나가 부모님과 함께 지낸 기간이 너무나 짧았다는 것이다. 내가 자랄 때는 우리 남매들뿐만 아니라 집안의 가까운 친척들까지도 우리 집에서 기식하는 대식구라서, 늘 잔칫집같이 북적거리는 집안 분위기에 나는 부모님과 따로 가까운 시간을 갖지도 못했다. 아주 어렸을 때의 일은 기억하지 못하지만, 지난 일을 기억할 나이가 되고서부터는 나는 줄곧 할머니

차지였다. 그러다가 내가 철이 들 무렵 부모님의 곁을 떠나 서울에서 전전하다가, 결국에는 미국으로 가게 된 것이다. 그래서 그때 서울로 오지 말고 마을의 동갑내기들처럼 부모님 곁에서 살았다면 어땠을까 하는 생각도 한다.

고향에서 부모님과 함께 오래 지내지 못한 것이 한이 되듯이, 어머니께서 노산老産이어서 그랬는지 아주 허약한 아이로 태어난 것도 한이 된다. 형들이 나를 말라빠진 5전짜리 마른 명태 같다고 놀리던 기억이 난다. 피골이 상접한 볼품없는 편편약골片片弱骨이자 병골病骨이었다.

서울에서 홀로서기를 하느라고 고생할 때 육군본부에 근무하던 이종 사촌형이 휴가를 나와 내가 사는 와룡동 자취방에 와 보고는 "이렇게 살면 후에 나이 들어 큰 병을 얻을 텐데…."라고 걱정하던 일이 벌써 70여 년 전의 일이 되고 말았다. 서울에서 지낸 11년간의 생활은 너무나 힘겨웠고, 미국에 처음 갔을 때 가진 돈 19달러로 장학금이 나올 때까지 버티는 것도 너무나 힘겨웠다. 너무 긴장하고 살아서인지 멀쩡하던 이가 아프기 시작했는데 치과의사는 내가 잠을 잘 때 이를 너무 꽉 물고 자서 그런 것 같다고 진단했다. "이를 악물고 산다"는 말은 나를 두고 하는 말인 모양이다.

2001년 한국으로 귀국한 이후에는 학교의 사정이 급하다 보니 내가 내 건강을 돌볼 새가 없었다. 새 교사를 짓고, 「다문화가정 e-배움 캠페인」을 전국적으로 전개하고, 한글과 한국문화 세계화 작업을 하느라고 정신이 없었다. 2011년 건강검진을 하던 중에 내 소변에서 혈뇨가 나오는 듯하니 신장을 정밀검사를 해 보라고 했다. 신장에는 이상이 없었지만 방광암이었다. 2011년 11월 7일 CT촬영과 내시경 검사를 마친 담당 의사가 차분한 목소리로 나에게 '암입니다!'라고 했다. 의사는 집으로 돌아가지 말고 그 자리에서 입원 수속과 수술 절차를 밟자고 서둘렀다. 수술 후 이틀만 쉬면 퇴원이 가능하다고 했지만, 출혈 때문에 하루 더 병원에 있다가 퇴원해서 3일 만에 출근을 했으니 내가 암 수술을 한 것을 아는 사람은 학교에서는 딱 세 명밖에 없었다. 이 후 암 투병은 10년간이나 지속되었고, 수술 후 만 10년 만인 2021년에서야 '완치 판정'을 받았다.

고별 인사를 못한 후회

학교 부채도 다 청산하고, 재단도 고려중앙학원과 합병해서 안정되었기 때문에 나의 네 번째 총장 임기가 끝나는 2017년 2월 20일로 총장직을 마감하기로 내 나름대로 계획을 했었다. 그리고 내가 고려중앙학원의 임시 이사장을 맡고 김재호 이사를 이사장으로 선임하는 과정에서 나는 학교의 지배구조가 인촌가에서 멀어지는 일이 없도록 노력했다. 김병관 명예회장이 나에게 부탁한 사항을 성실히 이행한 셈이다.

혼자서 내 사임일자를 정하고 아무에게도 알리지 않았다. 그러던 중 2016년 11월 9일 2시에 이사장과 상임이사가 방문했을 때 나는 그들에게 내 네 번째 임기가 끝나는 2017년 2월 20일보다 3일 전인 2월 17일 학위수여식을 끝으로 총장직에서 물러나겠다고 했다. 그리고 다음 날인 11월 10일부터 이틀 동안 강원도 홍천 '소노펠리체'에서 열린 전 직원 워크샵에서 2월 봄학기 학위수여식을 끝으로 총장직에서 물러나기로 했다고 공식 발표를 했다. 그렇게 공식화함으로써 내 스스로 내 계획을 바꾸지 못하도록 하기 위한 하나의 방편이었다. 내가 2001년 총장직을 맡지 않겠다고 작정을 했다가 종윤이의 권유로 마음이 변해 결국 총작직을 수락한 전철을 밟지 않기 위해서였다.

16년이라는 오랜 기간 맡았던 총장직을 그만두기로 작정을 하고 나니 나한테는 버거운 짐을 지고 가다가 벗어 던진 것 같아서 후련하기도 했지만, 아직 몇 가지 일들을 다 마치지 못한 것 때문에 섭섭한 마음도 있었다. 그러나 이제 나는 자유로운 몸이 된다는 해방감이 서운함을 압도했다. 그런데 갑자기 심장에 통증이 느껴져서 서울대학교병원에 가서 검사를 받았다. 의사의 소견은 관상동맥에 이상이 있는 것 같다면서 관상동맥 우회술을 하자고 했다. 상태가 위급하다고 해서 그대로 병원에 머물면서 수술 준비를 했다. 그해 11월 22일에 1차 수술을 성공적으로 마쳤으나, 수술 후 봉합한 자리의 염증으로 그다음 해 1월 5일에 봉합수술을 하느라고 병원에 한 달 이상 더 입원을 하게 되었다. 그

10-1. 총장의 제13회 학위수여식(2017. 2. 17)
축사가 사실상 퇴임사가 되었다.

러는 사이 아들 종윤이가 2016년 12월 9일에 김재호 이사장에게 내가 수술을 한 사실과, 절개했던 가슴 부위에 염증이 생겨서 2017년 1월 6일에 재수술을 하기로 했다는 사실을 알렸다고 했다. 종윤이와 이사장과는 어려서부터 형 아우 하고 지내는 막역한 사이였다. 그러는 사이, 학교 총무처에 신임총장이 있을 곳이 마땅치 않으니 '방을 빨리 빼 달라'는 통지가 재단으로부터 왔다고 했다. 행정실장이 내가 수술을 했고, 아직 입원 중이어서 교무처장인 조경진 교수를 인수인계책임자로 임명했다고 하였으나 법인은 독촉한다는 것이었다. 아무리 인수인계가 '시급하다'고 하더라도 16년이나 근속한 환자에게 사무실을 임기일 전에 비우고 인수인계를 독촉하다니 야속하게 느껴졌다.

준비 없이 시작한 학교를 당시로서는 한국에서 가장 평판이 좋은 온라인대학 반열에 올려 놓은 전임 총장에게 "마지막 강의"나, "잘 가라"는 "인사치레"도 없었고, 나도 예의를 갖추지 못하고 떠났다. 내가 병원에 입원한 이후 오늘날까지 나는 재단이사장이나 재단의 임원, 그리고 새로 취임한 총장조차 만나 볼 기회가 없었다. 나는 법정스님이 말한 "아름다운 마무리"를 하지 못한 것이 끝내 아쉽고 후회스러운 일로 남아 있다. 그래도 1만 명의 재학생과 2만여 명의 졸업생에게는 온라인상으로 마지막 인사의 글을 남겼고, 2017년 2월 17일 학위수여식에서 총장 축사를 하면서 마지막 인사말을 남겼다.

또 다른 후회스러운 일들

내가 지금까지 살면서 부모님에게 부득이하게 불효를 한 일 외에도, 가끔 잠이 쉽게 오지 않는 밤이면 내가 그간 한 일들에 대한 후회를 할 때가 종종 있다. 내가 1954년에 서울로 오지 않고 워낭소리가 들리는 봉화의 바래미에 그냥 살았으면 지금보다 더 행복하지 않았을까 하는 생각이 들 때가 많다. 나와 행동을 같이하다가 함께 퇴학을 당했던 내 칠촌 아저씨뻘의 대진이는 소학교만 마치고 줄곧 바래미에서 살았다. 몇 년 전에 유명을 달리했지만, 나는 그를 볼 때마다 말없이 고향을 지키는 그가 부러웠다. 또 일전에 대학 후배의 아버님이 돌아가셔서 위로의 말을 전했더니 그는 "돌아가신 친정 아버님의 연세는 아흔 넷이시고, 원래 사시던 강원도 삼척의 마을에서만 사시다가 당신이 태어나신 집에서 고통 없이 돌아가셨고, 고향의 선산에 묻히셨다"고 했다. 그 이야기를 듣고 참으로 행복한 일생을 사신 분이라는 생각이 들어서 부러웠다.

그러나 나의 가장 고질적인 병은 심장병이나 암이 아니고 서울에서 좀 있다 보면 미국 생각이 나고, 미국에 가면 열흘도 안 되어서 또 서울 생각을 하는 '병'이다. 만약 바깥 세상을 모르고 '바래미'에서만 살았더라면 과연 행복했을까?

두 번째 후회는, 내가 2001년에 아무리 김병관 회장이 강권을 하더라도 한국에 돌아오지 말고 테네시대학교에서 내 학문적인 생애를 마치지 못한 것이다. 당시 나는 내 연구에만 몰두할 수 있는 환경이었고, 또 미국 대학교는 연령에 따라 교수가 정년퇴직을 하는 것이 아니라 힘 닿는 데까지 교수직을 할 수 있으니 아직도 현직 교수를 하고 있을 터이다. 내가 있을 때도 중국 남경대학 출신인 중국계 미국 교수가 91세인데도 현역으로 강의를 하고 있었다. 내가 부러워하자, "나는 돌아갈 곳이 없으니까"라고 말하던 그가 생각난다. 특히 내가 한국으로 오기 전 촉토 인디언Choctaw Indian의 추장 필립 마틴Phillip Martin이 자기 부족 발전을 위한 대형 연구계획을 부탁한 것을 거절하고 돌아와서 내가 추구하던 학문적인 활동을 중단한 것이 후회스럽다. 그때 내가 촉토 인디언 프로젝트를 수행하고 지속적으로 그 방면의 논문과 책들을 출판했더라면, 지금쯤 미국의 원주민 인디언 연구에 일가를 이뤘을지도 모른다.

세 번째 후회는, 나는 왜 잘못한 사람들에게 좀 더 관대하지 못했던가에 대한 후회이다. 나는 어쩌다 보니 디지털대학교의 총장이 되었고, 법인의 이사가 되었지만, 아무리 생각해도 나는 교수는 몰라도 총장감이 아닌 사람임에 틀림없다. 내 인류학 동료인 한경구 전 서울대 교수의 말에 따르면, 한국에서 대학 총장을 하려면 '참·용·기'가 있어야 된다고 했다. 참·용·기란 '참고,' '용서하고,' 그리고 '기다릴 줄 알아야' 된다의 줄임말이라고 한다. 나는 성격이 급하고, 잘못을 보면 그냥 넘기지 못한다. 그 자리에서 다 까발려서 잘못한 점을 지적하고 야단치는 성격이기 때문에 좋은 총장이 될 수가 없다. 현장에서 나에게 잘못을 지적받은 사람은 나를 영원히 잊을 수 없도록 기억하게 만드는 '재주'가 있는 사람이라는 것을 내 자신이 너무나 잘 안다. 내가 매사를 분명하게, 말끔하게, 그리고 올바르게 처리하지 못하는 사람들도 아우르고 함께 이끌어가는 지도자가 될 수 없다는 것을 잘 알고 있다. 나 같은 사람은 총장을 하는 것이 아니다. 그래서 일부 교직원들이 내게 불평을 토로하면서 "여기가 미국인 줄 아는가 보다"라는 말로 내 성격과 리더십을 평가하곤 했다.

보람을 느낀 기억들

비록 내 선택적인 기억 속에는 불효하고, 후회스럽고, 다시는 생각하기조차도 싫은 기억들도 있지만, 그래도 종종 보람을 느낀 기억도 없지는 않다. 남들에게는 대수롭지 않게 보이는 사소한 일들일지라도 나에게는 잊을 수 없는 추억이 되는 것이다.

영문으로 쓴 '처녀작'이 학계의 주목을 받았을 때의 기쁨

대학원 때나 테네시대학교에 조교수로 임명된 후에 학술 논문은 출판해 보았으나 단일 저자로 대학출판사에서 책을 출판한다는 것은 감히 상상도 못했었다. 그런데 1977년에 출판한 내 처녀작이자 첫 연구서 단행본인 *An Asian Anthropologist in the South: Field Experiences with Blacks, Indians, and Whites*(1977)를 출판하기로 결정했다는 출판사의 '전보(e-mail이 없을 시대였다)'를 받았을 때의 기쁨은 잊을 수가 없다.[1] 이 책은 종래 인류학적인 연구나 저서들이 서구의 인류학자들이 비서구 사회를 연구한 후, 서구로 돌아와서 자신들이 본 비서구 사회와 사람들에 관해 서구의 언어로 쓴 것과는 정반대로, 비서구에서 온 인류학자가 서구 사회-미국 남부-를 연구한 후, 서구에서 서구 언어로 서구의 독자들이 읽을 수 있도록 쓴 책이라는 독특한 면 때문에 주목받았다. 남부 출신인 클린턴이 대통령이 되었을 때 북쪽의 '양키Yankee'들이 대통령이 남부 출신이라 잘 이해하지 못한다고 하자 『뉴욕타임스*The New York Times*』까지도 미국 "남부 사람들을 이해하려면 김중순의 남부에 관한 책을 읽어보라"고 할 정도의 책이 되었다. 이 책의 출판은 '무명씨nobody'였던 나를 '아시아에서 온 인류학자 김 아무개somebody'로 만들어 주었다. 이 책은 인종 문제를 주로 다루는 '애니스필드 월프 출판상Anisfild Wolf Book Award'에 추천되기도 했다.[2]

---

1 Kim, *An Asian Anthropologist in the South*.

2 애니스필드 울프 출판상Anisfiled Wolf Book Award은 인종차별주의에 대한 이해와 인간 문화의 풍부한 다양성에 대한 감사에 중요한 공헌을 한 저술 작품을 기리는 문학상이다. 클리블랜드 시인이자 자선가인 에디스 애니스필드Edith Anisfield가 1935년에 설립하고 원래 『토요리뷰*Saturday Review*』에서 관리하던 상이다. 수상자 중에는 군나르 미르달Gunnar Mrydal(1945)과 마틴 루터 킹 2세Martin Luther King Jr.(1959)를 비롯한 노벨상 수상자도 다수 있고, 근래 재미교포 작가 이창래도 2000년에 이 상을 수상했다. 심사위원으로는 인류학자로 널리 알려진 애슐리 몬터규Ashley Montagu 같은 학자들이 참여했는데 공교롭게도 내 책이 추천되었을 때 애슐리 몬

이처럼 내가 쓴 논문과 책을 자랑스럽게 여기고 있지만, 사실 내가 가장 자랑스럽게 생각하는 논문이나 책은 '쓰지 않은 논문이나 책'이라고 말하는 것이 맞을지도 모른다. 이는 세계적인 건축가 아이엠 페이I.M. Pei(1917~2019)에게서 배운 말이다. 페이는 1976년 7월 4일 미국 독립 200주년 기념행사에서 미국에서 가장 성공한 이민자 3명 중 한 사람으로 선정되었다. 시상식 후 TV 인터뷰에서 사회자는 페이에게 "당신은 지금까지 세계적으로 저명한 건축물을 지었는데, 그중 당신이 가장 자랑스럽게 생각하는 건축물은 어떤 것이냐?"고 질문했다. 그때 페이는 의외로 "짓지 않은 건물"이라고 대답했다. 모두가 어리둥절해하자 페이가 설명했다. 그가 1975년 중국을 방문했을 때, 세계적으로 저명한 건축가라는 그의 명성 때문에 당시 중국 주석이었던 마오쩌둥과 총리 저우언라이가 자금성 앞에 세울 최신식 건물을 설계해 달라고 부탁했다고 한다. 오랜 고민 끝에 페이는 자금성 앞에 현대식 건물을 지으면 자금성의 웅장하고 고풍스러운 원래의 모습을 훼손할 것이라며, 부디 그런 건물을 짓지 않아야 한다고 그들을 설득했다고 했다. 그래서 자기는 지금까지 설계도 하지 않고 짓지도 않은, 자금성 앞에 세우지 않은 그 건축물이 자신의 가장 훌륭한 건축물이라고 생각한다고 답했다. 페이의 발언은 너무나도 감명 깊었다. 내가 만일 페이의 비유를 그대로 인용한다면, 나도 내가 '지금까지 쓰지 않은 책'이 더 값진 책인지도 모르겠다.

'이런' '저런' 상賞

누구나 내 나이가 되도록 살다 보면 이런 상과 저런 상을 받게 되니 그리 자랑할 것도 못 된다. 그래도 긴 세월을 되돌아보니 기억에 남는 몇 가지 상이 있다. 반대로 그런 상을 한 번 받아 봤으면 했으나 받지 못해서 아쉬운 상도 있다.

터규가 심사위원장을 맡았다. 추천된 것만으로도 영광으로 생각하고 있다.

내가 소학교(그 당시의 명칭)때 퇴학당했던 해를 제외하고 해방 후에 복교한 이후 '우등상優等賞'을 받아 보지 못한 해는 단 한 번도 없었다. 그러나 나는 가장 받고 싶었던 '개근상皆勤賞'을 받아 보지 못했다. 비록 내가 테네시대학교에서 학과장을 하는 10년 동안에 하루도 병가病暇로 쉰 날이 없이 개근을 했지만, 개근한 학과장에게 주는 상이 없어서 상은 받지 못했다. 그러나 10년치의 병가를 적립banking해 두었더니, 무려 법적 근무 기간에 해당하는 일수가 1년이나 되었고, 그 결과 나는 만 30년 근무 기간을 1년 앞당겨 퇴임하고도 30년 근속 혜택을 받을 수 있게 되었다. 마침내 '개근상'을 받은 셈이다.

아마 내가 받은 상 중에서 가장 사회적으로 명망이 있는 상은 1998년에 동아일보사와 인촌 재단으로부터 받은 「인촌상」일 것이다. 그 상장에 명시된 수상 이유로는 "김중순 선생은 서구 사회에 잘못 알려진 한국의 모습을 수많은 영문 저서와 논문을 통해 바로잡았습니다. 그리고 인촌 김성수 선생의 영문 전기를 발간, 인촌 선생의 유지가 나라 밖에서도 살아 숨쉬게 한 공적을 기려 인촌상을 드립니다. 1998년 10월 9일 재단법인 인촌기념회 이사장 기세훈"이라고 쓰여 있다. 그간 내가 영문으로 한국 소개를 해 보려는 노력을 인정하는 기관이 있어서 다행이라고 생각했다.

남들은 어떻게 생각할지 몰라도, 나는 졸업한 모교로부터 받은 상이야말로 의미가 있다고 생각한다. 내게 상을 준 학교는 중앙고등학교와 학부와 대학원을 합쳐 8년간을 다닌 연대이다. 그 두 학교로부터 상을 받은 것이 자랑스럽다. 2006년 12월 15일에 중앙고등학교 교우회(동창회)로부터 「올해를 빛낸 중앙인상」을 수상했고, 2006년 1월 10일에는 연대 법과대학(지금은 연세대학교 법과전문대학원) 동창회에서 「자랑스러운 연세법현상」을 수상했다. 그 상은 연대 출신인 내가 고려대학교가 포함된 학교법인고려중앙학원 재단 이사와 한국디지털대학교(현 고려사이버대학교) 총장으로 선임되어 연대인들의 자랑이 되었다는 취지였다. 이 상을 수상하던 날 『동아일보』는 2006년 1월 10일자 사회면(A-26)에서 "연대인이자 고대인 … 행복합니다"라는 제목으로 사진과 함께 나에 대해서 자세한 기사

10-2. 「인촌상」 수상 시의 필자 내외.

10-3.「올해를 빛낸 중앙인상」.

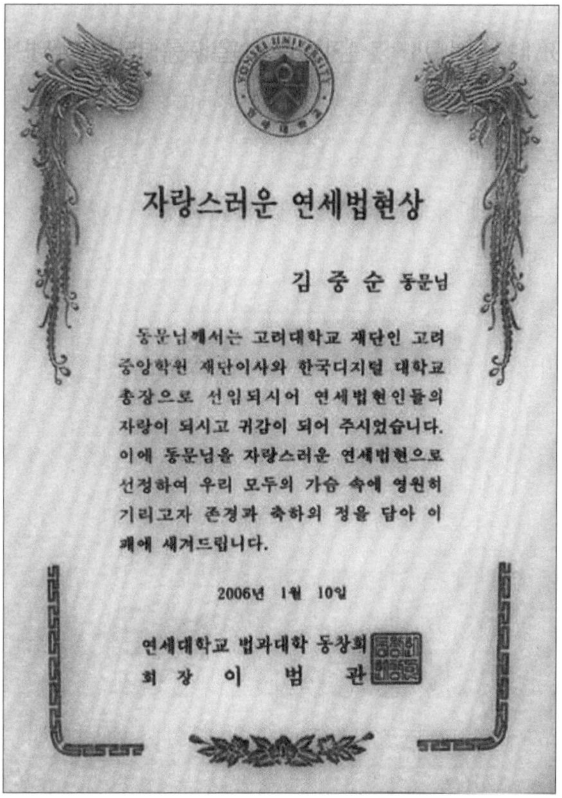

10-4.「자랑스러운 연세법현상」.

를 보도했다. 아마 동문들이 보기에 연대 출신으로 그토록 오랫동안 고대 재단의 이사직을 수행한 사람은 내가 처음인 모양이었다. 실로 나는 두 대학교와 깊은 관계를 맺은 것을 자랑스럽고 영광스럽게 생각하고 있다.

내 가정과 가족을 갖게 된 행복

나는 형이 둘이나 있었지만 나이 차가 14살과 12살이나 나서 형들과 어울려 놀아 본 기억이 없다. 누님이 셋이나 있어도 누님들을 따라다닌 기억도 없다. 나는 늘 할머니와 함께 지냈다. 할머니가 돌아가시고 나서는 늘 외톨박이였다. 그러다가 겨우 철이 들 때쯤 집을 떠나 서울에서 혼자 사는 바람에 '정情'에 굶주린 아이가 되었다. 나도 사람이다 보니 사춘기도 거쳤지만, 너무나 궁하게 사느라고 지나가는 여학생 한번 쳐다볼 여력이 없었다.

내가 대학을 나오고 대학원을 다닐 때에도 나에게는 중매쟁이도 나타나지 않았다. 집안 사람들은 내가 우리 집에서 처음으로 스스로가 짝을 찾은 '아이'라고 하지만, 사실은 내게는 중매가 들어온 일이 없었다. 중매하는 사람이 없었던 가장 큰 이유는 우리 집 "가세가 너무 기울었기" 때문이었다. 그러던 참에 내가 지금의 집사람을 만나게 됐고, 결혼을 하겠다고 용기를 낸 것도 내가 미국으로 가게 되었으니, 거기서 새 출발을 할 수 있을 것이라는 생각 때문이었다. 용기를 내어 미국으로 떠나기 전에 결혼을 했지만, 미국으로 초청하는 일이 그렇게 복잡할 줄은 몰랐다. 오죽했으면 나를 그토록 믿으시는 함병춘 선생님도 결혼식장에서 신부가 앞에 있는데도 "아무리 중순이가 날고 기는 재주가 있다고 해도 부인을 금세 미국으로 데려 가기는 어려울 터인데…."라고 하시면서 끝에 "어쩌자고 지금 결혼을 하고 혼자 떠난다는 것이냐?"라는 말씀의 속뜻을 알아차리지 못하는 사람은 단 한 사람도 없었다. 그러니 스와니의 랑케스터 부총장의 보증과 C & S은행의 점장이 나를 믿고 여비를 융자해 주어서 집사람을 초청하게 된 것은 기적 같은 일이었다. 집사람과는 내가 한국을 떠난 지 6개월 후인 1966년 3

10-5. '딕시Dixie'에서 이룬 필자의 가족.

월 25일에 애틀랜타에서 재상봉을 했다.

여러모로 나의 미국 생활은 보잘것없이 초라하게 시작했지만, 그래도 경제적으로 궁핍한 것 이외에는 부족함이 없었다. 집사람이 온 후 얼마 되지 않아 1967년에 종윤이가 태어났고, 3년 후인 1970년에는 둘째 호윤이가 태어나서 우리 가족은 4명으로 늘어났다. 세월은 흘러가서 며느리가 들어왔고, 곧 손자 손녀가 모두 다섯 명이 되어 조지아에서 시작한 '딕시 김Dixie Kim가'의 가족은 모두 11명으로 늘어났다. 자손이 귀한 것이 한이었던 할아버님에게 대를 이을 아이들이 태어난 것은 축복이 아닐 수 없다. 우리 가족은 이제는 여행지에서 한꺼번에 앉을 수 있는 식당 자리를 얻기가 쉽지 않다. 그리고 각자는 자기의 자리에서 건강하게 최선을 다하고 있다.

평범한 가정이 되기를 원하던 집사람의 소원

우리가 화목한 가정을 꾸리고 지금처럼 평범하지만 행복하게 살 수 있는 것은 사심과 욕심이 없는 집사람의 심성 때문이다. 이 대목을 쓰면서 나는 '팔불출八不出'이 되기로 했다.

집사람은 경상북도 상주가 고향이긴 하나 장인어른이 대구사범을 거쳐 교사 생활을 오래하셨기 때문에 직업군인 가족처럼 여러 곳을 옮겨 다니며 살았다고 한다. 기독교 집안이라 집사람도 기독교 윤리를 따르며 자랐고, 그가 임신했을 때도 태어날 아이를 위해 "이 아이가 자라서 사회에 해악을 끼치는 아이가 되지 않게 해 달라"고 기도한 게 태교였다. 그의 개인적인 육아의 기본원칙은 아주 간단했다. 아이가 학교에서 돌아왔을 때, 집에서 반겨주는 어머니의 역할을 최우선으로 삼았다. 이화여자대학에서 불문학을 공부했던 집사람은 미국에 가서는 한동안 아동교육학 공부를 했다. 그러나 아이들이 학교를 가기 시작하자 학교에서 돌아오는 두 아이를 반겨주는 '전업 엄마full-time mother 역'을 하기로 하고 공부는 그만두었다. 본인이 10살이 될까 말까 할 나이에 6·25전쟁으로 어머

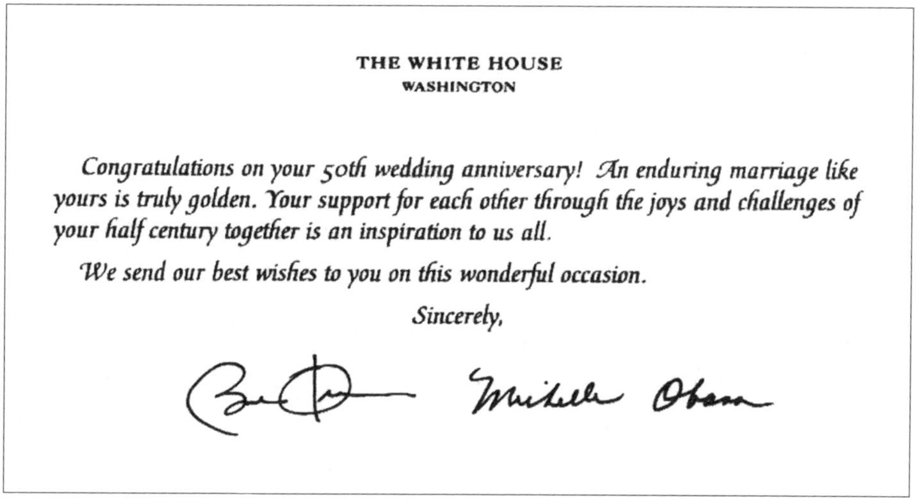
THE WHITE HOUSE
WASHINGTON

Congratulations on your 50th wedding anniversary! An enduring marriage like yours is truly golden. Your support for each other through the joys and challenges of your half century together is an inspiration to us all.

We send our best wishes to you on this wonderful occasion.

Sincerely,

10-6. 우리의 결혼 50주년인 금혼식을 축하한다는
미국 44대 대통령 버락 오바마Barack Obama 부부의 축하 편지.

니를 여의고 살았던 것 때문인지 어머니의 역할에 대해서는 특별한 관심이 있었다. 아이들을 위해서는 무엇이든지 희생할 수 있는 사람이지만, 자식에게 바라는 것은 너무나 간단하고 소박하다. 위대한 사람이 되어 거룩한 일을 하는 사람이 되기를 바라는 것이 아니고, 남을 해치지 않는 선량한 소시민이 되기를 바라는 사람이다.

이런 시어머니의 생활철학을 며느리들도 따라 했다. 큰며느리 가영이는 고등학교까지는 미국에서 공부했고, 대학은 한국외국어대학을 나온 후 결혼 전에 리먼 브라더스Lehman Brothers에 근무했지만, 결혼 후에는 전업주부가 되어 아이들을 보살피는 데 전념했다. 그리고 요즈음 세상에 흔치 않게 삼남매를 두었다. 둘째 며느리 낸시Nancy는 '딕시' 출신의 전형적인 백인이지만, 하버드 법대를 나온 후에는 내슈빌 지방검찰청 검사로 일을 하다가, 아이들이 학교를 다닐 쯤에는 학교에서 돌아오는 아이를 맞이하려고 검찰청에 사표를 내고 '파트 타임part-time'으로 회사의 고문변호사를 했다. 아이들이 다 커서, 적어도 고등학교를 가기 전까지는 집에서 아이들을 보살폈다. 주변에서는 그가 '시간제 변호사

일을 하다니, 그 비싼 하버드 로스쿨 등록금이 아깝지도 않느냐'고 하는 사람들도 있었다. 그러나 우리 가족들은 가족을 위해서 무엇이 더 중요한지 스스로 알아서 결정했다. 이렇게 소박하게 살다 보니 2023년 기준으로 우리가 결혼한 지 58년이 되었다. 우리가 결혼 50주년을 맞았던 2015년에 미국 버락 오바마Barack Obama 대통령과 부인 미셸 오바마Michelle Obama 여사가 우리의 금혼식을 축하한다는 축하편지를 보내 주었다. 3억 5천만의 미국 시민을 불철주야로 걱정하고, 거의 80억 명에 달하는 전세계 전 인류의 운명까지도 좌우하는 미국의 현직 대통령이 우리 같은 필부필부匹夫匹婦의 금혼식까지 챙겨서 축하까지 해 주는 탁월한 지도력이 놀랍기도 하다.

애머스트대학에 「김중순 장학기금The Choong S. Kim Scholarship Fund」 설립[3]

내 전 생애를 통해서 가장 영광스러운 일을 든다면 큰아들 종윤이 내외가 나의 80회 생일 기념으로 2018년 5월 28일에 애머스트대학Amherst College에 내 이름으로 장학기금을 마련해 준 일이다. 1965년 내가 학비를 마련할 수가 없어서 단념했던 애머스트에 종윤이가 입학하게 되어 나는 '대리 만족'을 했다. 종윤이가 졸업한 후에도 종윤이의 큰아들이자 내 큰손자 원준Matt이가 2022년에 졸업을 했으니, 이제는 우리 집 아이들이 애머스트대학을 대물림legacy하는 것 같

3 애머스트대학Amherst College은 매사추세츠Massachusetts주에서 하버드대학교Harvard University, 윌리엄스대학Williams College에 이어 세 번째로 오랜 역사를 지닌 소규모의 인문대학liberal arts college로 1821년 윌리엄스대학 부지 이전을 위해 세워졌다. 윌리엄스대학에서 독립한 이후 독자적인 발전을 하여 미국의 인문대학 중에서 윌리엄스대학과 스와스모어대학Swarthmore College와 함께 1~2위를 두고 경쟁하고 있다. 전교생 수가 1800명 선으로, 신입생 선발은 소수 정예를 선발하는 것을 원칙으로 한다. 예를 들면, 2023년에 졸업 예정인 2019년도의 입시지원자는 총 10,567명으로 그중에서 10.8%인 1,144명만이 입학이 허가가 되는 것이라 경쟁률이 치열하다. 소규모의 대학이면서도 교수를 제외한 졸업생 가운데 6명의 노벨상 수상자를 배출했다. 대학원이 없는 대학이지만 졸업생의 대학원 진학율은 80%를 상회하고, 미국 명문 의과대학원 진학은 상위 10위에 속한다.

The Choong S. Kim Scholarship Fund

Established by John J. Kim '89, P'22 in honor of his father, the Choong S. Kim Scholarship is a permanently endowed fund at Amherst College. Each year, this generous scholarship fund provides financial aid to students with demonstrated need. Preference is given to students from Korea.

The Choong S. Kim Scholarship Fund advances Amherst's mission to attract and enroll the most talented students regardless of their financial resources as well as the students' own aspirations to pursue scholarly research and artistic creation at the highest level.

May 28, 2018

10-7. 애머스트대학에서 필자에게 보내온 장학증서.

다. 종윤이가 애머스트를 다니면서 학교로부터 여러 가지 재정적인 혜택을 보았기 때문에, 언젠가는 학교에 보답을 해야겠다는 생각을 가지고 있었다. 그러다가 나의 80세 생일을 맞아 애머스트대학교 학생들이 여가 시간에 즐기도록 농구코트를 마련하여 학교에 기증했고, 동시에 내 이름을 딴「김중순 장학기금The Choong S. Kim Scholarship Fund」을 조성해서 기부했다. 거액을 기부했기 때문에 그 기부금에서 나오는 이자로 애머스트대학이 존재하는 한 내 이름의 장학기금은 영원히 지속할 수 있게 됐다. 이 장학생의 선발은 학교가 하지만, 모든 조건이 같은 경우에는 '한국 출신 학생'에게 우선권을 부여한다는 조건을 붙였다. 아마 종윤이 생각은 우수한 한국 출신 학생이 등록금 때문에 애머스트대학을 포기하는 것은 막아보자는 뜻인 것 같다. 나는 그 학교를 다닐 수는 없었지만, 다른 학생들이 그 장학금의 혜택을 입을 수 있다는 것에 감사할 뿐이다. 2018년에 시작하여 이미 이 장학금의 수혜자가 여러 명이 나왔다. 『동아일보』는 2018년 8월 14일자의 기사로 "아버지 이름으로 … 미 대학에 장학금 기부한 아들"이라는 제목으로 종윤이 내외와 우리 내외가 장학증을 들어 보이는 사진을 첨부하여 크게 보도하기도 했다.

맺는 말

'심어진 곳에서 꽃을 피우려는 심정'으로 산 일생

내 '생애사生涯史'는 시간적으로는 전근대에서 초현대로, 그리고 공간적으로는 동양에서 서양으로, 그리고 다시 서양에서 동양으로의 긴 여정이었다. 역마살驛馬煞이 끼어서인지, 아니면 인류학을 공부한 내 팔자 소관인지, 오죽했으면 동료 인류학자들이 나를 '야전인류학자野戰人類學者'라고 불렀겠는가?

세상을 쉽게 살 수 있게 도와준 후견인도 없었고, 또 세상을 요령 있게 사는 방법을 모르는 나는 먼 길로 돌아다녔다. 하지만 그렇게 헤매지 않았더라면 보지 못했을 세상의 비경과 절경을 볼 기회도 얻었다. 오지 태생인 내가 서울로 유학 온 것은 입신양명을 하겠다는 웅지가 있어서도 아니었고, 미국 유학 역시 내 꿈속의 '목록list' 어디에도 없었다. 그저 서울로 '오게 되어' 왔고, 미국으로 갈 길이 생겨 '흘러 간' 것이다. 나는 내가 이식移植된 서울이나 미국에서도 살아남으려고 하다 보니 박사학위도 하고, 미국 대학의 교수도 된 것 같다.

한국에서는 뿌리가 뽑힌 사람이었던 내게 교수자리를 제공해 준 테네시대학교가 고맙기 한량없었다. 그 학교를 위해 최선을 다하는 것으로 보답하기 위해 학생들을 열심히 가르치려고 노력했고, 능력껏 좋은 글을 쓸려고 노력했다. 그러다 보니 나는 미국에 36년간 살았지만 골프도 칠 줄 모른다.

테네시대학교에서 교수생활을 이어갈 수 있도록 나를 지탱하게 해 준 힘은 "심어진 곳에서 꽃을 피우라Bloom where you are planted!" [비록 심어진 곳이 쓰레기통일지라도]라는 간단한 좌우명이었다. 현실에서 최선을 다하라는 이 금언金言은 원래 17세기의 제네바Geneva의 주교인 성 프랜시스 디 세일즈Saint Francis de Sales(1567~1622)가 처음으로 소개한 것으로 알려져 있다. 누가 먼저 이 말을 했던지 간에, 이 처세훈處世訓이 나로 하여금 내가 태어난 나라도 아닌 남의 나라에서 만 36년을 견디게 한 힘이 되었다.

서양 인류학자가 보는 나의 상像

남들이 나에 관해 쓴 글은 고작해야 신문에 나오는 토막 소식이나 보도 기사feature story 정도에 불과하고, 내가 책을 출판했을 때 학술지에 실린 서평이 거의 대부분이다. 그런데 내가 한국으로 영구귀국한 지 3년째가 되던 해인 2004년 어느 날 내가 2002년에 쓴 책, 『한 인류학자와 두 세계*One Anthropologist, Two Worlds*』라는 영문으로 쓴 책에 대한 색다른 서평을 발견했다. 그 글을 쓴 저자는 미국 출신 인류학자인 밥 켐퍼Robert Kemper 교수인데,[4] 그 글은 대서양 건너편의 『영국과 아일랜드 왕립 인류학회지*The Journal of the Royal Anthropological Institute of Great Britain and Ireland*』에 실렸다.[5] 일반적인 서평과는 달리 그 서평 내용은 책에

4 밥 켐퍼Robert V. Kemper(1945~2013) 교수는 버클리의 캘리포니아대학에서 박사학위를 한 후, 텍사스주의 달라스Dallas에 있는 '남감리교대학교Southern Methodist University, SMU'에서 41년간 재직하면서 학과장을 역임했다. 그러면서 저자, 편집인, 기고가, 그리고 번역가로 수많은 저작물을 출판하였다. *World Cat Identities*에 의하면, 그는 두 나라 언어로 83개의 저서(단독 저서, 공동 저서, 편집된 저서, 그리고 편집된 책의 한 장으로)와 207개의 논문과 서평 등을 출판한 다작가이다. 그는 내가 출판한 책의 서평을 인류학 학술지와 『초이스*Choice*』에 여러 번 서평을 썼다. 그는 2013년 다발성 골수종multiple myeloma으로 68세를 일기로 사망했다.

5 *The Journal of the Royal Anthropological Institute of Great Britain and Ireland*, 10 (2004), pp. 182–183.

대한 평가보다는 의외로 나의 성장 배경, 가족관계, 그리고 그간 나의 학문적인 업적에 관해 너무나 상세하게 써서 마치 이 책의 축약본縮約本인 것 같아, 그 내용을 여기에 전재하는 것으로 이 책을 마치기로 하겠다.[6]

우리가 어렸을 때, 어른들이 우리들에게 보여준 '만화경萬華鏡' 혹은 '요지경瑤池鏡'에 대한 추억이 있을 것이다. 만화경을 들여다 보고, 또 그것을 서서히 작동시키면, 우리가 상상하는 것 이상의 여러 가지 아름다운 형상을 볼 수 있다. 이 책이 바로 그 '만화경' 같은 책이다. 이 책이 '만화경' 같은 이유는 엄격한 의미에서 여러 가지 아름다운 문화의 형상들을 보여주고 있기 때문이다.

이 책의 저자인 김중순(이후는 '저자'로 표현)은 1938년 한국에서 출생했지만, 긴 학문 여정을 거친 후에 인류학적인 현지조사를 한 경험을 바탕으로 자전적인 형태의 '민족학지'를 기술했다. 토지개혁 전, 그는 유복한 지주의 아들로 태어났지만, 제2차 세계대전이 끝나고 1949년에 단행한 토지개혁과 한국전쟁 등으로 인해 고등학교와 대학 시절에는 고학을 할 수밖에 없었다. 1950년대와 1960년대에 저자는 한국에서 어렵게 고등교육을 받는 도중, 하버드대에서 법률을 전공했지만 인류학에 조예가 깊었던 함병춘 교수를 만나 그의 문하에서 연세대학교 법과대학, 그리고 대학원에서 노동법으로 석사과정을 밟았다. 1963년부터 1965년까지 저자는 함 교수가 주도한 '한국인들의 법의식'에 관한 연구에 연구원으로 참여하게 됐다. 저자의 말대로 '아마추어' 인류학을 하게 되었지만, 이 연구의 참여는 결국 그를 한국이라는 테두리를 벗어나 미국 조지아주에 소재한 에모리대학교에서 사회학과 인류학 공부를 할 기회를 갖게 해 주었다.

저자가 애틀랜타에 도착했을 때 그는 영어에도 능통하지 못했을 뿐만 아니라 수중에 가진 돈도 없었으며, '비자 문제'로 부인도 없이 혼자 왔었다. 그러나 결국 그는 조지아대학에서 전액 장학금을 받으며 윌프리드 베일리Wilfrid C.

6 원문은 영어로 되어 있고 번역은 필자가 했다.

Bailey 교수의 지도 아래 학자로서 대성했다. 베일리 교수와 공동으로 남부 조지아에 있는 파인타운을 중심으로 그 지역 벌목꾼들의 생활사를 연구하게 되었으며, 그 연구 결과는 결국 그의 박사학위 논문이 되었다. 저자는 2000년에 첫 연구를 한 지역을 다시 방문하기도 했다.

그 후 저자는 계속 미국 남부에 머무르면서, 1971년에 테네시주 마틴시에 소재한 테네시대학교 교수로 임명되었다. 그가 처음 미국에 왔을 때, 그 자신도 자기가 미국에 30여 년 이상을 살면서 테네시대학교에서 정년퇴임을 할 것이라고는 상상하지도 못했다고 한다. 테네시대학교에서 정년퇴임을 한 후, 그는 한국으로 돌아가 지금은 서울에 있는 한국디지털대학교의 총장직을 맡고 있다. 테네시주에 그의 학문적인 터전academic home을 잡고, 여러 연구비와 용역비의 지원을 받아 1970년대에는 미국 원주민인 '촉토 인디언 부족Choctaw Indian'을 연구했고, 1980년대에는 한국 기업을 연구했으며, 1991년과 1998년에는 이 기업들을 재차 연구했다. 1990년에는 테네시주에 진출한 일본 기업들도 연구한 바 있다.

그가 미국 남부에서 한국 출신 인류학자로서 현지조사를 한 의미와 생각들은 이미 수많은 그의 저서와 논문, 그리고 논평review 등에 나타나 있으며, 특히 1977년에 출판한 유명한 저서이자 우리에게도 익숙한 책 *An Asian Anthropologist in the South: Field Experiences with Blacks, Indians, and Whites*가 그의 첫 번째 저서이다. 근래 저서인 *One Anthropologist, Two Worlds*는 근래의 인류학자들의 배경과 그들의 현지조사경험이 인류학에 중요한 주제라는 점을 보여 주는 인류학의 새로운 방향을 모색하는 저서이며, 이 책을 통해 저자는 인류학자로서의 자신의 학문 여정을 문화적으로 분석했다.

마지막 장에서 저자는 "내가 고향으로 다시 돌아갈 수 있을까?"라는 질문을 던지면서, 그에 대한 대답을 위해서는 무엇보다도 "내 집home이 어디에 있는지를 안다면, 그 질문에 대한 답이 나올 것으로 본다"고 말했다. 한국인으로, 그의 성년기의 대부분을 미국에서 보냈으며, 그와 그의 부인과 자녀들과 함께 미국 학계에 성공적인 업적을 남긴 저자의 이야기는 다문화사회인 미국에서 일어난 가장 '매혹적fascinating'인 이야기인 것이다.

그런 관점에서 보면, 저자는 자신의 업적과 성취한 것에 비해 너무나 겸손한 것 같다. 자신을 선전하는 데 열중하는 미국 사람들의 성격과는 대조되는 그의 성격은 한국 문화에서 영향을 받은 면모일지도 모른다. 그는 중국의 고사故事에서 "수양 버들가지를 꺾어 아무렇게나 땅에 꽂아 두면, 후에 그 수양버들이 자라 뭇사람들에게 시원한 그늘을 제공하게 된다"고 소개하면서, 자신은 "큰 나무로 자라지 못해서 누구에게도 그늘을 제공하지 못했다"고 술회했다.

저자는 자신이 이미 인류학과 미국학 연구에 큰 공헌을 한 사실을 너무 겸손하게 받아들이는 것 같다. 왜냐하면, 그는 이미 『*One Anthropologist, Two Worlds*』를 통해 인류학의 현지조사에 충분한 빛을 비추고 있기 때문이다. 진정한 '만화경'처럼 이 책은 문화 현상들에 대해 훌륭하고, 적절하며, 유용할 뿐만 아니라 기여할 수 있는 점을 제공하고 있다. 요약하면 '아름다운beautiful' 책이다.

과찬인 것 같다. 이처럼 남들이 보기에는 순조로운 학문적 여정을 살아온 사람으로 보였는지는 몰라도 내 마음 한 구석에 남는 아쉬움이 있다. 그것은 선생은 되었지만, '스승'이 되는 데는 실패한 점이다.

실패한 '스승'

나는 대학에서 학생으로 14년, 교수와 총장, 그리고 학교법인의 이사 등으로 46년, 도합 60년을 대학에서만 보냈다. 그러는 동안 나는 학생으로나 제자로서는 그 역할을 성공적으로 한 것 같다.

함병춘 선생님이 나에게 미국에 가서 연구방법론을 착실히 공부하고, 영어를 익혀 한국과 한국문화를 세상 사람들, 특히 영어권 사람들에게 알리는 작업을 하라는 '분부'대로 나는 그 소임을 다하려고 최선을 다했다. 내가 1998년에 제12회 인촌상 특별상을 받은 것도 여러 영문 저서를 써서 한국과 한국 문화의 실상을 세계 사람들에 알렸다는 공로를 인정받은 것이다. 그 이후에도 나는 줄곧 영문 저서를 통해 한국을 소개하는 일을 게을리하지 않았다. 이산가족이라는 말조차 모르던 서양 사람들에게 한국의 이산가족의 기막힌 사정을 세계에 영문으로 알리는 일에도 앞장섰다. 그 책에서 일본 당국이 한국 여성들을 강제로 동원하기도 했다는 요시노 세이지의 이야기를 처음으로 세상에 알렸다.[7] 그때만 해도 한국의 언론에서조차 그런 정보가 널리 알려지지 않았을 뿐만 아니라, 그런 끔찍한 인권위배 사항을 영문으로 고발한 일은 없었을 때였다. 내 책이 출판된 이후에도 한국에서는 아무도 언급을 하지 않았다. 1990년대에 들어선 이후에야 비로소 '종군위안부Comfort Women' 문제가 논쟁의 대상이 됐다. 이런 의미에서 나는 함 선생님의 가르침을 실천하려는 노력을 나대로는 이행했다고 생각한다.

나를 가르쳐 준 미국 대학교의 스승님들의 가르침도 착실히 이행했다. 내가 인류학에 흥미를 붙일 수 있게 도와주었던 조지아대학교의 지도교수였던 베일리 교수도 내가 미국 남부 연구에 참여하는 것을 너무나 좋아하셨다. 베일리 교수는 정년퇴임 후 고향인 애리조나주의 투산Tucson으로 귀향했는데, 내가 첫 책이 출판되자마자 보냈더니, 선생님은 그 책이 너무 흥미로워서 화장실을 갈 때 빼고는 한자리에 앉아서 단숨에 읽었다고 하시면서, "내가 너를 조지아에 오도록 프레드Fred에게 부탁하지 않았더라면 어쩔 뻔 했느냐"고 자상한 편지를 써서 보내주셨다. 그가 말하는 프레드는 크로포드Fred Crawford 교수로, 내가 에모리에서 조지아대학교로 옮기기 전에 내게 조지아대학교 베일리 교수 밑에서 인류학을 하도록 소개해 준 분이다. 나의 첫 책은 베일리 교수가 늘 나를 자랑하고 다닐 때 얘기하는 책이 됐다.[8]

한편 나의 경우는 내 스승님들과는 반대다. 지금까지 테네시대학교에서 30

---

7 Kim, *Faithful Endurance*, p. 24, and n.38, p. 153.

8 Kim, *An Asian Anthropologist in the South*.

여 년을 가르치는 동안, 1만 명의 학생이 내 과목을 들었다. 수강한 학생의 숫자가 많은 이유는 내가 1991년 석학교수로 임명되기 전까지는 일주일에 4과목 12시간을 가르쳤는데, 내 과목들이 모두 교양과목이라 가르친 학생 수가 많았다. 내가 한국으로 오기 전 내가 직접 학점을 준 성적표 사본이 있어서 세어 보았더니 꼭 1만 명에 달했다. 그러나 우리 학교에 인류학 대학원 과정이 없어서, 나를 좋아하는 학생 수는 많았어도 내가 추구하는 학문을 이어갈 학문적인 계승자scholarly heir–제자–를 육성하지 못했다. 1993년과 1998년에 연세대학교에 와서 국제학대학원과 경영대학원에서 비교경영 등을 강의했을 때도 내 강의를 들은 학생 수는 많았지만 단기 강의일 뿐이었다.

고려사이버대학교 총장직을 수행할 때도 대학에서 교수가 강의를 하지 않는 것이 너무 '이상'하여 「문화의 소개」라는 교양과목을 강의했는데, 학기마다 수백 명의 학생들이 수강을 했지만 그 분야를 전공하려는 학생은 없었다. 그래도 16년간 연 1만 명의 재학생들을 접할 수 있었고, 매주에 한 번 쓰는 「총장 칼럼」을 통하여 학생들은 물론이고 졸업생들과도 소통했다. 마지막 학위수여식까지 학위증을 받은 학생 수는 2017년 2월 19일자로 2만 명이 넘었다. 나는 그 오랜 기간 '선생 노릇'은 열심히 했지만, '스승'은 되지 못한 것이다. 제자를 많이 양성한 교수들이 부럽기만 하다.

"우물쭈물하다 보니" 은퇴를 하게 되더라

근래에 조지 버나드 쇼George Benard Shaw(1856~1950)의 묘비 내용이 번역이 잘못되었다고 지적하는 사람들의 이야기가 오갔다. 쇼는 아일랜드의 극작가 겸 소설가이자 수필가이고, 비평가이면서도 웅변가로도 유명했고 화가이기도 했으며, 1925년에 노벨 문학상을 수상한 사람이다. 그는 그런 명성에 더하여 보통 사람이 상상하기도 힘든 94세까지 장수를 하다가 1950년에 사망했다. 그는 자신의 비문에 "I knew if I stayed around long enough, something like this would happen"이라고 썼는데, 이 비문을 "우물쭈물하다 내 이럴 줄 알았다"라고 번역한 우리말 번역을 두고 어떤 사람은 '오역誤譯'이라고도 하고, 다른 사람들은 지나친 '의역意譯'이라고도 한다는 말을 들었다. 그 비문의 참된 뜻은 쇼가 아니고서야 잘 알 수 없을 것이다.

그러나 그 번역의 옳고 그름과는 상관없이, 나는 "우물쭈물하다 내 이럴 줄 알았다"라는 말이 너무나도 내 가슴에 와 닿는다. '테뉴어'를 받아야 해서 정신없이 살다 보니 세월이 지나가고, 아이들의 대학교 등록금 마련을 걱정하다 보니 부교수 나이가 됐으며, 아이들 등록금 걱정을 하지 않아도 되겠다고 생각하니 어느덧 은퇴할 나이가 되었다. 그야말로 우물쭈물하다 보니 이 나이에 이른 것이다. 그나마 근래 정부가 나라법으로 모든 사람의 나이를 '만'으로 통일한다고 해서 내 나이도 줄여 주었으니 감사할 따름이다. 그렇게 연장된 나이로 사회에 보탬이 될 일거리를 찾아보려니 집사람이 "이 나이에는 남에게 보탬이 될 일은 할 수가 없더라도 남에게 '폐弊'만 끼치지 않으면 된다"고 충고를 한다. 그 사람의 말이 지금까지 늘 옳았으니 따라야겠다.

BOOK LIST

나는 내가 쓴 글, 혹은 나에 대해 쓴 글들을 잘 챙기지를 못해서 나의 출판물에 대한 통계를 모르고 있었다. 그래도 세계 170개국에 있는 72,000개의 도서관을 연결한 도서관 집계인 WorldCat Identities의 집계에 의하면 2022년 4월 현재 나는 '저자author'로 분류되어 있고 주로 전기, 계층, 역사, 비교문화, 학술적인 책을 쓴다고 되어 있다.

내 출판물은 총 35권의 책(단독 저자인 책, 공동 저자인 책, 편집한 책, 번역한 책, 그리고 남이 편집한 책의 일부 장 등을 포함)과 119개의 논문으로, 이 저작물들은 4개의 언어로 출판하였으며, 세계 5,001개의 도서관에 비치되어 있다고 한다. 한 학자의 85년간의 통산 업적으로는 대단하지는 않지만, 그런들 이제 와서 어떻게 하겠는가?

[단독 저서]

1977 *An Asian Anthropologist in the South: Field Experiences with Blacks, Indians, and Whites.* Knoxville: University of Tennessee Press.

1988 *Faithful Endurance: An Ethnography of Korean Family Dispersal.* Tucson: University of Arizona Press.

1992 *The Culture of Korean Industry: An Ethnography of Poongsan Corporation*. Tucson: University of Arizona Press.

1995 *Japanese Industry in the American South*. New York: Routledge.

1998 *A Korean Nationalist Entrepreneur: A Life History of Kim Sŏngsu, 1891-1955*. Albany, NY: State University of New York Press.

-번역서: 『문화민족주의자 김성수』, 유석춘 역, 일조각(1998).

2000 *Anthropological Studies of Korea by Westerners*. IMKS Special Lecture Series, Vol. 5. Seoul: Institute for Modern Korean Studies, Yonsei University Press.

2001 『문화를 알면 경영전략이 선다—문화맹 CEO, 컴맹보다 무섭다』, 일조각.

2002 *One Anthropologist, Two Worlds: Three Decades of Reflexive Fieldwork in North America and Asia*. Knoxville: University of Tennessee Press.

2003 『내 안의 두 세계』, 일신사.

2007 *Kimchi and IT: Tradition and Transformation in Korea*. Seoul: Ilchokak.

-번역서: 『KIMCHI VA IT』, Safeer International Publisher 역, 일조각(2012).

2011b *Voices of Foreign Brides: The Roots and Development of Multiculturalism in Korea*. Lanham, MD: AltaMira Press.

-번역서: 『한국에서 다문화주의의 역사적인 뿌리와 발전—외국신부들의 목소리』, 고려사이버대학교 봉사협력단 역, 집현재(2013).

2014 *Way Back into Korea: A New Insight by a Native Anthropologist Come Home*. Seoul: Ilchokak.

-번역서: 『한국·한국인·한국문화—돌아온 인류학자의 한국살이』, 김중순 역, 일조각(2015).

2015 『같은 공간, 다른 시간—1960년대 한 법학도가 바라본 한국의 참모습 』, 나남출판.

[논문]

1974 "The Yon'jul-hon[Yeonjulhon] or Chain-String Form of Marriage Arrangement in Korea." *Journal of Marriage and the Family* 36.

1976 "Choctaw Indians and Their Migratory Patterns in West Tennessee," *Journal of Humanics* 3.

1978b "On Anthropological Studies in the American South." *Current Anthropology* 19:186-187.

1987 "Can an Anthropologist Go Home Again?" *American Anthropologist* 89.

1988 "The Olympic Games as a Force of Cultural Exchange and Change," In *The Olympics and East/West and South/North Cultural Exchange*, edited by Shin-pyo Kang, John MacAloon, Robert D Matta (Seoul: The Institute for Ethnological Studies, Hanyang University).

1988b "An Anthropological Perspective on Filial Piety versus Social Security." In *Between Kinship and the State: Social Security and Law in Developing Countries*, Von Benda-Beckmann, et al., eds. Pp. 125-135. Dordrecht, Holland: Foris Publications.

1990 "The Role of the Non-Western Anthropologist Reconsidered: Illusion versus Reality." *Current Anthropology* 31 (2):196-201.

1993 "Koreans." In *Encyclopedia of World Cultures*, Vol. 5 of East and Southeast Asia, Paul Hockings, ed. Pp. 144-149. Boston G. K. Hall & Co.

1996 "*Applaudir O'une seul main: pour un renouvean de la tradition anthropologique occidental* ('One-hand Clapping' of non-Western Anthropologists: Beyond the Western Premise), Special Issue, *Les cahiers Ethnologiques et Culture*, Nr 18: 29-47 (Bordeaux, France).

1997 "In the Back Woods," In *From the Outer World*, Oscar Handlin and Lilian Handlin, eds., Pp. 347-389. Cambridge, MA: Harvard University Press.

2011a "What Makes Korea Tick?: An Historical and Cultural Interpretation of Korea's Economic Transformation." In *A Glimpse into Korea: The Center for International Affairs*, ed. Pp. 96-118. Gyeonggi-do, Korea: The Academy of Korean Studies Press.

그 외 다수 논문이 있다.

[국제 학술회의 발표논문]

미국(남부 포함), 한국, 유럽 인류학 학술회의에 100편의 논문을 발표.

[연구기록] (미출간물, 인터뷰, 공동작업 포함)

1968 "Functional Analysis of Korean Kinship System." Unpublished M.A. thesis, Emory University.

1971 Wilfrid C. Bailey, and Choong Soon Kim, *Community Factors in the Productivity of Pulpwood Harvesting Operation* (Atlanta, GA: American Pulpwood Association Harvesting Project).

1972 "Life Patterns of the Pulpwood Workers in a South Georgia Community." Unpublished Ph.D. dissertation, University of Georgia.

1974 "Life Patterns of the Off-Reservation Choctaws in a West Tennessee Community," at the annual meetings of Southern Anthropological Society, Blacksburg, Virginia.

1975 "Choctaw Indians and Their Migratory Patterns in West Tennessee," at the annual meetings of Southern Anthropological Society, Clear Water Beach, Florida.

[한국 잡지 기고 및 신문 연재글]

"백양로와 파노라마", 『연세춘추』, p. 4(1961.2.13).
'논단'(1989.6.12).
『동아일보』 "동아시론"(1993.12.8~ 1994.1.22).
'새아침 새평'(1994. 3.15).
『한국경제』 "한경에세이"(2003.7.4~8.29).
"기조강연: 함병춘 선생님의 삶과 학문," 『법학연구(Yonsei Law Review) 24』: 1-20, 2014.

[총장 칼럼]

2001~2017 고려사이버대학교 홈페이지에 총장 칼럼 150회 발표.

[TV Address]

- 2002. 10. 24, A-60-Minute Special Lecture via KBS on "The Future Prospective of the Cyber University in Korea" as a part of *Special Lecture Series among Prominent Korean Intellectuals*, KBS Studio, Seoul.
- 2004. 11. 29, A-60-Minute Special Lecture via KBS on "Opening Policy for the Popular Culture and Future Prospective of Korean Popular Culture Movement" as a part of *Special Lecture Series among Prominent Korean Intellectuals*, KBS Studio, KBS Drama Center, Suwon.

[책/논문 편집/출판 경험]

- 1978~1981 & 1999~2002, 미국 테네시대학교 출판사 편집위원(Editorial Board Member).
- 1984~2001, *Korea and Korea-American Bulletin*, Associate Editor.
- 1978 & 2001, *Current Anthropology, Journal of Medical Anthropology, Urban Anthropology, Journal of Comparative Family System*, and several universities of America의 원고 심사위원.

AWARD LIST

- 1988~1989 '선임 풀브라이트 연구 학자Senior Fulbright Scholar for Research' 칭호 수여
  from 풀브라이트재단, 록펠러재단
- 1991 '대학 학자 교수University Faculty Scholar' 칭호 수여
  from 테네시대학교
- 1993~1994 '선임 풀브라이트 연구 및 강의 학자Senior Fulbright Scholar for Research and Lecture' 임명
  from 풀브라이트재단
- 1993 '록펠러재단 상주 학자Rockefeller Foundation's Scholar-in-Residence at Bellagio Study Center, Bellagio, northern Italy' 임명
  from 록펠러재단 벨라지오 연구소
- 1996 「저명한 학자 상Featured Scholar Award」 수상
  from 테네시대학교
- 1998 「인촌상」 수상
  from 동아일보사, 인촌 재단
- 2000 「테네시대학교 마틴 캠퍼스 100주년 기념특별학자상The University of Tennessee at Martin's Centennial Lecture Award」 수상
  from 테네시대학교
- 2006 「올해를 빛낸 중앙인 상」 수상
  from 중앙고등학교 교우회(동창회)
- 2006 「자랑스러운 연세법현상」 수상
  from 연세대학교 법과대학(현 연세대학교 법과전문대학원) 동창회
- 2007 미국 테네시주 영예 작위Colonel de Camp 칭호 수여
  from The State of Tennessee, USA
- 2015 미국 테네시주 홍보대사Tennessee Ambassador of Goodwill 임명
  from The State of Tennessee, USA

워낭소리 봉화에서 미시시피 인디언 마을까지

야전인류학자의 현지조사 이야기

1판 1쇄 펴낸날 2023년 12월 29일

지은이 | 김중순
펴낸이 | 김시연

편집 | 한정은
디자인 | 본문 이미애, 표지 최정희

펴낸곳 | (주)일조각
등록 | 1953년 9월 3일 제300-1953-1호(구 : 제1-298호)
주소 | 03176 서울시 종로구 경희궁길 39
전화 | 02-734-3545 / 02-733-8811(편집부)
02-733-5430 / 02-733-5431(영업부)
팩스 | 02-735-9994(편집부) / 02-738-5857(영업부)
이메일 | ilchokak@hanmail.net
홈페이지 | www.ilchokak.co.kr

ISBN 978-89-337-0826-2 03380
값 33,000원